Marxisim and hydraulic theories

マルクス主義と水の理論

アジア的生産様式論の新しき視座

福本勝清
Fukumoto Katsukiyo

社会評論社

マルクス主義と水の理論

アジア的生産様式論の新しき視座

＊目次

第一章　マルクス共同体論再考　アジア的所有とは何か

筆者は数年来、旧ソ連、中国に代表される二十世紀社会主義の在り方、特にプロレタリア独裁と呼ばれる独特の権力の在り方に注目し、それがソ連、中国の過去の歴史、過去の政権の在り方、すなわち専制主義的国家体制に多くを負っていることを明らかにし、そのもっとも根幹をなす社会の在り方を、単一権力社会と名づけるにいたった。ソ連＝ロシアおよび中国の両国の過去の歴史、専制主義的国家体制および二十世紀社会主義体制をも、ともに単一権力社会と呼ぶことができると考えている。もちろん、それは西欧の歴史に典型的に現れている政権の在り方と、それを基底から支えている社会の在り方との対比において、そのように名づけたものである。すなわち、多元的な権力の社会（西欧）に対する単一権力社会（ソ連＝ロシア、中国）である。

単一権力社会を発生・成立させるような専制主義国家体制とは、ヨーロッパ近世における絶対主義、あるいは十八世紀における啓蒙専制君主（フリードリヒ二世、ヨーゼフ二世）、十九世紀フランスにおける専制帝政（ルイ・ボナパルト）などの諸概念にみられる独裁や専制とは異なった政権の在り方であり、オリエンタル・デスポティズムと呼ばれているものである。西欧近世および近代の絶対主義や専制は、如何にその権力の無制限性が強調されようと、多元的な権力の社会における権力の特殊なあり方であり、けっして単一権力にもとづくものではなかった。それゆえ、単一権力にもとづくオリエンタル・デスポティズムとは明確に区別される。

西欧の絶対主義とは区別されたオリエンタル・デスポティズムの特異性については、すでにモンテスキュー

『法の精神』において明確に述べられている。また、リチャード・ジョーンズは政治システムとしてのオリエンタル・デスポティズムを土地制度（ライオット地代）と関連させ、東洋的専制の物質的基礎を明らかにしようとした（『地代論』）。十九世紀中葉、マルクスとエンゲルスは、これを灌漑に代表される大規模公共事業に関連させ、アジア的生産様式論を提起した。すなわち、単一権力社会における権力の単一的性格とは、オリエンタル・デスポティズムに由来し、そのオリエンタル・デスポティズムは、アジア的生産様式にもとづく社会に発生・成立したのである。

アジア的生産様式とは、マルクス『経済学批判』「序言」（1859）の著名な一節に由来するものである(1)。それ以外にアジア的生産様式という用語は、『資本論』第一部に古代アジア的生産様式として一度使われた以外には、使われていない。だが、マルクスは、一般にはアジア的社会の西欧とは異なったありようを、折に触れて論じていると同時に、アジア的な生産諸形態についても、その特徴について、再三にわたり言及している。アジア的生産様式が、マルクスの死後もなお、あるいは一九三〇年代初頭から一九六〇年代初頭まで、社会主義の祖国における抹殺（タブー視）にもかかわらず、現在もなおマルクス主義ヒストリオグラフィーにおける有力な概念――より大きく言えば歴史理論――として、その命脈を保っているゆえんは、一つにはその概念を必要とするような世界の動きが、その後もしばしば出現したことがあげられるが、さらにマルクス自身の著作において、その概念の有効性を積極的に立証しうるような議論が展開されていることを挙げなければならない。その代表が『資本論』の草稿ともいうべき『経済学批判要綱』「資本」の章に含まれ、『資本制生産に先行する諸形態』（以下『諸形態』と略す）と名づけられ、出版された部分である。その執筆時期は、一八五八年初であるといわれている。

1　アジア的所有とアジア的共同体

『諸形態』は、共同体を論じたマルクスの著作としてよく知られている。アジア的共同体、古典古代的共同体、ゲルマン的共同体といったマルクス歴史学の用語は、ここに由来する。だが、忘れてならないのは、マルクスが述べたのは各共同体についてではなく、本源的な土地所有――共同体的土地所有――の諸形態であった。マルクスは『諸形態』において第一形態、第二形態、第三形態と、あるいはアジア的形態、古典古代的形態、ゲルマン的形態という言い方しかしていない(2)。他に、アジア的所有、古典古代的所有、ローマ的所有、スラヴ的所有、ゲルマン的所有という言い方をしているが、それぞれの所有形態の説明においても、アジア的共同体、古典古代的共同体、ゲルマン的共同体という言葉は用いられていない。本源的所有の諸形態は、歴史においては、それぞれの所有形態にもとづく共同体として存在するので、アジア的共同体、古典古代的共同体、ゲルマン的共同体という表現は、間違っているわけではないが、『諸形態』は所有の在り方を問題としているのであって、共同体を問題としているのではないという点で、やはり疑問なしとしない。

なぜこのような用語法が定着することになったのかはわからない。『諸形態』の最初の訳が発表された『歴史学研究』一九四七年九月号（一二九号）には、解説（岡本三郎、飯田貫一）がついているが、それにはアジア的形態、ギリシア＝ローマ的または古代的形態、ゲルマン的形態とあり、アジア的共同体、古代的共同体、ゲルマン的共同体という言い方はされていない。だが、翌年、同誌五月号（一三三号）の藤間生大「政治的社会成立についての序論（上）――アジア的生産様式論の具体化のために」ではすでにアジア的共同体が使われており、『諸形態』を共同体論として読む傾向が、最初からのものであったことを示している(3)。

しかし、マルクスとエンゲルスが、マルクス主義思想を確立したとみなされる最初の著作『ドイツ・イデオロギー』(1846)においても、未熟ながらも所有形態が論じられている。そこで、第一形態：部族所有、第二形態：古代の共同体所有および国家所有、第三形態：封建的あるいは身分的所有、とされた各所有形態は、継起的な発展段階として捉えられており、類型的である『諸形態』の把握とは発想――世界史の構想――を異にするが、マルクスらの関心のあり方が共同体ではなく、所有形態であったことを傍証していると考えられる。

いずれにせよ、『諸形態』において、我々が常識としているような、アジア的共同体、古典古代的共同体、ゲルマン的共同体という言葉は使われていないことに注目すべきである。すなわち、もしアジア的共同体という言い方がなされるならば、共同体的所有のアジア的な形態にもとづく共同体のことである。アジア的所有形態が先にあるのであって、アジア的共同体が先にあるのではない。それゆえ、アジア的共同体を基礎とするアジア的生産様式という言い方もまた、正しくないということになろう。アジア的生産様式とは、アジア的共同体にもとづくというより、土地所有のアジア的形態（アジア的所有）にもとづくものであった。つまり、アジア的生産様式のもっとも原理的なところに、アジア的所有の問題があるということになる。

アジア的共同体とアジア的所有の区別は重要である。マルクス『経済学批判要綱』のなかにおいて、現在「資本制生産に先行する諸形態」と呼ばれる一節を書いたのは、プリミティブな社会に対する関心（人類学的な関心）や古代史に対する興味からではない。もちろん、人間に関するすべてに対し関心があったマルクスは、人類学的な関心や古代史に対する興味を、一貫して持ち続けた。だが、『資本論』の草稿として書かれた『経済学批判要綱』の一節に、それらの関心や興味を一つのまとまった議論として挿入する理由はなかった。そうではなく、マルクスが『諸形態』の冒頭で述べているように、資本主義的蓄積の前提である、直接生産者の生産手段（大地）からの分離にとって不可欠な、自由な小土地所有と共同体的土地所有の解体のプロセスを考察する必要があったからである。どうして、その考察の範囲を西欧以外の、とくにアジアにまで広げ、その土地所有の解体過程を瞥見する必要があったのだろうか。おそらく、西欧中世末期から近世における、自由な小土地所有や、農村共同体における土地所有の解体とはまったく異なる、共同体的な土地所有の在り方が西欧以外の世界に存在すること、それが西欧列強の植民地における資本主義システムの浸透を妨げていることに、マルクスが強く興味を引かれたからであろう。

ここでいうマルクスが関心を抱いた社会とは、アジア、アフリカおよびラテン・アメリカの、いずれも、西欧列強が植民地化した（あるいは植民地化せんとしている）社会であり、かつ資本主義的な世界システムに巻き込まれながらも、なかなか西欧化しないロシアであった。マルクスがアジア的社会論を熱心に考察した十九世紀中葉においては、いまだ人類学や民族学は存在していなかった。存在したのは人類学や民族学の個々のエレメントであった。マルクスやエンゲルスが親しんだマウラー、メーン、バッハオーフェンなどの法制史あるいは古代法研究は、その後の民族学や人類学の領域に含まれるものを多く含んでおり、十九世紀中葉には、すでに成果を出しつつあった。また、マクレナン、タイラー、モルガンなど、人類学や民族学の先駆者と呼ばれる人々も、十九世紀中葉にはすでに研究活動を開始していた。だが、それらが、プリミティブな社会の社会関係・社会組織・社会構造、あるいはその文化を扱う学として体制を確立するのは、その後しばらくたってからのことであり、この時期にすでに確立していたわけではなかった。また、マルクスがマウラーやメーン以下の著作に親しむのは、一八六〇年代以降のことであり、一八五〇年代において彼が依拠したのは、主に英領インドの植民地行政に関する報告書である。ほかに、ラッフルズ『ジャワ史』を通して、インドネシアにも関心を寄せ、さらに、ペルー（インカ帝国）への関心も知られている。それらの文献は、宣教師、軍人、商人、旅行家など植民地に関わる人々の様々な著述（報告、書簡、回顧録、日記、著作）などと同様に、人類学的な意味において、プリミティブな社会、あるいは植民地に生きる人々の、社会組織や社会関係に関する詳細（データ）を提供するために書かれたものではなかった。あるいは、たまたまそれらが書かれたとしても、それぞれの立場や思惑からの偏見に満ちたものであった。

植民地に関わる人々にとって、最大の関心事は統治の実をあげることであるが、つまり植民地からより多くの利益を引き出すことであったが、ものの売買について、とくに土地が購入可能かどうか、そして土地購入にともなって如何なる権利がどの程度まで獲得できるかが、とりわけ重要であっただろう。つまり、土地制度と、それに関わる権利や権力の問題である。西欧人たちが、アジアにおいて様々な取引を行なおうとする時、彼らは母国とはまったく異なった関係のなかに巻き込まれることになった。それらは、植民地当局が有する武力（軍事力）を背景に、西欧人たちに有利に進行するとしても、つねに混乱や紛糾に巻き込まれる可能性があった。商取引において、あるいは動産もしくは不動産の購入において、いかなる権利が購入者に移るのか、あらかじめ了解していなければならない。あるいは、植民地政府の諸税を一体だれに課したらよいのかについても、まず動産・不動産に対する権利を誰が持っているのかを確定しなければならない。特に所有権を誰が保持しているかが問題となるが、実際には、土地をめぐる当事者たちの諸権利の錯綜によって、それは容易には決められなかった。問題は、主として、アジアにおける所有の重層性（錯綜ぶり）と、所有権の弱さにあった。

このような現実を前に、植民地に暮らす西欧人たちは、彼らの中世において、土地が排他的に私有されるものではなく、重層的な諸関係に服していたことを思い出したかもしれない。さらに、西欧人の目には、たとえアジアの農民が、自分の先祖伝来の農地を耕作し、時にはその耕地を売買することによって、私有制が確立していたように見えたとしても、その所有権はあまりにも弱く、土地はまるで、王や皇帝のものであり、個々の農民はただそれを保有しているだけのように見えた。なぜアジアに土地私有がないのか、なぜ土地はすべて王のものであり、個々の臣民はただそれを占有しているにすぎないのか、と問えば、それについての納得すべき説明は、共同体に諸個人が埋没しているため、個々人の所有（占有）が、明確な権利として確立するまでにいたっていないから、というものであろう。それゆえ、そのような共同体的所有関係の担い手である共同体もまた存在するということになる。もちろん、このような共同体的土地所有論あるいは土地国有論の背景には、植民地の土地は、征服者として以前の政権の権利を継いだ植民地当局に属するとする、征服者に都合のよい観点が入り込んでいたことは事実であろう。

だが、西欧人にとっては、前近代のようにみえる農民社会の土地所有、特にその共同体的土地所有は、西欧中世のそれとは異なっていた。また、古典古代のそれとも違っていた。それゆえ、マルクスは、この土地所有をアジア的所有と呼んだ。だが、アジア的所有を具現する共同体をアジア的共同体と呼ぶのは、我々の用法であり、少なくともマルクスの用法ではない。

その意味で、アジア的所有はマルクスにおいては、一つの抽象であり、いわば「イデアル・ティプス」であった。同時に、古典古代的なそれも、ゲルマン的なそれも同様であった。だが、西欧知識人にとって、ゲルマン的なるもの、古典古代的なるものは、確かな実感をもって語られうるのに比し、アジア的なるものは多くの雑多な著述——しかもそれは、エジプト、メソポタミア、イラン、インドから東南アジア、中国にとどまらず、メキシコやペルーに及ぶ広大な地域に関する言説——から得たものであって、抽象度は、ゲルマン的なものや古典古代的なものに比べて、はるかに高いといわざるをえなかった。アジア的所有を具現するはずの組織や団体のなかには、今日的時点では、とても共同体として認められないような組織や団体（たとえばインドのカースト村落）も、相当程度、含まれるのは、このような概念操作に起因すると考えられる（4）。

だが、たとえ抽象的なものであっても、アジア的所有というのは、少なくとも、経済人たる近代西欧人が、アジア、アフリカ、ラテン・アメリカで遭遇した異質な所有をあらわす具体的な経験にもとづいて抽象されたものであった。それに比しアジア的共同体は、そのような異質なアジア的所有を具現するプリミティブな社会組織として、後人（我々）が、マルクスのアジア的所有にもとづいて、さらにその上に構想したものであり、アジア的所有よりも、なおいっそうイメージ的なものである。

では、アジア的所有とは、古典古代的所有やゲルマン的所有とどこが異質であったのだろうか。そのまえに、まず『諸形態』におけるマルクスのアジア的所有とは何かを問わねばならない。

マルクス共同体論の古典とされる『諸形態』はまず、冒頭より専制国家成立の歴史理論として現れる。土地所有――本源的所有――の諸形態が、第一の形態、第二の形態、第三の形態として、各々述べられるわけだが、その最初の形態たるアジア的所有においては、まず専制君主が唯一の所有者であること、そして逆に共同体農民（直接生産者）が無所有であることが明言される。

土地所有の第一形態（アジア的形態）に関する記述、『諸形態』の冒頭、わずか原文（ドイツ語版）において二ページ半、翻訳（青木文庫版、国民文庫版）においてもわずか四ページの議論にしかすぎない（古典古代的形態およびゲルマン的形態の記述のなかに、両者との比較におけるアジア的形態に関する記述、挿入が存在する）。だが、この数ページの記述は、土地所有のアジア的形態に関する、重要で、濃密な内容において、読む者を圧倒せずにはおかない強烈な印象を与えている。この冒頭の数ページを読めば、土地所有のアジア的形態において体現される諸共同体の上に聳え立つ総括的統一体、あるいは上位の共同体、それらは専制国家と強く結びついているように見える。だが、仔細に眺めれば、その緊密な結びつきは、最初の印象とやや異なったものになる。望月清司（1973）をはじめとする先行研究が明らかにしている土地所有の第一形態とアジア的形態との間の微妙なズレ(5)や、アジア的形態における基本的形態と非典型な形態、専制的な総括的統一体と非専制的な、権力が分散した総括的統一体、収取様式としての貢納制あるいは制度化された共同労働などなど、様々な種差と変異を含んでおり、当時マルクスが直面した、非ヨーロッパ世界の現実の歴史の様々なヴァリアンスに対応できうるように、柔軟なパラダイム、論理構成を内蔵していることに気づかされる(6)。

前述のごとく非ヨーロッパ世界に関してマルクスが得た情報は、種々雑多であった。そこから得られた種々の所有形態は、彼らがよく知っている古典古代的世界のものとも、古ゲルマン人もしくは中世西欧世界のものとも大きく異なっていた。非ヨーロッパ的な世界がヨーロッパ的世界よりもはるかに広大であったため、単にそれらがヨーロッパ的世界と異なっていたばかりではなく、それ自身において、様々な種差と変異を抱えるものであった。マルクスは、そのような種差や変異を超え、かつそれらを可能なかぎり、統一的にカテゴライズしようとしていた。土地所有の第一形態に関わるマルクスの議論が、みかけの強烈さや、強いインパクトとは異なり、「種々さまざまなかたち」をもって実現される土地所有のこの形態のヴァリアンスに慎重に配慮したものであることに留意する必要がある。

このような『諸形態』における論理構成については、望月清司が「als ~ erscheinen」に関する議論として展開しており、検討に値する。望月はその主著『マルクス歴史理論の研究』において、アジア的形態について、以下のような議論をしている。『諸形態』におけるアジア的共同体については、当初、総括的統一体＝唯一の所有者、現実の共同体＝世襲的な占有者、個々の共同体成員＝無所有、といった理解が主流であった。望月清司はそれに対し、そのような固定的な理解が、マルクスの原文の理解を妨げているとして、原文で使われている表現 als ~ erscheinen を、「~であるかのように現象する」と訳出することを提案した。すなわち、①「総括的統一体は、すべての小規模な共同団体（ゲマインヴェーゼン）の上に立ち、上位のあるいは唯一の所有者であるかのように現象する」、②「そのため現実の共同体（ゲマインデ）は、たんに世襲的な占有者であるかのように現象する」、③「この統一体が現実的所有者であり、かつゲマインシャフト的所有の現実的前提であるから、この統一体は、それ自体がこれら多数の現実的な特殊の共同団体――ここでは個々人は事実上無所有者である――の上に立つ一つの特殊なものであるかのように現象することができる」と訳出すべきであると。この望月の問題提起は、従来、『諸形態』のアジア的共同体論の規定として捉えられていた、総括的統一体＝唯一の所有者、現実の共同体＝世襲的な占有者、個々の共同体成員＝無所有、のいわば三位一体の図式に、再考を促したものといえる。このような固定的なものの見方においては、アジア的共同体にもとづく社会は、階級社会であり、階級社会である以上、奴隷制か農奴制にもとづく社会でなければならず、結局のところ、「総体的奴隷制」あるいは「古代東方奴隷制」という奴隷制にもとづく社会であるとの規定が成り立つ。『諸形態』においで発見されたもっともインパクトのある概念は、「総括的統一体」（die zusammenfassende Einheit）と「総体的奴隷制」（die allgemeine Sklaverei）であったが、前者が「専制国家」および「専制君主」に解されたように、後者もまた――「総体的奴隷制」が一つの比喩として使われていたにもかかわらず――ほんものの奴隷制と解される結果となった。いずれも、一九三〇年代に成立したマルクス主義教義体系（スターリンの歴史発展の五段階論）に整合させられる形で理解されたのである。さきの望月の提起は、そのようなドグマにもとづく理解を揺さぶろうとしたのである。

この望月清司の議論は、マルクスのアジア的共同体論理解のうえで、問題の潜在的な地平を明らかにする、すぐれた問題提起であった。しかし、als ~ erscheinen の形をとった表現は、アジア的形態において、特に総括的統一体、現実の共同体、個々の共同体成員の所有状況に使われているばかりでなく、『諸形態』の他の所有形態、すなわち古典古代的形態やゲルマン的形態に関する記述においても散見されることを考慮する必要がある。たとえば、『諸形態』のゲルマン的形態に関する記述、「したがって共同体は、連合体としてではなく連合として現れ、統一体としてではなくて、土地所有者からなる自立的主体の統一として現れる」（手島正毅訳、p.13）を「~であるかのように現象する」とすればよいのだろうか。筆者にはどちらも可能なように思える。それは、「~として現れる」ところの、総括的統一体―唯一の所有者、現実の共同体―世襲的占有者、個々の共同体成員―無所有の関わりが、一方で、それが事実そのものでもあるかのように受け取られ、かつ同時に「~であるかのように現象する」とも受け取られるのだと考えられるからである。あえて言えば、「~として現れる」ものは、「事実」であると同時に「〜であるかのように現象する」ものであるとの認識こそ重要ではないかと考えている。総括的統一体およびその首長が唯一の所有者のように見え、現実の共同体が世襲的な占有者のように見え、個々の共同体的成員が無所有のように見えた、というのは、現実の重たさをもっていたがゆえに、そのように見えたのであり、単なる虚構や仮象としてそのように見えたというのではないであろう。だが、それは同時に、そのように見えているという限りにおいての現実であるにすぎないともいえる(7)。

『諸形態』は戦後間もなく翻訳・刊行された。当初、土地所有のアジア的形態(アジア的共同体)の記述がもたらした衝撃は、マルクス主義教義体系にとって重大なものがあった。なぜなら、共同体と専制国家の支配が共存していたからである。あるいは共同体の記述と専制国家の記述が、同じ所有形態(アジア的形態)のもとに混在していたからである。従来のマルクス史学の理解においては、国家の成立は階級社会の成立と同義であった(後述)。ところが、『諸形態』における土地所有のアジア的形態は、あきらかに階級社会の成立以前の状態を表しており、その上位の共同体、総括的統一体は――時には――専制国家でもあった。矛盾は覆い隠さねばならなかった。手掛かりはすぐに見つかった。『諸形態』において新たに発掘された「総体的奴隷制」がその役割を果たすことになった。すなわち、専制君主のもとにおいては、共同体成員は、その奴隷にすぎないのだと説明された。あらたな奴隷制の「成立」によって、亀裂はかろうじて糊塗された(8)。

従来の理解によれば(二十世紀社会主義のもとにおけるマルクス主義理解によれば)、すなわちエンゲルス『家族、私有財産、国家の起源』(1884)(以下『起源』と略す)によれば、共同体内部に発生した階級間の対立が非和解的なまでに発展した時、国家が誕生する。それに対し、『諸形態』のアジア的形態においては、小共同体の上に聳え立つ上位の共同体、総括的統一の成立とともに、国家もまた成立するかのように書かれている。共同体と専制君主が共存している。『起源』の言説を標準的な言説だと思う人々にとっては、奇妙な共存、奇妙な混在であった。階級成立以前のプリミティブな共同体社会における政治的支配、あるいは国家の成立は如何にして可能であろうか、と。二十世紀社会主義の教義においては、ありえない想定であった。共同体による共同体の支配(9)といった発想はありえなかった。

プリミティブな共同体からなる社会から、如何にして階級支配と国家が成立するのか、という問いは、『反デューリング論』(1878)や『起源』における問いであって、『諸形態』における問いではなかった。とりわけ、『起源』に慣れた読者が、『諸形態』を読むとき、奇妙に感じるのは、「ディスクール」の相違が両者の間にあるからである。エンゲルス『起源』におけるモルガン受容以後、マルクス主義に新しいディスクールがもたらされることになった。『起源』において、エンゲルスは、階級支配の成立、国家の成立を等置した。それらの成立以前においては、原始社会(原始共産制にもとづく社会)においては、階級や身分がなく平等な社会であり、私有財産も存在しないか、存在したとしても大きな意味をもたず、さらに国家機関や国家権力、あるいはその強力(ゲヴァルト)といった存在もなかった。それ以後の社会は、階級支配が存在し、国家および国家権力、そしてその暴力装置(官憲など)が存在した。また、そこでは、私有財産が大きな意味を持ち、それによって、権力の多寡が決定された。このような階級社会成立以前、国家成立以前の社会と、階級社会成立以後、国家成立以後の社会の間には大きなギャップ、あるいは飛躍が存在した。そして、この前者の社会から後者の社会への転換が、『起源』のテーマであり、その叙述は、前者から後者へ向かって発展する社会が、その変化のプロセスのどの程度まで進行しているのかを論理的に説明することに主眼が置かれた。私有財産を中心とする経済システムがどの程度まで発展したから、政治システムの変化はどの程度まで進行した、と説明することに重点を置く言説となった。それゆえ、無階級社会のエレメントと階級社会のエレメントの共存や混在は、もしあったとしたら、それは一時的なものであり、必ずそれを変化の行程表に沿って説明しなければならなかった。何故、原始社会と階級社会の間に大きな間隙がつくられたのだろうか。実は、このような鮮明な間隙は、無階級社会の理想化に関係していた。原始社会は、階級のない、平等な社会であることが、つねに強調されたが、それは社会主義実現のための一つのモデルとして理想化されなければならなかったからである。エンゲルス『起源』が社会主義の祖国ソ連においてマルクス主義教義体系の聖典に祭りあげられた後、その傾向はいよいよ強まることになった。つまり、それに従うかぎり、著者たちは、たとえば母系的なものは、無階級社会(原始共同体)の側に振り分け、家父長制的なものは、自動的に階級社会もしくは階級社会に向かうエレメントに振り分けることになった。同じような振り分けは、血縁制と地縁制、共有制と私有制などについても行われた。奴隷制や農奴制をめぐる問題においても同様であった。とくに奴隷制は、歴史発展の五段階論における最初の階級社会として位置づけられ、人類史に普遍なものとされたため、狩猟社会にすでに奴隷が存在する例や、古代においてばかりでなく、中世や近世において、世界のいたるところで、奴隷が多数存在し続けた意味を捉えきれない結果をもたらすこととなった。

ところが『諸形態』は、そのような説明——ディスクール——を強制されてはいなかった。その理由は、『諸形態』が『経済学批判要綱』の一節であるということから来ている。マルクスが説明しようとしていたのは、国家の原理でも、国家成立のプロセスでもなかった。また、階級社会（階級対立にもとづく社会）と国家が同時に成立するものであるとも考えていなかった(10)。アジア的形態においても、古典古代的形態においても、ゲルマン的形態においても、共同体および共同所有に関する記述は、専制君主や私的所有や、奴隷制や農奴制に関する記述と混在しており、共有と私有、無階級社会と階級社会、国家成立以前と成立以後などに、書き分けられてはいない。存在するのは、本源的形態（共同体的所有）の変形、二次化である。そしてさらに、労働する直接生産者の、自分のものとしての生産手段（大地）との関係の変化、そして究極的には、それからの分離である（労働と所有の同一性の解体）。

最後に、『起源』と『諸形態』を分けるものとして、『起源』における『反デューリング論』で展開された政治支配成立の第一の道の放棄を挙げなければならない。『反デューリング論』は、政治支配成立のプロセスとして、まず諸共同体の利害を調整する共同職務執行機関が自立化する第一の道と、共同体的所有の解体と奴隷制の成立の第二の道を挙げていたが、『起源』は政治支配の成立以後も共同体および共同体的所有が長期にわたり残存するというアジア的社会の歴史を切り捨て、ギリシア、ローマ、ゲルマン人における国家の成立のみを考察の対象とした。私的所有の発生とその発展が、洋を問わず、社会発展の動力となった。アジア的社会（アジア的所有を基底とする社会）においては、私的土地所有が存在しないかのように記述している『諸形態』と、私的所有を階級形成と国家成立のパラメータとしている『起源』の齟齬はいよいよ明らかであった。

二十世紀社会主義の全盛期、その教義体系がマルクス主義者を金縛りにしていた当時、エンゲルス『起源』はその個々の内容を疑うことさえ許されない「聖典」であった。モルガンを継承した「母系制から父系制への移行」説批判に対しては、逆に、「ブルジョア科学」からの批判に対するモルガン＝エンゲルス学説の擁護が声高に叫ばれる始末であった。だが、二十世紀後半、とくにスターリン批判以後の西欧においては、マルクス主義の影響を受けたホワイト、サーヴィス、サーリンズ等の発展論的人類学や、ゴドリエやメイヤスーに代表されるマルクス主義人類学においてでさえ、『起源』はすでに単なる歴史的著作にすぎなくなっていた。モーリス・ブロックがいうように、『起源』の原始社会は、理想化されすぎており、現実のプリミティブな社会の理解には役立たなくなっていた。

『起源』は、モルガン『古代社会』に依拠しつつ、国家の成立を、社会編成の血縁制から地縁制への移行、共有制から私有制への移行、無階級社会から階級支配への移行などが、すべて同時に起こるものと設定した。だが、二十世紀における諸学の進展は、プリミティブな共同体が、親族システム、奴隷制、等級制（身分、カースト）、財産制度、首長制や王権の在り方などとの間において、その社会ごとに、それぞれ互いに入り組んだ関係を築いており、一つや二つのパラメーター――私有財産や家族形態――で、その社会発展の度合いを決定することなどはできない、ということを明らかにした（山崎カヲル、1982）。

ただ『起源』はその刊行当初、マルクス主義の創始者の著作であるとはいえ、単なる人類学、民族学的研究の出発点として、それほど過大な要求を付託されていたわけではなかった。それゆえ、カウツキーやローザ・ルクセンブルク、ハインリヒ・クノーなど、初期マルクス主義者たちは、自らの経済史研究や人類学的関心に従い、『起源』の記述を、他の著作と同じように扱った。すなわち、自己の学的な関心に合致するところは取り上げ、合致しない所は、あっさりと無視した。『起源』が聖典ではない以上、引用するかしないかは、それぞれの著者の自由であった。だが、教義体系のもとでは、そのような引用や無視は恣意的なものとして批判に晒される可能性をもつにいたる。教義体系は科学でも学問でもなく、無謬の知識であり、信奉者が日々依拠すべき絶対の規範（カノン）であった。幸か不幸か、『諸形態』（もちろん『要綱』も）は、そのような教義体系ができあがった後刊行され、さらに教義体系とは微妙なズレを有していたがゆえに、教義体系の中心に組み込まれることを免れていた。教義体系とのズレは、主要には『起源』と『諸形態』をめぐるディシプリンやディスクールの違いがもたらしたものであった。今日、我々が『諸形態』を読むとき、『起源』以後に確立されたディスクールに『諸形態』が準拠していない、ということから多くのメリットを得ている。また、読者は、そこから多くの着想を得ることが可能である。たとえば二十世紀社会主義における、コルホーズあるいは人民公社といった農民の共同体と、その共同体の上に聳え立つ最高指導者、そしてその中間にあって両者をつなぐビューロークラートの存在は、まさに共同体と専制君主の共存からなる総括的統一体のイメージに重なるものであった(11)。

エンゲルス『起源』をめぐる議論については、これ以上立ち入らず、再び『諸形態』の内容に即して、各々の所有形態が内包している問題点を明らかにしたい。

2　三つの所有形態の比較

『諸形態』は、あたかも本源的所有の第一形態たるアジア的形態のために書かれたかのように見える。『諸形態』は戦後すぐに翻訳出版されたが、一九五〇年代の日本のマルクス史家たちにとって、『諸形態』はまぎれもなく、結合的統一体（総括的統一体）と総体的奴隷制の書であった。あまりにも、アジア的形態の印象が強く、古典古代的形態やゲルマン的形態は、それに比較すれば、その印象にやや影が薄い嫌いがある。たぶん、その原因の一つに、総括的統一体＝唯一の所有者、現実の共同体＝世襲的占有、個々の共同体成員＝無所有という、アジア的形態における所有のシェーマ（三位一体）のインパクトがあまりにも強かったからだと言える。あまりにも土地所有の第一形態の記述が突出しているため、第一形態が第二形態、第三形態との比較においてこそ、よりいっそう重要な意味をもつことが、しばしば見逃される結果となっている。まず、単純な比較をすると、個々の共同体成員にとって、アジア的形態：無所有、古典古代的形態：私的所有、ゲルマン的形態：個人的所有となる。もし、この三形態が継起的であると考えると、共同体成員は無所有→私的所有→個人的所有へと発展したことになり、発展という言葉が意味をもたなくなろう。アジア的所有はともかく、古典古代的所有においても、共同体的所有が優位にあり、個々の共同体成員は占有者にすぎなかった時期があり、そこから国家的＝私的所有に発展したはずであり、ゲルマン的所有においても、「ヴェラ・ザスーリッチへの手紙草稿」にみられるような、占有から所有への発展があったとみることが自然であろうが、マルクスはそれぞれの所有形態における発展段階にこだわることなく、各々の所有形態の本質を取り出し、論理的な比較を心がけている。

『諸形態』の古典古代的形態における私的所有とは、『ドイツ・イデオロギー』の第二形態がヒントになる。『ドイツ・イデオロギー』の所有の第二形態「国家的共同体的所有」における「共同体所有に対し従属的な形態としての私的所有」あるいは「共同体的な私的所有」といった言葉から、あるいは共同体の臍の尾を断ち切れていない「弱き私有」を想像しうるかもしれないが、それはアジア的社会に置かれたことを想定した場合であり、古典古代的世界に置かれた場合、まったく別の意味を帯びる。ここでは、共同体は都市国家であり、共同体に従属することは共同体の保護下にあるということにほかならない。「共同体的な私有」とは、共同体のもとにおいて力を獲得しつつある私有を表す、適切な表現であるともいえなくはない。すなわち『諸形態』の第二形態における私的所有とは、共同体（都市国家）に媒介されたものであり、かつ共同体成員である以上、共同体もしくは共同体の長によっては奪うことができないものとなる権利（所有権）として存在するものである。アジア的社会においても、インドにおいても中国においても土地の売買は古くからおこなわれており、それをもって私的所有が存在していたとみなすことができるならば、すでに私的所有は古くから存在していたといえる。そのような場合、総括的統一体あるいは専制国家から認められた行為であるとして――少なくとも違法な行為であるとして咎められない以上――、共同体によって媒介された、あるいは共同体の保護下にあると、多少無理をすればいえないことはない。だが、共同体（国家）によって奪われない権利として私的所有権が認められたということはできない。アジア的社会のもとでは、いかなる私有財産といえども、つねに、王もしくは皇帝、あるいは国家の用に使われるべく収公される可能性をもっていた。とくに危急の場合はその可能性が高かった。

どのような社会においても、大逆を宣言されたものの権利が無に帰するのはつねであった。それゆえ、古典古代世界においても、市民の私有財産の没収は可能であった。だが、一般には、共同体成員（市民）の所有権は共同体によって保証されており、王といえども共同体の一員である以上、市民の私有財産を奪うことはできなかった。都市国家の独裁者あるいは僭主もまた共同体の一員であり、同様であった。市民の所有権は共同体（都市国家）の保護下にあるのであって、王に属するものではないからである。だが、このように堅固な基礎を持つポリス市民の権利（所有権を含む）は、敵対する都市国家に征服されることによって、簡単に、かつむなしく奪われた。敗北したポリスの市民は、しばしば征服者に連行され、他のポリス市民の奴隷となった。あるいは近隣のポリスに征服されることによって、土地に緊縛された隷属農民（ヘロット）となった。征服した側の市民は、当然の権利として被征服地の分与にあずかった。

このように古典古代世界には、輝かしさと残酷さが共存していた。ただ、少なくとも共同体成員の所有権は、共同体によって守られ、同じ共同体成員によって奪われることはなかった。すなわち王によっても奪われることのない所有権を享受していた。そこではアジア的形態のように、多くの共同体の上にそびえ立ち、かつ共同体を睥睨する総括的統一体が内部から発生する可能性はなかった。だが、外部から押し寄せてきた総括的統一体（専制国家）によって征服される可能性は、少なからず存在した。ギリシアに対するアケメネス朝ペルシアの脅威がそれであった。専制国家に征服されたポリスにおいては、ポリス市民は、ペルシアの王やサトラップの恣意に晒され、所有権はその堅固さを失うことになる。

この古典古代の、共同体＝国家にまもられた所有権は、ローマ法の欠くべからざる要素として後代に伝えられることになる。古典古代的世界に進出したゲルマン人たちは、その本来の所有形態に、ローマ法の所有権にかかわる思想を接ぎ木することになった。その古ゲルマン人の私有発生以前の土地所有形態をマルクスは個人的所有と名づけた。実際のところ、『諸形態』にかかわる議論において、この個人的所有の理解がもっとも難しい。マルクス主義歴史理論の先行研究においても、個人的所有について、十分な、もしくは積極的な解釈を試みている例は、数えるほどである（平田清明、福冨正実、あるいは熊野聰）。また、ゲルマン的形態に対応する『ドイツ・イデオロギー』の第三形態「封建的あるいは身分的所有」によっても、ほとんど手掛かりは得られない。おそらく、『ドイツ・イデオロギー』執筆時の一八四五年前後においては、西欧中世についてはともかく、古ゲルマン社会について知識が不足していたからであろう。アジア的社会、古典古代世界への認識の深まりと前後しつつ、古ゲルマン社会に関する理解も深まっていったことが予想される。

ゲルマン的形態における個人的所有に関しては、以下のことが留意されるべきである。まず、個人的所有は、古典古代的形態における私的所有と同じく、アジア的形態における共同体成員の無所有と対比されて用いられているということ。さらに、その上で古典古代的形態における私的所有と、明確に区別されている。ゲルマン的形態において用語として「私的所有」が用いられない理由は、マルクスが焦点をあてた時期の古ゲルマン社会における土地所有がいまだ私有と呼ぶ段階に至っていなかったことがあげられる。また共同体は、いまだ国家を成立するにはいたっておらず、国家の庇護をうける所有でもなかった点においても、古典古代的と異なっている。

土地所有の第三形態、ゲルマン的形態のもとにおいては、共同体がまず存在するのではなく、個々の共同体成員の自立的経営がまず存在し、その相互の関わりが共同体的関係として描かれている。個々の経営は奴隷を含めて大家族もしくは、複合家族ともいうべき規模であり、それぞれ割り当てられて土地（農場）を、自己の家族労働力を使って経営している（この点は古典古代的形態と同じである）。個々の経営は自立しているがゆえに（さらにいえば、ある程度自衛力を備えているがゆえに）、共同体にまるごと依存する必要はない。特に経営においては、共同体にまったく依存することはない。むしろ、共同体こそが自立した家（Haushalt）の協働からなりたっている。「個々人の所有は共同体によって媒介されたものとしては現れない。むしろ共同体と共同体所有という定在こそ、媒介されたものとして、すなわち自立諸主体相互の関係として現れる」（p.23）ということになる(12)。

古ゲルマン人のもとでは、個々人の所有（個人的所有）は、他の共同体成員に対しては成員の家族ごとに自らの所有を守らなければならなかった。また、他の共同体に対しては、自らの共同体をもって（共同体を組織してというべきかもしれない）、あるいは外来の共同体もしくは部族に対しては、共同体連合を組織し、あるいは自ら部族団体を形成して立ち向かい、その所有を守った。ゲルマン的形態においてもっとも顕著なのは、共有地と共同体成員の関係である。ゲルマン的形態においては、首長による共同体の公有地の収奪が、他の形態ほど簡単ではなかった。なぜなら、公有地は共同体のものであると同時に、個々の共同体成員のものでもあったからである。そこでは、上位の共同体が、下位の共同体の諸権利を包括的に収奪することは不可能であった。それというのも、共同体は共同体成員を越えた権力を保持していなかったからである。それゆえ、共同体の首長は、公有地に対し他の共同体成員と同じ資格において、もっとも有力な成員として関わるほかなかった（「公有地は、ゲルマン人のばあいは、むしろ個人的所有の補助としてのみ現れ、そしてその公有地は一種族の共同占有物として、敵対種族に対してまもらなければならぬかぎりで、所有のかたちをとるにすぎない」p.23）。また、部族の長、あるいは初期国家の長においても、その長への就任のためには、部族や地域ごとに、あるいは全体として、共同体成員の推戴を受けなければならなかった（熊野聰、1983）。すなわちそのような首長の、共同体の公有地に対する関わりは、総括的統一体の長の小共同体への関わりとは、非常に大きな相違があった。この共同体成員の権利の強さは、ゲルマン人の社会に土地私有が確立した後も変わらなかった。中世初期の自由農民も、またマルク共同体の成員も、他の世界の共同体農民に比較して大きな権利を保持し続けた。

以上から、個人的所有とは、古典古代的世界とは生産力および生産関係において、低い発展度にあった古ゲルマン人において顕著であった共同体成員の土地所有に対する強い権利をなんとか表現したいと考えたマルクスが新しく造り出した所有概念であるといえる。このような「ゲルマン的なるもの」の記述に「愛国主義的でロマンチックな十九世紀ドイツの歴史記述の伝統」（モーリス・ブロック）を見出すことも可能である。だが、筆者はむしろ、中世西欧の、封建社会を成立させた独特な土地所有の在り方（大土地所有がなにゆえ所領を形成するのか）、あるいは近代以降にもつながる西欧中世の個人、家、共同体の強さに注目する時、マルクスのゲルマン的所有（とくに個人的所有）は、無視できない意義をもっていると考える。それが、近代以降に顕著となる人身保護、所有権、人権の強さを生む背骨となったとみるべきである。とくに、王の意志（あるいは国家意志）に従わなくとも自らの身体をまもり、家（宅）をまもり、私有財産をまもることが可能となった、ということの意味合いに、注目すべきである。

3　共同体のための賦役労働

筆者にとって最大の関心は、土地所有におけるアジア的形態と、古典古代的形態およびゲルマン的形態、の相違である。アジア的形態における、共同体成員の無所有に対応する古典古代における私的所有、古ゲルマン社会における個人的所有の相違が、いかにして発生し、パラダイム（範型）として成立したのかである。マルクスは、ゲルマン的形態における土地所有者の自立性の高さ、共同体に対する共同体成員の自立性の高さを、個人的所有に関する記述のなかで何度も繰り返し強調している。そして、そのもっとも根本的な要因として、経済整体（経済的完全体）（das ökonomische Ganze）が、「基本的には各個人の家のなかにあり、この家が対自的に一個の自立的な生産の中心をなしている」（手島正毅訳、p.24）ことをあげている。経済整体とは自立した経営の全体を指すと思われる。それが「各個人の家」、「個々の住居」だといわれると、別にゲルマン的形態においてのみならず、どこであれ小経営的生産は、一般に経済整体を構成すると思われるかもしれない。だが、マルクスはまったくそうは思っていなかった。というのも、古典古代世界における経済整体は、「農村共有地を持つ都市」であるとはっきり記されているからである。マルクスは、古ゲルマン人の世界において、個々の家（Haushalt）は、他の家あるいは自分が所属する共同体から独立して経営を行ない、自らとその家族を再生産しうる、あるまとまった全体であるとみなしていた。だが、古典古代世界の農民をそのようにはみなしていなかった。どうしてであろうか。ヘシオドスの家は経済整体ではないのか。経済整体ではないとすれば、どうしてであろうか。マルクスは、第二の所有形態は、「土地をその基礎とするのではなくて、農耕者（土地所有者）の既成の定住地（中心地）としての都市を想定している。農耕地は都市の領域として現れるのであって、村落がたんなる土地の付属物として現れるのではない」（p.13）と述べる。なぜ、農耕者（土地所有者）は都市に集居するのであろうか。それは、古典古代においては、「共同団体［Gemeinwesen］が出会う困難は、他の共同団体からのみおこりうる。すなわち、他の共同団体が土地をすでに占拠しているか、でなければ占拠している共同体をおびやかすか、するのである。だから、戦争は、それが生存の客観的諸条件を占拠するためであろうと、その占拠を維持し、永久化するためであろうと、必要にして重大な全体的任務であり、重大な共同的作業である」（p.13）からである。「だから、家族からなっている共同体は、さしあたり軍事的に編成されている――軍制および兵制として」（p.13）。そうでなければ、都市は他の都市に伍して生存しえないからである(13)。村落に住んでいた古代ギリシア人たちが、それぞれアクロポリスやアゴラを中心に集住し、ポリスを形成した時、彼らは諸都市が敵対や同盟を繰り返しつつ生き残りをはかる、古典古代特有のストラテジーを確立したのであろう(14)。

上記二者に対し、アジア的形態の経済整体は何であろうか。残念ながら、『諸形態』においては、アジア的形態の経済整体が何かをマルクスは書いていない。「水」が農業に決定的な比重をもつアジア的形態においては、古典古代的形態やゲルマン的形態とはまったく別の世界が広がっていた。各経営は、水が如何に供給されるか、如何に排水されるかによって、あるいは河川の利用および治水の程度によって、大きな変化を蒙った。アジア的形態においても経済整体を想定しうるならば、経済整体であるかどうかを決めるものは、水であろう。水なしではほとんど農業経営が成り立たない乾燥アジアにおいても、あるいは一定量の雨水に恵まれた湿潤アジアにおいても、灌漑および治水は経営上不可欠である。だが、ほとんどの場合、水利（灌漑・治水）は個々の経営の能力を越えた問題であった。すなわち個々の経営の外部に、水利を担うものが存在した。水利の担い手が、小共同体の規模や、諸共同体の共同職務執行機関の規模において、個々の共同体成員や小共同体は、なんとか水利事業をコントロールしたり、あるいは影響力を行使する可能性があった。だが、水利事業の規模が拡大し、首長制や初期国家、あるいは地域国家、または専制国家の関与によってのみ担いうる場合には、水利の担い手は、個々の共同体成員や小共同体にはまったく力の及ばない外部機構となった。水利なしに個々の経営が成りたたない以上、アジア的形態における経済整体を仮定すれば水利の担い手を含んで成立する以外にない。つまり、水利の担い手のレベルに応じて、小共同体、総括的統一体のそれぞれが経済整体でありえた。また、灌漑・治水つまり水利の規模に応じて、首長制、初期国家、専制国家のいずれもが、水利の主体でありえた以上、経済整体もそのいずれでもありえたと考えられる。アジア的形態においてのみ総括的統一体が語られ、逆に古典古代的形態、ゲルマン的形態において、経済整体が語られているが、それは偶然であろうか。総括的統一体が、なんらかの意味において、経済整体に対応した概念である可能性を考えるべきであろう。そこから以下のような比較が可能となる。

経済整体（経済的完全体）の相違
アジア的形態　公共事業（灌漑・治水）の規模による（小共同体→総括的統一体）
古典古代的形態　農村共有地をもつ都市
ゲルマン的形態　宅地・農場を含む各個人の家

では、総括的統一体のもとにおける水利は、共同体成員に対し如何なる作用をもたらすのであろうか。まずここでは、井戸のように個々の経営内に施設された水源を考察の対象から除外する。なぜなら、アジア的形態においては、灌漑・治水は、多かれ少なかれ、共同体の事業だからであり、誰かの指揮のもとでの共同労働の形態をとる。共同体成員にとって灌漑・治水のための労働は、個々の経営にとって不可欠な労働（必要労働）を越えたものであり、剰余労働といってよい。だが、灌漑・治水は、乾燥アジアにおいては農耕そのものの必要不可欠な前提として、また湿潤アジアにおいても、十分な生産をあげるために、あるいは安定した生産のために、不可欠なものとして存在する以上、灌漑・治水のための労働は、共同体のための必要労働である。さらに、このような共同体のための必要労働は、共同体の首長が、共同体成員に対し強制力を発揮するにつれ、賦役に転化する(15)。

灌漑・治水の効果は、顕著である。もともと雨量が少ない乾燥アジアにおいては、灌漑の成果は卓越しており、また一定の雨量がある湿潤アジアにおいても、誰の目にもはっきり見えるかたちでその効果が現れる。湿潤アジアにおいて、たとえ年平均一〇〇〇から二〇〇〇ミリ程度の雨が降るといっても、降雨時期や雨量は、年々一定せず、しかもばらつきが大きく、従って作物の収量も一定しない。時によっては、播種期に雨がなく、播種を諦めざるをえない場合もあれば、播種の後、雨がないため作物が成長しない場合もある。そのいずれの場合においても、収穫は皆無となる。緊急に補足的措置をとったとしても、収穫は激減する。また、しばしば夏季もしくは秋季の短かい期間に一挙に降る場合もある。その場合、逆に洪水を心配しなければならない。それゆえ、一定の降雨がある湿潤アジアにおいても、安定した収穫のために灌漑・治水はやはり農業生産にきわめて重要な——時には必要不可欠な——役割を担っている。

灌漑・治水に伴う収穫、もしくは収穫の増収分はどのように分配されるのであろうか。もし、灌漑設備が小共同体の共同労働によって充分に築造・管理されるならば、収穫および収穫の増収分は、共同体成員に比較的平等に分配される可能性がある。たとえば、小さな溜池などの造営の場合、それほどの土木技術や用具を要しないとすれば、共同体に代々備わっている技術および道具、あるいは共同体成員が日ごろ培っている技術と持参してきた鉄製農具(鋤、鍬の類)で何とか用が足りるであろう。そこから、共同労働の成果が——多少の偏差はあっても——比較的平等に分けられることが予想される。

だが、水利施設の規模が小共同体をはるかに超える規模でしか築造・管理しえない場合、事情はまったく異なってくる。大規模な土木事業で必要とされる技術は、特別に伝承された職人や技術者を必要とする。この種の職人や技術者は、日頃は農業で生計を営み、工事の時だけ自発的に、手弁当で、技術を提供しにやってくるわけではない以上、誰かが彼らを食べさせていなければならない。また、農民たちに農具持参で集まるよう指示したとしても、大規模土木工事のために必要な道具は、事前に用意しておかなければならない。大量に集められた農民を指揮し、作業を進める監督者も優れた指導力を必要とする。大規模な事業の場合、指揮系統が必要となり、実際の作業（力役）に参加しない人間が増加する。大規模公共事業は、官僚制の形成をも促す（指揮系統に携わる者たちには、衣食住を手当てしなければならず、工事の完成後、何らかの報酬を与えなければならない）。さらに、工事のために集められた農民たちを食べさせなければならない。小共同体に隣接した工事の場合、農民たちは手弁当で参加しうるであろう。だが、工事現場が遠くなるほど、集められた農民たちを食べさせたり、宿泊させたりする必要が出てくる（命令すれば農民たちはある程度食料を持参して、それを費やしながら作業をこなすことは可能であろう。だが、それにも一定の限界がある）。つまり、水利事業の規模が大きくなればなるほど、要求される技術レベルは高まり、事前に用意しなければならないもの（道具、食糧、木材や石材など）は大量になる。水利施設建設の計画をたてた総括的統一体の長（首長や王）は、それらを事前に用意しなければならない。

事前の準備が大掛かりになればなるほど、また要求される技術や道具のレベルが高ければ高いほど、事前に用意しなければならない食糧、道具、材料が多ければ多いほど、あるいは作業手順が複雑化し、全体の工程管理が重要になればなるほど、事業の成果に対する主宰者側の分け前は大きくなる。それと同時に、動員された側の分け前は小さくなる。事前に生産設備を用意し、賃銀を前払いする資本家たちが、剰余価値をすべて搾取しうる。あるいは土地、農具、食料をも用意した中国の地主が、ただ労働力を提供するだけの小作人から収穫の八割を取り上げる。これらの例は極端かもしれないが、分け前をめぐる問題の本質を明らかにしている。分け前の割合はある意味で、動員の状況次第であり、動員する側とされる側の力関係の問題でもある。水がなければ収穫は望めないところに新たに用水路を引き、その用水によって作物の生産が可能になった場合を想定すれば、動員された人々が飢えに苦しんでいる農民だったとすれば、個々の家族が食べていける分以上の収穫は、共同の備蓄のため、上位の統一体の神々への感謝のため、あるいは首長や王へ貢納として、あるいは国家への租税として、捧げることになっても不思議はないであろう。もし、動員された人々が貧しくはあっても飢えに悩まされるほどではなかった場合は、農民を動員するためには、農民の手元により多くを残す必要があるだろう。ただし、そうだとしても、コミュニティ・ベースの水利事業のような、比較的平等な配分には到底ならないであろう。

湿潤アジアのように、水の絶対的不足ではなく、水の補給が問題である地域においても、同じく分け前の問題が生じる。すべてを主宰者（総括的統一体）が準備すれば、収穫の増収分の大部が主宰者側への奉献、貢納、租税に消えてしまうであろう。そうだとしても、それまでは数年に一度は飢餓に苦しまなければならなかった状況がなくなり、ほぼ毎年、安定した収量が望みえるとしたら、それだけで農民の生活は大きく改善したといってよく、その余が首長や王へと貢納されたとしても、首長や王は、その後、農民のより大きな支持をあてにすることができるであろう。また、首長や王は増加した貢納を蓄積することにより、その治世をさらに充実することができる。首長や王は富の再分配を通じて、さらに多くの従者や臣民の支持を獲得することが可能となる。

アジア的社会における総括的統一体の長は、大規模土木事業に関して、事前の準備（必要物資、資源の調達）を可能とする条件のもとにある。まず、たとえプリミティブな社会においても、共同体は、ある程度の備え（備蓄）を抱えている。だが、小規模な水利施設に依拠する小共同体の場合、備蓄は首長のコントロール下にあると同時に、共同体成員の強い関与も受けている可能性が高い。備蓄の量は、共同体の規模が多くなればなるほど、大きくなる。それらは一般に首長や王の管理下にある。また、共同体の諸神への奉献は、個々の共同体成員の剰余（賦役労働であれ、生産物であれ）をもってあてられる。諸神がまつられる場所が一般の家屋とは異なった神殿という形態をとるかどうかにかかわらず、神の居場所、社（やしろ）の管理は、基本的には首長、王自身か、その代理人によって担われる。奉献された生産物なり力役奉仕を差配することによって、首長や王は、富の蓄積が可能となる。ほかに、外国貿易の独占によっても、首長や王は富を蓄積することができ、また外征による財物と人間の略奪等によっても、首長や王は、他の共同体成員よりも、あるいは王の場合は配下の首長よりも、多くの富を蓄積することが可能である。それらは、すべて、首長や王が、大規模土木事業のための事前の蓄積を可能にする。

どのような世界においてであれ、共同体の長が、共同体の先行きを心配し、危機（たとえば、旱害、洪水、飢餓、戦争）を回避する方策を立てるのは、彼の義務であり、任務である。とりわけ、アジア的社会における共同体の長が、古典古代世界やゲルマン人の共同体の長よりも、深く農業に関与している、もしくは関与せざるをえないことに留意すべきである。古典古代的共同体の長は、まず軍事に関与し、さらには植民政策、外国貿易に注意を払った。狭い海岸地帯に依拠する古典古代的共同体は、足りない農産物、必需品を外部から調達しなければならなかったからである。また、後背地への移住という選択肢を持たなかった沿海諸都市の人口増加は、外部への植民を促進させた。それに対し、広大な森林地帯に住むゲルマン人の関心は、農場における穀物の栽培、および牧畜のためのテリトリーの防衛、もしくはその拡大であった。古ゲルマン人の世界に耕地不足の問題は存在していなかった。マルクスは古ゲルマン人の居住について集居ではなく散居をイメージしており、個々の共同体成員の家が一つのまとまった自立した経営体（経済整体）である以上、テリトリーの防衛と拡大以外に、共同体の長が農業について関わる余地は残されていなかった。また、共有地（草地、放牧地、森林等）の管理についても、共同体の長が自由にコントロールする余地は限られていた。

個々の経営が自立していないか、自立していたとしても「水」の供給抜きでは経営ができないアジア的社会において、水の供給者もしくは管理者は個々の経営に対し大きな影響力を持つ。というより、水の供給は点（個々の経営）ではなく、面に対する供給である以上、水が及ぶ地域に対し、影響力を持つ。さらに、溜池であれ、用水路であれ、共同体成員を動員して水利施設を築造し、さらに維持管理しなければならない以上、当該地域に対する影響力は、農業を越えた影響力を持つことになる。

水源の確保や水の供給は、どのような作物を植えるのか、あるいは、作物の種類に応じて、いつ水を供給するのか、いつ播種を行い、いつ収穫するのかなど、農作業のスケジュールや労働力配分と密接に結びついており、またどの時期に、水利施設築造や修築のために労働力がもっとも確保しうるのかとも関連しており、ある意味で、農業全般に関わることになる。つまり、アジア的社会においては、首長層は、農業への関与、あるいは共同体のための賦役労働の指揮を通じて、地域全体に対し、強い影響力を行使することができる。農業を通じての地域社会に対する強い影響力の行使、結局は勧農権の問題となる。勧農権は、とくにアジア古代史、中世史において、王や諸侯、地方豪族などの民衆に対する支配権の争奪に大きな要因として登場する。とくに、日本の古代末期から中世において、勧農権を誰が掌握するのかが、地域支配の樹立において決定的に重要な意味を持っていたように思われる。勧農権は、水利の大規模化により、より広範な地域にその影響力を及ぼすことになる。水利施設の築造者および管理者は、勧農権を行使することによって、水の供給を受ける多数の小共同体をより強い従属のもとに置くことができると同時に、そこから多くの富を引き出すことができる。このようにして蓄積された富を、再びより大きな水利施設を築造することによって、さらに多くの小共同体もしくは共同体連合（部族）をその影響下、支配下に組み込むことが可能である。すなわち、水利施設の大規模化、そこにおける勧農権の伸張は、総括的統一体の形成を促す大きな要因である。

これまで、アジア的社会において、大規模公共事業（この場合は大規模な水利施設）が総括的統一体の形成に大きな役割を果たしていることを述べた。だが、古典古代やゲルマン人たちの間でも、もしひとたび大規模な水利事業が必要となれば、上位の共同体はアジア的な総括的統一体へと発展する可能性（余地）はないのであろうかと考えることもできる。だが、原初の状態はともあれ、マルクスが所有の第二形態と呼んだ時期における古典古代的所有の共同体には、すでにしっかりと私的所有が根付いており、共同体の長が共同体の事業がもたらした収益を独占することは不可能であった。何よりも、権威においてまさっていたとはいえ王も僭主も貴族の一員、共同体の一員にすぎなかった。同じくゲルマン的所有の共同体においても、マルクスが個人的所有と呼んだ独特の所有形態を確立していた。しかも、各戸の農業経営は、他の家とも共同体とも独立し、そのような個人的所有にもとづく共同体においては、たとえ共同体の事業があったとしても、その収益は各戸の関与状況を勘案して分配する以外になかったであろう。どのように優れた指導者であっても、共同事業からの収益を独占することはできなかった。

もっともそれが顕著に表れているのは、軍事にかかわる収益の分配である。アテネの重装歩兵に顕著なように、各自の武具は自弁であった。個人が調達できない武器（たとえば軍艦）、軍事施設はポリスが負担した。このようなシステムから生まれた軍隊、軍事力による収益が、王や僭主に独占されることはない。それゆえ、リスクは武装自弁しえる平民層の没落である。ローマのように、武装自弁できない没落市民は、実力者に寄食し、その私兵となり、実力者相互の権力闘争の走狗となるか、あるいは武具を借りて実力者の投機的外征に従うしかなくなる。運がよければ、征服地の分与にあずかることかもしれなかった。共和政ローマを蝕んだパトロン－クライアント関係の進展であり、最後には帝政ローマに行きつく。それでも、私的所有は維持されたし、上位の共同体にローマを戴く諸都市の市民も、ローマに準じた市民権を獲得し、カラカラ帝の時、ローマの市民権を獲得する。ともあれ、古典古代における市民の私的所有は、所有権として認められたものであり、それを奪うことは王や僭主も難しく、帝政期ローマの皇帝もまたローマ法の守護者である以上、その皇帝の権力をもってしても、そう簡単ではなかった。もし、公共の用のために市民の土地をとりあげなければならないとしたら、それにみあう補償をしなければならなかった。

武装自衛が原則であったのは、ゲルマン人も同様であった。同じく中世の騎士もまた武装自弁であった。このような場合、遠征がもたらす収益のすべてが主催者のものになるというわけにはいかなかった。彼らが遠征のために準備すべきものとしてもっとも重要なものは、軍勢であり、それぞれ軍勢を率いる領主あるいは諸侯は、契約に従って、あるいは遠征への協力ぶりや実際の軍功に応じた分け前を要求した。また、その軍勢に従う個々の騎士にとって、準備すべきものとは武器や馬、あるいはそれを世話する自身の従者であり、それらを各自が引率（持参）する以上、軍勢を率いる諸侯や領主から、分け前を要求する権利をもっていた。

アジア的社会における遠征は、首長制や初期国家の段階はともかくも、専制国家にあっては、すべて国家の費用によって購われた。国家の専制化に応じて、国家の武具の支給へと進展したと考えるべきであろう。それは、遠征あるいは軍への徴発が、共同体成員に対し一種の共同体のための賦役労働の形をとったからである。プリミティブな段階においては、遠征は共同体成員の自前の武具を使ったであろうが、共同体首長の権力の伸長にしたがって、次第に共同体あるいはその首長が武器や食糧（外征においてはそのほとんどを現地調達したであろうが）を準備し、それに応じて遠征の分け前を、諸共同体を指導する共同職務執行機関や首長が独占していくプロセスが進行したと考えられる。

専制国家においては、武装は自弁ではなく、国家の支給であった。それゆえ、武装自弁する能力のない農民もまた、兵士として強制的に狩りだされた。このような軍隊による遠征（外征）の収益がすべて国家もしくは専制君主のものになることは当然であった。軍功は、それぞれの昇進であった。すでに、軍そのものが官僚組織化していたからである。将軍たちは、多くの場合、官位や職位に応じて、あるいは軍功に応じて、国家の禄（財貨）にあずかるか、采地があてがわれた。だが、その采地は、所領ではなく、官位や職位を失った場合、国家に回収される一時的な寄食地であった。（以上の記述はもっとも一般的なケースを想定したものである。たとえば、専制国家に置いても、徴発された農民たちが集合地までは食糧を持参しなければならない、あるいは軍事演習の際にはそれぞれ武具を持参しなければならないなど、個々のケースにおいては様々な相違があったと思われる）。

もし、先ほどの問に答えるとしたら、古典古代的所有やゲルマン的所有が形成された後、大規模公共事業を興す必要が生じたとしたら、それぞれの所有形態に応じて処理されたであろう。著名なローマの水道が、ローマの所有形態をアジア的形態に変えることがなかったことを考えれば理解しうるであろう。バレンシアの灌漑農業、ロンバルディア平原の米作（灌漑）やオランダの運河建設や干拓が、それぞれの所有形態のもとでも、十分に対応可能であったことはいうまでもない。共同体の首長や王における貿易の独占、あるいは貿易事業の収益の分与についても、同じ観点――共同体の事業に対する共同体成員の参与と収益の分配――から考察することができると考えられる。

『諸形態』における、アジア的形態における総括的統一体、古典古代的形態における経済整体としての都市、ゲルマン的形態における経済整体としての農場経営を行う家（熊野聰、1983）、この三者の比較から、共同体の事業、あるいは公共事業に対する、共同体成員の制御可能性の問題が提起される。共同体の事業が如何に計画され実行に移されるのか、事業への参加が如何に強制されるのか、その収益が如何に配分されるのか、といった点において、アジア的形態における経済整体を総括的統一体であると仮定すると、アジア的形態、古典古代的形態、ゲルマン的形態へと、経済整体の規模が小さくなるにつれて、共同体の事業あるいは公共事業に対する共同体成員のコントロールは強まると、考えられる。

アジア的形態においても、共同体や総括的統一体の規模が小さくなるにつれ、共同体の事業に対する共同体成員の制御可能性が高まる以上、所有形態による区別には意味がないという議論もあるかもしれない。だが、所有形態の相違における制御可能性の問題と、同じアジア的形態における、共同体もしくは総括的統一体の規模の相違による制御可能性の問題とは、レベルを異にする問題である。後者は、古典古代的形態においても、ゲルマン的形態においても、同様に生じる問題である。共同体が大きくなればなるほど、共同体連合や上位の共同体の成立など、組織が複雑になればなるほど、どの形態においても、共同体成員の共同体事業へのコントロールは難しくなる、という一般論に属する。それに対し、前者、所有形態の相違における制御可能性の相違は、各形態間の質的相違の問題に属する。もっといえば、共同体成員の共同体からの自立度、あるいは所有権の強さの問題に属する。

その点を考慮しつつ、アジア的形態における上位の共同体（総括的統一体）に対して一体性を強調するEinheit（統一体）を使い、その一体性に包み込まれる共同体成員の権利の弱さを「無所有」と表現し、かつそれに対してゲルマン的形態においては共同体自身が個人的所有を具現する共同体成員の連合（Vereinigung）によってのみ成立するとする記述から、マルクスの意図は、明らかであろう。それを、ゲルマン的なるものに対するロマンティシズムに染まっているとか、ヨーロッパ中心主義に陥っていると指摘するのは簡単であるが、アジア的社会において、個人の所有権の弱さが、王や国家の政治意志に対する抵抗を難しくしているという問題は、プリミティブな所有の段階の問題だけではなく、きわめて今日的な課題でもあることを忘れてはならないだろう。

4　総括的統一体から専制国家への道

総括的統一体が、大規模公共事業の利益を独占していくプロセスについて述べてきた。総括的統一体を、現在の人類学的用語であらわせば、おそらく首長制社会から未開国家もしくは初期国家への時期における政治組織に相当するだろう。それが統一体といわれるゆえんは、その一体性にあり、社会をまるごとひっくるめて支配している、あるいはその指導を引き受けているといえる。そして、その一体性は、専制国家に引き継がれる、あるいはその一体性が専制化への転換の契機を含んでいると考えられる。

水利を必要とする社会においては、共同体のための必要労働が大きく、それを指揮・管理するものは、大きな権力を手にすることができる。共同労働（治水灌漑事業）で得られた成果、具体的には、増加した収穫物は、時期や場所により――国家が成立しているかどうかといった条件により――、様々な方法で分けられるが、基本的には、一部が働き手である共同体成員（農民）のもとに残され、後は、共同の備蓄に宛てられるか、共同体の神々へ奉納されるか、土地や水の主である首長もしくは王（その代理人）のもとに送られる。共同体首長や王は、それを槓桿により多くの剰余労働、剰余生産物（つまり本来の必要を越えた部分）を差配し、共同体成員に対する支配を強める。共同体のための必要労働か、あるいはその必要を越えた剰余労働であるかの区別は微妙であり、強大な権力をもってすれば、本来の剰余労働や剰余生産物を共同体の名のもとに、あるいは公共の福利の名目において略取することは容易である。上位の共同体（総括的統一体）の肥大化と、システムの安定性（専制国家）に従って、小共同体の再編が進行する。そのなかで、共同体成員は、いよいよ共同事業（公共事業）への制御可能性を低下させる。

土の所有だけでは、農業はできない。「水」なしでは、「土」は無価値であるか、あるいはそこまでいかなくても価値を大きく損ねてしまう。そのような社会においては、水を如何に供給するかが農業の死命を決することになる。井戸や小さな溜池を別とすれば、水は一般に、土地のようには個々に所有することができない。共同体成員（農民）が、共同の水利施設を使わざるをえない以上、水利施設の建設者（あるいは管理者）に、大きく依存することになる。しかし、この大きく依存せざるをえない、ということはまだプロセスとしては、相対的な比較の段階にあることを意味する。

では何故、アジア的形態において、首長や王が唯一の土地所有者あるいは剰余（剰余労働や剰余生産物）の独占的な取得者となるのであろうか。あるいはまた、唯一の所有者として、共同体を実質的な所有者とし、共同体成員を無所有に転落させることができるのであろうか。この「無所有への転落」とは西欧的観点からいえることであるが。なぜなら、水利を必要とする社会においては、共同体成員の所有権が確立したことはなかったからである。アジア的社会においては土地所有とは、つねに共同体に依存したものであった。あるいは共同体を代表する首長や共同体に君臨する王に依存したものであった。首長や王の意志から独立した所有、すなわち所有権は成立することが極めて困難であった。

たとえば、乾燥アジアのように、灌漑に依存する農業において、乾燥化がよりいっそう進展すれば、より大規模に灌漑・排水を行わなければならない。とくに、乾燥地帯の灌漑につきものの塩化を防ぐための、排水は容易ではない。脱塩を促すための排水には、灌漑水路の建設と同様に、大量の労働を投入が必要である。塩化が進行すれば、収穫は激減し、農耕すらおぼつかなく、より大規模に共同体成員を水路や排水溝の建設のために、動員しなければならない。大河の洪水対策のための築堤も同じ事態を引き起す。大規模公共事業の完遂のためには、共同体成員に大量の、長期にわたる賦役労働を強制する以外に生きる道はない。そして、その事業の成功は、事業の主宰者により大きな権力の集中をもたらすであろうことは、容易に理解できる。これが専制化の大きな契機となる。

さらに、このような事業の成功を祈願し、事業の完成を祝うための活動もまた、共同体のための必要労働である。だが、墳墓の造営、神殿の築造といったものも、共同体のための必要労働であったとしても、灌漑・治水と同じ働きをするのであろうか。これらは一般には、生産活動ではない。あるいは生産と関連した活動であったとしても、生産活動それ自身ではなく、また遠征や貿易とも異なって、収益の分与という問題も提起しない。公共事業の成功や成果（収穫）が、すべて神や祖霊の加護によるものとするならば、神殿や墳墓にも収益を分けなければならなくなるのだが。

所有のアジア的形態において、とくにその初期において、共同体のための賦役労働はきわめて重要な役割をはたす。それは単に、灌漑・治水など大規模公共事業が共同体のための賦役労働の徴発によって果たされる、という意味においてばかりではない。水を支配する首長や王が独占的に共同体成員の剰余を取得するという点において、それが労働の形をとろうと生産物の形をとろうと、同じであるはず。だが、「もの」である生産物に対し、賦役労働は生身の人間の活動そのものであり、生身の人間の招集を前提とする。労働も生産物も、大量に集められれば様々な問題を引き起こすが、大量に集められた労働への差配は、労働の具現者である共同体農民に深い影響を及ぼす。もっとも顕著なのは、灌漑・排水施設あるいは河防施設（堤防）の築造である。共同体の指揮者の指導のもとに、それらの施設を完成させ、思いどおりの結果をえた時、共同体の力を実感するであろうし、いっそうの高い権威を指導者に認めることになる。

大規模公共事業が、初期国家あるいは専制国家の手で行われる場合、農民たちを、郷里から引き離し遠隔の地に徴集しなければならない。農民たちは不安を感じるであろうが、工事が農閑期に行われ、食糧の備蓄が主宰者側にあれば、その不安はかなり薄まる。そして、遠方から集められた農民たちは、その事業のプロセスのなかで、上位の共同体である国家の力を実感する。見知らぬものが一堂に会することによって、国家が成就する。農民たちを引率してきた地方首長層（あるいはその子弟）は、事業の完成後、国家機構の担い手として、郷里に戻っていく。

神殿の築造は豊穣の祈願のために、あるいは豊穣への感謝のために築造されるという意味において、プリミティブな社会においては、生産労働と同等の役割を果たす。首長や王のための巨大墳墓もまたそれに準じた役割を果たしている。エジプトのピラミッド建設においても、古代日本の古墳の築造においても、灌漑・治水など水利で鍛えられた技術が生かされたことが、報告されている。もちろん、灌漑や治水で鍛えられたものは、道具や技術ばかりではない。大量の労働を如何に集め、如何に組織化し、如何に工事を進めるかといったノウハウや作業モデルも、そこから取得されたものが応用されたのであろう。そして、いずれの巨大墳墓も、築造のプロセスにおいては、工事を指揮する官僚機構の形成を促進し、さらに完成後は、それら巨大建築物は自らを大いにみせびらかすことによって、王あるいは国家の力を演出しえたのであった。

そのような大規模公共事業のイデオロギー効果に味をしめた首長や王は、手元に備蓄（道具、材料、食糧など）があるかぎり、巨大なものの築造につねにかりたてられることになる。それは、王宮や王都の造営といった、墳墓や神殿よりもさらに生産に関係の薄い大規模公共事業に走る支配者が、けっして絶えることのない要因でもある。かつ、それらは、水利に直接関わりをもたない地方の住民を大規模公共事業に関与せしめることで、王の支配をさらに拡大しうる可能性を与える。

このような大規模公共事業は、単に王によってのみ促進されたわけではない。大規模公共事業を求める大勢の官僚たちや司祭たちが、君主を取り巻いていた。彼らには王（君主）を突出させる必要性があった。王の突出性を、イデオロギー機能の担い手たちは強調する。王の突出した力は、臣民への強制の不可避性にもとづく。アジア的形態のもとにおいては、共同体の生存のために、その成員の賦役労働への強制は、当然にも正当化されねばならなかった。強制するものと強制されるものの間には、決して越えられない大きな懸隔がなければならない。いずれかがすべてを所有するならば、もう一方は無でなければならない。ギリシアの哲学者たちが奴隷制を肯定したように、中世の教父たちが農奴制を認めたように、アジア的社会の司祭たちは、共同体成員（良民）への賦役の強制を正当化する。まさに、良き市民とは、あるいは良き共同体成員とは、自由でなければならなかった古典古代や古ゲルマン人の世界との相違がそこにある。

だが、総括的統一体から専制国家の道は、平坦ではない。また、一本道でもない。単なる上位の共同体から総括的統一体が成立するとき、ルーズな総括的統一体が専制国家へ転換するとき、幾度も揺り戻しが起こる。上位の共同体や総括的統一体においてのみならず、首長制の成立、初期国家の成立についても同じことがいえる。平坦な道ではなく、それぞれのプロセスにおいて、やはり一種の飛躍が必要である。そのたびに、権力のバランスが崩壊し、新たなレベルにおいて、より高いレベルにおいて、権力の均衡がはかられる。だが、専制国家においては、その均衡も崩壊する。権力の一極集中は、権力のバランスさえも崩壊させる。

そのような各レベルの飛躍のたびに、新たにイデオロギー的補強が行われ、飛躍が正当化される。権力の一極集中に対応しているのは、他のすべての成員の無権利である。そしてその権力の一極集中にともなう他の成員の無権利もまた、イデオロギー的補強により、正当化される（王の権威や権力は、他のいかなる権威や権力によっても阻まれてはならない）。実質的な権利や権力の所有者たちもまた、一極に集中された権力の分与として、至上権に従属してのみようやく成立する権利や権力となる。この至上権のもとにおいては、個々の臣民の権利は極小化する。農民がたとえば、土地を譲渡したり売買しえたとしても、土地に対する王の上級所有権が揺らぐことはないし、個々の農民たちを「共同体のための賦役労働」を強制する権利は王の手にしっかり握られたままである。しかし、その段階においても、なお微妙な区別が存在する。王臣（小共同体の首長）たちの実質的な権利や権力が残ったまま、至上権のイデオロギー的なみかけだけが達成されるのか、それとも、それを越え、すべてがほぼ完全に至上権に依存し、それなしでは実質的な権利や権力でもない、というレベルまで専制化が進むのか、それはそれぞれの総括的統一体がおかれた現実に依存する。周辺的なアジア的社会においては、総括的統一体の小共同体に対する支配も緩やかで、首長層が名目的に、総括的統一体に臣従している場合もある。しかし、その場合にも、中国やインドから王土王民思想や国家体制を受容し、見かけだけの専制化を実現している場合もある。そのような社会における実質的な「経済整体」（統一体）は、おそらく小河川の流域を中心とした地域社会であり、そこに首長層が勧農権を独自に行使しうる――共同構成員の賦役労働の搾取から剰余を絞り出す――可能性が出てくる。

権力の一極集中とは、権力の均衡抜きで、システムの安定化をはかるという点において、特異な相貌をもつ。それにもかかわらず、このような権力の一極集中を特質とする社会（単一権力社会）が、水利文明の発生以来、数千年来、興亡を繰り返してきたということの意味を考えざるをえない。それは単なる惰性ではない。権力の一極集中を継続しなければならない必然性がつねにあった、あるいはその必要性がつねに感得され、それが更新されてきたと考えるべきであろう。

〔注〕

(1)「大ざっぱにいって、経済的社会構成が進歩してゆく段階としての、アジア的、古代的、法権的、および近代ブルジョア的生産様式をあげることができる」(『経済学批判』「序言」、岩波文庫、1956)。

(2) 実際の文中においては、アジア的形態はまず「こうした土地所有の第一形態」として、古典古代的形態は「第二の所有形態」として、ゲルマン的形態は「労働する個人、すなわち自給自足的な共同社会成員が、その労働の自然的諸条件を所有する(他の)一つの形態」との記述において、まず登場する。アジア的形態における「こうした土地所有」の意味は、賃労働の前提である資本による直接生産者の土地からの切り離しの対象としてあげられた自由な小土地所有および共同体的土地所有のことであろう。

(3)『諸形態』をアジア的、古典古代的、ゲルマン的などの本源的共同体を論じたものとする根拠は、『諸形態』の冒頭の一節、「したがってなによりもまず、労働者を彼の天然の仕事場としての大地〔Erde〕から切り離すこと——それゆえ自由な小土地所有、ならびに東洋的共同体〔Kommune〕を基礎とする共同体的土地所有を解体することである」(手島訳、p.7)から確証をうることができるかもしれない。ここでは、単純に読めば、所有の基礎に共同体が存在するということが語られており、したがって、アジア的所有の基礎にはアジア的共同体があるという理解も可能となるからである。東洋的共同体 die orientalische Kommune とは、おそらくは福冨正実がいうように、インド的共有と同様の、アジア的、古典古代的、ゲルマン的所有(ほかにスラヴ的所有など)の本源的な共同体を包括したものであると同時に、それらの共同体の初源にある共同所有を具現したもの(共同体)であると考えられる。

(4) 一九七〇年代末から八〇年代初頭にかけて、小谷汪之は、マルクス共同体論の矛盾を鋭くつき、一九六〇年代中葉以降、隆盛をきわめた日本におけるアジア的生産様式論争(第二次論争)を葬りさった。小谷は、一八五〇年代のマルクスが、インドの所有形態に関する諸資料を誤読し、インド村落を共同体的所有にもとづく村落共同体とみなした点を批判し、アジア的生産様式論がマルクスのアジア的共同体論に依拠できない点を指摘した。その批判はテキスト・クリティークとして正しかったとしても、批判の在り方として、今一歩、マルクスの本来の意図を見抜けなかった点において、不十分であったように思われる。マルクスが『諸形態』において——あるいは一八五〇年代の非ヨーロッパ世界の経済史研究において——発見したものは、アジア的共同体ではなく、本源的な土地所有のアジア的形態であったということ、アジア的共同体は、この土地所有のアジア的形態にもとづき構想されたもの(派生物)であったという点を理解しようとはしなかったという点において。おそらく、小谷はこのようなマルクスの意図(アジア的所有形態論)それ自身を「ヨーロッパ中心主義」あるいはオリエンタリズムとして、拒否しようとしたのではないかと思われる。マルクスは、アジア的所有の存在するところすべてに、アジア的共同体が存在するものと思い込んでいた。小谷は、マルクスの誤読をただせば、アジア的生産様式論を破砕しうるものと考えていたようである。たしかに、当時、小谷のアジア的共同体論批判は、ものの見事に日本のアジア的生産様式論のほとんどを壊滅させた。だが、アジア的生産様式論の中心は、アジア的共同体にあるのではなく、土地所有のアジア的形態に関わる議論、すなわちアジア的所有にある。「二十世紀社会主義」における、人民とか勤労者とか呼ばれる個々の共同体成員の所有の弱さが、その専制を可能ならしめたことを考えれば、二十世紀社会主義崩壊後も、アジア的所有が負っている課題はいまだに果たされていないといえる。すなわち、アジア的所有がマルクス主義ヒストリグラフィーにおいて現実的な意義を失わない限り、アジア的生産様式論を葬り去ることはできない。

(5) 第一の所有形態がアジア的形態のみであるかどうかについては、議論がある。第一の所有形態が自然生的共同社会に築かれた、非古典古代的、非ゲルマン的所有である以上、アジアにおいてばかりでなく、他の世界においても、出現する可能性が高く、かつ、ヨーロッパ的世界においても出現する可能性があった。つまり、第一形態には含まれるが、非アジア的な形態も存在する可能性がある（言葉の上では、というべきであろう。というのも、古典古代的形態を第二形態、ゲルマン的形態を第三形態と呼んでいる以上、第一形態はアジア的形態である、というのは正当な論理性を有するからである。あるいは、このズレは、単純な自然生的種族共同体社会から、総括的統一体の成立（アジア的基本形態）までに、一定の過程を要するために生じたともいえる。その一定の過程の間に、また様々なヴァリアンスが生ずる可能性がある。それをも含めてアジア的形態と呼ぶべきかどうか、また問題となろう）。

(6) 数十年におよぶ先行研究が『諸形態』においてそれぞれ議論を戦わせてきた様々な問題——東洋的共同体および東洋的形態について、あるいはスラヴ的形態について、そのほか、古代ケルトは果たしてアジア的形態に属するのかどうか、総体的奴隷制、奴隷制と農奴制の理解をめぐって等々——については、紙幅の関係もあり、ここでは論及できない。

(7) かくして als ～ erscheinen（英語における appear ～ as に相当）は、マルクスのより根本的なものの見方に関わるのではないかと思われる。著名な『資本論』冒頭の一節「資本主義的生産様式が支配的におこなわれている社会の富は〝巨大なる商品集成〟として現れ、個々の商品がその富の原基形態として現れる。われわれの研究は、だから、商品の分析を以て始まる」もまた、als ～ erschein として表現されている。誰にとっても、資本主義社会の富が〝巨大なる商品集成〟として現われ、個々の商品がその富の原基形態として現われることは、抗えない事実である。それを仮象だとか虚構だとかいうことはできない。だが、もし、そこで、「巨大なる商品集成」や「富の原基形態」をそのまま事実として受け入れてしまえば、物象化された世界のなかでの、人間と人間の関係を見いだせなくなるであろうし、貨幣物神や商品物神などから自由にはなれない。いずれに偏しても、資本主義をトータルなシステムとして認識することは不可能になる（この『資本論』冒頭の一節に関しては、広松渉『資本論の哲学』（現代評論社、1974）を参照）。

このようにマルクスは、すべての現象を、すなわち目の前に現前する世界を als ～ erscheinen として受け止めていたように思われる。このような世界事象、あるいは現実世界を、つねに現前に現象するものとしてとらえる視角は、従来信じられてきたマルクス主義者が喧伝する決定論とは、異質なものである。あらゆるものが「～として現象する」ものであり、「もの」あるいは「こと」は、同時に「～であるかのように現象する」ものである以上、決定論は意味をもたない。マルクスのアジア的生産様式論が、地理的決定論でもなく、『資本論』の世界が、経済決定論でもないことが理解しうるはずである。

（8）国民文庫（大月書店）版『諸形態』には、翻訳者手島正毅による解説「訳者ノート」が付戴されている。そのなかで手島は「本手稿をひらかれた読者は、その七割強の紙数が、原始共同体の生産様式、とくにそのなかから発生した古代奴隷制の二形態、すなわちアジア的・古代（ローマ）的生産様式、およびやがて封建制の原型となるゲルマン的生産様式の研究についやされていること……を知らされるだろう」と述べている。

（9）このような『諸形態』の記述は、ローザ・ルクセンブルク『経済学入門』（岩波文庫、1978）における国家成立の議論に対応している。「東洋の大多数の地方における比較的進歩した農業の死活問題はつねに人工的灌漑である。われわれは、インドにおいてもエジプトにおいてもすでに早くから農業の堅実な基礎として大規模な灌漑工事や運河や井戸を、あるいはまた農業を周期的な氾濫に順応させるための計画的な予防設備を見るのである。すべてこれらの大事業ははじめから個々のマルク共同体の力には、またそれらの発議や経済計画には不相応なものだった。それらの管理および実行には、個々の村落のマルクの上に立っていて諸村落の労働力をひとつのより高度な統一体に総括することのできた一つの権威が必要である」（『経済学入門』pp.258-259）。ただ、このようなローザの記述は、もちろん、『諸形態』に負っているのではなく、エンゲルス『反デューリング論』で展開された階級支配成立への「二つの道」の議論における「第一の道」に対応している。

ユニークな資本主義的な世界システムの理解で知られるローザは、非ヨーロッパ世界の経済史をも、その考察の重要な一環としており、マルクスとは異なった時代、『諸形態』からちょうど半世紀たった時代において、人類史的なスケールにおいて、階級と国家の成立の課題に取り組んでいた。非ヨーロッパ的世界における階級支配と国家の成立は如何に進行したのか。その手がかりを提供したものこそ、インカ帝国の歴史であった。インカにおける、上位の共同体の諸共同体の搾取が、プリミティブな共同体社会における「共産主義」的諸関係の原理を転用したものであることを見抜いている。外から支配するものの、公的機能、共同体的機能の独占（収奪）を手掛かりにしており、参考に値する。

ローザ・ルクセンブルクは、『諸形態』における本源的所有の三つの類型を知ることはなかった。それゆえ、プリミティブな共同体（彼女はそれをもマルク共同体と呼んでいる）の発展と、階級支配と国家成立に向けた解体のプロセスにおいて、インカ統治下の所有形態（マルクスがアジア的と呼んでいたもの）をも、ギリシアやローマ世界の古典古代的形態をも、西欧世界のゲルマン的形態をも同じ性質の共同体（彼女はそれを「マルク共同体」と呼んでいる）とみなしている。ただ、それにもかかわらず、ローザは、エンゲルス『反デューリング論』における「第一の道」に依拠することによって、非ヨーロッパ的世界の歴史発展が、ヨーロッパ世界の歴史発展とは異なった展開になる可能性を理解していたように思われる。たとえば、「原始共産主義社会はそれ自身の内的発展によって不平等と専制との形成に到達する」（p.293）と述べる時、ヨーロッパの歴史に範をとったような、原始社会から奴隷制や封建制への発展がそのまま提起されるわけではない。むしろ、専制を射程に入れることで、非ヨーロッパ的な歴史発展のコースを主要なものと想定している。

直截に言えば、ローザにおける階級支配と国家成立の歴史は、『反デューリング論』における第一の道に代表される。アジアの古代文明も、インカ国家も、さらにギリシア・ローマ的世界も、そしてさらに古代ゲルマン人の道も同様である。東洋にかぎらず西洋でも、種々の公共事業があり、それは特殊な機関によって担われなければならず、それの職務は時がたつにつれ一定の家族に世襲され、次第に共同体の奉仕者からその支配者になる（p.285）。公的な事業の最たるものは、戦争の遂行であり、その結果は不平等と搾取を推し進めることになる。また、征服者が被支配共同体をも含めた公的機能、公共事業を入手することによって、被征服民に対する支配を正当化しえたのだった。ローザにとり、『起源』が国家成立のプロセスにおいて重視した共同体内部の社会的分業、私的所有、商品生産の発展は、国家成立の前史としてではなく、資本主義への発展の前史として位置づけられることになる。

(10)『諸形態』は、国家形成への関心が薄いのが特徴である。たとえば、アジア的形態においては、その政治システムは、小共同体→包括的統一体→専制国家へと発展するようにみえるが、その発展について論理的な説明がなされているわけではない。全体的にシステムの発展といった視点からは述べられていない。たとえば、本源的な所有形態から二次的形態への変化の記述から、変化への関心を指摘することができるが、それはシステムの発展というよ

なされないままになっている。

(11) マルクスのこのディスクールの在り方は、終始一貫していたと思われる。一八八一年に書かれた「ザスーリチへの手紙」(草稿)においても、ロシアの社会構成を共同体(ミール)のうえに聳え立つツァー専制として描いている。その際、ロシアの資本主義は、専制の側からのイニシアティブによって導入されたとみなされている。

(12) マルクスはゲルマン的形態について、「あるいは最後に、共同体所有が個人的所有の補充としてのみ現れることもある。しかしこの個人的所有こそがその基礎であって、共同体は共同体成員の共通の目的のための集会やその連合以外には、一般に対自的存在をもたないのである」(p.28) と述べている。ここでいう基礎とは、土地所有もしくはゲルマン的所有についてであろう。いずれにせよ、共同体もしくは共同体的土地所有が基礎ではない、としているかのようである。だが、個々の共同体成員の個人的所有は、それぞれの部族団体(共同体連合)による大地の先占を前提としていることを想起すべきである。

(13) その意味でローマは、常時戦闘体制にあり、隣接する都市に対し闘いをしかける一種の戦争機械であった。この戦争機械は、数世紀一貫して機能し続け、占領地を市民に分与し、さらに、そこで増加した平民をさらに新しい国境の周囲に広がる周辺諸地域の占領に向かわせ、戦争、植民、人口増加、戦争のサイクルを繰り返し、最終的には地中海世界全域の統一に成功する。だが、アフリカ、エジプト、シリア、アナトリア、マケドニアなどの東方世界を多大に帝国内部に抱え込んだ結果、東方統治に合わせ、次第に伝統的な東方の統治体制、東洋的専制を受容していく。

(14) ギリシアのポリスは、戦争に明け暮れていた。それゆえ、共同体自身が軍事的に編成されており、それが「共同体が所有者として生存する条件の一つ」であった。そのような市民から重装歩兵が登場してくるのだが、彼ら(一般の市民)が軍役につき、日常的に政治活動に奉仕するためには、その経営(主として農業経営)に労働力としての奴隷が不可欠であった。奴隷は、経営ごとに捕獲し、連行して来たのではない。ポリス間戦争の結果、戦利品として奪ってくるか、略奪のための外征によって得られたものであった。たとえ、個々の市民が奴隷を市場で買ったとしても、その奴隷はポリス間戦争によってもたらされたものか、あるいは略奪のための外征によって獲得されたものであった。つまり、労働力としての奴隷はポリスの軍事行動によって獲得されたのである。

(15) アジア的所有、アジア的共同体における「共同体のための賦役労働」の重要性を指摘したのは望月清司 (1971)

である。

［文献リスト］

マルクス『資本制生産に先行する諸形態』飯田貫一訳　岩波書店　一九四八年
マルクス『資本制生産に先行する諸形態』岡崎次郎訳　青木文庫　一九五九年
マルクス『資本主義的生産に先行する諸形態』手島正毅訳　国民文庫　大月書店　一九六三年
マルクス&エンゲルス『ドイツ・イデオロギー』廣松渉編訳　岩波文庫　二〇〇二年
モーリス・ブロック『マルクス主義と人類学』山内昶訳　法政大学出版局　一九九六年
小谷汪之『マルクスとアジア』青木書店　一九七九年
小谷汪之『共同体と近代』青木書店　一九八二年
熊野聰『共同体と国家の歴史理論』青木書店　一九七六年
熊野聰『北の農民バイキング』平凡社　一九八三年
玉城哲『風土の経済学　西欧モデルを越えて』新評論　一九七六年
玉城哲「灌漑農業の発展理論」福田仁志編『アジアの灌漑』アジア経済研究所　一九七六年
外村直彦「マルクスの「前進的時期」と世界史の発展段階」『歴史評論』四五〇号　一九八七年
中島健一『古オリエント文明の発展と衰退』校倉書房　一九七三年
中島健一『河川文明の生態史観』校倉書房　一九七八年
中島健一『灌漑農法と社会＝政治体制』校倉書房　一九八三年
福冨正実『共同体論争と所有の原理』未来社　一九七〇年
堀米庸三『ヨーロッパ中世世界の構造』岩波書店　一九七六年
望月清司「「共同体のための賦役労働」について」『専修大学社会科学研究所月報』八八号　一九七一年
望月清司『マルクス歴史理論の研究』岩波書店　一九七三年
山崎カヲル「〈アジア型〉国家の成立条件」『思想』六九五号　一九八二年

第二章　マルクス主義と水の理論

二十世紀社会主義崩壊以後、すでに二十余年がたとうとしている。だが、いまもなお、東アジア、東南アジアに社会主義を国是とする国家がいくつか存在しており、それらの国家の経済が対外的に開放されたのかどうかにかかわらず、政治的にはそれぞれ一党独裁を続けている。さらには、旧社会主義国、とくにソ連解体後に独立した諸国家においては、いずれも指導者を選ぶ選挙が行われているにもかかわらず、独裁的な政治システムを維持している国家が少なくない。とりわけロシアにおいては、幾度かの選挙を通じてプーチンの権威主義的支配が継続されており、われわれの常識を超えて、その特異な政治システムおよび政治文化の在り方を際立たせている。この特異な政治システムこそ、二十世紀社会主義の遺産と切っても切れない関係にある。

このような二十世紀社会主義の特異な政治システムについて、すでに半世紀以前、ウィットフォーゲルは、東洋的専制主義の直接的な影響を指摘し、当時の社会主義者および社会主義に好意的な知識人たちから、反共理論として強い批判を浴びることとなった。ウィットフォーゲルは、東洋的専制主義成立の契機として農業社会における治水・灌漑が果たす役割を強調したため、ウィットフォーゲルの歴史理論は、「水の理論」と揶揄されるにいたる。以後、水の理論は侮蔑的なニュアンスをもって語られるようになり、その結果、水の理論との関わりを指摘されることを恐れ、古代社会あるいはプリミティブな社会における治水・灌漑の果たす役割を重視すること自体難しくなった。

ウィットフォーゲルの東洋的専制主義（オリエンタル・デスポティズム）論は、マルクスのアジア的生産様式論に依拠している。灌漑・治水の重視はマルクス主義の創始者以来のものであり、それゆえ水の理論もまたマルクスに依拠している。すなわち、ウィットフォーゲルのオリエンタル・デスポティズム論は、マルクスの水の理論に依拠している。水の理論と揶揄されたウィットフォーゲルのオリエンタル・デスポティズム論とは、マルクスに依拠した反共理論ということになる。どうしてそのようなことが生じえたのであろうか。

1　マルクス・エンゲルスと水の理論

マルクスが亡命者としてロンドンに腰をおちつけ、近代ブルジョア社会の根底的な理解のために、経済研究を始めたと同じ時期、マルクスおよびエンゲルスのアジア的社会への関心も高まりをみせる。マルクスのアジア的社会論は、まず水の理論として現れた。一八五三年六月におけるマルクスとエンゲルスの往復書簡は、すでに彼らが、アジア的社会における理解の鍵として、私的土地所有の不在をあげ、さらにそれをアジア的な農業における人工灌漑の重要性に結びつけている。これらの理解は、主としてイギリスの東インド会社やインド植民地行政官の諸報告、あるいはアダム・スミスやリチャード・ジョーンズといった経済学者のインド社会論、F・ベルニエの旅行記に代表されるようなヨーロッパ人の旅行記、宣教師報告等を批判的に受容しつつ、樹立されたものである。

マルクスからエンゲルスへ、一八五三年六月二日：
　オリエントの都市形成については、老フランソア・ベルニエの『ムガル帝国の記述を含む旅行記』よりすばらしいもの、より鮮明なもの、より適切なものを読むことはできない。……「この国の独特な事情や政治、すなわち、国王が王国内のすべての土地の単独唯一の所有者であること、その必然的帰結として、デリーやアグラのような一つの大都市全体がほとんどただ軍隊だけによって生活しており、したがって国王がある期間戦場に行く場合にはこれについて行かざるをえないということ、したがってまた、これらの都市はけっしてパリのようなものではないし、またそのようなものではありえないものであって、適切にいえば、野原よりも多少ましな多少便利に設備された野営地でしかない」。……ベルニエは、正当に、オリエントのすべての現象についての基礎形態を――かれはトルコやペルシアやヒンドスタンについて語っている――土地の私有が存在しない、ということのうちに見いだしている。これこそはオリエントの天国に至るための現実の鍵である（『マルクス・エンゲルス全集』二十八巻、大月書店、1971、以下も同様である）。

エンゲルスからマルクスへ、一八五三年六月六日：

土地所有が存在しないということは、じっさい、オリエント全体への鍵だ。政治史でも宗教史でも眼目はそこにある。だが、オリエントの人々が土地所有に、封建的なそれにさえ、かかわりをもたないのは、いったいどうしてだろうか？　思うに、それは、主として、地勢とも結びついている気候のせいだ。特に、サハラからアラビア、ペルシア、インド、タタライを横切って最高のアジア高地にまで連なる大砂漠地帯と結びついている気候のせいだ。人工灌漑はここでは農耕の第一条件だ。そして、それは共同体か地方政府か中央政府かの仕事だ。すなわち、財政（内国の略奪）、戦争（国内および外国の略奪）および、公共事業すなわち再生産のための配慮、という三つがそれだ。

マルクスからエンゲルスへ、一八五三年六月十四日：

政治的な表面でのすべての無目的な運動にもかかわらずアジアのこの部分が示している停滞的な性格を十分に説明しているものは、次のような二つの互いに支えあっている事情だ。(1)公共土木事業が中央政府の仕事であるということ。(2)中央政府と並んで全国が、わずかばかりの比較的大きな都市を別とすれば、村落に分解されていて、これらの村落は完全に区分された組織をもっていてそれ自身で一つの世界を形成していたということ。

ここで重要なことは、アジア的社会における私的土地所有の欠如が、どうして人工灌漑と結びつけて考えられたのかということである。私的土地所有の欠如は当然にも、共同体的土地所有の現存である。だが、所有の主体は、具体的には、村落共同体である場合もあれば、国家である場合もある。また、それが王や専制君主に具現化する場合もある。

アジア的な社会において、水利、もしくは、灌漑・治水は、共同体成員にとって、公共の事業として立ち現われる。それゆえ、当該社会における、私的所有或いは所有権の確立は、公共事業展開の制限として現われる。土地の私的所有或いは所有権の確立が公共事業展開の制限として現われるのは、今日においてつねに感得されているような、公共事業のための用地取得困難や居住者の立退き（移住）の難しさといった側面からだけではない。むしろ、労働および所有の性格によっている。個々の成員の所有権の強さは、労働そのものに対する対価の要求と同時に、労働の成果に対する明確な要求に結実する。そのような場合、公共事業の規模はどうあれ共同体成員の共同労働もしくは賦役として行われる以上、個々人の労働や賦役に対し、はっきりとした対価や報酬を要求する共同体成員は、労働や賦役への制限として現れる（共同体のための賦役労働については、第三節において詳述する）。それに対して、公共事業において、人海戦術が行われる社会においては、賦役の強制が当然のものとして行われている。そこでは、公共事業を組織するもの、賦役労働を指揮するものこそが、その収益の大部を独占する。

マルクスの水の理論は、一八五九年『経済学批判』「序言」のなかにおける、アジア的生産様式概念の登場によって、一つの新しい段階を迎えた。だが、このアジア的生産様式論は、すでに一八五八年の『経済学批判要綱』のなかの『資本制生産に先行する諸形態』において、アジア的所有あるいは共同体的所有のアジア的形態についての議論において、すでに明確になっている。ところが、その『諸形態』において、水はあまり重要な役割を果たしていないようにみえる。『諸形態』の共同体的土地所有の第一の形態（いわゆるアジア的形態）

において、水については次のパラグラフにおいて「用水路」について言われているだけである。

ところで、この種の共同体的所有は、現実には労働においてはじめて実現される以上、次のいずれかのかたちで現われよう。すなわち、小さな共同体は相互に独立併存して生き、そしてその共同体自身のなかでは、個人は、彼に割当てられた分有地で家族とともに独立してはたらくこともある。…［中略］…でなければ統一体は労働自体の共同化までにひろがり、これがメキシコ、とくにペルーにおいて古代ケルト人や若干のインド種族のばあいのように、正式の一制度となることもある。さらにまた、種族団体内部の共同性はむしろ、統一体が種族的家族の一人の首長において代表されるか、または家父長たち相互の関係として代表されるというように現れることもある。そこでそれにしたがって、この共同体の形態は、より専制的であるか、より民主的であるかの、どちらかになる。労働により現実に領有することの共同体的諸条件、すなわちアジアの諸民族のばあいにきわめて重要であった用水路、交通手段等は、このばあいには上位の統一体、すなわち小さな諸共同体のうえにうかぶ専制政府の事業として現れる（手島正毅訳『資本主義的生産に先行する諸形態』pp.11-12）。

ここでは水の問題――用水路――は、アジア的社会における具体的な公共事業の一つの例として登場しているだけである。『資本論』草稿ともいうべき『経済学批判要綱』の一部としての『諸形態』は、資本主義的生産の前提としての、直接生産者の生産手段（土地）から分離を論じたものとして知られているが、その土台となっているのは、労働と所有の関係である。所有は二重なものとして存在する。一つは労働の前提としての所有、もう一つは労働の結果としての所有である。つまり、『諸形態』におけるプリミティブな共同体は、いずれの所有形態――アジア的、古典古代的、ゲルマン的――においても、共同体的土地所有を前提としている。そして、それぞれの共同体的所有における土地を対象とする労働は、第一の所有形態（アジア的形態）においては、共同体成員の個々の家族ごとの労働、或いはまた共同体成員による共同労働に具現される。第二の所有形態（古典古代的形態）および第三の所有形態（ゲルマン的形態）においては、個々の家族ごとの労働が想定されている。

第一の所有形態（いわゆるアジア的形態）において共同体成員の共同労働が、個々の家族ごとの労働とともに主要な労働形態として想定されているのは、基本的には公共事業ゆえである。そしてその公共事業として、用水路や交通手段等が考えられている。だが、共同体成員が行なう共同体のための労働は、それだけではない。「一方では、共同の備蓄、いわば保険のための一定の労働、および共同団体そのものの経費に充当するための、つまり戦争、祭祀等のための一定の労働」が挙げられている。ただ、交通手段、あるいは共同の備蓄のための労働、または戦争や祭祀等のための一定の労働は、第二の所有形態（古典古代的形態）においても、第三の所有形態（ゲルマン的形態）においても、少なからず存在する。だが、第一の所有形態と、第二および第三の所有形態の相違がある。それは、第一の所有形態においては、共同体のための労働は、共同体を代表する存在（諸共同体の首長や専制君主など）によって、その労働の成果が独占される可能性が高いということである。すなわち、共同体的所有→共同体のための労働→共同体首長による共同労働成果の領有、と図式化することができる。このような共同体のための労働のなかで、もっとも、共同体首長の労働の成果の独占を可能にするものこそ、灌漑・治水に関わる労働である。マルクスが、第一の所有形態の説明のなかで、大多数のアジア的基本形態と呼んでいるのは、このタイプについて述べていると考えられる。そして、このような大多数の土地所有のアジア的基本形態において、小共同体の上に総括的統一体が聳え立つのである。総括的統一体は、専制国家でもありうる。

それに対し、第二、第三の所有形態――古典古代的およびゲルマン的形態――においては、共同体成員はいずれも比較的平等であり、それゆえ共同体成員の共同体の事業へのコントロールが強く、共同事業の成果が共同体の首長によって独占される可能性は低い。また、たとえ、共同体の首長や有力者によってある程度独占されたとしても、公共事業のために、同じ共同体のメンバーに賦役を強制するなどということはできない。古典古代的な所有形態においては、労働を強制しうるのは、奴隷や征服された他の共同体成員（隷属農民）に対してである。同じ共同体のメンバーを働かせようとするならば対価を支払わなければならない。ゲルマン的な所有形態においては、共同体成員（自由農民）は、まず個人的所有の主体として存在するため、共同体からの強制に服する可能性は低い。共同体は個人的所有者の連合としてのみ存在する。この場合も、アジア的な所有形態とは異なり、共同体の首長による共同事業の成果の独占は難しい。ゲルマン的な所有形態において古典古代の奴隷や隷属農民（ヘロット）の役割を担うものは、農奴や隷農である。彼らは従属民であるという点においては、自由農民のような権利を持っていなかった。だが、たとえ奴隷であっても、古ゲルマン的世界においては、一般の共同体成員とそれほど異ならない扱いをうけており、奴隷の子孫は一般に共同体の正規のメンバーとして吸収されていった。さらに、中世においてはたとえ奴隷であったとしてもキリスト教徒であるかぎり、それぞれの教区の保護下にあった。それゆえ、農奴や隷農と領主との関係は、力関係においては圧倒的に後者に有利であったとしても、互いに双務的な関係にあったと考えられる(1)。

マルクスは『諸形態』において、水利事業など共同体のための労働の成果が、個々の共同体成員にどの程度還元されるのか、共同体首長にどの程度独占されるのかに関して、アジア的な所有形態は、古典古代的あるいはゲルマン的所有形態よりも、はるかに共同体首長によって独占される可能性が高いという認識を示したが、これは、水の問題を一八五三年当時よりも、より広く、かつ適切な文脈に位置づけたと考えることができる。

エンゲルスは一八七〇年代の著作『反デューリング論』において、上記のようなマルクスの水の理論を踏襲している。『反デューリング論』における、政治支配にいたる二つの道は、上述のマルクスの『諸形態』の議論に、よく嚙み合っていることが理解できる(2)。

エンゲルスが「第一の道」において注目するのは、プリミティブな共同体にも存在する共同の利益を守る機能である。

「このような共同体にはどれにも最初からある種の共同の利益があり、それの保護は、たとい全体の監督のもとにおいてであるにせよ、個々人に委託されなければならない。紛争の裁決、個々人の越権行為の抑圧、水利の監督――特に暑い国々での――、および最後に、ごく原始的な状態にある場合での宗教的機能がそれである。このような職務はどんな時代の原生的な共同体にも見いだされるもので、例えば最古のドイツのマルク共同体にもあり、インドでは今日もなお存在している。それらの職務は、いうまでもなく、ある種の完全な権力を付与されており、国家権力の始まりである」（エンゲルス『反デューリング論』下巻、岩波書店、1966: p.59）。

もとより、社会の複雑化は、このレベルにおいてとどまることを許さない。

しだいに生産力が増大してゆき、人口の密度が高まると、個々の共同体のあいだでそこここに共同の、またあい反する利害が生みだされる。それらの共同体が一群となってもっと大きな全体をつくるようになると、こんどはまた一つの新たな分業がもたらされる。すなわち、共同の利害を保護し、あい反する利害を防止するための機関が設立される。これらの期間は、群全体の共同の利害の代表者であるということだけでも、個々の各共同体に対しても一つの特殊な、事情によってはそれらと対立しさえする地位を占めるのであって、やがてそれらは、一部は職執行の世襲化……を通じて、また一部は他の群との衝突の増加につれてそれらがいよいよ不可欠なものになってゆくことによって、ますます独立なものになってゆく（pp.59-60）。

エンゲルスはこの「社会に対する社会的機能の独立化」が、東洋的な専制君主やサトラップ、あるいはギリシア人の部族首長やケルト人の氏族長らの政治支配の基礎にあったとし、さらに「どれほど数多くの専制支配がペルシアやインドで興亡を重ねたとしても、それらはどれも自己がなによりもまず河川流域の灌漑の総請負人であることをまちがいなく十分に心得ていた。これらの国では、灌漑を行わなければ農耕は不可能なのである」（p.60）と述べる。

この政治支配成立への第一の道は、『諸形態』の土地所有の第一形態、アジア的形態と即応している。かつ、『諸形態』においては、水の問題（用水路）は公共事業の一部門としてあげられたにすぎないが、『反デューリング論』の第一の道においては、水は共同体の社会的機能のなかで中心的な役割を負っているといってよいだろう。これは、あきらかに一八五〇年代におけるマルクス・エンゲルスの水の理論の継承である。また、マルクスは、第一の所有形態（『諸形態』）において、アジア以外にメキシコ、ペルー、古代ケルト等を例にあげているが、エンゲルスも、第一の道（『反デューリング論』）において、ギリシアの部族首長やケルト人の氏族長の名前をあげていることが注目される。すなわち、公共事業あるいは共同利害にかかわる事業として、水が中心であるとしても、水利以外の公的職務の遂行を通じて政治支配を樹立し、その職務を世襲化することによって、支配を持続させる諸地域もしくは諸民族が歴史的に存在したことについて(3)、彼らが共通の認識をもっていたことを示している。エンゲルスが、マルクスの生前、『諸形態』（『経済学批判要綱』）を読んでいるはずがないので、ここにおける、一致（『諸形態』と『反デューリング論』）は、やはり彼らが、階級支配の成立や国家形成の在り方について、きわめて接近した考え方をしていたことを示している。

因みに、エンゲルス『反デューリング論』における政治支配成立の第二の道は、奴隷制への道である。しかし、この第二の道の叙述は、通俗的であり、歴史理解の透徹さという点において、マルクス『諸形態』における土地所有の第二形態（古典古代的形態）の叙述に遠く及ばない(4)。『反デューリング論』は、まず、奴隷の供給源が戦争であること。共同体相互の、もしくは共同体の連合体のあいだの戦争によって生じた戦争捕虜は、当初、食べるか、殺すかしかなかったが、生産力の発展および社会的分業の発達によって捕虜が奴隷として利用されるようになり、奴隷制が成立したと説いている。

さらに、奴隷制を政治的支配のみならず、古代における階級支配の典型とし、それを社会的分業の発達から以下のように導き出している。

すなわち、人間の労働の生産性が非常に低いため、必要な生活資料と法との発展、芸術と科学との創始は、分業の強化によってはじめて可能になったのであり、しかもその分業は、どうしても、単純な手労働を行う大衆と、労働の指揮、商業、国務を行い、のちにはまた芸術や科学にもたずさわった少数の特権者とのあいだの大きな分業をその基礎とするほかはなかったのである。この分業のもっとも単純な、もっとも自然発生的な形態こそ、まさに奴隷制であった。古代世界、とくにギリシア世界の歴史的諸前提のもとでは、階級対立にもとづく社会への前進は、奴隷制の形態によってしか遂行できなかった（p.63）。

この論理をそのまま適用すると、個々の社会は、大多数の奴隷とその支配者である少数の奴隷主に分かれることになる。だが、被支配者である大量の奴隷と少数の支配者（奴隷主）からなる世界の成立は如何にして可能となるのであろうか。冷静に考えれば、社会の大多数を奴隷が占め、それを極少数の奴隷主が支配しているというのは、想定に無理がある。どのように推論しても、このような社会が如何にして成立するのか、想像しがたいし、またたとえそれが偶然成立したとしても、それを長期にわたって維持することが難しいぐらいのことは、想像がつく。おそらく、エンゲルスは当時の古代史家たちの挙げた誇張された数字（大人男子市民一人当りに十八人の奴隷）を信じていたのであろう。

問題は、そのような社会が仮に存在したとしても、奴隷は社会を構成する大衆ではないということである。古典古代においては、大衆とはあくまでも王や貴族とは異なった一般の都市市民であって、奴隷は残念ながら社会の埒外におかれていたのである。それゆえ、奴隷主と奴隷の間の関係は、社会的階級相互の関係ではなく、社会を構成するものと社会の埒外におかれたものの関係であった。社会の埒外にあるものは、当該社会において社会を構成するものに依存して生きる以外にない。それゆえ、奴隷制もしくは奴隷社会においては、奴隷反乱が極めて少ないのは当然であるといえる。また、奴隷制もしくは奴隷社会においては、特に古典古代においては、都市の一般大衆は、当該社会を構成している以上、当然のごとく奴隷に敵対していたのである。従来のマルクス主義的な階級理論においては、奴隷と奴隷主が同じアテネやローマといった古典古代社会で暮らしていたので、奴隷主を支配階級、奴隷を被支配階級と見なす考え方が主流であった（スターリンの歴史発展五段階論）。そのような見方は完全にあやまっているわけではない（階級支配というものを支配するものと支配されるものの関係からのみ見れば、そのように言えよう）。だが、古典古代の歴史が奴隷主と奴隷の階級闘争によって彩られていたとか、古典古代世界の終焉が奴隷革命によって遂行されたなどという見方が、ほとんど議論の余地のないほど誤っているのは、上記のようなエンゲルス流の奴隷制や奴隷社会に対する見方に大きな影響を受けているといって間違いない。

それに対してマルクスは『諸形態』において、土地所有の第二の形態としての古典古代的所有においては、当該共同体（都市国家）の成員であることにおいてのみ土地の私的所有者でありうると述べている。つまり、共同体の成員であることにおいてのみ土地所有権が存在するということは、他の共同体による征服によって、財産を、所有権を失う可能性が高いということになる。さらにマルクスは、他の共同体によって、自己が所属していた共同体が破壊され、あるいは共同体から引き剥がされ、他の共同体成員の生産諸条件に統合されることによって、奴隷制および農奴制が成立すると述べている（労働＝所有関係の破壊）。つまり、都市国家の市民にしか主要な生産手段である土地の所有権がない古典古代的所有においては、共同体の征服もしくは破壊は（敗北の仕方に左右されるが）、所有の否定であり、他の共同体の所有になることに等しい。それに対し、個人的所有にもとづく土地所有のゲルマン的形態においては、他の共同体による征服は、個々に生得の共同体から引き剥がされないかぎり、所有権の変形ではあっても、否定ではない。他の共同体成員の生産諸条件への統合によって（生産手段である土地に縛りつけられることによって）も、潜在的な所有権が残ったまま（占有権）、他の共同体の所有権に服することになったのだと考えられる。

エンゲルス『反デューリング論』における第二の道の記述が、内容的に平板なのは、奴隷制を古典古代世界の歴史から切り離し、汎世界的なものとして説明しようとしたことに起因する。奴隷制による階級支配への道は、古典古代世界に固有なものとはされず、古ゲルマン社会を含めた、第一の道以外のすべての世界の階級社会成立の経路として提起された。それゆえ、論理的により一般化され、どこにもありそうな歴史コースとなった。第二の道は、第一の道よりも広範な世界の歴史コースを説明しているかのように見えた。その点において、

『起源』への助走が始まったといえる。

現在の知見からすれば、多数の奴隷がいるという意味での奴隷制は、いたるところ、あらゆる時代に存在したといえる。狩猟や採集経済を営んでいるようなプリミティブな社会にも奴隷が存在する。また、同じく、奴隷制と呼びうるほど多数の奴隷が存在するプリミティブな社会も存在する。逆に、奴隷社会と呼べるほど大規模な奴隷制は、古典古代以外には存在しない。

政治支配成立の第一の道のほかに、他の在り様、第二の道があるというのは正しい。だが、それは、奴隷制を介した道でなければならない、ということにはならない(5)。何故なら、歴史的にみて、隷属の在り方は多様であり、けっして奴隷のみが隷属の主要なあり方ではなかったからである。古典古代においてのみ、奴隷が隷属の主要なあり方であった。ところが古典古代奴隷制における奴隷は社会の埒外に置かれており、社会的な階級を構成しているのではなかった。それゆえ奴隷はけっして古典古代世界における階級闘争の主体にはなりえなかったことを想起すべきである。

『反デューリング論』の政治支配成立の第一の道においては、共同職務執行機関の独立化をもっとも中心的なメルクマールとする以上、共同体成員からの収取が基本である。つまり、『諸形態』における第一形態と同じロジックが使われているとみてよい。しかし、第二の道においては、奴隷制による階級支配成立を核心的なメルクマールとしており、その奴隷制を招来せしめるものは、生産力の発展にともなう社会的分業の発達である。それは、共同体の内的分解(労働するものと労働させるもの)を生むが、その内的分解によっては必要な労働力を供給できなかった。それを供給したのは共同体間相互の戦争による捕虜であった。つまり、労働力は共同体の外から供給されたのである。戦争が大量の奴隷を供給したのは事実である。それは、『諸形態』における古典古代的共同体が他の共同体を征服することによって、自己の生産諸手段に直接生産者を統合することによって、奴隷および隷属農民を作りだしたのと同じ論理であるようにみえる。だが、生産力の発達や社会的分業の発展の具現化を、共同体の内的分解として論理展開させたために、戦争捕虜による奴隷供給は、かえって外的要因による補完であるかのように見えることになった。このような論理的な弱点こそ、『反デューリング論』の第二の道が、『起源』によって内的分解論（債務奴隷制など奴隷の内的析出論）として純化される契機となったと思われる。

2　マジャールとウィットフォーゲル

マルクス主義創始者たちの水の理論、すなわちアジア的生産様式論は、マルクスの死後、ほとんど忘れ去られた存在となった。かろうじて、一九〇六年、プレハーノフによってアジア的生産様式が取り上げられ、それがレーニンとの間で、アジア的復古をめぐる論争に発展したことはよく知られている。

だが、一九二〇年代後半、水の理論、すなわちアジア的生産様式論は再び歴史舞台に登場する。発端は、二〇年代後半における中国革命の敗北をどのように総括するかという根本的な問いであった。だが、アジア的生産様式論争が起きたのは、中国ではなく、ソ連においてであった。中国革命をめぐる論争は、スターリンとトロツキーの間の、ソ連共産党およびコミンテルンの指導権をめぐる権力闘争の一部として行われ、したがってそこに登場したアジア的生産様式論も、それらの革命路線をめぐる政治闘争に巻き込まれざるをえなかった。伝統的な中国社会の社会経済構成をアジア的生産様式で説明しようとした「アジア派」の人々は、中国革命の評価を、中国社会の異質性の認識を抜きには語れないと感じていたのだと思われる。とくにマジャールは、実際に、ボロディン等とともに国民政府顧問団の一人として、中国に赴き、北伐を中心とした中国革命を体験した研究者、中国専門家であった。マジャールと同じくハンガリー出身であり、かつコミンテルンの指導的経済学者として著名なヴァルガもアジア的生産様式に加担したが、おそらく同じように中国社会の異質性の認識を共有していたのであろう。本来、アジア派（マジャール学派）の人々は、中国社会はすでに資本主義社会であり、それゆえ今や社会主義革命を目指さなければならないと主張したトロツキーやトロツキストとは、中国論においてまったく異なった認識を有していた。だが、彼らの論敵たちはそう考えなかった。帝国主義への従属＝資本主義化、民族ブルジョアジーの欠如あるいは極端な弱体など、両者の共通点を数えあげ、アジア派＝トロツキスト説の疑いを強めて行った。さらに、一九二〇年代後半以降のスターリン独裁の成立のプロセスとともに、マルクス・エンゲルス、レーニンらの言説の教義化が進行する。そこに登場した歴史観、歴史理論はきわめて、教条的なものであり、一九三〇年代には、どの地域も、どの民族もそれぞれ、原始社会、奴隷制、封建制、資本主義、社会主義、の社会経済構成の各段階を経て発展すると主張する、いわゆるスターリンの歴史発展の五段階論に結実した。ソ連においても、中国においても、共産化された諸国の歴史観、歴史理論は必ず教条化する。それらは人民に教えられるべき教義として体系化されるが、いずれも歴史事象の複雑さとは無縁の、単純な内容、単純な要素の集合にまとめられ、通俗化され、しかもそれが唯一絶対の真理であると公言される。そのような歴史観や歴史理論の前には、アジア的社会の異質性に着目し、伝統中国社会の社会経済構成を、ヨーロッパとは異質のものであるとするアジア派の見解は、異端の疑いをまねく要素を十分に持っていた。アジア派の見解は、勃興しつつあったスターリン統治下のマルクス主義教義体系とは、大いに矛盾しており、たとえ、トロツキストとの関わりを疑われなくとも、遅かれ早かれ、異端の烙印を押されることを免れることはできなかったと言える。一九二〇年代後半から三〇年代初頭にかけてのソ連における論争は、一九三一年二月のレニングラードの討論会をもって打ち切られ、その後アジア派の見解は、異端として歴史の舞台から葬り去られることになる。

マジャールやウィットフォーゲルなど当時のアジア派が、アジア的生産様式の指標としたのは、①土地私有の欠如、②人工灌漑およびこれに付随する大規模公共事業、③村落共同体、④国家形態としての専制政治、の四つである。マジャールは、一九二八年『中国の農業経済』（『中国農村経済研究』上、白揚社、一九三一年）のなかで、彼が自分の目で見た中国、すなわち当時の中国社会がアジア的生産様式にもとづいている、と主張していた。彼は、北伐期の中国で、地主・小作関係の悲惨さを目の当たりにしたはずである。それゆえ、彼が土地私有の欠如という時、それは現実の中国社会において、土地の売買がすでに古代より行われていたということを無視して言っているのではない。むしろ、そのことを念頭におきつつ、それでもなお土地私有の欠如を指摘していることに注目しなければならない。何故、マジャールは、現実の中国農村を知りながら、土地私有を否定しえたのだろうか、そこに問題の核心がある。マジャールは、おそらくマルクスのインドのライヤトワーリについての記述から、中国の農民をライヤトワーリに近いものであると認識していたと思われる。彼が『中国農村経済研究』などにおいて、永小作の存在をしばしば強調していることに、それを読み取ることができる。すなわち、まず、国家と農民の関係を、本来の土地所有者である国家と、その永小作人である農民の関係とみなし、さらに、一般の地主・小作関係を、それに包摂されるものと考えていたようにみえる。マジャールは下記のように言っている。

印度の大部分の地方に於ては——マルクスの言葉に従えば、「農民的土地所有の戯画」を英人が創立した。そして租税＝地代の方法による農民搾取は、大いなる役割を演じたしまた現に演じつつある。仮令《たとえ》商業＝高利貸的および帝国主義的搾取の作用のもとにおよび、商品＝貨幣関係の拡大、深刻化の影響の下に、これらの地域にあっても地主的所有が発生し、急テンポで発達した。イギリス人はインドのその部分に『イギリス大土地所有の戯画』（マルクス）を創立した。そして且つそれらの地方に於て、彼はインドの土地を共有する経済的共同体を変じて彼自身のカリカチュアとなし、自己を土地の最高無上の所有者と宣言し、そして地代＝租税の徴取者となり、もしくは、ゼミルダル、タルグダル、マリグザル、ヂャジルダル等々と呼称された此等一切の地代収納者と地代租税を分割した（マヂアール、1934b: p.149）。

すなわち、どのように言おうとも、中国の地主・小作関係はライヤトワーリやザミンダーリなどと同じように、戯画化された土地所有にすぎず、結局のところ、国家・農民関係に包摂されたものにすぎない、ということになる。そして、このような地主・小作関係をも包摂した国家の農業支配の根幹に、水の問題がある。世に知られているマジャールの著作は限られている。一九二八年刊行の『中国農村経済研究』は中国社会をアジア的生産様式と規定した著作として知られているが、その巻頭に中国問題研究所編集部の序文が付載され、マジャールのアジア的生産様式が厳しく批判されており、論争の渦中におけるマジャールの立場の難しさが伝わってくる。その後、マジャール等アジア派は、やむをえず、当時（中華民国期）の中国社会がアジア的生産様式であるとする彼らの従来の見解を放棄する。アジア的生産様式は、過去の、古代の生産様式となったのである。それは、中国社会を半植民地・半封建社会であると規定した中国共産党第六回党大会の決議に沿ったものであった。だが、そうしたとしても彼らに対する圧迫がやむことはなかった。

マジャールは、一九二九年ドイツ語で発表した論文「中国の農業経済」において、伝統中国の農業経済の特徴について次のように述べている（なお、引用は現代かなづかいを用いる）。

それが灌漑農業であると言うことは疑いなく、支那農業の根本的特殊性である。人工灌漑が演じた所の驚くべき役割は、全支那経済の性質を規定した。給水の源泉として、川、湖、井戸、及貯水池が役立つ。それ故に支那の文化は根本に於て一つのリブアリアン的文化だと規定された。それ故に又一方では農業の経営と発展の為に巨大なる灌漑設備と、氾濫防止の為に巨大な河川改修事業とを起す必要が必然的となった。然しこれは必要労働の社会的組織と、歴史過程の経過中に一般人の奉公人から其の支配者に変った所の水利土木官吏の発生とを条件づけた。人工的灌漑が必要欠くべからざるものであると言う事情は、地表の平均、山の傾斜地に地段を設けること、乾燥等の方法を創造することを必然ならしめた。これ等の施設は、土地に結合せる資本をあらわす。土地は、――マルクスの言葉を用うれば――「土地実態」から、「土地資本」に変化する。今や、地主が、この資本の利子を受取る。然し、人工的灌漑は差別地代の新なる形態――即マルクスの所謂水利地代を造り出す。個々の農民経済はかくの如き設備を創造することが単に不可能であるのみならず、それを使用し得る状態に維持することも亦不可能である（マデヤール「支那の農業経済」、1930: pp.9-10）。

訳語や訳文に問題が多いが、大意はとりうるであろう。灌漑・治水事業が必要労働の社会的組織化であることを認める点において、さらにこの必要労働の社会的組織が、それを槓杆とした、共同職務機関の独立化により、社会の公僕が社会の主人となる、上述のエンゲルス『反デューリング論』における第一の道にあることを述べている点において、アジア的生産様式論の本質を捉えている。水利地代云々については、資本主義に包摂された社会以前の、かつアジア的生産様式を基底とする社会経済構成においては、租税と地代の一致から、このような地代もまた、国家もしくは国家を代表する官僚階級に収取されることになる。マジャール等アジア派は、地主の土豪劣紳としての性格を強調するが、それは地主を郷紳あるいは官紳として、国家機構を担う官僚階級に比定しているからであろう。中国の地主は、独立した土地所有者ではなく、あくまでも国家に奉仕する、あるいは国家機構にぶら下がっている官僚階級の分肢とみなそうとしている。

このようなマジャールのアジア的生産様式論は、論敵たちからつねに水浸しの理論と揶揄された。マジャールと同時期中国に滞在しかつ農村調査を行ったヴォーリン、ヨールク、あるいはレニングラード討論においてアジア的生産様式の息の根を止めんとしたゴーデスらもまた、アジア的社会がヨーロッパとは異なった社会であること、あるいはアジアの歴史的把握が容易でないことを理解していたと思われる。だが、彼らが選んだのは、神聖なレーニンやスターリンの言説に沿って、現実を裁くことであった。あるいは、ソビエト・マルクス主義の要求に合わせてマルクスをたわめることであった。そこでは、マルクスがアジア的生産様式の名で呼んだものは、アジア的封建制である、あるいはアジア的奴隷制であるといった理論的なこじつけが、十分に通用した。また、アジア的生産様式はマルクスが原始社会をよく知らなかった時に使った概念であり、モルガン『古代社会』を読んだ後、その概念自体を廃棄したとするゴーデス説が、もっとも権威ある学説としてもてはやされた時期もあった。だが、一九三〇年代後半には、スターリンの歴史発展の五段階論が真なる学説として定着し、アジア的生産様式論は、誤った歴史理論として、議論の対象ですらなくなる。

一九三〇年前後のアジア的生産様式論といえば、マジャールとウィットフォーゲルの名前がつねにあげられる。マジャールの名前が知られている割には、その学説が知られていない所以は、彼がソ連に身を寄せ、異端視され、一九三〇年代後半の大粛清期にその犠牲となったからにほかならない。公刊された著作が少ないうえに、発表を許された著作も、多かれ少なかれ、政治的圧力に晒されていた可能性が高く、ほんとうに彼の意図、彼の思想を十分に伝えているかどうか、不明の部分が多い。同じくアジア的生産様式論の提唱者であったウィットフォーゲルが、その後もさらに自説を展開できたのに比し、マジャールにはそれが許されなかった。水浸しの理論といった、芳しからぬ評判のみが残っているだけである。

戦後のマルクス主義諸学にとって、水の理論とは、ウィットフォーゲルのアジア的生産様式論を意味した。とりわけ『オリエンタル・デスポティズム』(1957)は、水の理論の代表作であった。水の理論=反共理論のイメージは、この著作によって作られたといってよい。それに対し、戦前の主著『中国の経済と社会』(邦訳名『解体過程にある支那の経済と社会』)は、当時もっともすぐれた中国社会論として高い評価を受けていた。『中国の経済と社会』は、紙幅的にも内容的にも、該博かつ浩瀚な著書であり、農業を中心とした伝統中国の経済システムを、マルクス主義的な生産様式論により分析し、且つ、資本主義的世界システムに統合され、帝国主義列強の従属下にある伝統中国の経済的社会構成を全体的に描かんとしたものである。そこにおいてもやはり、水の問題が際立っている。ウィットフォーゲルは、中国農業の核心に水の問題を見出す。水は多すぎても、また少なすぎても、中国農業にとっての死活問題であり、それを解決せしめるものこそ、国家による治水と灌漑である。

支那の農耕の中心は、現在にいたるまで、局外者には全然理解できないほど、『偏して』いて、全く主として支那の大水系の領域に横たわっていた。これらの場所では、『禹』の時代から、大規模の組織的な、防水築堤工事や、同様に広範囲に亘る排水=ならびに、灌漑施設を必要とした。こういう種類と規模の事業は、自ら、個々人や、家族や、或いは、村落によっては遂行されなかった。計画的に協力する大衆労働すなわち協業のみが、支那の流域における農業労働過程の基礎を作ることができた。かかる協業こそが、『労働の場面を拡大する……』ことを可能にするものである。それゆえに、協業は、『土地の干拓や、築堤や、灌漑工事や、運河の開鑿・道路・鉄道工事等々のごとき一定の労働過程にあっては、労働対象が空間的に聯関しているという理由によって必要とされる』(『資本論』第一部)(『解体過程にある支那の経済と社会』上、pp.159-160)。

灌漑・治水を国家が手掛けるのは、それが農業生産にとって不可欠であり、且つ、個人や、個々の家族や村落によっても遂行できないからであった。上記を読むかぎり、国家が関与する灌漑・治水事業の規模は、村落を超えた程度でよいように思われるが、ウィットフォーゲルによれば、それは大規模公共事業(土木事業)でなければならないことになる。

東洋文明の発展段階において、マルクスによると、かかる灌漑水利事業問題は、その『面積が、自然発生的の統一を実現するためには余りにも広大にすぎたので、中央集権化的政府権力の干渉を齎した。そこのことがあらゆるアジア的な諸政府の経済的機能――政府的治水土木事業遂行の機能を生んだのである』。このゆえに、マルクスの見解によれば、小規模水利工事――マルクスは灌漑と排水とについて述べている――では、到底用に足りない、独特な『東洋的《オリエンターリッシュ》』、『アジア的』な、其所の農業諸社会においては、国家は、農業生産の物質的基礎――部分的に先づこれを創造し、そしていかなる場合にもそれを維持し、保護しつつ――に干渉するところの中央機関である(『解体過程にある支那の経済と社会』下、pp.1-2)。

水利が如何なる規模によってなされるのか、あるいは如何なる機関によって遂行されるのかに関して、ウィットフォーゲルは、「経済・政治的中核地域」の概念を提出する。つまり、一般論としてではなく、伝統中国の、それぞれの時代の、中国農業の中核地域が如何に水に依存しているか、灌漑・治水に依存しているかを示すことによって、その水の理論に説得力をもたせようとしている。それによれば、水利は北西部より発達し華北大平原に広がり、それと同時に、それら水利機構を管理すべく中央政府のもとにおける集権的な官僚制度が発達した。さらに、大運河が修築され、多くの河川や運河を結びつけた灌漑および漕運のためのネットワークが築かれる。

だが、今日的知識においては、誰もが知っているように、中国の農業は、華北と江南では大きく異なる。より正確にいえば、淮河を隔てて、南北に分かれている。華北は主として小麦地帯であり、その農法は一般には灌漑に依存しない旱地農法であり、逆に華中・華南の農業は、水稲農業であり、水なしには成立しない。いわば常識的な事実として華北農業が旱地農法に支えられていることが、マジャールやウィットフォーゲルの水の理論への批判を強く後押しすることになる。

しかし、黄河の治水は、大規模土木事業を必要とする。だが、それが、果たしていつ始まったのか、先秦期にはすでに始まっていたのか、それとも秦漢期に始まったのか、或いは中央集権的な官僚機構が成立した後、始まったのかについて、各説がある。

また、華中・華南の水稲農業も、大規模水利事業に依存しているとは必ずしもいえない。治水にせよ、灌漑にせよ、大規模公共事業の必要性が専制国家を成立させたというウィットフォーゲルの水の理論は、中国に関しては、上記のような理論的な脆弱性を抱え込んだことになる。

しかし、それにもかかわらず、この時期の、ウィットフォーゲルの水の理論は、実証的な手続きを踏まえたものであり、ソ連を例外として、多くのマルクス主義者あるいはその同調者から肯定的な評価や支持を得ることに成功した。ウィットフォーゲルは、一九三三年、ドイツを追われ、アメリカに亡命、さらに二年の中国滞在を経て、アメリカに移住し、第二次世界大戦を迎える。アジア的生産様式論争の折からすでに、スターリン独裁体制に疑問を抱くようになっていたが、一九三九年、独ソ不可侵条約の締結を契機に最終的にコミンテルン流マルクス主義と決別する。ウィットフォーゲルはそれ以後も、彼独特のアジア的社会論を仕上げていくが、ソビエト＝ロシアのなかに「アジア的復古」を発見するにおよび、彼の水の理論は、次第に反共理論に傾いていく。マルクスの思想とソビエト・マルクス主義あるいはマルクスの思想とマルクス主義の間に簡単には区別がつけられない以上、マルクスからも遠ざかる結果となった。

戦後アメリカにおけるマス・ヒステリーの時期、赤狩りで知られるマッカーシズムの余韻がいまだ消えていなかった一九五七年、ウィットフォーゲルの名前をおそらく不朽のものにした『オリエンタル・デスポティズム』が出版された。水の理論本来の骨格は『中国の経済と社会』とそれほど変わったわけではなかった。しかし、対象と目的が大きく異なっていた。後者がタイトルのとおり中国経済史を対象とした実証的手続きを踏んだ著作であり、あくまでも中国社会のトータルな理解に向けられていたのに比し、前者の対象は東洋的専制主義にもとづく社会であるところのソ連および新中国に直接向けられ、理論の矛先は現実に存在する社会主義国家そのものであった。

一九五七年の水の理論は、理論的中核としては戦前の著作とさほど変わらないものだったとはいえ、新しい用語や概念、批判の対象、イデオロギー的な性格等、大きく異なった印象を与えるものであった。たとえば、「水力的」(hydraulic) なる新概念の登場がそれである。とくに、特別な官僚階級による統制が必要な大規模水利農業を水力農業 (hydraulic agriculture) と呼び、それを小規模な水利農業 (hydroagriculture) とはっきり区別している。さらにそのような水力農業は農耕官僚制によって統制され、水力農業を中心とする水力経済を基盤として政府もしくは王にすべての権力が集中する東洋的専制主義が成立する。そして、従来使用してきた東洋的社会、アジア的社会の代わりに水力社会 (hydraulic society) なる呼称を提起する。この水力農業もしくは水力社会といったウィットフォーゲルの「水力的」なるものへのこだわりは、東洋的専制主義の理論的解明を通して、二十世紀社会主義の全体主義的性格を徹底して明らかにしようとする、彼の執念を感じさせるものであるが、それは当然にも、社会主義陣営、あるいはマルクス主義者全体から、裏切り者、背教者として徹底した批判を招く結果となった。そればかりではなく、社会主義やマルクス主義に好意的な立場をとる人々(いわゆる進歩的知識人、文化人たち)からも非難され、さらに資本主義先進諸国の帝国主義政策や植民地主義政策こそ、諸民族の貧困と抑圧の元凶と考える世界各地の反米派からも、その親米的傾向が疑いの目で見られることになった。

近日的視点から読み直せば、一九五七年の著作の、個々の理論的要素や、工夫された個々の議論の積み重ねには、見るべきものが多い(社会よりも強大な国家、コンパクトな水力社会とルーズな水力社会、弱き私有財産と強き私有財産）。しかし、だが、『オリエンタル・デスポティズム』は、様々な不幸の重なりあいにおいて登場したという意味において、十分に理解される可能性の低い著作であった。もっとも大きな皮肉は、現存の社会主義体制を批判しているばかりでなく、マルクスおよびマルクス主義を批判している点において、一時、反共理論のチャンピオンとしてもてはやされたかもしれないが、その理論はあまりにもマルクスおよびマルクス主義に依存していた。それゆえ、マルクス主義に精通しているものだけがよく理解しえるものであった。だが、マルクスおよびマルクス主義を批判した著作であるがゆえに、マルクス主義者やその同調者からは、裏切り者、背教者と侮蔑され、理解される可能性をほぼ失っていた。

　ウィットフォーゲル自身にも、咎められるべきところがあった。その一つは、マルクス『十八世紀の秘密外交史』（1858）のコピーをすでに入手していたにもかかわらず、当時、その意義を見逃していたこと。『十八世紀の秘密外交史』は、マルクスのロシア専制主義批判の書であった。十八世紀初頭の北欧諸国の外交文書の分析によって、ロシアに融和的なイギリス外交が如何に危険を孕んでいるか、大英帝国市民に警告を発したものであった。ロシア専制主義は、イギリス外交にとって北欧や東欧などヨーロッパ諸国を牽制する便利なカードかもしれないが、その矛先は、いずれイギリス流のブルジョア民主主義にも向かいかねない、きわめてやっかいな存在だと、マルクスは言いたかったに違いない。しかも、イギリスはその対露宥和政策によって、ロシアのバルト海制覇を援助してきたのだった。マルクスは、ロシア専制主義の背後に、タタールの軛《くびき》（モンゴルのロシア支配）を見ていた。もし、ウィットフォーゲルがそれを仔細に読んでいたとしたら、一九五〇年代において自分の立っている位置が、一八五〇年代にマルクスが立っていた位置とまったく同じであったことに気がついたはずである。すなわち、マルクスのアジア的社会論、あるいはマルクスの専制主義批判を継承しているのは、ほかならぬ自分であると。

　さらに、長くアメリカに住み、その反共的な風土のなかで過ごしていたためであろう、西欧左翼の動向にうとくなっていたことが挙げられる。一般論ではあるが、それぞれの著者には、もっとも読んで欲しい読者が存在する。だが、アメリカには、当時、ウィットフォーゲルを理論的に理解する可能性のある読者、すなわちマルクス主義的な素養のあるインテリゲンチアが欠けていた。それが登場するのは、一九六〇年代のカウンター・カルチャー運動を経た、七〇年代以降のことであった。それに対し西欧には、数多く存在した。だが、彼らもまた戦前と同じく、コミンテルン流マルクス主義、スターリン主義の虜であった。しかし、一九五六年のハンガリー動乱（ハンガリー革命）は、西欧左翼を引き裂いた。少数ながらスターリン主義に疑問を持つ人々が西欧各国の左翼のなかに登場し始めていた。彼らこそ、本来、ウィットフォーゲルの水の理論を理解しうるかもしれない人々であった。一九五七年の著作があまりにも、性急に、かつ極端に、マルクスやマルクス主義との絶縁をはかったことによって、彼の水の理論を、それらの人々に理解させる絶好のチャンスを失ってしまったといえる。

それればかりではなかった。この肥大化した歴史理論である水の理論は、その後に様々な後遺症というべきものを残すことになった。マルクス主義における水の理論の失墜である。一九五三年におけるスターリンの死、一九五六年におけるソ連党第二十回大会におけるフルシチョフのスターリン批判の開始は、社会主義陣営に大きな動揺を与えた。さらに、それらに端を発したポズナニ暴動やハンガリー動乱を契機としてソビエト・マルクス主義（スターリン主義）に対する東欧および西欧知識人の疑問が深まっていく。それらは、次第にアジア的生産様式論復活の機運につながっていく。一九六〇年前後より、東欧や西欧のマルクス主義者の間で、アジア的生産様式論に関する議論が徐々に再開され、一九六〇年代中葉に、それは様々な諸国のマルクス主義者を巻き込んだ公然たる論争へと発展する（第二次アジア的生産様式論争）。ところが、この再開された論争において、水の理論はあるべき位置を占めることはなかった。灌漑・治水もしくは大規模公共事業は無視されるか、ウィットフォーゲルに絡んで痛罵や揶揄の対象となるかしかなかった。水の理論に代って議論の中心となったのは、本源的土地所有（共同体的土地所有）に関する議論、すなわち日本で言う共同体論であった。共同体論の興隆には、一九三九年に始めて公刊され、戦後マルクス主義研究の重要な一翼を担うに至った『経済学批判要綱』（『諸形態』はその一部である）への評価の高まりがその背景にあった。とはいえ、共同体論の根本をなすものは、あくまで本源的土地所有のアジア的形態（アジア的所有）に関わる議論であり、そのアジア的所有から導き出される共同体のための必要労働（賦役労働）の組織化を理解するためには、水の理論を欠かすことができない。水の理論を欠いたアジア的所有に関する議論は、アジア的所有にもとづく社会が何故、単一権力社会として現出するのかという権力の問題を十分に説明することができない。このようなウィットフォーゲルの水の理論の負の作用を、彼の責任であるということは酷であろう。だが、一九五七年の著作をめぐる不幸な重なり合いは、せっかく再開されたアジア的生産様式論争の、さらなる発展可能性を、一定程度ではあるにせよ、抑制した可能性が高いといわざるを得ない。

『オリエンタル・デスポティズム』をめぐる攻防、批判や非難の応酬のなかで、もっとも割をくったのは、木村正雄の水の理論であった。一九五〇年代後半、木村正雄（1958）は、第一次農地、第二次農地の概念を掲げ戦後日本の中国古代史学界に登場し、当時、マルクス主義的な中国古代史学の主流であった西嶋定生やそのライバルであった増淵龍夫と鼎立する地歩を築いた。木村正雄は、古代華北の農業が、取水可能な、河身に近く、しかも洪水の害を防ぎうる、河岸の小高い丘を中心とする聚落にまず始まったこと、そしてそのような段階の農地を第一次農地と呼び、そのような小規模灌漑農業が邑制国家を支えたものであるとした。それに対し、戦国七雄を中心とする黄河流域の大規模治水水利事業によって開発された広大な農地を第二次農地と呼び、それが中国古代専制国家の経済的基礎となったとした。第二次農地は、その開発のみならず、その維持にも、国家権力の積極的な関与を必要とした。黄河流域の大平原の大規模水利事業は、完全に個人や小集団の力を越えるものであったからである。黄河は泥の河であり、少し注意を怠れば、たちまち泥分は川底にたまり、河底を浅くし、堤防決壊の可能性を高めた。また、泥分が用水路や運河にたまればたちまちそれら水利施設は機能を失った。それを防ぐには、毎年、大量の農民を動員して、河川や水路を浚渫し、堤防を修理したり拡張したりする必要があった。それを怠れば、第二次農地は容易に崩壊し、農民たちは大挙して他地へ流亡するしかなかった。それが、秦末以後の、大規模な農民反乱発生の原因であり、新王朝は政権安定のために、まず第二次農地の再生に努めなければならなかった。

ウィットフォーゲルの水の理論の衝撃は、木村の第一次農地および第二次農地論に少なからぬ影響を与えた。

木村はその後も『中国古代帝国の形成』（1966）を世に問い、さらにその死後『中国古代農民叛乱の研究』（1979）が出版され、それらにより彼のスケールの大きな中国古代史論をより全体的に把握できるようになった。だが、彼の水の理論もしくは第一次農地および第二次農地論を継承し、古代史あるいは中世史研究において、それを発展させた研究者は数えるほどしかいない。逆に、木村正雄の水の理論は、ウィットフォーゲルのそれと同じく、日本の中国古代史研究者から強い批判を浴びている。

しかし、木村正雄の水の理論によって、中国史研究における水利（灌漑・治水）への関心が非常に高まったことは事実である。実証的な中国水利史研究が積み重ねられ、それぞれの時期における水利の役割、社会的機能、それに伴う社会システムの性格が、明らかにされてきている。そのことの意義は少なくない。

3　望月清司と「共同体のための賦役労働」

アジア的社会にとって、水の本質的意義は何か。それは、一九五七年のウィットフォーゲルがいうような「水力理論」ではありえない。水力概念にひたすらこだわっていたウィットフォーゲルは、『諸形態』以降のマルクスが、「水」の政治的な側面ではなく、より技術的な側面に注目するようになったことに対し、水の理論からの後退であり、東洋的専制国家の特殊な管理者機能を覆い隠してしまったと批判している（『東洋的専制主義』pp.458-461）(6)。

『要綱』（『諸形態』）執筆時のマルクスが専制国家批判を少しも緩めていないことは『十八世紀の秘密外交史』（1858）の刊行からもあきらかである。しかし、そのモスクワ国家の専制主義が、タタールの軛の遺産であるモンゴル奴隷制の継承や、モスクワ国のタタール化に由来するものであるとしても、それは単純な水の理論の適用からは説明できない。事実『外交史』は、ロシア専制主義の経済的基礎については、それ以上の説明をしていない。われわれが、一八五〇年代末のマルクスの諸著作から理解できるのは、アジア的社会に対する知見が飛躍的に増加するにつれ、アジア的社会の様々な国家や民族の、それぞれの専制主義の具体的な生成のプロセスを、一八五三年当時のような、単純な水の理論からは説明できなくなったということであろう。問題の解明のためには、より包括的な理論的枠組が必要であった。マルクスによって、それは結局十分に果たされたとはいいがたいが、『諸形態』のなかのアジア的所有の説明のなかに、すでに理論的な枠組みが、萌芽的に提示されているとみることができる。

上述したごとく筆者は、水の理論に関するマジャールの視点、水利事業＝「必要労働の社会的組織」はすぐれたものであると考えている。この視点から、水の理論を再評価する必要がある。このマジャールの視点を期せずして継承したともいえるのが望月清司の「共同体のための賦役労働」の視点である。望月は『資本論』第一部第八章「労働日」第二節、「剰余労働への渇望：工場主とボヤール」の一節に注目する。

夫役はドナウ諸侯国では現物地代とその他の農奴制付属物と結びつけられていたが、しかし支配階級への決定的な貢租となっていた。このような所では、夫役が農奴制から発生したことはまれで、むしろたいていはんたいに農奴制が夫役から発生した。ルーマニア諸州でもそうだった。これら諸州の元来の生産様式は共同所有を基礎としていたが、それはスラヴ的形態の共同所有ではなく、インド的形態のそれではなおさらなかった。土地の一部分は自由な私的所有として共同体の諸成員によって独立に管理され、他の部分―― ager publicus〔公共地〕――は彼らによって共同に耕作された。この共同労働の生産物は、一部は凶作その他の災害のための予備財源として役だち、一部は戦費や宗教費やその他の共同体支出をまかなうための国庫として役だった。時がたつにつれ、軍事関係や教会関係の高職者たちは共有財産といっしょに共有財産のための仕事を横領した。自分たちの公共地での自由な農民の労働は、公共地盗人たちの夫役に変わった（『資本論』第一部第八章「労働日」、『マルクス・エンゲルス全集』二十三巻a、pp.251-252）。

このような夫役（賦役）に関する記述から、望月は、賦役が共同体のための必要労働から発生していること、さらにそのような共同体のための賦役労働から、共有地の横奪者たちによって強制された賦役、搾取すなわち「労働地代」に転化された賦役があることを剔出してみせる。これは重要な指摘である。望月は、この共同体のための賦役労働は、ポーランドやルーマニア、あるいはドナウ諸公国の、賦役労働から農奴制が発生するとマルクスが述べたスラヴ的共同体とでも呼ぶべき世界だけではなく、アジア的社会にも重要な関わりがあることを指摘している(7)。望月は、おそらく、アジア的生産様式論争の錯綜ぶりを懸念してか、この共同体のための賦役労働が、共同体的土地所有のアジア的形態およびスラヴ的形態において、如何なる形態的な違いとして現出しているのかについては、言及を避けている。そのことが結果として、『マルクス歴史理論の研究』の著者の、もう一つのすぐれた論文(望月、1971)の存在を世に知らしめえない大きな要因となったと思われる。

灌漑・治水事業がマジャールのいう「必要労働の社会的組織」に支えられているとともに、その社会的な必要労働が、望月のいう共同体のための必要労働であり、それは具体的には共同体農民の賦役労働として現出することについても、すでに言及した。この共同体のための賦役労働は、スラヴ的形態のもとにおいては、時の経過とともに農奴制に転化するのに対し、共同体的所有のアジア的形態においては、敵対的生産様式のもとで変質(二次化)し、「総体的奴隷制」として現われる。だが、この総体的奴隷制は、マルクス自身がいうように、ヨーロッパ的な観点からのみ奴隷制のようにみえるのであって、上位の共同体もしくは総括的統一体の首長へ全般的に従属しているようにみえる小共同体の成員(農民)は、アジア的社会の良民もしくはアジア的国家の公民であって、奴隷でも農奴でもない。

マルクスのスラヴ的所有もしくはスラヴ的共同体に関する記述はきわめて少なく、そこから、一般的な結論を出すことは躊躇せざるをえないが、現在のところ知りうるかぎりをいえば、スラヴ的所有とアジア的所有にはやはり区別らしきものが存在すると考えた方がよいと思われる(8)。すなわち、アジア的所有においては、共同体のための賦役労働の組織化によって、剰余労働および剰余生産物が共同体の首長のもとにほぼ独占される可能性が高い。その程度は、共同体成員がどのぐらい共同体(共同体連合)の公共事業(とその成果)をコントロールできるかにかかっている。とくに灌漑・治水に依存するアジア的社会においては、水利施設それ自体が、個々の農民や小共同体のコントロールを超えた外部機構（後述）と化しており、大規模公共事業を主宰する総括的統一体の首長は、共同体農民および小共同体をはるかに超えた権力をもつにいたる。ウィットフォーゲルが水力社会あるいは水力文明と呼ぶアジア的社会においては、この共同体のための賦役労働の恒常化によって、巨大な剰余（労働、生産物）が、総括的統一体の首長のもとに集まることになる。またそれと同時に、そのような大規模公共事業をつかさどる官僚制度が発達し、それらの剰余（労働および生産物）を徴発・管理し、その成果の独占に寄与し、かつその成果の分配に与る。共同体のための賦役労働の恒常化が、個々の共同体農民の剰余労働や剰余生産物に対する支配をも生み出すことになる。それによって生成する支配と被支配との関係は明確であり、そのような支配・被支配関係からなる社会経済構成は、あきらかに敵対的社会構成であるといえる。

共同体のための必要労働の動員は、灌漑・治水においてもっとも効果的、かつ大規模に行われうるが、しかし、灌漑・治水が唯一の形態ではない。エンゲルス『反デューリング論』における第一の道（共同職務機関の自立化による支配被支配関係の成立）は、灌漑・治水にもとづく農業社会において成立するが、しかし、灌漑・治水に依拠しない農業社会においても、第一の道は十分に成立する余地がある。

望月清司（1971）が示唆するように、共同体のための賦役労働は、何もアジア的社会の専有物ではないし、またアジア的社会における水利施設のための労働に限られるわけではない。それはたとえば道路である。

だが道路がつくられるのは、それが共同体（ゲマインデ）にとって必要な使用価値であり、共同体がそれを是非とも（à tout prix）必要とするからにすぎない。もちろんこれはほかならぬ一つの剰余労働であって、個人はそれを、賦役形態であろうと租税を媒介とする形態であろうと、個人の生存に必要な直接労働をこえておこなわなければならないのである。けれどもその労働が共同体ならびにその共同体の成員である各個人にとって必要であるかぎりでは、それは彼が果たした剰余労働ではなくて、彼の必要労働の一部である。すなわち彼が共同体の成員として自己を再生産し、またそれとともに、それ自体彼の生産的活動の一般的条件である共同団体を再生産するために必要である（p.462）。

そうだとすると、水利以外の公共事業（施設）――たとえば神殿経済――を中心としたアジア的な社会も想定しうるということを意味しているのかもしれない。なぜなら、そのような社会においても、共同体のための賦役労働を共同体農民に強制しうる可能性が高いからである（9）。

4　玉城哲の灌漑農業論

ウィットフォーゲル『オリエンタル・デスポティズム』における水の理論は、工夫に富んだ議論がちりばめられており、今日もなお読むに値する文献である。だが、同時に、大規模水利（灌漑・治水）のみに焦点を当て、水が唯一、アジア的社会の歴史を決定するかのような議論は、余りにも性急過ぎて、多様な社会関係、歴史事象を取り扱いえない、欠点の多いものとなっていた。唯水力論といった趣のあるウィットフォーゲル「水の理論」への地理的環境決定論や風土決定論との批判は、根拠のないものではなかった。実際には、一九五七年の水の理論には、水利環境におけるコンパクトな地域とルーズな地域を区別した例にみられるように、慎重な議論も存在していたが、反共理論を構築するために強引な議論を重ねているとの全般的な印象はぬぐいがたかった。

それに続いた一九六〇年代は、マルクス主義ヒストリオグラフィーにおいては、まさにアジア的生産様式論争への胎動と論争再開の時代であった。この論争再開への重要な契機の一つが、ウィットフォーゲルの水の理論にあることは間違いなかった。だが、待望の論争再開にもかかわらず、水の理論への援軍は現れなかった。

ウルメン『評伝ウィットフォーゲル』から詳細に窺えるように、『オリエンタル・デスポティズム』において、マルクスおよびマルクス主義を厳しく批判したにもかかわらず、一九六〇年代以降のウィットフォーゲルは、マルクス主義者の水の理論への回帰をひたすら待つことになった。だが、彼の期待は実らなかった。論争の参加者たちは——アジア的生産様式を認めるか認めないかにかかわらず——、一様にウィットフォーゲルの水の理論を批判するのがつねであった。実際に、論争は主に共同体論もしくは所有論をめぐって行われ、水は無視されるか、少なくとも議論の中心ではなくなった。

だが、一九三〇年代以降、アジア的生産様式論あるいは水の理論が背負わなければならなかった負のイメージとは別に、アジア的社会における水利農業の特異性は依然として存在していた。マルクス以前のアダム・スミス、リチャード・ジョーンズなど、あるいはマルクス以後のマックス・ウェーバーらは、みな、アジア的社会における灌漑農業の特異性を、ヨーロッパ農業との違いを際立たせるものとして認識していた。たとえば、中世国家史研究に新局面を開いたオットー・ブルンナーは、ヨーロッパとロシアの比較について、以下のように述べる時、それを明示している。

つまり、特殊ヨーロッパ的封建制と、それに対応する農業構造が、したがってまた、独自の性格をもったヨーロッパ農民が、存在したかどうかを、問題にしなくてはならないのである。このことは、ヨーロッパ以外の事情と比較してはじめて明らかになるのであるが、比較の対象としては、どこよりもロシアが問題となる。というのは、エジプト、西南アジア、インド、中国の古くからある広大な農業地帯は、灌漑農業をいとなむものであって、[ヨーロッパとは]全く異なった前提条件のもとにあり、そのため、両者の相違は容易に確認できるのであって、あまり参考にはならないのである。ところがロシアは、[ヨーロッパと]多くの点で相違するにもかかわらず、人間によってはじめて開発された森林地帯を中心とする温帯性の風土とか、西ヨーロッパ東方[の住民]と人種的に近いスラヴ系民族だとかの類似点をもっている(O・ブルンナー『ヨーロッパ——その歴史と精神』、岩波書店、1974: p.307)。

ブルンナーは、ここで、灌漑農業に代表されるアジア的社会の農業構造とヨーロッパの農業構造の違いに関して、どのように相違しているかを述べているわけではない。だが、西欧中世史専攻とはいえ、卓越した歴史家の一人が、灌漑農業を中心とするがゆえに、アジア的社会を、ヨーロッパとは、はっきりと異質であると認識していたことは大きな意味をもっている。しかも、ブルンナーは、当然、西欧中世にはロンバルディアの灌漑農業やオランダの干拓事業がすでに成立していたことを考慮に入れたうえで、そのような結論を出したのであろう。それにもかかわらず、アジア的社会を灌漑農業をもって、ヨーロッパと異なると断ずる時、やはりその異質性の認識が決してあいまいなものではなく、むしろ際立ったものであったことが理解できる。

そのような異質性の認識にもかかわらず、灌漑農業を中心とする農業社会が具体的には如何なるものなのか、おそらくヨーロッパ人には把握しがたいものがあったのであろう。逆に、アジアの諸学にとって、灌漑や治水が農業にとって必須であることは、当然すぎるほど当然であって、逆にそれを前提としないヨーロッパ農業およびそれに支えられた西欧中世社会を想像することはきわめて難しい。せいぜい、アジア的社会のなかにも個々に存在する天水農業や、(時には広範囲に存在する)旱地農法に依る農業を想像する以外にない。それを超えるべく、幾つもの異なった農業社会の比較から——また技術レベルや農法レベルの比較に加えて、社会構造や所有形態にまで踏み込んだ比較によって——、異質性がより具体的なものとして明らかにしうると考えられる。

以下、水利を根幹とするアジア的農業を営んできた日本における、水の理論へのいくつかの貢献をとりあげることにしたい。まず、日本農業と他のアジア社会の農業の比較を通じて、かつ日本農業とアジアの農業の比較研究の蓄積の検討のなかから、アジア的農業の特質を明らかにしたのが、玉城哲である。水の思想家ともいうべき玉城哲には当然、水に関する著作は多数あるが、とくに「水の理論」に触れたのが『風土の経済学』(新評論、1976)である。同書の「序章」は、「非西欧世界とマルクス経済学」と題されている。「水の理論」は当時、いまだ非難や罵倒の対象でしかなかった。それを正面から、新たな風土論の文脈でとりあげるというのは、非常な勇気を必要としたはずである。このタイトルは、著者が本書において、風土すなわち水の理論をあらためて議論せんとする決意を示している。

玉城はアジアの灌漑農業における二重の資本形成に注目する。すなわち、灌漑農業のもとにおける農民は、自己の私的な経営資本のほかに、灌漑排水施設や河川制御施設などの「公的な地域的土地資本」を必要とする。農民は、個々の経営資本の外部にある、公的な地域的土地資本のストック抜きには、農業を行うことはできない。問題は、このような灌漑排水施設も河川制御施設も、農民にとって自己の経営の外部にあるということである。また、そのような外部機構は、集団や親族組織によっても制御されることはない。「農民の参加による自治的な管理体制が顕著に発展している地域は、わずかに日本や台湾あるいはインドネシアのバリ島のみといってさしつかえない」と玉城は述べている（1976: p.34）(10)。

個々の経営にとっては死活問題であるにもかかわらず、水利施設が個々の経営の外部機構として存在していること。これが、アジア的社会の水利事業の根本的な性格であり、この性格が、地中海世界（エジプトを除く）農業とも、アルプス以北のヨーロッパ農業とも、アジア的社会における農業を、根底から特徴づけている。そして、このようなアジア的な灌漑農業の性格は、アジアの農民の土地所有関係をも深く規定せざるをえない。玉城は、それをまず「大地の領有」に関係させている。すなわち、水をめぐる二重の土地資本形成が、個々の農民の「大地の領有」（人間とその対象である土地との基本的な関係）の仕方を規定しているのである。「大地に対して働きかけ、大地の中から労働の成果をとりだし、それをわがものとする農業の本来の性格からいえば、生産者が生産者としての主体を確立する前提は、生産の不可欠の前提である大地をわがものにすることである」。そうである以上、「アジアの灌漑農業においては、直接生産者である農民たちによって、大地の領有が完結的に確保されない」（p.40）ということになる。この玉城の「大地の領有」の発想は、明らかに、マルクス『諸形態』における「大地の領有」に由来する。そこから以下の結論が得られる。

このようにして、生産の不可欠の前提としての大地の所有は、不幸な分裂をとげている。土地そのものは、少なくとも現象的には私的な所有を確立している。しかし、水は公的な所有として、国家の手中にあるのである。生産の客観的条件としての水の獲得・制御がある絶対性をもっているとすれば、真の意味での土地の私的所有は存在せず、国家的所有のもとに戯画化された私有形態が存在するにすぎないといえるかもしれない（玉城、p.41）。

さらに、玉城哲は、アジアにおいては、「土地制度史的視角」よりも「水利制度史的視角」が重要だとする中村尚司の言を引きつつ、中村の提言は灌漑農業の所有構造を理解するうえで、きわめて適切であると指摘している。さらに一歩踏み込み、ウィットフォーゲルの問題提起にも言及している。

さきに述べた農業資本形成の二重性は、以上のような所有構造を歴史的前提として成立した関係であるように思われる。公共的な土地資本形成は、私的な生産、私的な所有に対する補完というよりも、実はそれ自体が伝統的に自立した国家の機能の一部だったのであり、むしろ「私有の欠如」の表現でしかなかったともいえるのである。東洋的社会の専制的性格については、ウィットフォーゲル以来多くの議論があり、安易な表現はつつしむべきであろうが、現状のアジアの農業をみるとき、それぞれの国の政府が直接に専制政治を実施していなくとも、潜在的に専制的性格を秘めているようにおもわれてならない（p.41）。

このようなウィットフォーゲルの評価は、極めて慎重に行われているとはいえ、当時としてはもっとも肯定的、積極的な評価であるといってよい。反共理論を連想させる水力理論には言及せず、しかしアジア的農業における水の意義を明確に指摘している点において、かつそれが個々の経営にとって外部機構である水管理部門（政府）が、潜在的に、専制的性格をおびざるをえないことを指摘している点において、その後のアジア的農業およびそれを基礎とするアジア的社会の構造的な研究に多くの指針を与えるものであった。玉城は、水の理論を、比較農業論（より具体的には比較灌漑研究といった分野）に限定して復活させたといえる。そのような限定つきであるとはいえ、このような玉城の比較農業論は、遅かれ早かれ、そのような農業にささえられた社会システムを直接問うことになる以上、ウィットフォーゲル以後の、水の理論の新たな再出発であるともいえるものであった。そのような地点から、中村尚司（スリランカ）、岡崎正孝（イラン）、多田博一（インド）といった諸氏の、それぞれの地域に根差した水利史および水利社会研究が展開していくことになる。

小括

これまでの議論から、以下のような問題提起が可能となる。マルクス『諸形態』における共同体的土地所有の三つの形態およびエンゲルス『反デューリング論』における政治支配成立の第一の道と第二の道から、もっとも重要な点を再提起するとすれば、まず剰余を誰から収取するか、言い換えれば、収取すべき剰余を産出する労働を誰に強制するかが、最初の焦点となる。共同体のための必要労働を介した収取――土地所有の第一形態（アジア的形態）は、基本的には同じ共同体成員、あるいは同じ共同体の連合体の成員を対象とした収取である。共同体のための必要労働は多くは――とくに灌漑・治水においては――共同体のための賦役労働の形態を取る。

灌漑・治水の成功、それによる増産や経営の安定化は、公共事業の組織者の立場を強化し、彼らの権威を伸長させる。他の事業への動員とは異なり、灌漑・治水への動員は、共同体成員に対し一定の説得力をもっている。そのことが、権威ある首長や王の動員に弾みを与え、いよいよ共同体成員に公共事業への動員を拒否することを困難にさせる。ここにおいて同じ共同体成員への労働の強制が必然化する。さらに、アジア的所有形態における、共同体のための必要労働や賦役労働を介した収取の展開を通して、共同体成員から、さらなる剰余の収取が可能となると同時に、公共事業あるいは公共の事務を媒介として、上位の共同体の、下位の小共同体への賦役や貢納の強制もまた容易となる。すなわち、アジア的社会における君主は、公共事業の主宰であり、共同体農民すなわち良民に賦役を強制する権力を有する。公共事業であるかぎり、良民には賦役に従う義務があった。この良民もしくは公民への賦役の強制こそ、専制のつきせぬ温床であった。

それに対し、共同体の個々の成員の所有権が明確なため、共同事業への共同体成員のコントロールが強い古典古代的形態およびゲルマン的形態においては、共同体成員に対し賦役労働を強制することはできない。そのかわり、他の共同体成員を従属下におくことによって、あるいは自らの生産諸手段に他の共同体成員（もしくは共同体から引き剥した直接生産者）を統合することによって、彼らに労働を強制することが可能になる。奴隷制および農奴制はそこに発生する。だが、所有権を尊重する社会は、同時に、私有的所有の発達を促がし、共同体成員の階層分解や、自由農民の没落を招く。それらは、古典古代世界や中世西欧世界に深刻な葛藤を呼び起こすことになる。古典古代は、あくまでも、同じ共同体成員のメンバーシップを守ろうとした。だが、ローマ帝国の場合には、肥大化した帝国に見合うだけの、あるいは貧民化した膨大な数の共同体成員を扶養するに足る従属的な働き手、隷属農民をその周辺に見出すことは次第に困難となる。征服地あるいは属州の略奪や搾取、全住民から地租や人頭税の取り立て、それらをもって購うことができないとしたら、自由人あるいは市民の弱い環からも、搾り取らざるをえなくなる。最終的には弱い立場の共同体成員（小作民）を隷属農民化（コロヌス化）する以外に方法はなかったといえる。弱い立場の共同体成員、本来自由人であった小作人を土地に縛りつけ、隷属農民化したのも、財政上の必要性からであった（財政上の必要性から、農民、職人、商人、兵士等臣民に対国家奉仕義務ライトゥルギーを強制することは、アジア的社会においては見慣れたものであるが、古典古代世界においては、社会の変質を告げるものであった）。それは、同じ共同体成員に労働を強制しないという古典古代的な共同体原理の終焉を象徴するものであった。中世西欧世界では、他の共同体から略奪していた働き手、すなわち奴隷も、その後の農奴も、あるいは没落した自由農民も、主人あるいは領主との間において、双務関係におかれた。隷属は無制限ではなかった。経済的諸関係の発展によって、あるいはそれぞれの隷属農民の自己経営の発展や富の蓄積によって、徐々にではあるが、自由を買い戻したり、双務関係を隷属農民に有利に変えることが可能であった。プリミティブな共同体（ゲルマン的共同体）の共同体成員の強き所有権、あるいは強制からの自由は、中世では騎士や貴族階級に受けつがれる。だが、それでも、中世を通じて自由農民は少なからず存在し、さらに、新たに誕生しつつあった都市もまた、騎士や貴族たちと同様な、強き所有権や、強制からの自由を手に入れていく。また隷属農民も、親族組織や共同体的諸関係の強化とともに、経済的諸関係の展開を通して、次第に、自由農民と同じ、所有に関する種々の権利や強制からの自由を獲得していくことに成功した。

また、共同体のための必要労働、共同体のための賦役労働の視点から、以下のような考察が展開されうる。アジア的社会における、共同体のための必要労働（具体的には賦役労働）に対する指揮権こそ、勧農権に属する。アジア的社会の歴史において、特に古代・中世史において、勧農権の在り方、勧農権が誰によって執行されるのかが、問題となるのは、この共同体のための必要労働（賦役労働）への指揮権ゆえである。勧農権を担うものが、農民を支配する。それに対し、たとえば、古典古代や中世西欧では、勧農権は問題とならない。中世西欧においては、裁判権こそが、アジア的社会における勧農権と同じような比重をもつ。そこでは裁判権をもたない政治権力は存在しない。アジア的社会においては、勧農権をもつものは、当然、裁判権をももつ。もし、勧農権をもつものが裁判権を有しないならば、水争い一つをも解決しえなくなろう。

つまり、共同体のための賦役労働の徴発を敵対的な社会構成生成の槓桿としえなかった西欧中世的な生産様式において（実際にはゲルマン的共同体もしくはゲルマン的所有において）、共同体成員による共同体の共同事業に対するコントロールが強かったことが、共同体成員相互間の、および共同体首長と共同体成員の間の権利義務関係を明確なものにし、さらに互いの利害の齟齬や衝突に際しては、裁判に訴えることによって解決をはかろうとしたところに、ゲルマン的共同体にもとづく社会および中世西欧世界において、裁判権の伸長を促す要因となったと考えられる。なぜなら、そこでは、法は神に属し、その前では、王も自由農民も等しい存在とされたからである。法があくまで王より恩恵として公民に与えられるアジア的社会とは、その点において、完全に異なっている。

さらに、水利施設が個々の経営にとっても、小共同体にとっても、それらのコントロールをはるかに超えた外部機構であるとの玉城の議論を受け容れるということは、単に、水を中心としたアジア的社会における、国家権力の専制的性格を認めるということだけではすまなくなる。たとえば、公的な土地資本形成が、具体的には水利諸施設に具現されるわけだが、大規模な水利施設は、個々の農民にとっても、個々の村落にとっても、まったく彼らのコントロールの及ばない、外部機構と化す。この面にこだわるとすれば、一般に古代史や中世史の領域でよく言われる、自立した小農民経営の形成などということは、アジア的社会において、ほぼ不可能となろう。なぜなら、個々の農業経営にとって不可欠な水を、個々の経営は用意することができないばかりか、その水の供給者に、強く依存せざるを得ないからである。このような状況のもとでの、小農民生産（小経営的生産）の成長とか自己経営の発展とは、あくまでも括弧付きのものであり、その点において、アジアの農民は、中世西欧のような、土地所有権も含めて、生産手段、生産技術、生産力などの、ほぼすべてを所有する、小経営生産の主体としての自立した農民とは、大きく異なる存在である。また、そこではたとえ農奴ですら、農民層の上昇によって土地保有権の強化のほか、自己経営にとって必要な様々な手段、技術の取得を実現していたのである。それに対し、アジア的社会においては、農業にとって不可欠な水はつねに公的なものであり、公的な水利機関もしくは、それを代表するもの（君主）から与えられるものであり、そういう意味において自らのものではなかったといえる（玉城哲）。それでも、個々の農民は用水路を通じて、慣習的に水の供給にあずかる権利をもっていたかもしれない。だが、土地に緊縛された農奴が、土地に対し強い占有権を持ちえたほどの強い権利として行使しえたわけではないのである。なぜなら、農奴にとって土地（保有地）は領主のものであったとしても、農奴が日ごろ自己の犂や鍬を用いて耕しているものであり、自らの労働を通じて収穫を導き出しているものである。それは決して農奴の経営外にあるわけではない。また、自らのたゆまぬ経営努力によって、所有権を買い戻すチャンスも存在している。さらにメンバーとして参加している村落共同体を足場に、農民たちは、互いの権利や義務について個々の領主と交渉することが可能であった。それに対し、多くのアジア的社会の共同体成員（良民・公民）にとって、水は外部機構である水利施設（水源および用水路）の所有者のものであり、自らのコントロールのまったく利かぬものだからである。逆にいえば、農民自身による、あるいは共同体による水管理の進展は、アジア的社会に全く別の展望を与えることになる。玉城哲が言いたかったのはそのことであろう。

アジア的社会において、勧農権の把持者は、水利施設（外部機構）の所有者であること。総括的統一体の長（王）とは、勧農権の主宰であり、かつ、外部機構である水利施設の所有であった。すなわち、この場合、総括的統一体の長（王）は、より強力に共同体成員のコントロールを免れることが可能であった。つまりより強い支配力を農民に及ぼすことが可能であった。一つは、外部機構の主であることによって。さらにもう一つは、共同体成員に共同体のための賦役労働を強制しうるもの（勧農権の執行者）として。それに比して、如何なる独裁的君主であっても、古典古代の君主にせよ、中世西欧の君主にせよ、そのように恵まれた条件のもとで治世を行なうことは決してなかったのである。

［注］

（1）中世においては、没落した自由農民は、人格的に、もしくは土地を介して庇護者に隷属するしかなかったが、そのような社会的地位の降下は、社会の埒外におかれることを意味してはいなかった。農民の領主への従属も、契約にもとづく隷属であり、無制限な抑圧や搾取を意味するものではなかった。それに対し古典古代においては、共同体はいわば戦士共同体であり、共同体成員が武装の担い手である以上、各都市国家は、共同体成員の経済的な没落を阻止する必要にかられた。没落した市民を、奴隷や外国人居留民のように、無権利な存在として、社会の埒外に放り出すことはできなかった。都市が債務奴隷に陥った市民を救済したり、市民のみがポリスの土地を購入できるといった特権の成立は、それと不可分の関係にあり、さらには〝パンとサーカス〟に象徴される無為徒食の都市無産者の発生を生むことになる。

（2）マルクスとエンゲルスの持ち分問題については、ここでは触れない。ただ、マルクスの死以前においては、マルクスとエンゲルスの間には緊密な連絡や相互の討論があった以上、二人の歴史理論について大きな差があったとは考えない。

（3）そのほか、『資本論』第一部第四篇において、マルクスは単純協業における巨大工事の例として、古代のアジア人、エジプト人、エトルリア人をあげ、アジアおよびエジプトの諸王やエトルリアの神政者等のこの権力は、近世社会にあっては資本家の手に移ったと述べているが、おそらくエトルリアの神殿建設を『諸形態』の第一の所有形態における公共事業の一つとして捉えていたのであると思われる。

(4)『反デューリング論』が、当時、ドイツにおいて社会主義運動に影響を及ぼしつつあったオイゲン・デューリングの学説を批判するために書かれたものであり、批判のレベルは、オイゲン・デューリング学説のレベルに影響されている可能性が高い。デューリングは政治的支配の成立を暴力に求めており、それゆえ、『反デューリング論』第二編経済学の冒頭に「暴力論」と題したデューリング暴力論批判が展開されることになる。すなわち、政治的支配の根本には暴力ではなく、経済的諸原因が存在していることを、多数の例をあげることによって、デューリング説を論破している。

(5)『諸形態』における三つの所有形態にせよ、『反デューリング論』における二つの道にせよ、それらを一つの発展系列のもとに統合する試みは可能である。『諸形態』の第一形態に、アジア的な共同体ばかりでなく、メキシコやペルーの共同体が含まれ、さらに古代ケルト人のそれを含まれるとすれば、古代ケルトから古典古代的共同体への発展の道筋を考えることも可能である。同じことは、エンゲルスの二つの道にもいえる。第一の道に、アジア的社会ばかりでなく古代ケルトやギリシアまで含まれるとすれば、第一の道がより古く、それに続いて第二の道が生じた、ととることも可能である。ローザ・ルクセンブルクが『経済学入門』のなかで、第一の道の普遍的な妥当性を主張しているのは、その格好の例である。だが、マルクス主義に現実に生じたのは、『起源』にみられるような、第二の道の普遍化であり、第一の道の廃棄であった。それは、後に、ソビエト・マルクス主義によって、第一の道は、アジア的な奴隷制への道であると読み換えられ、第二の道に統合されることになる。

(6)二十世紀社会主義社会がノーメンクラトゥーラに代表されるごとく中華帝国の歴史は、中央集権的官僚制に貫かれていた。それゆえ、ウィットフォーゲルが東洋的専制国家における農耕管理階級の役割を重視するのは理解できるが、中国史において時折みられる皇帝権力による恐怖政治や功臣の大粛清（たとえば明の朱元璋の功臣の抹殺、文革における劉少奇殺し、あるいは官僚や知識分子の下放）の存在は、このシステムで重要なのは全能の支配者・皇帝であって、その代理人にすぎない官僚層なのではない、ということを明らかにしていると思われる。たしかに、官僚抜きでは、皇帝はなにごともなしえない。だが、官僚は、時には人民と皇帝に挟撃されるスケープゴートでもあった。そこでは、全能の君主が存在するからこそ、官僚が存在するのであって、その逆ではない。皇帝からみれば、官僚は全体としていつでも代替可能な存在であった。

(7)上記（工場主とボヤール）における、ルーマニア諸州の、元来の共同所有について、マルクスは「スラヴ的形態の共同所有ではなく、インド的形態のそれではなおさらなかった」と述べる。この点に関して、望月（1971）は、「ここでの「本源的生産様式」は、マルクスのいうとおり、インド的ないしその変種たるスラヴ的共同体のそれではない。インド的共同体には、自由な私的所有は存在しえないからである。さりとて、古典古代的ないしゲルマン的共同体における生産様式でもない。それらにあっては、共同地の共同耕作は行なわれていないからである。いわば自立的農民経営はゲルマン的、共同地耕作はインドもしくはスラヴ的、であるという、移行期に生じる一種の混合形態である」と解釈している。難解である。

（8）第一の所有形態もしくはアジア的形態、およびスラヴ的形態の区別が曖昧なのは、マルクスが一般的な意味での歴史理論の創出を試みているのではないことに帰せられる。『要綱』（『諸形態』）は資本論草稿とでもいえるものであり、出版のために書かれた著作ではなく、それゆえ、マルクスは数十年後もしくは百数十年後の、しかも資本論草稿のなかにマルクス主義的な歴史理論の展開や深化を読み込もうとしている読者の疑問に答えるために著述していたのではなかった。『諸形態』執筆時においては、ゲルマン的形態、古典古代的形態、そして両者とは異なる第一の所有形態との区別が明確にすることができればよかったはずであり、我々が期待している、第一の所有形態内部の諸形態相互の違いや、それらとスラヴ的形態との区別を、その時点で是非とも果たさなければならない理由もなかったと思われる。

スラヴ的所有は結局、他の所有形態と明確に区別された概念に到達しなかった。とくに、共同体的所有の第一形態における非アジア的形態との区別をマルクスはみつけられなかったようである。それが、アジア的、古典古代的、ゲルマン的所有とともに、スラヴ的所有が二度ほどその名をあげられながら、「東洋的形態は、スラヴ的所有では変形されているか、古代的およびゲルマン的所有では対立物に発展している」（p.47）以外に、なんら具体的説明がなされなかった理由であろう。ともあれ、上記の一節から、スラヴ的所有は、古典古代的所有やゲルマン的所有よりも、むしろアジア的所有に近いと判断されざるをえない。

だが、それでもスラヴ的形態を第一の所有形態に属せしめなかったのはなぜであろうか。スラヴ的所有のなかに共有地およびその共同耕作が含まれる以上（「工場主とボヤール」）、それを第一の所有形態のなかに含めてもよかったはずである。今のところ言いうるのは次のことである。『資本論』第1部第8章「工場主とボヤール」の論点を先取りしていえば、共同体のための賦役労働から農奴制が発生する道である。マルクスは、スラヴ的所有の二次化によって、農奴制が生まれたことを重視していたのではないだろうか。それに対して、第一の所有形態からは、農奴制は生まれないと考えるべきなのであろう。また、第一の所有形態に属する古代ケルト人の共同体（共同体的所有）からも、その二次化によって農奴制は発生しなかったとみるべきなのであろう（おそらく封建制と同じように、外から持ち込まれた可能性を考えるべきなのかもしれない）。第一の所有形態からは、あくまでも共同体のための賦役労働にもとづいた敵対的な社会構成が発生する。それに対し、スラヴ的形態からは、農奴制にもとづいた敵対的社会構成が発生する（一般にゲルマン的形態においては、二次化は個々人の人身的な従属を意味する。それに対しスラヴ的形態においては、共同体首長への集団的な規模における人身的な従属として現象する）可能性が高いと考えるべきなのであろう。

（9）マルクスは、アジア的社会においては、道路が、必ずしも、共同体のための賦役労働を、動員するための槓桿たりえないことについても、言及している。

他方では交通道路は、本源的には共同団体（ゲマインヴェーゼン）の所有するところであり、のちには長いあいだ政府の所有になっていて、生産からのまったくの控除をなし、国（ラント）の共同的な剰余生産物から差引かれるが、国の富の源泉をなすものではなく、言いかえるなら道路の生産費用をつぐなうことはない。本源的アジア的な・自給自足的な（self—sustaining）共同団体においては、一方では道路にたいする必要が少しもない。他方では道路の不足は、共同団体をかたく孤立させ、したがって共同団体の不変の存続（インドでのように）の本質的な契機をなしている。賦役による、またはその他の形態としては租税による道路建設は、剰余労働または国（ラント）の剰余生産物の一部分を道路に強制的に転形することである（『経済学批判要綱』Ⅲ、pp.460-461）。

（10）玉城は、このような個々の経営を圧するほどの公的地域的資本形成に対して、欧米でみられる「灌漑・排水施設の管理が公企業の形態をとり、売水等の方法によって明確な契約関係を基礎として水供給が行われるなら、そこには私的な農業経営の自立性を基礎にした社会的分業を認めることができるであろう」（p.35）と指摘している。さらに日本の農業水利制度に批判的であった柳田国男が、明治四十年（一九〇七年）、売水制と契約関係に基礎をおいた給水機関の確立を提案した例をあげている。

［文献リスト］

ウィットフォーゲル『解体過程にある支那の経済と社会』上下　中央公論社　一九三四年
ウィットフォーゲル『東洋的社会の理論』日本評論社　一九三九年
ウィットフォーゲル『東洋的専制主義』論争社　一九六一年
チャオ‐チン・ティ『支那基本経済と灌漑』白揚社　一九三八年
マデァール『中国農村経済研究（上）』希望閣　一九三一年
マデァール『支那の農業問題』白揚社　一九三六年

マデヤール「アジア的生産方法」『満鉄支那月誌』第七年第九号　一九三〇年九月
マデヤール「支那の農業経済」『満鉄支那月誌』第七年第十号　一九三〇年十月
エル・マヂアールa「アジア的生産様式について」『満鉄調査月報』一九三四年二月
エル・マヂアールb「アジア的生産様式について（続）」『満鉄調査月報』一九三四年三月
石井米雄編『タイ国　もう一つの稲作社会』創文社　一九七五年
岡崎正孝『カナート　イランの地下水路』論創社　一九八八年
亀田隆之『日本古代用水史の研究』吉川弘文館　一九七三年
菊池一雅『ベトナムの農民』古今書院　一九六六年
菊池一雅『村落共同体の構造』大明堂　一九七七年
木村正雄「中国の古代専制主義とその基礎」『歴史学研究』二一七号　一九五八年
木村正雄『中国古代帝国の形成』不昧堂書店　一九六五年
木村正雄『中国古代農民叛乱の研究』東京大学出版会　一九七九年
小堀巌『乾燥地域の水利体系』大明堂　一九九六年
佐久間吉也『魏晋南北朝水利史研究』国書刊行会　一九八〇年
末尾至行『トルコの水と社会』大明堂　一九八九年
多田博一『インドの大地と水』日本経済評論社　一九九二年
玉城哲『風土の経済学』新評論　一九七六年
中国水利史研究会編『中国水利史論集』国書刊行会　一九八一年
中国水利史研究会編『中国水利史論叢』国書刊行会　一九八四年
中島健一『古オリエント文明の発展と衰退』校倉書房　一九七三年
中島健一『河川文明の生態史観』校倉書房　一九七七年
中島健一『灌漑農法と社会＝政治体制』校倉書房　一九八三年
長瀬守『宋元水利史研究』国書刊行会　一九八三年
中村尚司『スリランカ水利研究序説』論創社　一九八八年
原隆一『イランの水と社会』古今書院　一九九七年
福田仁志編『アジアの灌漑　その歴史と論理』アジア経済研究所　一九七六年

藤田和子編『モンスーン・アジアの水と社会環境』世界思想社　二〇〇二年
宝月圭吾『中世灌漑史の研究』目黒書店　一九五〇年
望月清司「「共同体のための賦役労働」について」『専修大学社会科学研究所月報』八八号　一九七一年一月
望月清司『マルクス歴史理論の研究』岩波書店　一九七三年
吉岡義信『宋代黄河史研究』御茶の水書房　一九七八年
若狭徹『古墳時代の水利社会研究』学生社　二〇〇七年
H.Asche & M.Massarat, *Studien über die Dritte Welt : asiatische Produktionsweise*（*Iran*）, *Ausbreitung kolonialer Herrschaft*（*Indien*）, Göttingen, 1977.
Karl.W.Butzer, *Early Hydraulic Civilization in Egypt: Study in Cultural Ecology*, Univerity of Chicago Press,1976.
Michal Aung-Thwin, *Irrigation in the Heartland of Burma: Foundation of the Pre-Colonial Burmese State*, Northern Illinois University,1990.
Diptedra Banerjee（ed.）, *Marxian theory and the third world*, Sage Publications,1985.
Henri J. M. Claessen & Peter Skalnik, *The Early State*, Mouton Publishers, 1978.
Henri J. M. Claessen & Peter Skalnik, *The Study of the State*, Mouton Publishers,1981.
Dowing and Gibson（ed.）, *Irrigation's Impact on Society*, University of Arizona Press,1974.
Dieter Eich, *Ayllu und Staat der Inka : zur Diskussion der asiatischen Produktionsweise*, Verlag Klaus Dieter Vervuert,1982.
Reinhart Kössler, *Dritte Internationale und Bauernrevolution: Die Herausbildung des sowjetischen Marxismus in der Debatte um die »asiatische« Produktionsweise*, Campus Verlag, 1982.
E.R.Leach, *Pul Eliya, A Village in Ceylon: A Study of Land Tenure and Kinship*, Cambridge University Press, 1961.
John Victor Murra, *The Economic Organization of the Inka State*, JAI Press Inc.,1980.
Michael Roberts, *Exploring Confrontation: Sri Lanka: Prolitics, Culture and History*, Harwood Academic Publishers, 1994.
Jurian H. Steward（eds.）, *Irrigation Civilizations: A Comrative Study*, Pan American Union, Washington,D.C.,1955.

第三章　水の理論の系譜　（一）

本来、「水の理論」とは、一九五七年、ウィットフォーゲル『オリエンタル・デスポティズム』において唱えられた東洋的専制主義論に由来する。彼の東洋的専制主義論が、大規模水利を小規模水利から峻別し、それが東洋的専制主義の背骨たる中央集権的な官僚機構の成立を必然ならしめることを力説していたからである。このウィットフォーゲルの水の理論は、当時のソ連や中国といった社会主義国家の「赤色全体主義」が、それぞれの国家の前史たる東洋的専制主義に淵源することを理論的に立証しようとしたものであり、マルクス主義者、社会主義者から批判の十字砲火を浴びることになった。それらの批判の多くは悪罵、痛罵の類であったが、水の理論という呼称は、この悪罵、痛罵とともに語られるようになったものであり、揶揄や侮蔑の意を含むものであった(1)。

だが、ここでは、アジア的生産様式論争の歴史におけるウィットフォーゲルの不幸な役回りについては、これ以上触れない。なぜなら、筆者は、水の理論を揶揄や侮蔑の意ではなく、肯定的な意味合いで捉えているからである。水は、やはり、アジア的社会において、中心的な役割を果たしていると考えるからである。さらに言えば、アジア的社会における水の役割の強調は、マジャールやウィットフォーゲルらの独創ではない。水の役割は、アジア的生産様式論の生みの親、すなわちマルクス主義の創始者たちによって、まず強調されている。ただ、マルクス及びエンゲルスの、水への言及は、彼らの膨大な著作や草稿において、断片的とまではいえないにしても、決して系統的になされているわけではない。また、理論的にも、十分な展開がなされているわけではない。そこに、アジア的生産様式論争において、とくにアジア的生産様式論者のなかにおいてでさえ、アジア的社会における水の役割を肯定する見解が、主流であったわけではない大きな理由がある。

アジア的社会における水の役割の理論的な解明の糸口は、望月清司（1971）によって、見つけられた、あるいは、再発見されたといって良い。望月清司は水に関わる労働が、共同体のための必要労働、共同体のための賦役労働であることを、マルクスに拠りつつ、あらためて指摘している[2]。すなわち治水・灌漑などの水利事業は、共同体のための必要労働を組織したものであり、かつ、この種の共同体のための必要労働は、具体的には首長や王、その代理者の指揮のもとにおける賦役労働の形をとることになる。

さらに、この賦役労働による成果たる水利施設は往々にして、個々の共同体もしくは共同体の連合体（もちろん個々の共同体成員）のコントロールの及ばない外部機構と化す。そして最後にこれらはみな、多かれ少なかれ、潜在的に、専制的な政治システムへの志向性を持つことになる。これらは、玉城哲の比較灌漑社会論から、導かれることがらである[3]。

では、外部機構である水利施設建設のために、何故、農民たちは賦役（corvée）に従事しなければならないのであろうか。それは、もちろん、現実には、彼らの農業経営に不可欠であるからである。だが、水利事業が大規模化すれば、その必要は共同体農民には、次第に明確なものではなくなる。それでも、彼らは出なければならない。というのも、それはもともと共同体のための必要労働だったからである。共同体のためである以上、たとえ、賦役となっても、それに従わなければならない。共同体のための必要労働――公共の土木事業――に慣れた農民たちには、そのように感じられるであろう。そこに、公共の利益を口実に、王都、王宮の造営や、王を記念する大建築物の建設のため、際限もなく大規模土木事業を行い続ける王権に、依然として従い続ける臣民が誕生する理由も存在する[4]。

水がなぜ専制への可能性を含むかについて、もう少し述べてみたい。それは、マルクスのいうアジア的社会は、首長や王は、良民（共同体農民）に対し労働を強いうるという点において、古典古代的社会やゲルマン的社会（古ゲルマン社会および中世西欧社会）とは異なる、という点である。水が農業に極めて重要な役割を果たすアジア的社会においては、古典古代的な社会やゲルマン的な社会と比べ、共同体のための必要労働の占める割合が多い。共同体のための必要労働は、政治支配の成立とともに、共同体のための賦役労働に転化する。王はたとえ奴隷や農奴ではなく、良民であっても、公共の名のもとに、労働を強制することができる。

周知のごとく、水の理論それ自体は、一八五〇年代におけるマルクス及びエンゲルスのアジア的社会の研究に由来する。二十世紀に入り、マジャール、ウィットフォーゲルらは、このような水の理論の形成に大きな理論的寄与をなしたが、残念なことに、一九三〇年代以降のスターリン主義的な歴史理論の隆盛の前に、異端の烙印を押され、半世紀以上にわたり、水の理論は曲解されつづけてきた。水の理論は、共同体のための賦役労働の意義を再発見した望月清司や、水利施設の外部機構化を指摘し、水利をめぐる専制への潜在的指向性を指摘した玉城哲らの理論的な寄与によって、ようやく、アジア的社会の政治経済システムの特質を理解する概念装置となることができたといえる。筆者は、これらの視点の欠落こそ、アジア的生産様式肯定論の陣営においてでさえ、アジア的社会における水の果す大きな役割が認められてこなかった真の理由であると考えている。

本章は、前章における理論的諸成果をもとに、水と社会、あるいは水と歴史のより具体的な関わりを明らかにしようとした一連の諸研究を紹介し、それらを評述するなかで、水の理論の具体的な肉付けを目指そうとするものである。なによりも、マジャール、ウィットフォーゲル以降、とくに日本において、すぐれた水の理論が幾つか提出されている。それらを、望月清司の共同体のための必要労働、賦役労働の視点から、その有効性を検証したい。かつ、それらの水の理論の、それぞれの個性をも引き出したい、と考えている。

1　水利システムの規模をめぐって

その前に、行論の関係上、水利をまず、大規模なもの、中規模なもの、小規模なものに分けて、考えたい。この分類を適用する水利システムは、主としてプリミティブな社会、もしくは国家成立に関わるような社会のものを想定している。とくに近代以降のものについては、植民地のもの以外は、想定の外にある。

まず、小規模な水利システムとは、共同体および共同体成員により制御可能な規模のものを指している。また、共同体連合によって制御されるものも、それに含まれる。小規模な水利システムの具体的な例としては、クリフォード・ギアツ『ヌガラ』が描く、バリ島のスヴァクを挙げることができる(5)。共同体連合はその共同職務機関により、水利などの公共事業を遂行するが、その長（統括者）が次第に自立化すれば、水利も首長制段階の首長（あるいはその代理）によって指揮されることになる。その時、水利施設が依然として諸共同体によって制御されるのか、あるいは共同体によっては制御不可能なもの、共同体の手を離れた首長のものなのか、微妙な段階に入る(6)。

次に、中規模な水利システムであるが、基本的には共同体あるいは共同体連合の制御を越えた規模のものを指す。そして、大規模な水利システムとは、ウィットフォーゲルがいう水力農業の根幹をつくる水利システムのことである。また、木村正雄の第一次農地と第二次農地の違いは、中規模なシステムと大規模なシステムの差異に等しいと考えられる。

このような分け方はあくまでもたたき台であり、議論を進めるための方便に近いと考えられたい。分類そのものを実体化することではなく、水に関する議論を進めることにある。

さて、何故、ウィットフォーゲルや木村正雄は、大規模水利事業に固執したのであろうか。国家とか政府に関わりをもたない小規模な水利システムについてはともかくも、共同体や共同体連合を越える中規模なシステムが、彼らの理論的な欲求を満足させられなかったのは何故であろうか。

まず、マルクス主義の創始者たちが、水利の規模をどのように区別していたのかを見てみよう。たとえば、一八五三年六月のマルクスとエンゲルスの書簡では、エンゲルスは「人工灌漑はここでは農耕の第一条件だ。そして、それは共同体か地方政府か中央政府の仕事だ」（六月六日）とある。ここでは小規模、中規模、大規模に分けているようにみえる。続いて、マルクスはエンゲルスへの返信（六月十四日）のなかで、公共土木事業は中央政府の仕事であること、この中央政府と並んで、広範に散在する無数の村落――それ自身が一つの世界を形成している――の相互の孤立性を、アジア的停滞と結びつけている。また、マルクスは『資本制生産に先行する諸形態』において、アジア的な諸共同体を統括する統一体は、一人の首長に代表されるか、または家父長たち相互の関係として代表されるかによって、より専制的であることも、より民主的であることもありうるが、「労働により現実に領有することの共同体的諸条件、すなわちアジアの諸民族のばあいにきわめて重要であった用水路、交通手段等は、このばあいには上位の統一体、すなわち小さな諸共同体のうえにうかぶ専制政府の事業として現れる」と述べているが、ここで言われている用水路や交通手段（道路）は、個々の共同体では手に負えない規模のものを指しているのであろう。さらに、一八七〇年代のエンゲルス『反デューリング論』にも、水についての言及がある。

エンゲルスは、共同体の共同利害を担う共同職務執行機関が自立化し、支配隷属関係の成立へと展開する、いわゆる政治支配成立の二つの道における、第一の道について、

ここで重要なのは、どこでも政治支配の基礎には社会的な職務活動があったということ、また政治的支配は、実際、自己のこの社会的な職務活動があったということを、確かめておくことだけである。どれほど数多くの専制支配がペルシアやインドで興亡を重ねたとしても、それらはどれも自己がなによりも河川流域の灌漑の総請負人であることをまちがいなく十分に心得ていた。これらの国では、灌漑を行なわなければ農耕は不可能なのである。開明したイギリス人がくるまでは、インドでこれに気づかない者はだれもいなかった。彼らは灌漑水路や水門を腐朽にまかせた。そして今日になって、規則的にくりかえされる飢

饉によって、インドにおける彼らの支配が少なくとも彼らの先行者たちのそれと同等な正統性をもたせることができると思われる唯一の活動を、自分たちがなおざりにしてきたことを、ようやく発見したのである（p.60）。

と述べ、彼が、個々の共同体を超えた共同職務執行機関の独立化、すなわち首長制から原初的な国家の成立、そしてその後の専制支配を繋げて考えていることがわかる。

マルクス・エンゲルスを継承し、水について言及したのはローザ・ルクセンブルクである。初期マルクス主義者のなかでは、経済史に深い関心を寄せたローザ・ルクセンブルクは、その『経済学入門』のなかで、次のように言っている（なお彼女は東洋の共同体と西欧中世の共同体を区別していない）。

東洋の大多数の地方における比較的進歩した農業の死活問題はつねに人工的灌漑である。われわれはインドにおいてもエジプトにおいてもすでに早くから農業の堅実な基礎として大規模な灌漑工事や運河や井戸を、あるいはまた農業を周期的な氾濫に順応させるための計画的な予防設備を見るのである。すべてこれらの大事業ははじめから個々のマルク共同体の力には、またそれらの発議や経済計画には不相応なものだった。それらの管理および実行には、個々の村落マルクの上に立っていて諸村落の労働力を一つのより高度な統一体に総括することのできた一つの権威が必要である（『経済学入門』、p.259）。

これらからわかることは、いずれも、彼らの水利社会論は、共同体および共同体連合に焦点を当てており、それらの手に負えない規模のものを、諸共同体を束ねた統一体が統御すると考えるものである。そこにあるのは、小規模システムか、あるいはそれを越えた大規模システムか、の違いである。おそらく、治水や灌漑といった農業に関わる公共土木事業が存在しない社会においては、後にウィットフォーゲルや木村正雄が問題とするような大規模水利事業は、想像するのが難しく、ましてや中規模と大規模の違いなど明確にすることはできなかったと思われる。彼らにとって重要だったのは共同体がコントロールしうるかどうかであった。つまり、自らが、あるいはその協業が、自らの作り出したものを支配しうるか、支配しえないかにこだわる、伝統的な思考法に依拠していたのであろう。おそらく、それゆえ、自らがコントロールできるものと、できないものの区別で十分であったのだと思われる。

それゆえ、マルクス主義の創始者や初期マルクス主義者には、我々がここで問題としているような、中規模システムと大規模システムを区別する考え方はなかったとみてよい。中規模も大規模も、共同体がコントロールしえないという意味では同じであったからである。すなわち、この区別は、二十世紀中葉、ウィットフォーゲルの東洋的専制主義の起源に対する探究の進展とともに、明確になってきたのである。

問題は、ウィットフォーゲルや木村正雄にとって、これらの二分法では、どうして駄目だったのか、理論的に不十分であったのか、ということである。ウィットフォーゲルは一九三一年刊行の『中国の経済と社会』において、古代中国の治水・灌漑が、禹の時代から、個々人、家族、あるいは村落を越える事業であり、協業のみがそれらを可能にしたとしている。これだけをみれば、小規模システムと区別されたという意味での大規模システム——を念頭においているように思われるが、彼はさらに、マルクス「イギリスのインド支配」(1853)の一節を引用しつつ、大規模水利事業の必要性を述べている。

天候と地形上の条件、とくにサハラからアラビア、ペルシア、インド、タタールを経て、アジア最高の高原にまでひろがっている広大な砂漠地帯のために、運河と用水とによる人工灌漑が、東洋農業の基礎となった。エジプトやインドと同様、メソポタミア、ペルシアその他でも、洪水を利用して土地を肥沃にし、高い水位を利用して灌漑水路に水を注いだ。このように、水を節約して共同につかわなければならない根本的な必要から、西洋では、フランドルやイタリアの例のように、私的経営が自発的な連合を結ぶのが促進されたが、東洋では文明があまりにも低く、また地域があまりにも広大で、自発的な連合を生み出さなかったため、とうぜん集中的にはたらく政府権力が介入することになった。ここからして、一つの経済的機能、すなわち公共事業をおこなうという機能が、あらゆるアジアの政府に帰した（マルクス「イギリスのインド支配」『マルクス＝エンゲルス全集』第九巻、p.123）。

だが、先ほど述べたように、マルクスやエンゲルスは、村落（およびその連合体）の力を越えた水利事業は、すべて大規模公共事業とみなしていたので、引用された一節はウィットフォーゲルの主張をそれほど裏付けているとは言えない。また、ウィットフォーゲル自身も、後のような意味で大規模システムに特別な意味を持たせているようにもみえない。たとえば、「壟溝農業（Furchenrieselung）の遂行に当るべき管理は、農業省（司徒）に所属する。この官省は、農業生産の直接的な奨励を司った。この官省の管掌する仕事は、全く水利工事の小規模のものである。大運河や堤防工事の設置、ならびに、維持に関しては、まったく別であって、これ等には、治水・土木事業を所管とする省が当たっていた」（1934 下巻：p.15）の記述からは、依然として従来の区別を踏襲しているようにしかみえないであろう。ただ、この時期においても、ウィットフォーゲルにとっての関心事は、専制主義の基礎としての水利システムであり、専制主義を発生させる水利と、そうでない水利とは異なる。ウィットフォーゲルが専制主義にこだわるのは、やはりアジアを中国を中心に見ていたからである。もし共同体のコントロールを超えた灌漑システムだけを問題にすれば、日本、朝鮮、東南アジア、インド、中国、トルキスタン、メソポタミア、エジプトなど、みな同じ政治システムと見なさなければならず、とくに、日本のような非専制的な地域と中国に代表される専制的な地域に種差を見出すことができないからであったと考えられる。その種差への自覚は次第に大きくなる。とくに、ソ連におけるスターリン独裁体制の成立、そして戦後のスターリン主義国家の叢生が、ウィットフォーゲルを反共へと追いやる。ソ連（ロシア）や中国の共産主義体制を赤色全体主義と痛罵したウィットフォーゲルは、その憎むべき赤色全体主義の起源として、それぞれの国家の伝統的な政治システム、すなわち専制主義を挙げるにいたる。それを明確にしたのが、一九五七年の著作であった。

ウィットフォーゲル『オリエンタル・デスポティズム』は、専制主義を成立させるような水利の規模を水力

水利システムの規模

小規模	中規模	大規模
共同体によるコントロールが可能な規模	共同体のコントロールを超えた規模	
専制主義を発生させない規模		専制主義を発生させる規模
協働連関の可視性が維持される	協働連関の可視性が次第に失われていく	協働連関の可視性の消失

的と名づけ、それを成立させるにはいたらない農業と明確に区別している。水利農業（hydroagricIture）と水力農業（hydraulic agriculture）である。前者は小規模な水利であり、後者は大規模な水利である。では、中規模水利はどちらに入るのであろうか。もちろん、専制を生まない水利である以上、前者に属する。彼の水力農業には、地理的には、エジプト、メソポタミア、インド、中国、トルキスタンのほか、中央アメリカ（メキシコの湖沼地帯）も入っている。また、プエブロ・インディアン、チャガ族、バリ島などの水利システムについても、水力的な要素（強力な統制）を嗅ぎとっている。

木村正雄（1958）の第一次農地と第二次農地の区別は、華北農業を踏まえたモデルである。第一次農地は、取水可能な河身に近く、かつ洪水の害を防ぎうる小高い丘を中心とする聚落に始まった段階の農業における農地である。この第一次農地にもとづいて邑制国家が成立することになるが、原初において小規模であったとはいえ、その後、邑制国家の干渉を必要としたとすれば、それはこれまでの基準からいえば、けっして小規模なシステムとはいえないであろう。というのも、在地の共同体のコントロールを越えたものであるからである。第二次農地は、戦国七雄以降の、黄河や黄河支流の大規模水利事業によって開発された農地のことであり、その開発のみならず、その維持にさえ、国家権力の積極的な関与を必要としたごとく、古代専制国家とはこの第二次農地とは切っても切れない関係にあった。なお、木村正雄は、華中、江南の農業を、この第一次農地、第二次農地の区分にはなじまないものと考えている。おそらく、華中、江南の農業は、第二次農地のようには専制国家成立に関わることはなかったと見ているのであろう。

これまでの議論を整理すると、マルクス・エンゲルスに代表される分け方と、特に一九五〇年代に顕著となったウィットフォーゲルの分け方は、ともに小規模、大規模の対比だが、規模の把握にズレがある。そのズレは仮に図示すると前ページのようになる（協働連関の可視性については、一二九ページ以下を参照されたい）。

以上から、便宜的な区別、大規模、中規模、小規模が生まれる。つまり、共同体のコントロールに収まるレベルを小規模、共同体のコントロールを越えてはいるが、専制主義を生まないレベルを中規模、専制主義を生むレベルを大規模と呼ぶことができる。

『オリエンタル・デスポティズム』刊行後、諸家の厳しい批判を浴びたウィットフォーゲルの水の理論を擁護するものはなかった。それどころか理解を示すことすら、危険であった。その数少ない理解の一つが、玉城哲のアジア灌漑農業論である。前章で述べたように玉城の議論の骨子は、共同体や共同体連合のコントロールを越えた水利事業それ自身に専制の萌芽を認めたことであった。

実際のところ、玉城哲の本心が、分権的灌漑システムの形成にあったことは間違いない。玉城はウィットフォーゲルとは異なって、専制主義の芽を見つけるために灌漑農業を論じていたのではなく、むしろ自立的な農業経営、自立的農民の育成が、当該社会を民主化させるという期待や希望から、アジア各国の農業政策の現状を批判していたのであろう。水利施設の「外部機構」化、これは、小経営的生産の側から見たものであり、その外部機構を農民たちにとって自己制御可能なものへと転質せしめること、それが玉城の願いであった。

ウィットフォーゲル「オリエンタル・デスポティズム」論と玉城哲「アジア灌漑農業論」は、対象も領域も異なっており、同列に扱うことはできない。だが、ウィットフォーゲルが個々の中規模なシステムにも水力的要素を嗅ぎつけ、玉城哲が中規模システムにも専制主義への萌芽を認める時、互いに重なりあう部分が多いことが理解できるはずである。

ただ、共同体のコントロールを越えたもの――中規模システム――に、専制の萌芽を認めるというのは、あくまで、専制の可能性についていっているのであって、必然性について述べているのではない。さらに言えば、可能性であろうと、趨勢であろうと、あるいはたとえ必然性であろうと、あくまで理論的な領域において述べているのであり、現実の歴史変化そのものを指しているのではない。現実の歴史においては、様々な状況、諸条件、コンテキストの絡みのなかから、種々の出来事の連鎖と重畳を通して、専制国家は出現するのであり、それが如何に成立するのか、あるいは成立したのかは、やはり、歴史的に具体的に検証されなければならない事柄に属する。

2 共同体のための必要労働と賦役労働の視点

さて、筆者は、上述の外部機構としての水利施設、すなわち「公的な地域的資本形成」（玉城哲）に携わったものこそ、望月清司の「共同体のための賦役労働」であると考える。共同体のための賦役労働によって、外部機構としての水利施設が形成されるのである。

共同体のための賦役労働は、もともと、共同体のための必要労働であった。共同体農民が個々の経営では処理できないものを共同事業として行う。アジア的な社会における水は、そのような共同事業の典型であった。このような共同事業に注がれる労働は、個々の成員の土地に投下される労働ではなく、個々の経営にとっては剰余労働のように見えたとしても、それなくしては個々の共同体成員の経営が成り立たない以上、必要労働であった。すなわち共同体のための必要労働である。だが、共同体を越えた事業を指揮していた連合体の職務機関が次第に独立化し、共同体の支配者となったとき、この共同体のための必要労働は、命令されるもの、強制されるものに変わる。それを、共同体成員の側からいえば、共同事業が共同体成員にとってコントロールしえないものとなり、共同体のための必要労働は、共同体のための賦役労働となるということである。共同事業が水利であるとすると、共同体の職務遂行機関から支配者へと転化したものによって、水利施設は所有される。逆に、個々の水利施設を作りあげた共同体農民たちは、その水利施設を使用させてもらう立場に陥る。水利施設は、個々の経営にとって外部のものであったが、さらにもともとは共同体のもの、あるいは共同事業によって作られたものであったにもかかわらず、個々の農民のコントロールを越え、却って彼らをコントロールするものになったという意味でも、外部装置、外部機構となったのである。

共同体のための必要労働および賦役労働は、もともとマルクスの視点であり、それを一九六〇年代後半、あるいは一九七〇年代初頭、望月清司が、新たにその意義を見出したものである。望月清司は、つねに、アジア的社会、古典古代的世界、中世西欧世界を比較しつつ、文明や歴史に関わるマルクスの言説を理解しようとする姿勢を持っていた。たとえ、マルクスのアジア的社会論を中心に論じていたとしても、古典古代的世界や中世西欧世界と比べることによって、そのアジア的性格がより深く理解しうる点を無視してはならない。

共同体のための必要労働、共同体のための賦役労働は、アジア的な社会のみならず、どの社会にも存在する。たとえば、古典古代的共同体における都市国家間の戦争も、戦争を共同体維持のために不可欠な労働と考えれば、これもまた共同体のための必要労働だとみなすことができる。あるいは古ゲルマン人の社会や中世西欧社会においても、他国の侵略を受けた場合、国家危急時には誰もが国家防衛のために馳せ参じる義務があったが、これもまた共同体のための必要労働、あるいは共同体のための賦役労働であるということができる。また、中世でよくみられた築城賦役なども、他国からの侵略の際、市民や領民が城内に逃げ込むことを考える時、これもまた共同体のための賦役労働である。だが、基本的には、農業経営において、共同体のための必要労働に依拠せざるをえないようなことが起ることはほとんどない。というのも、地中海世界や西欧の天水農耕においては、農業はみな個々の経営において自立可能であるからである。

では、地中海世界や西欧において、水利に依拠する農業を行なっている地域はどうであろうか。たとえば、干拓地を耕すオランダや灌漑に依存するポー川流域の農業は、アジア的社会におけるような影響を政治とか国家にもたらしているのであろうか。答えは、否である。というのも、問題は、これらの地域の干拓や灌漑が、すでに明確に形成された土地所有（土地私有）のもと、実施されたからである。干拓も灌漑も、西欧社会における土地所有者の協業に基づいて行なわれている。すなわち土地所有者のアソシエーションにもとづくものか、あるいは時として私的エンタープライズによるものか、のいずれかである。国家が関与するとしたら、今日の日本においても見られる、近代的な行政による主導や支援として行なわれることになる。

なお、共同体のための必要労働および賦役労働は、水利だけに充当されるわけではない。道路、運河、橋といった交通手段、あるいは防衛のための砦、共同体のための宗教施設、祠堂、神社、神殿、寺院など、あるいは飢饉を和らげるための備蓄および備蓄施設、それらのための労働はいずれも共同体のための必要労働であった。また、同じく共同体のための必要労働は、他の公共施設（たとえばギリシア人にとっての公共浴場・劇場やローマの水道）、そして国防のための城塞などの防御施設の築造にも投じられる。そして、これらのための労働は、水利と同じように、政治支配の生成に伴い、賦役の性格を帯びることになる。また、王宮や王都、王の墳墓もまた、共同体のための賦役労働によって造営される。

水利とそれらの賦役労働との違いは、水利は明確に生産に関わっており、共同事業として、その初期には、共同体農民の利益に直接結びついている。それゆえ、共同体農民の自発的な参与が期待できる。それがたとえ強制的性格を帯びるようになったとしても、その強制を共同体（共同体成員）のため、あるいは国家（王民）のための共同事業として、その強制を正当化しうる。もちろん、王権が強化されたなら、どのような賦役でも強制しうるであろう。だが、どのような権力であっても、支配の正当化は必要であり、正当化は王民に許容されるものであればあるほど、支配の維持や強化にとって適合的なものになる。その点において、水利のための賦役は共同体農民の生存、あるいは支配の維持にとって、もっとも適合的なものである。少なくとも、水利のための労働は、他の賦役労働に比べて、優位にある。それゆえ、王は、水利のための賦役労働を足場に、王権を強化し、さらなる賦役労働を引き出すことに成功する。日本、クメール（カンボジア）、エジプト、メキシコ、ペルーなどにおいて――さらに古典古代において巨大建築物を造営したエトルリア人が水利に秀でていたことを加えるならば――、強大な官僚機構が整っていない段階において、すでに巨大な建築物が造営された諸文明は、いずれも水利を発達させた諸地域に展開したことを忘れてはならない。中央集権的官僚機構あるいは強力な軍隊が存在しなくとも、王民を叱咤し巨大建築物を造営させることができたのである。それは王民が奴隷であったからでもなく、ひたすら懲罰を恐れたがゆえに徴発に応じたからでもないであろう。自発的などという言葉を使うべきかどうかを別にして、王民はすでに共同体のための賦役労働に慣れていたこと、賦役を徴発する王権には正当性があることを認めていたこと、それゆえ徴発にしたがったこと、これらは間違いないであろう。

このような王民に、王に対し、王国に対し、臣民それぞれが、それぞれの職分において、対国家強制義務を負っていること、それを納得させることは容易である。そこでは、首長や王は、水利を恩恵として共同体成員あるいは王民に与え、そこから収穫される生産物は、農民家族を食わすに足るものを残して、みな首長や王のものであると考えるようになる。なぜなら、農民（臣民）の収穫自体が王の所有物である土地と水利施設によってもたらされたからである(7)(8)。

さて、これより、それぞれの地域を対象にした水に関する言説、水の理論を取り上げ、それぞれその理論の実質を検証してみたい。

3　日本、東南アジア、南アジア（モンスーン・アジアを中心に）

（1）古代日本

日本古代史において、注目すべきは、まず、若狭徹『古墳時代の水利社会研究』（2007）である。若狭がフィールドとしているのは、群馬南東部に広がる平野部である。そこには、山間を抜け利根川に流れ込む小水系が走っているが、古代においては、その小水系に沿って数多くの古墳、古墳群が築造された。一〇〇メートル以上の古墳はいずれも、四世紀から六世紀にかけて築造されている。全長一〇〇メートル以上の古墳も二〇基ほど存在する。東日本最大の古墳（太田天神山古墳、二一〇メートル）もそこにある。それらは確かに、畿内の超巨大古墳あるいは巨大古墳群と比較すれば、小規模のように見えるが、そうではない。というのも、森浩一（2000）、広瀬和雄（2003）などによれば、朝鮮半島最大の墳墓が一〇〇メートルであり、ほかに一〇〇メートルを超えるものはほとんどないといわれる（日本には、その規模の古墳は、百を越える数が存在する）。それらを考慮するならば、群馬県だけでも二〇基ある一〇〇メートル以上の古墳は、決して小さいわけではない（二十基のうち一二〇メートル以上は一〇基）。さらに、それ以下のクラスの古墳ものも含めて、みな、それぞれの支流沿いに勢力をはった首長層あるいは豪族層に属し、かつ勢力下の共同体農民を動員して築造しており、彼らの勢いを感じさせるものとなっている。このような古墳の築造は、まさに共同体のための賦役労働として行われたのだと考えられる。というのも、豪族が勢力を張る、それぞれの支流に沿い、灌漑の跡が発見されているからである。灌漑の規模は、個々の小共同体（もしくは共同体連合）の力をやや越えたぐらいの程度である。それゆえ、若狭は、ウィットフォーゲルの水の理論の有効性を認めたと考えられる。

若狭は、最近の日本古代史学、もしくは考古学において、おそらくウィットフォーゲルの水の理論に肯定的に言及した唯一の研究者である。同書において、実証的な考古学的手法で古墳時代の水利社会システムを導きだした若狭は自らの結論が、「経済史学者カール・ウィットフォーゲルの「水力社会論」と関連性を有する点」としたウィットフォーゲルの古典的な学説の一部が、「わが国の初期国家形成期にあたる古墳時代の社会形成（p.295、以下同じ）に注目する。「大規模な水利開発に伴う組織強化が東洋的専制国家形成の原動力であった」理論として参照できる可能性が示唆された」と述べ、「国家形成とわが国の水利社会の関連をさらに追及することも、今後筆者の重要な学問的指針となろう」と結んでいる。

だが、ウィットフォーゲルの水の理論は、ただ単に水が政治システムの成立に大きな影響を及ぼしている、というものではない。ウィットフォーゲルの水の理論は、専制主義を成立に強い影響を及ぼすものとして、構想されている。この矛盾について、若狭は上記のパラグラフの注のなかで、「ウィットフォーゲル自身は、日本は高度な灌漑農耕に依拠しつつも水力社会的（専制的・官僚的・総合的）ではなかったとする。これは、列島を貫く大河が存在しない地理的特徴によって日本の灌漑事業が分散的だったからで、結局は中国の中央集権制度に憧憬しつつも、地方分権的な中世の政治形態に落ちついたことを指摘している。確かに専制国家の形成という点に注目すれば、日本は彼の規定する「水力的」概念の周縁に位置することになる。しかし、水利統御に関わる技術・祭祀複合が、古墳時代の社会形成を強く規定したことはこれまでに述べたとおりであり、その意味で彼の壮大な理論体系を構成する基層概念および一部概念は、十分に歴史理論として参照可能であると考える」と述べている。この訳注を読む限り、若狭はウィットフォーゲルの水の理論を、日本古代史への部分的な適応可能性を認めるという形式において、再評価したのだと考えられる。部分的な可能性というのは、専制主義と密接な関わりを持つウィットフォーゲルの水力理論を、より基層的なレベルに投影するということにほかならない。若狭が意図したかどうかは別として、この投影は、水の理論を再びマルクス・エンゲルスが語った水に関するディスクールの地平に戻すということにほかならない。それは、水の理論から専制主義を切り捨てることではない。というのも、玉城哲の意図したごとく、水の理論をマルクス・エンゲルスの水準に戻したとしても、共同体のレベルを越えた水利がもつ専制主義への傾きは依然として残るからである。ともあれ、若狭が先輩史家のウィットフォーゲル・パニックを引きずられることなく、水の問題に果敢に立ち向かっているということを高く評価したい。

灌漑が首長制の成立に決定的な契機をもつことについては、すでに諸家が述べているところである。広瀬和雄は「階級社会の成立をうながしたのは、灌漑水田そのものだった。それは第一に、堰や水路の建設とその維持管理という共同労働を指揮・監督していく権限を、第二に、渇水時という危機的局面において、灌水の配給をめぐって農民どうしが利害衝突して集団が空中分解しないための権力を、それぞれ必要とした。共同体はそれらを一人の首長に委ねることで、みずからを再生産させていったのだ」（広瀬、1997）と述べ、水の意義を強調している。だが、この一節は、エンゲルス『反デューリング論』における政治支配成立に至る二つの道の、第一の道を踏まえたものであるにもかかわらず、エンゲルスについても、またウィットフォーゲル等の水の理論についても言及していない。ただ、巻末の参考文献に、滝村隆一『マルクス主義国家論』（1971）が挙げられていることから、それらを意識して書かれたらしいことが理解できる。

次に水の理論に関わる著作として、森浩一『巨大古墳――治水王と天皇陵』（2000）が注目されるべきである。森浩一が本書で扱っているのは、まさに巨大古墳の世紀、五、六世紀の畿内であった。すでに王権が存在し、その王権のもと、治水ならびに、巨大古墳の造営が行われていた。森は現在の河内平野に、淀川や大和川等が注ぐ河内湖が存在していた時代に行われた治水工事について、「この場合、先に強大な王権があって広域の政治組織化が可能であったのか、あるいは広域の政治組織化が強大な王権を生み出したのかまだわからないが、河内の巨大古墳を出現せしめたひとつの遠因が、長年にわたる河内湖との戦いであったことは認めてよかろう。つまりピラミッドにたいするナイル河の役割が、巨大古墳では河内湖とその関連河川であった」と、治水と王権の関わりを率直に述べている。さらに森は、河内に巨大古墳が集中しているという事実の前提として、土木工事の技術的な優秀さとその経験の豊かさ、そして集団の組織化の二つをあげ、「河内の巨大古墳のアジア的な比較での特色といってよい周濠なども、治水工事による知識や技術が古墳の造営にも発揮されていることはいうまでもない。おそらく古市や百舌鳥の巨大古墳の被葬者たちは、そのすべてかどうかは別として、治水王という性格をもっていたとみてよかろう」（p.238）、とまで言い切っている。

「巨大古墳が造営されていた当時の大阪は、大土木工事の世紀であった」と総括する森の記述が水の理論に深く関わっていることは、上記のパラグラフから明らかである。さらに、巨大古墳、超大型古墳といった言葉が示しているように、古墳は巨大建築物であり、かつその築造技術は大規模化する治水工事によって培われたものであった。そして何よりも、巨大古墳、超大型古墳を築造するためには、とてつもない量の共同体のための賦役労働が必要であった。それを可能にしたのは、王の求める賦役に共同体農民が従う、ということがすでに習慣になっていたからである。また、そのための動員体制も、それ以前の古墳造営を通じて、すでに――初歩的に、あるいは基本的に――整っていたからである。これらの巨大建築物は、ピラミッドと同様に、王権のもとに単に技術があれば、資材があればできるというものではなかったのである。巨大古墳築造に大量の賦役の徴発が可能であったのは、そのような共同体のための賦役労働が、河内湾、河内潟、河内湖の長期にわたる治水によって、すでに十分に周辺の農民の間に浸透し、農民たちは不承不承であれ、すでに動員のための訓練を受けていたからである。

森は、若狭のように自らの水の言説をウィットフォーゲルなどと結びつけることはしない。両者の差異は、若狭の著作が二〇〇七年に出版されたのに比し、森の著作の初版が一九八一年に出版されたことである。この間の四半世紀の差は大きい。森は、明らかにウィットフォーゲルを意識しながら、その名を挙げることはなかった。一九八〇年代初頭では、ウィットフォーゲルの名を挙げること、とくに彼の水の理論に言及することは、たとえ考古学の徒であっても、リスクが高かったと思われる。若狭が対象とした時代、フィールドに比べ、森が扱った時代や地域の方が、はるかにウィットフォーゲルの問題意識に近かったにもかかわらず、あるいはむしろ近かったからこそ、ウィットフォーゲルの水の理論への言及は、控えなければならなかったのであろう。

最後に都出比呂志の日本の古墳時代を対象とした初期国家論を取り上げる。都出の初期国家論はクレッセン&スカルニクの指標を適用したものである。ちなみに、初期国家の特徴は次の七点である。①階層社会である。②階層社会が成立するほど多くの人口を擁する。③社会に恒常的余剰が存在する。④血縁でなく地縁原理にもとづく成員権を基礎とする。⑤社会の分裂を回避しうる強制力をもった政府を有する。⑥中央政府をもつ。⑦支配の正当性を支えるイデオロギーをもつ（都出、2005: p.4）。

都出は古墳時代の土木事業は、これまでの予想以上に大規模なものであったとし、奈良時代の「条里制開発」の起源が、それよりはるか以前に溯ることを示唆している。また、大規模な土木事業は有力な首長の指揮下になされたことを挙げ、「有力首長はこのようにすぐれた水利工事技術と権力をもって、大規模な耕地開拓と灌漑水路掘削に恒常的に民衆を動員したが、これこそは後世に徭役と呼ばれるものの源流であろう」（p.41）と、共同体のための賦役労働の徴発と指揮が、首長制から初期国家形成へ大きな役割を果たしたことを認めている。

さらに都出は、その独特な比較農耕論を展開する。都出は、同じ小経営的生産という表現を使っても、アジア的社会における小経営的生産の発展経路と北西ヨーロッパの小経営的生産の発展経路は、質的な相違があることを指摘する。天水依存の畑作と牧畜からなるアルプス以北のヨーロッパ農業は小経営生産の基本単位となって独立しており、独立した小経営の社会では階層分化は小経営間で起こりやすいのに対し、西アジア沖積地の灌漑麦作や東アジア灌漑水稲農耕などに顕著な灌漑耕作は小経営であるが、水利灌漑のための大規模工事の必要から共同体協業の比重が大きく、小経営は抑圧されて完全に独立した小経営は生まれない、と両者の質的相違をあげる。後者の「小経営抑圧型の社会では耕地や収穫物の管理において強い権限を有する首長と、首長に規制をうける小経営の間で階層差が形成されやすい。つまり首長は血縁で結ばれた氏族組織を解体しないでそのままの組織として残してはじめて自分の指導力を発揮できるわけである」(都出、2005: p.6) と述べ、アジア的社会の特質を指摘している。そこから都出は、アジア的社会における農耕を小経営抑圧型、北西ヨーロッパにおけるそれを小経営顕在型と峻別する (都出、1989: p.485)。

古代日本において、王は土と水の所有者であった。当然にも古代国家は、総勧農権を保持し、執行した。律令国家における徭役の比重が大きかったことは、それを表している。だが、古代末期、在地首長層が国家の勧農権をそれぞれ簒奪していく。開発領主とも称される在地首長層たちは、それぞれ農民を率い、開墾に励み、自らの所領を形成するにいたったが、彼らが指揮しえたのは、たんに自らの従属民 (一族郎党) だけではなかった。彼らは、主に郡司として、国衙領の住民をも、用水路の建設や治水工事に動員しえたのであった。私領の形成は公に逆らう私の行為により成就したのではない。反対に、彼らが公として振る舞っているがゆえに、良民をも賦役に徴用できたのである。つまり、国家とか朝廷といった大きな公に対し、彼らは小さな公として振る舞っていたのである。日本の農業社会がまず、無数の小さな盆地や扇状地など小水系において成立した、ということが、このような情勢をつくるのに力があったといえる。

在地首長層の支持のもとに成立した武家政権、鎌倉幕府は、朝廷とともに総勧農権を分有するにいたる。この過程は、ヨーロッパにおける古代から中世への転換とまったく異なるものである。天水農耕のもと個々の農民が自立的な経営を行える社会において、勧農権といった概念は存在しない。西欧中世において、農民に対する政治支配の根幹となるのは勧農権の行使ではなく、裁判権の行使である。公民に賦役を強制する社会においては、裁判権は独立した権能をもたない。裁判権は勧農権に付随したものでしかない。逆にそこでは、裁判権こそ、諸個人間の利害の衝突を法により裁くことによって、その解決をはかるものであった。

日本の中世においても、さらには近世においても、中央、すなわち大きな公は継続して残った。日本は封建化したがゆえに、領主層のみが農民に対し勧農権を行使する体制が成立した、というわけではなかった。中央もしくは大きな公は、小さな公に対して、依然として共同体のための賦役労働の徴発を命じたり、制限したりする権利を持っていた。つまり、中世において朝廷にせよ、鎌倉幕府にせよ、個々の領主に対し、総勧農権といったものを依然として保持していた。近世においても同様である。江戸時代の各街道沿いの農村に課せられた助郷役が、如何に重く、農民にとって負担であったのかは、よく知られている。また、戦国以来の、築城や築堤などの土木事業への動員である普請役、農民にとっての労役負担も、後に金納化が進んだとはいえ、依然として残っていた。「大名が幕府から、給人はそれぞれの主君から領地・知行を給与されていること、百姓は土地を所持し、耕作する権利を認められていることによる負担義務の一つとして」普請役が存在していた(9)。たとえば、利根川、木曽川、淀川などの広域にわたる治水事業は、幕府の命による国役普請として行われるのが常であり、諸藩の枠を越えて多数の農民が動員され、堤防の築造や、河川の浚渫にあたっている。これらは、近世になっても、けっして共同体のための賦役労働が、なくなったわけではないことを示している。

(2) 東南アジア

東南アジアについては、ソンコイ川下流の治水・灌漑を基盤として文明を築いたベトナム、あるいは縦横にめぐらした灌漑で知られるジャワ（インドネシア）、そして雲貴高原からインドシナ半島にかけて、山間盆地・河谷盆地の水稲耕作者として知られるビルマ族やタイ族が築いたビルマあるいはタイなど、いずれも、水との関わりなくして、その歴史はありえなかった。

i タイ

タイの歴史における水の問題にまず答えたのは石井米雄（1975）である。石井は、まだウィットフォーゲル批判の嵐がおさまってはいなかった一九七〇年代中葉において、ウィットフォーゲルの問題提起をきちんと受けとめた研究者であった。石井は、チェンマイ盆地を中心とするランナータイ王国の灌漑システムが、ウィットフォーゲルのいうような大規模なものではないけれども、王権の干与なしでは成立しないものとみなし、その水利社会の性格を「準水力的」であると規定した。石井などタイ国およびタイ族研究者が明らかにしているように、雲南南部からタイ、ラオス、ベトナム、ビルマなどの山間盆地に広がるタイ系諸族の伝統的な灌漑システムは、「小河川に堰を築いて水位を揚げ、導水路によってこれを田地に導水する方式」である。村落規模もしくは村落連合規模のものといってよいと思われる。それに対し、北タイに樹立されたランナータイの水利システムは、伝統的な水利組織の規模を越えたものである。チェンマイ盆地は村落共同体的用水管理組織の発達したところとして、人類学者には知られたところではあるが、河川から末端用水路にいたるまでの、幹線水路の掘削が国家権力の手によって行われたことを忘れてはならないと、石井は指摘する。その代表的な幹線水路であるケオ用水路は全長三四㎞で、石井の推定によれば、それによって、おそらく一万ヘクタール前後の新田が開発され、八万九〇〇〇人から一一万人の人口を養うことが可能となったと思われる。同水路は、地域住民の徭役労働の徴発によって完成されたという。これは明らかに村落の規模を越えている、と石井は述べている。

モンスーン気候のもとでは、用水の支配者も、乾燥地域にみられるような強力な支配権を行使することはできない。ウィットフォーゲルのいうような「水力社会」は成立しにくい世界である。だが、それでもなお、用水支配において、国家権力の干与がなされているがゆえに、石井はタイ族の諸国家群を「準水力社会」と規定する。

おそらく、当時の知識人のあり方からすれば、モンスーン・アジアにおける水利は、ウィットフォーゲルがいう水力社会を生むわけではない以上、ウィットフォーゲルの水の理論は、タイ及びタイ系諸族の社会には該当しないと言えば、それでよかったはずであった。当時のウィットフォーゲル恐怖症の蔓延に鑑みれば、あえてそうしなかったところに、石井の学問的な誠実さが現れていると思う。

石井前掲論文の特色は、水利における農学的適応と工学的適応という概念が初めて提起されたというところにある。北タイから南下したタイ族が中部タイにスコータイ朝を建て、さらにその南にアユタヤ朝を建てる。チャオプラヤー・デルタの北端に樹立されたアユタヤ朝に、山間盆地で培った灌漑技術を生かすすべはなかった。デルタはあまりも広大であり、氾濫期には長期にわたって大地は水底に沈み、乾燥期には大地は逆に固くしまり作物に不向きとなった。

その開発には、まったく違った技術レベルが求められていた。アユタヤ朝がとった戦略は、東南アジア特有の港市国家の貿易政策を継承することであった。同時に稲作民族である彼らは、深い水の中でも生育可能な浮稲の栽培に転じた。「農民たちは、大河の後背湿地を満たし、急速度でその浸水を増してゆく水を制御するよりも、むしろその増水速度に打ち勝って草丈を伸ばす品種の選抜に努力を集中し、ついにこれに成功した」(石井米雄、1975)。このような氾濫原農業への転換、すなわち自然に従い、その自然の特性にあった農業への転換を石井は農学的適応と呼んだのである。それに対し、水利技術を駆使して水を制御する対応を工学的適応と名づけた。

それゆえ、石井にとっては大規模水利であっても、あるいは大規模ではなくても、堰堤の築造、用水路の開削のような土木工事による水の制御は、工学的な適応であった。大規模なシステムではないにもかかわらず、チェンマイ盆地の水利システムを擁するランナータイ王国を「準水力的」であると規定したのは、この工学的適応における相似性であったのではないかと思われる。おそらく、工学的適応と農学的適応は、ウィットフォーゲルの「水力農業」と「水利農業」のような対立概念ではない。相互に転換したり、また平行的に発展していけるものであろう。

エリオット(Elliott, 1978)は十三世紀から十九世紀までの前資本主義的な社会構成体を概括し、アジア的生産様式にもとづくものと規定している。彼は、スコータイ朝を、灌漑にもとづく農業社会とみなし、アユタヤ朝においては、賦役は戦争、灌漑、寺院建設などに充当されたとする。さらにクレーダーやマンデルに依拠しつつ、アジア的生産様式は、近代以前のタイ社会を特徴づけているとしている(10)。特に灌漑のための水のコントロールについては、土地所有にもとづく社会関係とは異なるものとみなしている。土地所有者の水の使用は、コミュニティ全体の必要に媒介されており、さらに、このコミュニティ国家によって保護されている。それゆえ、その土地所有も水利も私的に所有されることはない、と。だが、エリオットの関心は一九三二年以降の軍事政権の階級分析に置かれており、伝統タイ社会における灌漑を具体的に検証しているわけではない。

ブルメルホイス（Brummelhuis, 2005）は、二十世紀初頭タイに招かれたオランダ人水利技術者、ファン・デル・ハイデ（Homan van der Heide）の、チャオプラヤー・デルタの灌漑計画の挫折を描いたものであるが、彼の灌漑構想は、戦後の Greater Chaophraya project（1950-64）の先駆けであった。ブルメルホイスは、アユタヤ朝以後のタイ社会において、国家は水利統制に関心を持っていなかったとしている。米がもっとも重要な食糧であったにもかかわらず、である。上ビルマや北タイとは異なり、中央平原以南においては、水利は人間による制御を越えた問題であり、農民は自然の気まぐれに従うだけであった。それゆえ、灌漑と専制国家を結びつける理論は、プロクルステスの寝台 Procrustean bed であると述べる。そこから、前近代のシャム社会は、ウェーバーの家産制支配によるものとブルメルホイスは主張する。

だが、それにもかかわらず、その古きシャム社会の支配システムであるサクディナー Sakdina 体制の基礎は、統治者への農民による賦役、労役の提供である。ブルメルホイスの誤りは、北タイの歴史とアユタヤ朝以降のシャムの歴史を切り離したところにある。諸家がいうように、スコータイ朝およびアユタヤ朝は、チェンマイ盆地に代表されるような王と水の関わり、すなわち、タイ系諸族伝来の政治システムを継承しつつ、中央平原以南のタイを統治したのであり、それゆえ、たとえ王が大河の水を馴致しえなくとも、依然として王は土と水の主であった。そこから、共同体のための賦役労働の指揮権は、直接、王のもとにあり、サクディナー体制もまた、そのような王の勧農権に依拠したものであることは明らかである(11)。

アユタヤ朝、チャクリ朝が、チャオプラヤー・デルタの治水・灌漑には手をつけず、上ビルマや北タイの諸王朝に比べ、水利国家の相貌を薄くしていたとしても、シャム各王朝支配の経済的な基礎は、農民からの賦役、労役の徴発であった。それを用いて、軍備増強、運河や用水路の建設に充用していたのである。このような賦役労働の充用を考慮するならば、重い食糧の運搬もまた、農民の賦役労働によってまかなわれていたことが理解できよう。すなわち、中国でいう漕運もまた、人民の負担によってなさなければならない、賦役、労役なのである。その便のため、運河の開設や拡張は必須であるが、それもまた、人民の賦役、労役によって築造されることになる。

ii　ベトナム

東南アジアをフィールドとする諸学において、水の理論に直接関わっているものとして挙げられるのは、桜井由躬雄のトンキン・デルタ開発史研究である。桜井（1979, 1980a, 1980b）は、紅河デルタの開発史を、史料批判を通して、探究したものであり、桜井（1987）は、それを簡潔にまとめたものといえよう。タイ系諸族の歴史において述べたように、デルタ地帯の開発は山間盆地に比べはるかに困難である。それゆえ、それぞれの農業開発においては、北タイがまず先行し、チャオプラヤー・デルタにおける灌漑が行われたのは二十世紀に入ってからであった。それはビルマにおいても同様であった。ビルマ各王朝の核心地域は上ビルマであり、イラワジ・デルタ（下ビルマ）の開発は、植民地下においてようやく進行することができた。それらに対し、紅河デルタの開発は十世紀中葉のベトナム建国――最初の王朝成立――のはるか以前から、すでに始まっていた。このことは、特筆されるべきことである。

そのような長期にわたる紅河デルタ開発の歴史について、我々は、その初期より、治水・灌漑のための大土木事業の展開があったと想像しがちであるが、桜井はそれをきっぱりと否定する。桜井は、一連の研究の中で、紅河デルタ開発は、まず、堰堤の築造、用水路の開削のような土木工事による水制御によって先導されたものではなく、その反対に、紅河デルタの開発は、まず河岸台地・扇状地に始まり、その後、自然堤防や残丘といった微高地を利用した、継続的な長期にわたる農耕の試みであったことを、くり返しのべている。さらに、二種類の稲、低地用の冬春作の長粒ウルチ種と雨季用の短粒ウルチ種、の効果的な利用、とくに冬春稲の栽培技術の改良こそが、紅河デルタが世界でもっとも早いデルタ稲作に成功した理由であると桜井（1987）は述べる。

すなわち、デルタ開発において、まず農学的適応の積み重ねがあったことを強調する。さらに桜井は、初期王朝と土木事業との関わりを否定する。堰堤の築造や水路の開削といった土木事業への要求が初期王朝の興起をもたらしたものでもなく、また、初期王朝の興起の結果、デルタ開発のための土木事業が進行したわけでもないと力説する。工学的適応すなわち土木事業による堰堤の築造と水路の開削は陳朝（一二二五～一四〇七）の成立以降、ようやく本格化したのである、と。

このような紅河デルタ開発史――前半――における農学的適応の強調と工学的適応の否定は、明らかにウィットフォーゲル批判――水の理論の拒否――の意志に貫かれている。この、紅河デルタ開拓史研究におけるウィットフォーゲル仮説の拒否は、ベトナム国家成立を「東洋的専制主義」との関連において、構想することの拒否であるといえよう。実際には、桜井由躬雄は、『ベトナム村落の形成』（1987）序章や『緑色の野帖』（1997）からもわかるように、アジア的生産様式論に対し理解ある立場をとっている。

このような桜井の立場は、農学的適応と工学的適応の理解にも影響を与えている。たとえば、桜井にとって、「小規模な圃場整備・畦畔の築造のごとき、小家族労働によって可能な自然の改変は、工学的適応」ではない。おそらくは、既存の枠組のなかでの自然への対応という意味で、工学的適応の主旨にそぐわないと考えているのであろう。家族による小規模な堰（たとえばタムノップ）の設置ははたして、農学的適応なのか、それとも工学的適応なのか、については、桜井は述べていないが、多分、工学的適応ではないと考えているのだと思われる。このような配慮は、桜井の規定が、権力論を射程に入れたものだからである。

桜井由躬雄の意図は、村落によってコントロールできるものと、それを越えるものとを区別することである。すなわち、

農学的適応	家族および村落規模
工学的適応	村落および村落連合を超えた規模

となる。これは、ウィットフォーゲルを意識し、紅河デルタ伝来の水利を地域社会とその指導層によって主導されたものとみなし、極力、水と国家成立とを結びつけないようにしている。さらに、紅河デルタの土木事業、すなわち工学的適応は、国家成立直後からではなく、二つの目の統一王朝、陳朝以降のことだとしている(12)。

桜井は、「したがって、本論で用いる工学的適応とは、在地権力を超越した、国家によるデルタ農業基盤の改造を意味し、村落レベル・村落連合レベルでの自然環境の改変は、広義においては工学的適応であっても、上述の狭義における工学的適応へのいわば過渡期としてとらえる」(桜井、1980b: p.273)と、村落および村落連合による土木事業については、微妙な表現を用いている。村落および村落連合の土木事業については、工学的適応といえども、いまだ農民自身のコントロールの範囲にある。それゆえ、国家のそれとは区別されるべきだ、と桜井は考えていたのであろう。それが、中間的な定義につながったのだと思われる(13)。

ⅲ　ミャンマー（ビルマ）

ミャンマー（ビルマ）の灌漑について、斎藤照子（1976）は、「十一世紀、ビルマ族にあらわれたアノーヤター王（在位一〇四四〜七七）が、南方のデルタ地帯に勢力をもっていたタトンを平定し、パガンを中心にはじめて古代統一国家と呼ぶべきものを築いた時代を最盛期として、その前後にかけて、ビルマ諸王の集中的な努力が、この内陸地帯の農業生産力の維持、拡大のため、灌漑施設の建築に傾けられたのであった」(p.153)とその国家的な起源を述べ、さらに「王の直轄事業として建設されたと考えられるチャウセの灌漑施設に関しては、その水管理も王に直結する専制的な制度を有していた。すなわち〝大地と水〟の所有者と観念される国王を頂点に頂き、その下にチャウセ地方の二つの地域、すなわちパンロウン川流域地方とゾージー川流域地方を治める地方長官ウン（wun）――彼らは国王によって中央から派遣され、当該地域の行政、刑事、徴税ともに水管理の責任者であった――、さらにその下に各堰ごとにおかれた堰頭（segyi）、堰頭の下に、各水路ごとの水路頭（myaung ok、あるいは myaung gâung）という順に水役人が配置されていた。このなかで、実際の水管理にあたって、もっとも重要な地位にあったのが堰頭であり、各水路への配水から、年一度の堰の修理に農民を招集すること、堰のパゴダへの貢物をとりしきること、などすべてにわたって責任を負うていた。堰頭の任務不履行に対しては、ウンによって死刑をも含む厳しい処罰が課せられた」(p.155)と灌漑が国家によって統制されていたことを明らかにしている。灌漑国家の描写として見事な記述だと思う。また、アジア的生産様式に基づく社会に関する記述として、十分な内容をもつものである。だが、斎藤は、王朝期のビルマ社会が如何なる社会構成にあったのかについては、言及していない(13)。

同時期、上ビルマの灌漑を評価したものに、伊藤利勝(1979)がいる。伊藤もまた、王朝ビルマが、ウィットフォーゲルのいう「水力社会」であるとの議論には懐疑的である。しかし、伊藤は、「小規模河川灌漑はPyuの時代、大規模河川灌漑はPaganの時代、大規模溜池灌漑はPinya、Avaの時代をそれぞれ出現させることに大きな役割を演じた」と述べる。それにもかかわらず、その後に「しかし、これは生産力の上昇による社会構成の発展を示すものであり、灌漑が社会構成の規定的要因として作用したことを示すものではない。つまり、国王が水の規制という重要な経済的機能を掌握し、これを契機として人民を一元的に支配する形態は二つのKharuin地域を集中的に管理したPagan朝についてのみ考えられることである」と、灌漑の役割を割り引く記述をつけ加えている。このような記述の揺れは、ウィットフォーゲル「水力社会」論の評価が如何に難しかったかを示している。ウィットフォーゲル・パニックといってよいかもしれない――誰もがウィットフォーゲルの同類と見なされることを恐れた時代であった。もし、ウィットフォーゲルの水の理論を評価していると見なされれば、おそらく学界から無視されたり、十字砲火を浴びる可能性があった。それゆえ、パガン朝ビルマの農業が大規模灌漑に依拠し、ピンヤ、アワ朝が大規模溜池灌漑に依拠していたことを認めながら、しかし、国王が水を通して人民を一元的に支配したのはパガン朝の社会のみであるから、水は社会構成の規定的な要因ではなかった、と苦しい言いわけをしている。パガン朝はともかく、ピンヤ、アワ朝においては、灌漑管理が中小の灌漑組織の水利慣行に委ねられていた、あるいは地方の城主と農民の間に領主制が展開し、村落社会の農民が、基本経済地域であるKyaukse以外では、国王の一元的支配のもとになかったから、それはウィットフォーゲル「水力社会」ではない、と言いたいのであろう。ここまで、類似していて、それでもなお、違うと言わざるを得ない著者の立場とは何であったのだろうか。むしろ、ここでは、ビルマ諸王朝よりルーズな水利社会であるランナータイ王国を「準水力社会」と認めた石井米雄の覇気を認めるべきなのであろう。

伊藤も認めているように、溜池施設の開発には多くの労働力が必要であり、灌漑排水の労働投下比率も、河川灌漑に比べ二〜三倍高いと言われている（福田仁志、1974: p.88）。たとえば、二つの代表的な溜池であるMeiktila貯水池は一万八六五一ヘクタール、Nyaungyanminhla貯水池は一万一一七八ヘクタールを灌漑できたとしているが、溜池としては巨大な大きさと言わなければならない。すなわち、ピンヤ、アワなど歴代王朝が、河川灌漑より多くの賦役を農民たちから徴発し、大貯水池を築造したこと、そして王たちがそのような大量の賦役労働の徴発が可能だったことを、やはり適切に評価すべきであろう。そのような共同体のための賦役労働を徴発可能にする社会構成は、やはりアジア的生産様式に基づくもの以外ではありえない。

ビルマ史の優れた書き手として知られるアウン-スゥイン（Michael Aung-Thwin, 1990）は、植民地以前のミャンマーの灌漑を取り扱った著書において、灌漑地域の面積、収穫量、人口などを算出し、ミャンマーの各中央王朝がコントロールしていた灌漑地域、Kyaukse, Minbu, Mu Valley, Mandalay, Meiktila, Yamethinにおいて生産された農産物（主要には水稲）は、植民地以前のミャンマーの人口をほぼ養うことが可能であったと、述べている。彼は植民地以前の人口を約四二〇万人、あるいは約四四〇万人、上記六地域で生産される農産物で養うことができる人口を三九八万人と産出している（p.57）。

十九世紀中葉以降のイギリス植民地支配のもとで、農業構造の改変が進行し、上ビルマの灌漑農業の位置づけは著しく低いものとなった。とくに植民地当局は、輸出向米穀生産のために下ビルマの開発を強力に推し進めた。その結果、灌漑農業の役割は決定的に低下した。二十世紀前半のビルマ灌漑農業について斎藤照子（1976）は「戦前のビルマ農業のなかでは灌漑の普及率はきわめて限られたものであった。地域的にも、すでに王朝時代に灌漑が行われていた地方に限定されていたし、灌漑面積が農地面積に対して占める割合も、一割にも満たなかった。ちなみに一九四〇―四一年度のビルマの全耕地面積は一七五六万エーカーであり、そのうち灌漑面積は一五六万エーカーで、耕地面積の八・九%を占めるにすぎない。また灌漑地の九割以上が地域的に上ビルマに集中し、灌漑によって栽培される農作物の九割強が米であった。すなわち、当時の灌漑農業は、上ビルマにおける国内自給用米の生産においては依然として重要な意味をもっていたが、モンスーン・デルタにおける米の単作に極度に特化した植民地モノカルチュア経済の中ではきわめて限られた役割しかもっていなかった」（p.161）と概括し、灌漑の役割については低い評価しか与えていない。この斎藤照子の評価は、植民地時代に関わるもので、必ずしも、植民地化以前の水の問題に直接言及したものではない。だが、全体としては、灌漑の役割に対し、低い評価を水に対して与えたとの印象は消えない。それに対し、アウン-スウィンは、歴代の王権にとっては支配の基盤である上ビルマの Kyaukse, Minbu, Mu Valley などの灌漑地域に対象をしぼることで、王権にとっての灌漑の重要性を証明したものといえる。研究対象とした時期や具体的な数字に関しては、おそらくいろいろな議論があるとは思われるが、論証の手続きとして間違ってはいないと思われる。歴史における水の役割を考える時、王権成立時およびその前後の、王権が依拠する中核地域をまず問題にしなければならない。初期国家成立の前後の歴史について、十分な史料が残されていない場合がほとんどであるので、論証は容易ではないが、やはりそのことの重要性は指摘しておかなければならない。それに対して、初期国家がその支配を拡大した場合、地域全体における灌漑や治水の効果が及ぶ面積の比率が低下する可能性がある。さらに、水利技術が同一水準にとどまるならば、農民たちは増え続ける人口に圧され、次第に灌漑が及ばない、農耕に不利な地方に農地を求めざるをえなくなる。十九世紀に入るまで東南アジアは、人口希少社会であった。そこでの国家による苛酷な収取は、ジャングルや山岳地帯に逃げ込む農民の数を増やすだけであった。すなわち、低地国家の農民統治は、「ゾミア」への逃避を考慮しなければならなかった（J・C・スコット『ゾミア』みすず書房、2013）。

iv　クメール・アンコール朝

カンボジアの中心はメコン川とトンレサップ湖からなる、水の豊富な地帯である。だが、十二月から四月にかけて雨が非常に少なく、乾季となる。王都アンコールはトンレサップ湖の北西にあり、雨期には洪水を、乾季には旱魃を心配しなければならなかった。カンボジア史における水をめぐるもっともよく知られたトピックは、グロリエおよび石澤良昭が主張するアンコール＝水力都市論である。グロリエは『西欧人が見たアンコール』において、「アンコール朝の発展は水の管理の拡大化に方向づけられる。アンコール都城は、当時の政治、軍事、文化、交通の中心であった。この時代には都城に造られた大貯水池と、その水利網の技術が、村落の田地の開墾に応用され、耕地が拡大した。その結果農業生産力が増大し、人口も増えた。王朝の経済基礎は農業であった。村人は、王を人と神を仲介する地上の神として崇めていた。この時代の宗教や思想はインドの宗教などの影響を受けているが、本質的にはクメール人の水の神や土地の神の信仰に根ざすものであった」（p.18）と述べ、さらに「ヤショバルマン王（在位八八九〜九一〇頃）の治下で都城の東側に東バライが造られたことを述べたが、この東バライは現在は干上がっている。その土堰堤は台形で基底部が約一二〇メートル、上部が約一五メートル、高さ一〇メートルである。試算ではこれを築堤するのに作業人足は一日六〇〇〇人、総掛りで休みなく働いたとして、完成するのに三年かかるという。アンコール地域では地下二メートルほどの地層に水を通さない粘土層があり、保水性はよかった。人的な面では当時は大寺院の建立、盛土した都城の周壁など土木工事が続き、全国から村人が動員され、戦争捕虜もいた。九〇〇年頃の当時で近隣を含めて二〇万人以上が居住していたと思われる。環濠と貯水池は、村落における用水池灌漑と水利築堤の考え方および治水技術を発展させたものであり、経済基盤は村落における小規模灌漑による農業であった。この築堤の技術は中央と地方を結ぶ道路網の建設にも使われ、すべての道はアンコールに通じていた。寺院や都城の建設は、篤信の証しであり、同時に権力の誇示でもあった。さらに、それは地域開発にまでつながっていた」と付け加えている（p.18）。さらに、カンボジア史研究の第一人者である石澤良昭は、同書の解説のなかで、「クメール民族は大規模な構築物を作り、何世紀にも及ぶ生活体験と工事によって、ついに並はずれた複雑な水利網を完成した。アンコール地方の土地の傾斜に沿い、重力を利用して水を田地に流していた。アンコール朝の絶頂期には七万ヘクタールにも及ぶ方眼紙のような水田の灌漑が行き届いていたのである。このアンコール農業帝国では天候を気にしない、集約的な農業が営まれていたのであった。しかし、過度の開発は土壌の浸食・溶脱・硬質化を招き、必要な土地の確保と寺院建築のために密林が徐々に伐採されていった」と、グロリエ説を積極的に評価し、さらに水利国家アンコール朝の興亡を語っている。おそらく、これらの文章は水の理論を実証する歴史的な具体例に関する、もっとも精彩のある叙述の一つであると思われる。

だが、これには強力な反論がある。というのも、巨大なバライ（貯水池）は現実に存在したとしても、それが果して灌漑に使われたかどうか証明できないとするものである。「水利論を支持する者は、どのようにしてバライから水を引き出していたのかを説明しなければならない」「バライは灌漑の効力を最大化するようにデザインされていない」とバライが灌漑目的であることを否定する説が福井捷朗から出されている（福井捷朗、1998）。それに対して、後藤章「カンボジア・アンコール地域の灌漑水利様式」（後藤章、2002）によれば、アンコール・トムの東西のバライは、地表に積み上げた堰堤によって貯水されており、取水口や水路をもたなくとも、傾斜を利用し、上流側から田面を越流させる方が、水路による給水よりも、簡便で確実な方法であるとし、この「巨大な田越し灌漑システム」をむしろ地形の特異性に合致したものと評価している。

もしかりに、この大貯水池バライがたとえ、聖なる貯水池として、宗教的、象徴的な意味合いの建築物であって、灌漑に用いられなかったとしても、アンコール朝が、水利に依拠した農業を行っていたのは、間違いないであろう。元代の周達観『真臘風土記』に、カンボジアでは、一年間に三、四回の収穫があるとの記述があるが、それをそのまま受け取るかどうかはともかく、アンコール期には、水稲農業を営む稲作社会が成立していたことを疑う理由はない。巨大貯水池のみならず、アンコール都城を巡る環濠、そしてそれと河川を結ぶ水路を築造できる中世クメール人が、水稲のための灌漑を行えなかったなどと想定することは馬鹿げたことであろう。

バライ＝灌漑施設をめぐる石澤良昭と福井捷朗の論争は、福井自身もすでに述べているように、クメール社会が如何なる稲作社会であったのかを明らかにする中から、解決がはかられていくのであろう。なお、福井は、バライ＝灌漑施設論を批判しつつも、タイ東北部からカンボジアにかけて、タムノップ（小堰）と呼ばれる小規模灌漑が普及しており、アンコール朝はそのような小規模灌漑に支えられた水利社会であろうと推定している。

古代日本の例からみても、巨大な建築物を築造した文明の水利の規模が巨大でなければならない、などということはない。水利施設が大規模であるかどうかに関しては、ウィットフォーゲル水力理論との関連から、どうしても、余分に力が入った感情的な論争が起こりがちである。まずは、水利の規模が個々の共同体の力を越えた規模かどうかが問題となろう。たとえ、また小規模な灌漑であっても、共同体が総力を挙げてそれに取り組まなければ行えないようなものは、やはり、共同体にアジア的な特質を与える、という点について、改めて注意を喚起したい。さらには、何度も言っているように、小規模なものであれ、共同体のための必要労働を投じたものであれば、王の政治支配の成立とともに、それらは王のものとされ、それらの築造や修築のために良民（共同体農民）は賦役にでなければならない。アンコール朝の王たちは、このおなじ共同体のための賦役労働を投じてアンコール期特有の巨大な建築物をつぎつぎに築造していったのである。

逆に、たとえ、東西バライを利用した水利システムが大規模なものであったとしても、そのことはアンコール朝が強力な官僚装置によって統治されたと思ってはならない。個々の王の力量の違いによって、王朝の盛衰が繰り返されたところをみると、支配機構は脆弱であったとみるべきであろう。すぐれた王の統治下において、共同体農民に対する賦役労働の徴発が容易となり、巨大建築物が築造された。農民の側からみれば、巨大建築物は、むしろ共同体の神々への讃仰の証として、王の呼び掛けのもと、共同体のための賦役労働の徴発に応じ、建造に力をつくした、ということであろう。

（3）スリランカ

ウィットフォーゲル『オリエンタル・デスポティズム』（1957）の出版と同じ年、マーフィー（Rhoads Murphey, 1957）による古代セイロン国家の崩壊に関する論文が発表されている。それは、巨大な溜池および溜池の連鎖からなる灌漑網が古代セイロン国家を支え、その灌漑システムの崩壊とともに古代国家の衰亡も決したとするものであり、ウィットフォーゲル水力理論を肯定するものであった。続いて、一九五九年、その二年後に『プル・エリア――セイロンの一村落』"Pul Eliya — A Village in Ceylon"を刊行し、スリランカの一村落が水をどのように利用し、その水を契機としてどのような社会関係を築いているかを詳細に描述したエドマンド・リーチは、『過去と現在』誌に寄稿し、ドライ・ゾーンを中心とした古代国家シンハラの水利システムが水力的であることを認めながらも、中世セイロンにおいては、乾燥地帯を含め非水力的であり、それゆえ王権の性質は封建的であったとして、ウィットフォーゲルを批判している(Leach, 1959)。リーチは古代セイロンの政治的モデルは中国的ではなく、むしろインド的であり、政治的権威も、官僚制的支配ではなく、カリスマ的支配であるとみなしている(p.4)。ただし、リーチはスリランカ封建制を「西洋的封建制」と同一であると認めたわけではない。リーチは、名著『高地ビルマの政治体系』におけるシャン族社会に対する規定と同様、封建制概念をルーズに使用しており、領域国家の分立や権力の拡散を封建制の指標と理解していたと思われる。また、インドと共通した諸カストに割り当てられた分業システムをもcaste feudalismと捉えており、封建制概念を生産様式もしくは社会経済構成の一つとして捉えるマルクス主義的思考とは異なっている。

グナワルダナ(1971)も、リーチと同様に、古代および中世初期の水利システムが水力的であることを認めている。だが、大規模灌漑を指揮した王のほかに、僧院の農業への関与、とくに溜池(tank)建設に果した役割、さらにクランの首長や、戦士カストの、地方における小規模水利への関与を評価し、古代および中世初期におけるセイロン社会の、ウィットフォーゲル的な意味での専制的性格を否定している。さらに、僧院勢力や地方領主らの農業への関与が、immunityの獲得(僧院)や土地の所領化につながったとして、セイロン社会内部からの封建化を主張している。また、それによってリーチを、セイロン社会を"stasis"なもの、変わらぬものとみていたと批判している。マルクス主義者であるグナワルダナが、中世への展望を封建化として捉えるのはやむを得ないのかもしれない。だが、僧院や「地方首長層」の勢力拡大を単純に封建化と決めてしまうのは、公式的な発展図式に災いされたものと言わざるを得ない。

マーフィー以来の、以上のような議論を総括しつつ、中村尚司(1988)は古代スリランカにおける水と王権の関わりをまとめている。古代シンハラ文明は、ドライ・ゾーンと今日呼ばれているセイロン島北部を中心に展開された。その中核地域には、長期にわたって二つの大貯水システム（マハーヴェリ川水系とカラー川水系）が築かれ、古代から中世初期までのシンハラ文明を支え続けた。我々からみれば、セイロン島には小河川しかないはずであり、溜池中心の灌漑では規模が知れていると考えがちである。それゆえ、hydraulicという形容がついていることに、少々違和感を覚える。しかし、河川と貯水池（溜池）を結合し、さらに大小の様々な貯水池を水路でつなぎ、その中心に巨大貯水池が置かれていることによって、この灌漑システムは、我々の想像を越えた巨大なものとなっている。

中村尚司（1988）はパラクラマバーフ王（一一四〇〜八六）の「真に一滴の雨水といえども人間に活用されることなしに大海へ流れでることを許してはならない」との言葉に、雨季の降水をできるかぎり池に貯水し、農業をはじめとする多様な目的に用い、余った水は再び貯水し、たとえ一滴の雨水も無駄にしたくない、との古代スリランカ貯水思想の結晶を見ており、かつそれは、現代の灌漑局の行政を支えている理念であると述べている。

南インドに興ったチョーラ朝は、十世紀末、セイロン島に侵入し、セイロン北部を占領する。十一世紀後半に、シンハラは国土を再統一したものの、十二世紀後半、最後の水利王パラクマバーフ王の死後、王国の混乱が始まり、十三世紀前半のカリンガ王マーガの侵略により、ドライ・ゾーンの水利施設を決定的に破壊されてしまう。シンハラ王は王都をウェット・ゾーンに移し、延命を図ったとみられる。ドライ・ゾーンの水利施設——二つの大規模貯水システム——は、中央政府の管理と村落農民と僧侶の協力によってようやく維持可能であり、いずれが欠けても維持は不可能であった。王都のウェット・ゾーンへの移動とともに、農民もまたウェット・ゾーン山地へ移動し、天水に依存する農耕へと転じた。その農民を支配する形でキャンディ王国の支配が成立する。

この古代以来の貯水システムの崩壊について中村尚司は過剰開発論を唱えている。パラクマバーフ王の貯水思想のもとにおいて、貯水施設の開発が大規模にすすめられ、農業経営が灌漑農業に一元化された結果、かえって貯水システムにのみ依存する農業経営の不安定性が年々深刻化したと推測している。

リーチやグナワルダナのウィットフォーゲル批判を再検討し、改めてアジア的生産様式概念の価値を見出したのは、ロバーツ（Michael Roberts, 1994）である。ロバーツは、リーチのいうように、スリランカにおいて、政治的な権威がカリスマ的支配であることは認めている。だが、シンハラ王国の政治構造がリーチのいう“cellular”（細胞的）であるとの見方を強く批判する（p.75）。彼はむしろその“cell”（細胞）を、マルクスのアジア的な村落のイメージで捉えるのである。つまり、それは封建的構造を生むのではなく、むしろマルクスがいうように、“cell”が適えられない任務を総括的統一体 overarching structure としての専制政府が引き受ける。それゆえ、専制政府をシンボライズする王には、個々の社会単位“cell”では決して取って代わることのできない政治的、文化的な権威が加えられるのである（p.80）。この王の権威の超越的性格をロバーツは古代インドの仏教王であるアソカ王に因み Asocan Persona と名付けている。僧院に荘園に類似したものが寄進されようと、地方領主になにがしかの権威や勢力が蓄積されようと、それはアソカ王のペルソナを体現した王の権威に遠く及ばない。王は、依然として、共同体のための賦役労働を徴集し、指揮する権威・権力を最後まで保持する。そうだとすると、リーチの caste feudalism は根本的に誤っているということになる。封建貴族や諸侯が王に挑戦できたヨーロッパ中世の封建制を、そのような挑戦を一切許さないほど王の権威が卓越しているインドやスリランカに適応することはできない。インドとスリランカの王権の相違については、ロバーツは述べていないが、筆者はこの場合、貴族や諸侯の王への挑戦を、一種のバーゲニングと考えれば理解しやすいと考える。王といえども諸侯や貴族の第一人者にすぎず、それゆえ有力な臣下は王との間でつねにバーゲニングが可能なヨーロッパ中世の王権と、それを許さないアジア的社会の王の権威の相違に注目すべきなのである(14)。

小括

本章では、日本および東南アジア、そしてスリランカにおける、水と社会の関わり、水と権力との関わりについて、それぞれの著作や論文をとりあげ、論者たちが水と社会、水と国家との関わりをどのように考えていたのか、そして、それをどのように理論化してきたのかを考察してきた。上記の地域は、いずれもモンスーン・アジアに属する。続く第四章、第五章では、主にインドからペルシア、メソポタミア、エジプト、および中国といった主に乾燥地帯を対象に、水と国家の関わりを論じるつもりである。

最終的な総括は、第五章で果すつもりであるが、モンスーン・アジアの水と国家の関わりについて、幾つか気がついたことを述べてみたい。

1. 若狭徹が示した水の理論への展望は、大きな可能性を持つものである。この群馬東南部の小水系群に依拠した、おそらく首長制段階の社会は、日本の他にも多くの類似例を有する。たとえば、中国西南の雲貴高原特有の景観のなかで、壩子《バーズ》と呼ばれる山間盆地や河谷盆地は、古代以来、西南各族の稲、麦、黍など農業の中心であった。それを基礎として、多数の首長制社会や南詔や大理といった初期国家が築かれていった。このような壩子において農耕を営んできたタイ系およびビルマ系諸族は、十世紀前後以降、次第に雲貴高原からインドシナ半島に南下し、北ビルマ、北タイ、ラオスなどの山間盆地や河谷盆地に進出し、灌漑を中心とした農耕を発展させている。雲南も日本と同じく、山地が多く、平野の少ない地形である。壩子の面積は雲南省全体のわずか六パーセントを占めるのみである。だが、日本と同じように、山地の雪どけ水や、湧水を利用した重力灌漑は、水稲を中心とした農耕を可能にするものであった。共同体や共同体連合の力によって、水利をはかり、農耕の用に使うことができた。それゆえ、壩子それ自体は小規模な農耕社会でありながら、多数の首長制社会を生み出し、そのなかから幾つか初期国家が生まれてきている。

一般的に言えば、日本と東南アジア社会では、近代以降の歴史的歩みが大きく異なり、近代化、工業化のレベルにおいても大きな相違がある。だが、大陸アジアの周縁にある半島・島嶼部は、ベトナムやインドネシア（特にジャワ・バリ）なども含めて、村落レベルにおいて、一定のまとまりがあるのが特徴的である。あるいは、小さな扇状地、盆地などの重力灌漑に習熟した諸民族は、平原地帯やデルタ地帯のコミュニティよりも、相対的に、村落構成員はタイトなまとまりをもち、コンパクトな村落社会を作っていると言える。たとえば、雲南の少数民族のコミュニティは漢族社会に対し、北タイは中央平原以下のタイに対し、上ビルマは下ビルマに対して、スリランカはインド亜大陸に対し、それぞれその村落は、比較的コンパクトな組織、共同体を構成していることを示している。そこには、コミュニティに依拠した灌漑システム――が、たとえ賦役であっても、動員される農民にとって、共同体のための必要労働であることをより身近に感じられることに関係していよう。また、コミュニティの灌漑システムを、ともかくも自力で維持しているという、農民たちの日常の感覚にも支えられている(15)。同じような重力灌漑にもとづくヒマラヤ南麓のカングラ(Baker, 2005)、カラコラム南麓のフンザ(Sidky, 1996)などについても、同様のことが言えると考えられる。

2. ウィットフォーゲル(hydraulic theory――東洋的専制主義)以降、批判の十字砲火のなかにおいても、水の理論は様々な形で継承されてきた。とくに、日本においては、その継承理論は、木村正雄(第一次農地と第二次農地)、石井米雄(農学的適応と工学的適応)、玉城哲(農業資本形成の二重化:私的な経営資本と公的な地域的土地資本→水利施設、水利機構の外部化)等々、多彩である。

ウィットフォーゲルの水の理論の核心を如何に継承するのか。問われていたのは、それであった。現実には、水の理論が反共理論であり、地理的環境決定論、あるいは、単に大規模水利だけを強調する一面的な理論であるとの批判や非難が横行していた。だが、東アジア、東南アジア、南アジア、西アジアを問わず、アジア的社会において、水が歴史的に重要な役割を果たしているのは明らかであった。研究者たちは、ウィットフォーゲル・パニックから可能な限り距離を保ち、冷静に、水の理論の核心部分を継承する新たなアプローチを作りあげる必要があった。不幸にして一九五〇年代後半に提出された木村正雄の水の理論は、ウィットフォーゲル『オリエンタル・デスポティズム』と時期を同じくしたため、ウィットフォーゲル・パニックの影響をまともに浴びてしまった。だが、一九七〇年代中葉に提出された玉城哲や石井米雄の水の理論は、それぞれの領域において、ウィットフォーゲル・パニックを和らげ、水と社会、水と政治支配との関わりを論じることを可能とした。

3. 東アジアの灌漑が「補給」的性格をもっているのに対し、西アジアでは「主給」であると言われている（福田仁志、1974）。もちろん、モンスーン・アジアも、この場合、東アジアに含まれる。このような灌漑の性格の違いを、もし単純に、灌漑＝専制主義論に適用すれば、西アジアの政治体制こそ、本物の専制主義であり、東アジア、とくにモンスーン・アジアは、専制主義とはいえない、ということになる。だが、その決して専制主義的ではない、首長制段階の社会や初期国家において、古墳や寺院など巨大建築物が次々に築造されていることをどのように考えればよいのであろうか。

さらに、日本各地の大小古墳群の存在は、首長制段階の社会といえども、稲作社会に生まれた社会的余剰を、神への讃仰のための建築物に投じたことを示しており、その規模の大きさに驚かされる。初期国家段階における河内平野の巨大古墳群、あるいはボロブドールを築いた初期ジャワ王朝、アンコール寺院群を建立したクメール国家についても、同様のことがいえる。

古代エジプトの初期王朝の巨大ピラミッドについてもいえることだが、これらのモニュメントを築くために充当された資源および労働力は、もし、他に振り向けることができるなら、多数の兵士や官僚を養うことができたはずであった。多数の兵士や官僚が、首長の権力や王権の強化に必須であるとは、まだそれほど切実に感得されていなかったのであろう。また、巨大モニュメントの築造自身が、王権の強化に直接結びついていた可能性が高く、王権のイデオロギー機能を担っていたといえよう。いずれにせよ、これらの巨大建築物の存在は、その社会が実際に、あるいはまた潜在的に有している社会的余剰の大きさを示していよう。

このような社会的余剰に依拠しつつ、それぞれの初期国家は緩やかにではあれ、あるいは周辺諸国からの脅威に対処するために急速にではあれ、それぞれ官僚機構を整え、軍備を強化し、王権の拡充をはかっていったと思われるが、アンコール朝のような例もある。

アンコール朝が、もし、巨大寺院建立のために、あるいは――もしバライが宗教的な意味合いの貯水池であったとしたら――バライ築造のために費消したその余剰を、兵力の増強や官僚機構の構築に充当したならば、おそらくスコータイ朝やアユタヤ朝に一方的に押しまくられ、衰亡の歩みを速めることをある程度阻止しえたのではないか、と考えることもできよう。だが、アンコール朝はそのような選択をしなかったようにみえる。強大な北国（中国）を絶えず意識しなければならなかった中世大越国家（ベトナム）の歴史とは異なった王朝あるいは国家のあり方を示している。

4. ただ、モンスーン・アジアの灌漑や治水のあり方を西アジアあるいは乾燥アジアとの比較から、水力的（hydraulic）ではないという結論を出すのは早計である。ドライ・ゾーンにおける大がかりな貯水に基礎づけられていた古代スリランカの例を一般化することはできないとしても、それぞれ王権の強化と呼応しつつ、水利事業も大規模化していったことも事実である。王権と水利は相互に強化しあったと考えるべきであろう。また、玉城哲が指摘しているように、水利施設、水利機構が、個々の農民経営および個々の共同体にとって外在的であるという性格は、この地域においても共通していることを忘れてはならない。それゆえ、モンスーン・アジアの王権のあり方を西アジアあるいは乾燥アジアとの比較から、専制的ではないと結論づけることはやはり早計であり、専制への傾きをもたない、と述べることは誤っている。

5. アジア的生産様式論、とくに、ウィットフォーゲル流東洋的専制主義論が、唯水力理論と化したために、一般には水力社会とはみなせない東南アジアの国家論については、その後、よりルーズな構成を持つ国家論が提出された。だが、二十世紀後半に次々と登場した東南アジアの国家像である、マンダラ国家、galactic polity（銀河系国家）、劇場国家も、基本的には共同体のための賦役労働に依拠している、という点に変わりはない。だが、それらの国家像や国家論に対し、上述の水の理論は、それぞれ、適切な解を提出していると、あるいは適切な解を出しうると考える。

［注］

（1）この「水の理論」には前例がある。一九三〇年前後に、ソ連におけるアジア的生産様式論争の一方の雄であったマジャールのアジア的生産様式論が、論敵たちから、「水浸しの理論」と揶揄された例である。当時の代表的なアジア的生産様式論者であったマジャールやウィットフォーゲルが、アジア的生産様式の指標として、とくにアジア的社会における人工灌漑の役割を重視していたからである。

(2) 望月清司以前においては、マジャールが、人工灌漑を必要労働の社会的組織化、であることを指摘している。

(3) 玉城哲は、灌漑地域の農業資本形成が、公的な地域的土地資本と私的な経営資本に二重化しており、水利施設(地域的土地資本ストック)が「個々の営農主体の外部に独立して存在する公的な性格をもつこと」を指摘し、さらに「農民に水をもたらす原因は、外在的、不可抗力的な「力」なのであり、自らの主体的努力の結果ではないのである」と述べている。水利施設=外部機構とは、玉城のこれらの記述にヒントを得て、筆者が用いたものであり、玉城自身は外部機構という言葉は使っていない。

(4) 共同体のための必要労働から共同体のための賦役労働への転換は、首長制段階から初期国家段階にかけ、緩やかに、進行したと思われる。それゆえ、両者の間には明確に区別できない曖昧な領域が多々あると考えられる。

(5) 農民自身による水制御、あるいは共同体による水制御が望ましいことには違いない。また、そのような水制御の伝統は、近代以降、農民が大規模システムに統合された後にも、農民自身が水制御に参加する可能性を与えるであろう。だが、同時に、規模の大小を問わず——井戸とかチューブ・ウェルといった個々の経営内部の施設は別として——、水利システムには、共通したものがあることを忘れるべきではない。すなわち、アジア的社会においては、小規模であれ、大規模であれ、水利施設は共同体のための必要労働もしくは賦役労働の動員によって建設される、ということである。「共同体への個人の埋没」という言葉は誤解の多い表現ではあるが、アジア的社会が有するそのような側面は、そこ——共同体のための必要労働および賦役労働の比重の大きさ——に淵源していると考えている。

(6) たとえば、日本の古代末期から中世にかけての在地領主主導による水利システムは、小さな共同体の制御しえない規模という意味において、中規模といえるかもしれない。だが、この規模にとどまるならば、在地における水利技術の収得や小経営的生産の発展と村落共同体の自立化によって、水利もまた共同や共同体連合によって制御可能となる。つまり、いずれ小規模システムに転換する。

(7) 従来の階級理論から言えば、共同体のための必要労働や共同体のための賦役労働を介した搾取から、果して政治支配や階級支配が成立するかどうかが、問題とされるかもしれない。筆者は、アジア的社会においては、共同体のための必要労働や共同体のための賦役労働を介した収取により、まず政治支配や階級支配が成立すると考えている。全てが公有であっても、政治支配が成立することは、二十世紀社会主義——とりわけ文革期の中国や北朝鮮——の実践から明らかである。また、その政治支配が階級支配であることも明らかである。

ロシアは水利社会ではないが、タタールの軛以来、東洋的専制主義にもとづく政治システムが根付いた。それは、ロシア革命後もまったく変わらなかった。革命後の食糧調達危機の際、農村において飢餓が広がったが、限度を超えた徴発が行われたからである。「ちょうど工場労働者が生活保障の賃金を得るだけで、生産物は国家所有になるように、農民の生産物は彼らに必要な分を控除して、全余剰は国家所有である。このようにして全余剰の強制徴収が正当化されたのであった」（梶川伸一「レーニンの農業・農民理論をいかに評価するか」上村武ほか編『革命ロシアの光と影』社会評論社、2005）。

筆者は、このような「農民の生産物は彼らに必要な分を控除して、全余剰は国家所有である」といった考え方は、資本家と労働者との関係からの類推に由来するのではなく、アジア的社会における「唯一の所有者」（包括的統一体の君主）と「占有者」（共同体農民）との関係に由来するものであると、考える。「唯一の所有者」であるからこそ、そのような至上権を有するのである。ウィットフォーゲルが「社会よりも強力な国家」と形容した専制国家の王たちが抱いていたのも、このような臣民に対する至上権の意識であろう。

（8）何故、玉城哲が分権的な灌漑システムであることを認めた日本社会において、天皇制が近代にまで残り、明治以降、天皇制絶対主義——そのネーミングが正しかったのか間違っていたのかについて今は問わないとして——と呼びうるような、きわめて中央集権的な統治体制が成立したのかに関して、この共同体のための賦役労働の視点において、よりよく説明することができる。公共に名を借りれば、臣民への労働の強制が可能となること、臣民はそれぞれの職分において対国家奉仕義務（ライトゥルギー）を負っている以上、国家が命ずる職務を遂行することは国家および公儀に対する義務、臣民として必ず従わなければならない義務として、王民が固く信じていたこと、それが天皇制絶対主義のイデオロギー的優位を導いたと考える。日本の灌漑システムは、全体として小水系に依拠したものであり、そのシステムは集権的ではなくむしろ分権的であった。だが、臣民が対国家強制義務を負うこと、王が命じた共同体のための賦役労働に従うことは、近代以降も、依然として、臣民のイデオロギーの中に残存し続けた。何故、戦前左翼までが、転向後、積極的に国家体制に加担したのか、これによって理解することができるはずである。インテリといえども、転向左翼といえども王民であった。臣民の義務を果すことは当然であり、内面において、その義務を否定することはできなかった。

（9）松尾美恵子「普請役・近世」『世界大百科事典』CD―ROM版、日立デジタル、平凡社、1998.

(10) アジア的生産様式の指標として、クレーダーは土地所有、灌漑、社会的剰余の収取に加えて、村落共同体および農業と手工業の一体化を挙げ、マンデルは土地私有の不在、村落共同体および農業と手工業の一体化、水力的農業、国家による社会的剰余の収取を挙げている (Elliott, 1978: pp.35-37)。

(11) 家産制支配をアジア的社会に適応したとしても、アジア的社会の本質を捉えることはできない。家産制支配は、洋の東西を問わず存在する。それは、主君と主君に直接隷属するものとの関係を説明しえるかもしれないが、君主の共同体支配や公民支配を十分に説明しえない。

(12) 上記のような桜井の規定を意図的だから駄目だとか、恣意的だとか言っているのでは決してない。研究者というものが、研究者を取り巻く情況から決して自由ではなかった、ということを言いたいのである。ウィットフォーゲル・パニックに陥っている左翼、進歩的文化人、それに同調する学界から誰もが自由ではなかったということである。

(13) 小規模な水利であっても、共同体のための必要労働によって建設されたとしたら、水利施設は各個別農家のものにはならない。だが、それらは、当然、プリミティブな共同体もしくは村落共同体によって制御可能である。このような村落によって制御されていた小規模なシステムも、政治支配の成立以降、首長や王によって公のものとされる可能性がある。首長や王は、それらの水利施設の重要さに応じて、適宜、干渉を加えるであろう。もし、彼らにとって価値の低いものであれば、名目的な所有にとどめ、その管理は地域や共同体に委ねたままにしておくであろう。それらを自治と言えば言えないこともない。だが、もし、首長や王が何らかの理由で関心を示せば、その「自治」はすぐに失われることになる。

(14) それゆえ、西欧の王は、王に選ばれるという契機を省くことはできなかった。後に選挙制となるドイツ王（神聖ローマ帝国皇帝）選出はもちろん、フランスやイギリスの王たちもまた選挙され、また、その後継者たちも、選ばれるという契機を免れなかった。征服王朝であり、抜きんでた権威を誇っていたはずのノルマン朝以降のイングランド王も、臣下の連合が、イングランドの政体を、王を戴くイングランド王制共同体であると主張した時、それに王権を左右されざるをえなかった（朝治啓三『シモン・ド・モンフォールの反乱』京都大学学術出版会、2003）。

(15) 「山地流域の精緻な掛流し灌漑地域は、山間盆地の広い集水域からの安定した流出水に、あるいは火山山麓の湧水という極めて安定した水源に依存し、渓流あるいは小河川から取水し、適当な勾配をもつ水田地域に、灌漑水路網を巡らせる、いわゆる渓流分水型重力灌漑組織を持っている。渓流からの取水は比較的小さな水利協同組織によって管理されるが、少し大きな施設は地方の王権、封建制力あるいはジャワのように植民地権力の指導力を背景に建設・維持管理されてきたようで、東南アジアの国々の歴史的な核心域はこの精緻な渓流分水・掛流し灌漑様式の見られる地域に一致している。例えばタイでは北タイ山間盆地のチェンマイがそうであり、ビルマのパガン王朝を支えた灌漑稲作地であるチョウセなど中ビルマ乾燥地域の水利組織も有名である。ジャワ島では、スラカルタ、ジョクジャカルタなど中部ジャワ世界の核心域は、標高三千メートル級の火山の裾野の灌漑稲作を経済的基盤としており、ここに見られる精緻な灌漑組織は、サトウキビと米のローテーション栽培を強制された一九世紀の「強制栽培」政策を支える基盤作りに端を発している」（海田能宏、1990: p.196）。

［文献リスト］
ウィットフォーゲル『解体過程にある支那の経済と社会』上・下　中央公論社　一九三四年
ウィットフォーゲル『東洋的専制主義』アジア経済研究所訳　論争社　一九六一年
石井米雄編『タイ国　ひとつの稲作社会』創文社　一九七五年
石澤良昭「アンコール朝水利都市を考察する」藤田和子編『モンスーン・アジアの水と社会環境』世界思想社　二〇〇二年
石澤良昭「アンコール・ワットは「水」の寺院であった」秋道智彌編『水と文明——制御と共存の新たな視点』昭和堂　二〇一〇年
伊藤利勝「ビルマ在来の灌漑技術と稲作農業の発展」『鹿児島大学史録』十一　一九七九年
大木昌『稲作の社会史　一九世紀ジャワ農民の稲作と生活史』勉誠出版　二〇〇六年
大久保貞夫『近世日本治水史の研究』雄山閣出版　一九八六年
大熊孝『利根川治水の変遷と水害』東京大学出版会　一九八一年
小野正敏ほか編『水の中世：治水・環境・支配』高志書院　二〇一三年
海田能宏「〈水文〉と〈水利〉の生態」渡部忠世編『稲のアジア史1』小学館　一九八七年
海田能宏「稲作と水利」講座東南アジア学第二巻『東南アジアの自然』弘文堂　一九九〇年
加藤久美子『盆地世界の国家論　雲南、シプソンパンナーのタイ族史』京都大学学術出版会　二〇〇〇年
亀田隆之『日本古代用水史の研究』吉川弘文館　一九七三年
亀田隆之『日本古代治水史の研究』吉川弘文館　二〇〇〇年
木下晴一『古代日本の河川灌漑』同成社　二〇一四年

クリフォード・ギアツ『ヌガラ　19世紀ジャワの劇場国家』小泉潤二訳　みすず書房　一九九〇年
菊池一雅『ベトナムの農民』古今書院　一九六六年
菊池一雅『村落共同体の構造』大明堂　一九七七年
北川香子『カンボジア史再考』連合出版　二〇〇六年
木村正雄「中国の古代専制主義とその基礎」『歴史学研究』二二九号　一九五八年
ピエール・グルー『トンキン・デルタ　人文地理学的研究』村野勉訳　丸善出版　二〇一四年
グロリエ『西欧が見たアンコール　水利都市アンコールの繁栄と没落』石澤良昭・中島節子訳　連合出版　一九九七年
後藤章「カンボジア・アンコール地域の灌漑水利様式」藤田和子編『モンスーン・アジアの水と社会環境』世界思想社　二〇〇二年
斎藤照子「ビルマの灌漑農業」福田仁志編『アジアの灌漑農業』アジア経済研究所　一九七六年
桜井由躬雄『ベトナム村落の形成』創文社　一九八七年
桜井由躬雄「雒田問題の整理　古代紅河デルタ開拓試論」『東南アジア研究』十七巻一号　一九七九年六月
桜井由躬雄a「10世紀紅河デルタ開拓試論」『東南アジア研究』十七巻四号　一九八〇年三月
桜井由躬雄b「李朝期（1010-1225）紅河デルタ開拓試論　デルタ開拓における農学的適応の終末」『東南アジア研究』十八巻二号　一九八〇年九月
桜井由躬雄「ベトナム紅河デルタの開拓史」渡部忠世編『稲のアジア史2』小学館　一九八七年
高崎哲郎『水の匠・水の司　紀州流治水・利水の祖　井澤弥惣兵衛』鹿島出版会　二〇〇九年
高谷好一『東南アジアの自然と土地利用』勁草書房　一九八五年
玉城哲編『灌漑農業社会の諸形態』アジア経済研究所　一九七九年
玉城哲『風土の経済学』新評論　一九七六年
玉城哲「灌漑農業の発展理論」福田仁志編『アジアの灌漑農業』アジア経済研究所　一九七六年
玉城哲　旗手勲『風土　大地と人間の歴史』平凡社　一九七四年
都出比呂志『日本農耕社会の成立過程』岩波書店　一九八九年
都出比呂志『前方後円墳と社会』塙書房　二〇〇五年
J・デルヴェール『カンボジアの農民　自然・社会・文化』石澤良昭　及川浩吉訳　風響社　二〇〇二年

中村尚司『スリランカ水利研究序説』論創社　一九八八年
春山成子『ベトナム北部の自然と農業　紅河デルタの自然災害とその対策』古今書院　二〇〇四年
広瀬和雄『縄文から弥生への新歴史像』角川書店　一九九七年
広瀬和雄「耕地の開発」『古代史の論点1』小学館　二〇〇〇年
広瀬和雄『前方後円墳国家』角川書店　二〇〇三年
福井捷朗「エコロジーと技術」渡部忠世編『稲のアジア史1』小学館　一九八七年
福井捷朗「農業生態からみたグロリエのアンコール水利社会説批判」『東南アジア研究』三十六巻四号　一九九九年
福井捷朗　星川圭介『タムノップ　タイ・カンボジアの消えつつある堰灌漑』めこん　二〇〇九年
福井捷朗ほか「東北タイにおけるタノップ灌漑と天水田の発生」『東南アジア：歴史と文化』三十五　東南アジア史学会　二〇〇六年
福田仁志編『アジアの灌漑農業　その歴史と論理』アジア経済研究所　一九七六年
福田仁志『世界の灌漑　比較農業水利論』東京大学出版会　一九七四年
藤田和子編『モンスーン・アジアの水と社会環境』世界思想社　二〇〇二年
宝月圭吾『中世灌漑史の研究』目黒書店　一九五〇年
村田路人『近世の淀川治水』山川出版社　二〇〇九年
望月清司「「共同体のための賦役労働」について」『専修大学社会科学研究所月報』八八号　一九七一年
森浩一『巨大古墳　治水王と天皇陵』講談社学術文庫　二〇〇〇年
若狭徹『古墳時代の水利社会研究』学生社　二〇〇七年
若狭徹『古墳時代の地域社会復元　三ツ寺I遺跡』新泉社　二〇〇四年
Michael Aung-Thwin, *Irrigation in the Heartland of Burma: Foundation of the Pre-Colonial Burmese State*, Northern Illinois University,1990.
J.Mark Baker, *The Kuhls of Kangra: Community-Managed Irrigation in the Western Himalaya*, University of Washington Press, 2005.
Han ten Brummelhuis, *King of the Waters: Homan van der Heide and the Origin of Modern Irrigation in Siam*, Silkworm Books, 2005.
David Elliott, *Thailand: Origins of Military Rule*, Zed Press, 1978.
R.A.L.H.Grnawardana, Irrigation and Hydraulic Society in Early Medieval Ceylon, *Past and Present*, Number 53, November 1971.

R.A.L.H.Gunawardana, Social Function and Political Power: A Case Study of State Formtion in Irrigation Society, in *The Study of the State,* Mouton, 1981.

R.A.L.H.Gunawardana, Total Power or Shared Power? A Study of the Hydraulic State and its Transformations in Sri Lanka from the third to the ninth Century A.D., in *Development and Decline: The Evolution of Sociopolitical Organization,* Bergin and Garvey Publishers, Inc.,1985.

E.R.Leach, Pul Eliya : *A Village in Ceylon: A Study of Land Tenure and Kinship,* Cambridge University Press, 1961.

E.R.Leach, Hydraulic Society in Ceilon, *Past and Present,* No.15, 1959.

Rhoads Murphey,The Ruin of Ancient Ceylon, *The Jornal of Asian Studies,* Vol.XVI, No.2, 1957.

Michael Roberts, *Exploriing Confrontation: Sri Lanka: Prolitics, Culture and History,* Harwood Academic Publishers, 1994.

H.Sidky, *Irrigation and State Formation in Hunza: The Anthropology of a Hydraulic Kingdom,* University Press of America, 1996.

Nicola Tannenbaum, *Galactic Polities, the Asiatic Mode of Production and Peasant States: Southeast Asian Pre-Modern Polities,* The Australian Journal of Anthropology, Vol.4, No.1, 1993.

Fritjof Tichelman, *The Social Evolution of Indonesia: The Asiatic Mode of Production and its Legacy,* Nijhoff, 1980.

第四章　水の理論の系譜（二）

前章では、日本から東南アジアを経てスリランカにかけての、水と政治支配の関係について述べた。上記の地域はほぼモンスーン・アジアに属しており、その地域の歴史上の水利事業は、それほど大規模なものではなかった。ビルマ中央高地に成立したパガン朝、あるいはトンキン・デルタの水利を担ったベトナム諸王朝、そして河川灌漑と巨大な溜池を連珠させた古代シンハラ国家などのように、水力的 hydraulic といってもよい性格をもつ社会も存在したことは事実である。だが、このような水力的な性格も、大河流域あるいは大平原の大規模水利事業を担う専制王朝の水力的な性格と比較すればやはり、かなり限定的なものであるように思われる。本章では、インド亜大陸からエジプトへかけての、所謂乾燥アジアの水利と政治支配の特徴を検討してみたい。なお、本研究のテーマは水利あるいは水利史研究ではない。主に水の理論に触れるかぎりでの水利についての研究である。テーマはあくまでも、水と政治支配の関わりに絞られる。

1　インド亜大陸

インドの歴史研究において、アジア的生産様式論は、極めて例外的な存在である。それゆえ、インドの歴史研究のなかから、具体的に、水に関する言説を集めようとするとやはり難しい状況が続いていた。一般的には、インド農業において、水利は重要な課題であったかもしれないが、ウィットフォーゲル「水の理論」に適合するような大規模なものではなく、限定的なものであったとするのが大勢である（Curie,1996; Kakoty, 2003）。また、木村雅昭『インド史の社会構造』（1981）も、主に植民地行政官の報告から、大小様々の、多様な水利システムをもつ南インドと、貧弱な水利施設しか持たないベンガルやビハールを対照させ、後者の在り方は、北インドに遍く妥当するとし、水の理論とは異なった、独特の、インド的専制像を描き出している。

二十世紀社会主義が崩壊した一九八九〜一九九一年以降、アジア的生産様式論をめぐる状況は少し異なってきているようにみえる。明らかに水に関する言説が増えている、という印象を得ている。

（1）インダス文明

インド文明の濫觴が、インダス文明にあり、インダス文明は文字通り、インダス河流域に栄えた文明である以上、インダス文明が水と深い関わりをもっていることは間違いない。だが、長田俊樹は、インダス文明が古代エジプトやメソポタミア文明と同様の、大河文明であるとの従来の通説を、真っ向から否定する。長田（2010）は、インダス文明遺跡の分布が大河流域に限らないこと、インダス川とともに、もう一つの大河とされた「幻の川」サラスヴァティー川が、大河であった確証がないこと、またそれに比定され、しかも多くの遺跡がその流域に分布している現在のガッガル川に関しては大河ではないこと、グジャラート州カッチ県の遺跡（例えばドーラヴィーラー遺跡など）は大河に依存したのではなく、海上交通に関係すること、生産システムとしての農業形態も大河だけに依存しているのではない、などの理由をあげ、その論拠とし、「インダス文明とは、ほかの古代文明のように中央集権的な権力によって支えられた共同体ではなく、インダス川流域地域やグジャラート州カッチ県周辺地域などの地域共同体が交易などを通じて作り上げたゆるやかなネットワーク共同体である。そのなかに大河に依存した地域も含まれるが、大河に依存していない地域も重要な役割を担っている」と概括している。

水の理論にとって、古代文明が大河文明でなければならない理由はない。また、ハラッパやモヘンジョダロを中心とした政治システムが中央集権的でなければならない理由もない。ただ、水利システムである以上、それがハラッパやモヘンジョダロのような都市を中心としたものであっても、基本的には、共同体のための賦役労働を徴集し、それを誰かが指揮して、その建設、管理維持が図られたであろうということである。賦役労働を担ったのは、都市の住民および——当該都市が農村を従えた場合には——その都市に従属した周辺地域の農民であったろう。そこに、たとえ都市国家であったとしても、古典古代における都市国家との違いがある。すなわち、灌漑都市における住民は、市民ではない、と言わざるをえない。古典古代においては、同じ市民であるかぎり、その首長から賦役を強制されることはない。もし、労働を強制されたとすれば、それは市民ではなく、奴隷もしくは隷属農民ということになる。だが、アジア的社会において、首長や王に賦役を強制されるのは良民、公民である。

長田が力説する諸都市、諸共同体間の緩やかなネットワークも、諸都市、共同体が水利システムにおいて、どのような関係を持っていたのかに応じて、その提携や従属に種差が生まれたであろうということは想像できる（ただ、水利システムをめぐる関係が、諸都市、共同体の従属関係をどのくらい決定したのか、あるいはどのくらい左右したのかは、彼らの生産諸関係——交易関係を含む——における水利システムの重要度によって異なったであろう）。

（2）歴史時代

さて、歴史時代の水利については、多田博一（1992）の記述をまず参考にしたい。同書は、一九九〇年代以降、次々に発表されたインドの水に関する著作の登場以前に書かれたものであるので、一九九〇年代以降発表された研究の成果は残念ながら反映されていない。かつ、その議論の対象も、主要には十九世紀、植民地政府の灌漑政策についてである。だが、古代、中世における灌漑は、その冒頭において「伝統的農業と灌漑」と題し、素描されており、インドの水（灌漑）を論じる際、当然、議論の対象となる大きなトピックは、ほぼ取り上げられていると思われ、インド灌漑史を瞥見するのに好便である。

多田は、灌漑を、1井戸・小溜池からの揚水灌漑、2溜池からの用水路による灌漑、3河川からの分水による灌漑、に分けて記載しており、3の河川からの分水灌漑は、さらに［1］モンスーンを利用した季節的溢流灌漑（1）、［2］中小河川からの分水による用水路灌漑、［3］大規模河川からの分水灌漑に分けている。

多田はマウリヤ朝の宰相カウティリヤの言説を収めたとされる『アルタシャーストラ』（「実利論」）の、農業監督官に関する記述から、マウリヤ朝時代に、国家が大規模な灌漑施設の建造にあったと推測し、それは当時の碑文や遺跡からも裏づけられていると述べている。また、古代における他の灌漑についても、ハーティーグムファー碑文、ジュナガード碑文などから、用水路や大規模貯水池の建造を跡づけられるとしている。また、セレウコス朝のインド使節メガステーネスがマウリヤ朝の農業監督官について、その任務は、「土地を測量し、すべての者が等しい水の供給を受けるように、幹線水路から支線水路に水を入れる水門を監視することであった」とし、エジプトのそれと同じだと述べたことにも言及している。

さらに多田は、シャルマ（1962）を引き、その古代末期の灌漑についての見解を紹介している。マウリヤ朝およびその後の古代末期において灌漑の主流は溜池・井戸・貯水池であり、それらは村の境界につくられていた。灌漑の重要性は、マヌ法典における灌漑施設の破壊に対する罰則規定からも明らかであった。だが、マウリヤ朝以後のものとされる井戸の遺跡が少ないことや同じくマウリヤ朝以後建造されたと推定される用水路の遺跡が発見されていないこと、そして、『アルタシャーストラ』において重要な租税項目であった水利税が、マウリヤ朝以後およびグプタ朝時代の碑文に出てこないことをあげ、「全体として、この時代には灌漑施設が少なかったため、農民は雨季に氾濫した河川の水を利用していた」とされる。そこからシャルマは、「クシャナ朝時代の北インドにおいて用水路または溜池の大規模灌漑施設が存在しなかったことは、その帝国がマウリヤ帝国の場合にみられたような、中央集権化された政治組織を欠く、地方的政治単位の緩やかな連合であったことを示すものである」と総括する。

多田は、以上のようなシャルマの時代区分論あるいは灌漑の規模と政治支配の関係に対する見方に異論を述べていない。しかし、水利税を納めるかどうかは、本質的な問題ではないと考える。古代アジアにおける政治支配において、根幹となるのは、土地と水の所有者として王が果たす、農民から剰余生産物の徴収と農民への徭役の課派であり、具体的な税の名目（ここでは水利税）は主要な問題ではない。シャルマは、古代国家マウリヤ朝が如何なる経済的社会構成体のもとにあったのかを記述していない。一般的に考えれば、シャルマが、マウリヤ朝崩壊後の三世紀に、インドに封建化が始まったと述べている以上、古代がどのような構成体であったのかを述べるのは、叙述の流れからすれば、自然であろう。それを述べないのは、記述するのを避けているといった方があたっている。

多田は、グプタ朝からイスラム教徒のインド侵入までの中世前期においても、土地に水を供給することは、もっとも大きな功徳とみなされており、地方領主、大臣、その他の個人が溜池や井戸を掘って、寄贈したことが碑文に記されていると述べている。

本格的な灌漑に関するものとしては、古代南インド、カーヴェリ河の大堰（Grand Anicut）(2)、ハルシャ王などカシミール諸王の中小河川からの分水による用水路灌漑の功績、インダス河流域、スィンド（現在のパキスタン）におけるカーン・ワハ、ベーガーリー・ワハなどの溢流用水路、さらにヤムナー河の東西両岸の大規模な用水路、を挙げている。スィンドの溢流用水路は、十六世紀、大臣ダリヤー・カーンが掘ったとされ、延長は六〇から七〇マイルもあったとされる。また、ヤムナー河西岸の用水路は、まず灌漑王と言われたフィローズ・シャー（在位一三五一～一三八八）によって築造されたといわれている。延長一八〇キロから二〇〇キロメートルの長さであったといわれている。後に機能しなくなったため、シャー・ジャハーン（在位一六二八～一六五八）によって修復され、さらにデリー用水路がそれに付け加えられたと述べている。

以上、多田の労作の要点を略述してきたが、幾つか、留意点を指摘しておきたい。

一、小規模大規模の別なく、水利事業は、ともに共同体のための賦役労働の徴集によってなされるのであり、小規模水利といえども、コミュティ・ベースの灌漑を越えた規模の水利事業における農民の動員は、強制的な性格を帯びざるを得なかったことを忘れるべきではない。大規模水利ではないということをもって、専制との関連がなくなるのではない。それは、農民（共同体成員）に労働を強制しうるかぎりにおいて、アジア的社会の政治支配は、つねに潜在的には専制への傾斜を帯びていると考えるべきである。

二、次にインド農業に占める灌漑の役割ではなく、政治支配を支える農業に占める灌漑の役割が重要である。現在の我々が国土を考えるような仕方で、古代社会をみれば、たしかに、灌漑や治水に依存した農民のほかに、天水に依存した農耕を営む多数の農民を発見することができよう。だが、政治支配の成立は、まず支配者とその臣下を養うことができるほどの余剰をもたらす農業を必要としている。臣下が貴族なのか官僚なのか、軍人なのかにかかわらず、それらを養うためには、余剰をもたらす農業と農民が必要なのである。ふさわしい時期にふさわしい量の雨が降る地域以外では、必要な時に必要な量の水をもたらす特別な仕掛けこそ、余剰をもたらすことができる。余剰をもたらさないような農耕を営む農民たちから彼らの食い扶持までをも強制的に取り立てることは、征服者や略奪者のすることであって、それを政治支配の成立とみることはできない。また、征服者や略奪者が居座り支配者となったとしても、略奪を繰り返しては安定した政治支配を確立することはできない。余剰のないところから「余剰」を絞りあげることは、支配そのものを崩壊させてしまうであろう。灌漑や治水は、唯一のものではないにしても、余剰を生むことを可能にする有力な施策である。

三、さらに、灌漑や治水は、共同体成員による共同労働であるにもかかわらず、労働の強制（賦役）を内包している。最初は、共同体成員の自発的な労働であったかもしれない。だが、水なしでは農業が成立しない社会において、水利システムを維持するための労働を、農民は回避することはできない。当初は、そのような労働の強制を、共同体自身、共同体成員自身が相互に課していたのであろう。だが、それはプリミティブな共同体の社会から、首長制あるいは初期国家への政治支配の成立のプロセスのなかで、家父長あるいは長老や首長からの強い要請として課せられるようになり、最終的には王やその代理人の命令による労働の供出（賦役）に転化する。現在の農民たちが、灌漑路の泥さらいなどに出るのを、賦役と呼ぶことがあるように、この種の労働は、たとえ法的には国家による徭役の課派とされたとしても、当初の共同体のための必要労働の性格を維持し続けている。先ほどの賦役という言葉は、コミュティの共同労働としてやむをえず出なければならない、この種の労働の性格をよく表している。それは、古代の奴隷や中世の農奴のような、法的身分として奴隷主や領主から労働を強制されるのは当然である人々の賦役とは異なったものである。何故なら、水の社会における賦役は、良民の義務だからである。

極端にいえば、権力の強制ではなくとも、賦役にしたがわなければならない。何故ならば賦役は、共同体成員の義務だから、といった微妙な性格を有しているからである。そして、そこに、農民たちに対し過大な徭役を果たす支配者たちの意図や魂胆といったものが見えてくる。

インダス文明の崩壊後、ガンジス河流域を中心として古代文明が栄えた。古代ガンジス河流域における、治水・灌漑の役割については不明な点が多い。残された史料は少なく、その内容は断片的であり、それらを根拠に、灌漑と政治支配とについて多くを語るのは難しそうである。何よりも、主として考古学的研究の裏付けを欠いていたのだと思われる。

だが、ジュリア・ショー（Julia Shaw, 2003, 2007）に代表される中部インド、サンチー Sanchi 遺跡の水利施設研究は、インドにおける水の理論の新たな展開といえるものである。ジュリア・ショーは、仏教の聖地の一つとして知られるサンチー遺跡（Madhya Pradesh）において、ダムを含む灌漑施設の跡を調査発掘し、各僧院（あるいは仏教施設）と灌漑遺跡がほぼ重なりあうことから、僧院が灌漑システムの担い手であると想定した。また、遺跡周辺からは水神ナガの石像が発見されており、ナガ信仰と地方エリートの関わりから、王権に拮抗する地方実力者（地方王家）の系譜の存在を推定している。地方王家は、僧院を庇護しつつ、さらにナガ信仰の普及を通して、地方民衆のイデオロギー支配を補強したのであろう。ジュリア・ショーは、このサンチー・ダムを中心とする灌漑システム以前に、すでにガンジス河流域の灌漑システムが存在しており、サンチーの灌漑はその影響を受けていたことを想定しているが、現在のところ、それに相当するガンジス河流域の考古学的研究の成果を待つほかないと考えられる。

サンチー型の灌漑システムでは、僧院が灌漑の技術を持ち、かつ農民を領導しつつ灌漑施設を築造し、灌漑を維持管理した。そうであるがゆえに、仏教が衰退し、僧院の維持が不可能になるにつれ、灌漑システムを維持することが不可能となった。農民たちは次第に土地を離れていくか、あるいはそれまでの水稲耕作を止め、小麦を中心とした天水に依存する農耕へと転換せざるを得なくなる。いずれにしても、水稲農耕によって支えられていた人口は、天水農耕によって支持可能なレベルへと減少することになった。

実はこのような王権と地方エリート及び僧院と灌漑の関係は、他の地方、たとえば、グジャラートなどにおいても、またインドの他の地方においても、同様に存在していたと考えられる。さらに言えば、ジュリア・ショーは、古代インドにおける灌漑をめぐる政治的経済的諸関係が、スリランカにおける王権、僧院および地方エリートと、灌漑（溜池）の関係に等しいと述べる。実は、ジュリア・ショー自身が認めているように、彼女たちの発想は、スリランカ史におけるグナワルダナの研究から大きな示唆を受けたものであった。

これまでのインドにおける仏教研究の影響を受けてであろうか、あるいは日ごろの仏教へのイメージからであろうか、僧侶あるいは僧院が、何か農業生産において積極的に関わるなどと想像することはほとんどなかったと思われる。僧侶および僧院が農業生産に深く関わっていたのは、スリランカにおいてであった。前章でも述べたように、グナワルダナは、古代スリランカの灌漑システムが水力的（hydraulic）であると認めながらも、古代末期から中世にかけての、僧院への溜池（tank）建設への関与、および地方勢力の小規模水利への関与を積極的に評価し、それら僧院勢力や地方領主らの農業への関与が、immunity の獲得や土地の所領化につながったとし、スリランカ史におけるデスポティックな古代から、封建的な中世への転換を主張した。

ジュリア・ショーは考古学的調査によりつつ、グナワルダナが述べた中世スリランカにおける水をめぐる諸関係を、古代インドに移し替えたのである。専制的な古代から封建的な中世への転換というのは、マルクス主義的な歴史理論における有力な発展図式であるが、ジュリア・ショーは、水をめぐる諸勢力の抗争や拮抗を、古代とか中世といった歴史段階論や発展図式とは関係のない文脈のなかに持ち込み、南アジアにおける、灌漑をめぐる政治文化、あるいは独特の政治構図を浮き上がらせたのである。

南インドにおいて、水と王権の関係がどうであったのかについて、バートン・スタイン（Burton Stein）は、王権と寺院と在地首長層との関わりにおいて、水が果した契機を認めている。スタインは分節国家（segmentary state）の提唱者として知られている。南インドの代表的な王朝であるチョーラ朝やヴィジャヤナガル朝を、固定された領土、中央集権化された官僚機構、強制力によって特徴づけられる中央集権的な国家ではなく、確定された領土を欠き、多数の中心を持つ分節国家であるとした。そして、それぞれの中心は各々、自治を行い、そしてそれに必要な、それぞれのレベルでの権威、政治力、強制力を持ち、それらが神聖な君主（sovereign authority）のもとに、一つの国家として統合されていると考えた。このように考えれば、この神聖な君主は、政治的存在としては、アジア的な専制君主（despot）の対極にあるようにみえる。だが、先ほどのカーヴェリ・デルタがチョーラ朝の拠点の一つであったことを考えれば、このルーズな統合にすぎないように見える南インド国家も、多大な共同体のための賦役労働を動員する政体に異なることはなかった。かつ、その緩やかな統合のもと、それぞれ自立的に振る舞っている首長、土侯、領主たちも、まったく同じように、この共同体のための賦役労働の収取に深く依存していたのである。本来、カースト・システムそのものが、すべての臣民に、だがヴァルナおよびジャーティに応じて不平等に、対国家強制義務（ライトゥルギー）を負わせるものであった。どのような名目や名分であれ、支配層は、君主や国家に対する臣民の生まれながらに背負っている強制義務や奉仕の恩恵に預かっていたのである。そのように考えれば、政治的統合の中心に、何故、聖なる王が存在しなければならないのかが理解できよう。臣民の対国家強制義務は、まさにこの聖なる王へ向けられたものであったからである。

チョーラ、ヴィジャヤナガルに代表される南インド国家は、その統合度について、様々な議論がなされている(3)。そのなかでは、南インドの分節国家は、東洋的専制主義論を反証する具体例とされているようであるが、そのような議論は、表面の現象にとらわれ、問題の本質を見失っているといえよう。本来、スタインがこの分節国家論を提起したのは、アジア的生産様式論を否定するためではない。むしろ、インド的封建制論を否定するためであった。インド中世における分国状況、領域国家の拡散に対して、それを封建化として捉える風潮に対し、その思考法の安易さを批判するものとして提起されたものであった。分国状況、領域国家の拡散は、いかにも封建化のように見える。だが、上記のような分国化によって各地に成立した領域国家は、ミニ専制国家でしかない。なぜならば、領域国家が如何に小さくとも、そこでの支配は、臣民に対する貢納と賦役労働の強制によって成立しているからである。後にヴィジャヤナガル領の大半がムガール朝に征服されたとしても、支配システム（とくに税制）にほとんど変更がなかったのも、それゆえである。

分節国家の統合の中心である聖なる王は道徳の中心でもあった。王や王族、廷臣、族長、首長、領主たちは、寺院を建立し、土地を寄進し、灌漑に努めた。灌漑に臣民を動員することは、灌漑の経済的な意味合いばかりではなく、道徳的な規範を護り、積善をなすという道徳的な意味合いもまた重要な要素であったと思われる。このような王、寺院、在地首長層（首長、領主、戦士）の関係において、水利（灌漑）の意味を明らかにしたのがモッセ（Mosse, 2003）である。この王、寺院、在地首長層の三者の関係は、ちょうどトライアングルの関係であり、以下のように表される。

まず、王は寺院によって聖化される(4)。代わりに王は寺院に土地を寄進する。在地首長層はその寺院を支える経済活動をする。具体的には寺院に金銭を寄進し、その資金を使って寺院は王より寄進された土地の灌漑を行う。灌漑は当然にも、農民を動員して施設を築造・補修する。おそらく貨幣経済が未発達の頃は、在地首長層も農民を動員し、寺院の水利施設建造を助けたであろう。寺院は祭礼のおり、王の威徳を称えると同時に、在地首長層を祝福する。王は在地首長層を臣下とし、その在地支配を認める。臣下は貢納および軍役を果す。

ディビソン-ジェンキンズ（Davison-Jenkins, 1997）は、スタインの分節国家論を継承しつつ、考古学研究をもとにヴィジャヤナガル朝の水利を論じたものである。ディビソン-ジェンキンズの分節国家論がスタインのそれと異なるのは、文化の中心たる王権の強さに関して、である。スタインの分節国家は政治的軍事的には極めてルーズな結合ぶりを示そうとも、その中心たる王権は、宗教的文化的に強固な存在（神聖な君主）でなければならなかった。だが、ディビソン-ジェンキンズは、それについても、疑問をなげかけ、むしろ多中心的であり、各々の中心は競争的であり、ライバル間は、したがって簒奪や陰謀を含む抗争に発展する、と述べている。

そのような競争的な幾つかの中心の中心であるヴィジャヤナガル朝の首都ヴィジャヤナガルは、非農業、農業用を含めて、水利施設に富んだ水利都市であった。とくに、近郊の農村には灌漑が施され、さらに歴代の国王たちは、軍事遠征などで得た富を灌漑建設あるいは灌漑の拡張に投じており、首都ヴィジャヤナガル近郊の水利事業は、水力的といってよいほどであった（p.103）。すなわち、王権は首都近郊の大規模な灌漑建設を進めることで、人口を呼び寄せ、さらに、他の政治勢力によって包囲され、たとえ首都が孤立したとしても、首都の人口が維持できるほど、その近郊の農業基盤の確立に精力を注いだのであった。

ヴィジャヤナガル朝の崩壊の後、南インドをほぼ統一するような勢力はなくなる。小さな領域国家が乱立するに至る。しかし、このような小さな領域国家においても、王あるいは大首長、在地首長或は戦士、寺院のトライアングルが築かれ、このトライアングルが機能するかぎり、大規模な水利施設の築造はともかくも、少なくとも既存の水利施設は維持、補修されていった。モッセ『水の支配』（Mosse, 2003）は、南インド農村の水利に関する優れた著作であるが、ヴィジャヤナガル崩壊後も、このトライアングルを機能し続けることで、在地における溜池（貯水池）を中心とした水利システムが辛うじて維持されたことを述べている。それによれば、農民を指揮し溜池を修理したのは、主にマラバール Maravar 首長層、戦士らであり、彼ら在地の水争いを調停したとある。もし、それが不調におわれば、大首長や地域の王のもとで調停がなされたのであろう。マラバール首長層は、さらに寺院を建立し、あるいは寺院を保護し、かつ、マラバール大首長や地域の王には軍役をも提供した。溜池（貯水池）を修理し、寺院を保護することは、首長や戦士の地域における威信を高め、寺院の祝福を受け、さらに大首長や王から、在地における権利を認められると同時に、大首長や王と直接の関わりを結ぶ機会を持つことになった。おそらく地域や時期によって大きな違いがあるかもしれない。だが、トライアングルの基本的な構造は同一である。そして、その中核に共同体のための賦役労働の徴発・指揮が存在する。

この水利をめぐるトライアングルの衰退は、水利施設の維持を難しくすることになる。決定的であったのは、インドの植民地化であった。植民地期はこの水利における連関を断ち切る結果となり、溜池（tank）の修理に支障がでることとなった。灌漑施設の荒廃が進むことになった（Baker, p.113）。

先ほどの水利をめぐるトライアングルにおいて、村落あるいは農民は、いずれも動員の対象とされるものでしかなかった。それゆえ、トライアングルの衰退による水利施設の機能低下に対し、村落あるいは農民の協業団体が水利施設の維持管理を引き受ける、ということも生じにくかったと思われる。そこが、後で述べる、ヒマラヤ南麓のカングラのクールと呼ばれる灌漑システムの維持管理と異なった点である。

（3）植民地期

上述のフィローズ・シャーに代表される灌漑施設が、植民地期におけるイギリス植民地当局の方策に影響を与えることになる。灌漑に無関心であった植民地当局がその効用に気がついたのは、一八三七〜三八年のインド西北部を中心に発生した大飢饉の時であった。この飢饉の処理や被災民の救済に窮した当局は、東西ヤムナー用水路が飢饉防御の効果を発揮したことに注目し、その後、ガンガー用水路の築造を計画するに至る。紆余曲折はあれ、計画は実行に移される。

このガンガー用水路の設計から完成に至るまで、植民地当局に強く働きかけながら、用水路の建設を牽引したP・T・コートリーらは、植民地統治の実、成果を打ち立てることを強く希望していた。とくに、フィローズ・シャーらが築いた灌漑路等が、数世紀を経てもなお農民に恩恵を与えていることに、対抗心を抱いていたと思われる。是非とも、フィローズ・シャー以上の功績をあげ、たとえイギリスのインド統治が終わったとしても、長く彼らの事績が優れたものであったと、後の世のインド人の間に、その名を残したいと強く願っていた。

とくにガンガー用水路の難所、「ソラニ水路橋は、将来イギリスがインドから退かざるをえなくなった際に、四世紀も前のフィローズ・シャーの偉業である西ヤムナー用水路に劣らず、イギリスの善政の記念碑たらしめるべく念入りに設計されたものであった。石造水路橋の両端に一対ずつの巨大な獅子像が建てられ、それぞれ上流側と下流側を見守っていた。また水路橋に付けられたもう一対は向かいあって、橋を護るようにされた(p.112)。

植民地当局にとって、ガンガー水路は、彼らのほこりであった。エジプトやロンバルディアの幹線用水路よりも、フランス、オランダ、アメリカといった国々の運河よりも長いことが彼らの自慢であった。そればかりでなく、彼らは専門学校を作ってまで、水利技術者を養成した。当初は、イギリス人の子弟を主体とし、インド人を補助としていたが、次第にインド人の比率を高め、インド人による水利建設を可能にしていった。

ガンガー用水路と、その後に続く、大規模水利建設は、あたかも、植民地当局が過去の専制王朝の役割を引き受けたといえるものであった。すなわち、植民地政府が専制国家のシステムに接合したといえるものであった。

一八八〇〜一九〇〇年の灌漑事業の展開。この時期には様々な灌漑事業が展開されることになるが、それは、一言でいうと、植民地政府による、インド農民に対する勧農権の行使であった。そのプロセスと、古代国家の王たちとの違いは、植民地当局がインドの農民たちを、共同体のための賦役労働に駆り立てるのではなく、築堤などのために予算を立て、技術者や労働者を雇用し、賃金を支払い、さらに、給水される側の農民たちとは、それぞれの利用状況にもとづく使用料をとる、という形態において、資本主義的社会における行政府のもとでの大規模公共事業として――様々な、古いシステムの残余はあるとしても――これらの水利事業を行ったことである。すなわち、ムガール朝や各藩王国から受け継いだアジア的社会の勧農権を継承しながら、大規模公共事業を、近代的システムの敷衍、波及に繋げようとしようとしたと見ることができる。資本主義システムが古いシステム（アジア的社会）に接合し、それを継承しつつ、おのれに似た近代的システムへと変容させていく過程と捉えることが可能である。

（4）周辺地域における水利

これまで述べてきた水利の規模は、いずれも、村落を越える規模のものであった。たとえば、南インドの溜池灌漑の場合、溜池自身は、村落ごとに存在していたとしても、多くはみな、水の供給を降雨に依存するだけでなく、河川からの送水によって貯水していた。それゆえ、水利は村落を超えた規模のものであり、時には、個々の村落を大きく超えた規模のものであった。

それに対し、インド亜大陸の北部のヒマラヤ山脈、あるいはカラコルム山脈の南麓に、クールと呼ばれるコミュニティ・ベースの灌漑システムが存在する。カラコルム山脈とヒンズークシュ山脈に挟まれたフンザ峡谷の灌漑は、フンザが世界三大長寿地域に数えられていることから、かなり知られている。十九世紀にミール **Silim Khan** の指揮により灌漑が築かれたとされるが、それ以前にすでに、小規模な灌漑が存在したと思われる。フンザの灌漑は、氷河の融水を利用したものであり、用水路の建設のためには、山地の岩を削って工事を進めなければならなかった。十九世紀前半に建設された用水路は、長くともせいぜい一〇キロ程度のものであり、それらによって耕作可能となった農地も、一九〇〇haほどであった（十九世紀）。また、人口も七八〇〇人ほどであった（Sidky, 1996）。それらから、この灌漑が大規模なものでもなく、また共同体および共同体連合（あるいはそれを代表する首長）のコントロールが不可能なほどの規模でもないことが理解できよう。

シドキー（Sidky, 1996）は、フンザ灌漑社会の歴史人類学的アプローチから、ウィットフォーゲルの水の理論の実証をはかろうとしたものであるが、無理がある。まず、水利の規模が大規模というには程遠いことがあげられる。大規模水利事業は、コミュニティ・ベースの灌漑などとは全く異なった様相をしている。大規模水利は、共同体や共同体連合では到底実行不可能な規模の事業を必要とするが、それゆえにこそ、大規模水利の執行者のもとに、多くの人的資源（指揮者、中間指導者、エキスパート、労働者）、資材、食糧などが結集される。労働者は共同体から徴発されたものであり、食糧は貢租として共同体農民から供出されたものであり、資材の多くも個々の共同体に供出を命じて出させたものである。それら大量の資源を、中央（王の代理人もしくは官吏）の指揮のもとに、農民を駆使して工事が行われるが、そこ（プロジェクトの指揮）にローカルな共同体が口を挟む余地はない。また、工事の規模が大きくなればなるほど、プロジェクトの指揮者にとって、ローカルな共同体は、命令に応じて人、物を出す存在でしかなく、個々のローカルな共同体の、個々様々な事情を考慮に入れてプロジェクトを執行することはできない。工事はあくまで、中央の意図に沿い、それに応じた人的配置によって執行されるのであって、この人材の厚みがませばますほど、指揮部の指揮系統が重層化すればするほど、ローカルな共同体と指揮部の距離は遠くなる。

共同体のコントロールが及ばないということは、そういうことを意味する。つまり、シドキーが、如何に、ミールが強権を発動し、住民を徴発し、賦役を強制して困難な大工事を敢行したかを強調しても、人口一万人にも及ばない社会における、ミールとその臣下と、村民の距離は、それほど遠くならない。ましてや、この難工事によって造られた灌漑システムは、周辺諸地域によく知られるほど優れたものであったが、それは職人としても評判をとるフンザ人が、それなりの意志や覚悟で工事に臨んだからであって、単に動員され、罰則を恐れ、やむをえず働いた結果、完成したというものではないと考えられる（フンザ人はシェルパと並ぶすぐれたポーターとしても知られる）。

すなわち、フンザの灌漑の例は、大規模水利工事ではなく――水力的 hydraulic なものではなく――、むしろ、共同労働に参加したものが、その労働の成果を享受する、コミュニティ・ベースの灌漑システムに近いものといえる。

さらに、フンザの例は、最初に、政治支配をつかさどるミール（後の藩王）がまず存在していたということが留意点として挙げられる。従来言われているような、水の理論、灌漑の必要が政治支配をもたらす、とは異なった前提に立っている。また、Silim Khan 以前に存在した小さな灌漑が政治支配を生んだとも考えられない。ミールはもともとパキスタン北部の中心ギルギットから派遣されたか、その宗主権のもとにある地方支配者だったと思われる。すでに、支配者であったミールが人民を駆使して灌漑を拡張し、統治を強化したと考えられる。フンザの例は、灌漑→政治支配なのではなく、政治支配→灌漑（もしくは灌漑の拡張）なのである。

ただ、そのことはシドキー自身が言うように、決してウィットフォーゲル仮説にとってマイナスではない。灌漑と政治支配の関係は、卵が先か鶏が先かの問題ではなく、一部の水の理論の支持者が言うように、両者の相互作用の問題だからである（Worster, 1985）。シドキー（1996）の成果は、ウィットフォーゲル理論を証明したというより、水の理論が本来もっていた別の側面を明らかにした、という点にある。

ヒマラヤ南麓のカングラ峡谷に張り巡らされた用水路クールは、フンザとはやや異なった灌漑のあり方をみせてくれる。カングラのクールは、年に二五〇〇㎜ほど降る雨水とDhaula Dhar山脈の雪解け水を利用しており、さらに水稲耕作地帯の水田に水を供給しており、氷河の融水を利用し小麦が主体のフンザとは異なる。さらに、十八世紀に灌漑の画期を迎えたフンザに対し、カングラのクールは非常に長い歴史を有している。おそらく、多田博一が述べている十世紀前後の、カシミール諸王の中小河川からの分水による用水路灌漑と、歴史的な繋がりをもっていると想定される。

さらに異なるのは、ヒンズー世界に属するカングラの灌漑システムは明らかに、インド特有の、王権・地方エリート・寺院からなる灌漑をめぐるトライアングルに関わりをもち、そこから支援を引き出している。だが、また、その同じ点において、相違点も存在している。灌漑をめぐるトライアングルから支援を引き出しながら、それでいて、コミュニティ・ベースの灌漑システムであることを止めていないところに特徴をもつ。

一八〇五年、ネパールのグルカ人が現在のヒマーチャル・プラデッシュを襲い、カングラ地方を治めていたKatoch朝のラジャSansar Chand（在位一七七五～一八二三）は危機に直面する。彼が降伏を拒否し、カングラの要塞に立て籠もると、それに乗じ、それまでSansar Chandに抑えられてきた周辺の諸勢力がカングラに侵入し、カングラのクールは大きなダメージを受ける。その後、Sansar Chandがシーク教徒の支援を受け、一八〇九年にグルカ人をようやく退けることができた。だが、その後、カングラはシーク教徒の指導者Ranjit Singhにコントロールされ、Katoch朝は振るわなくなる（一八四六年イギリスの統制下に入る）。『カングラのクール』の著者ベイカー（Baker, 2005）によれば、ダメージを受けたクールは、次第に修復されていった模様である。ベイカーは、同書において、当時の植民地からの報告を引用している。それによれば、一八五〇年代、クールの一つが、人々の自由意志で、自らの費用で、一二マイルのクールが再掘されたとある。おそらく、他のクールも、同じように、それぞれのクールの水を得ていた住民自身の手によって再建されたのであろう。というのも、Sansar Chand の失勢以降、王権・地方エリート・寺院の灌漑をめぐるトライアングルは有効に機能しなくなったからである。しかし、モッセの南インドの例として、灌漑をめぐるトライアングルが機能しなくなった後、それぞれの溜池や送水路が修復されなくなったのに比し、カングラでは小王国の崩壊後も、クールは住民の手で修復され、その灌漑システムは植民地政府の梃入れがなくとも、二十世紀まで維持されてきた。その相違は、やはり、灌漑をめぐるトライアングルに依存してきた南インドの灌漑システムと、その支援や庇護を受けながらも——たとえば長いクールを修築する時、建設のため多数の農民を動員するためには、王権からオーソライズされることが必要であった——、基本的にはコミュニティ・ベースの灌漑システムであることを止めていなかったカングラのクールとの違いにある、と思われる。

チベット高原を東に流れるブラマプトラ河がヒマラヤ山脈の東端で大きく湾曲し、さらにヒマラヤ南麓を西南の方向へ流れ込むところにアッサム峡谷がある。一二一五年頃、現在の雲南とビルマ国境付近に住んでいたタイ系シャン族の一部アホーム族が西に移動し、一二二八年頃、アッサム峡谷に入り、原住の諸民族を従え、アホーム王国を築いた。カコティ（Kakoty, 2003）は、そのアホーム王国支配下のアッサムの経済的社会構成がアジア的生産様式であるかどうかを問うた書である。

アホーム支配の農民は土地を保有する見返りに、労働可能な男子はみな paik と呼ばれた国家のための賦役に出る義務があった。これは、シャム（タイ）の rekh と同じものである。シャムにおいても、サクディナ（Sakdina）体制のもと、良民や奴隷は国家に対し徭役義務を負っていた。彼らは、用水路や運河建設などの水利事業のほか、寺院建設にも従事した。このような paik や rekh は、あきらかに共同体のための賦役労働というべきものであり、アジア的生産様式の重要な指標であるが、カコティはアジア的生産様式＝灌漑への国家の関与をあげ、アホーム王国は灌漑には関与しておらず、アジア的生産様式に該当しないと述べている。だが、それにも関わらず、アホーム国家がアッサム峡谷を流れるブラマプトラ河流域の湿地や沼沢地の排水に関与したことを述べている。湿地や沼沢地への氾濫をコントロールするために築堤しなければならないが、そのための大量の労働力はアホーム国家によってのみ徴発可能だったのである（p.168）。カコティはアッサムの社会構成を表すためには従来のアジア的生産様式概念を修正しなければならず、その収取様式の特徴から、Paik的生産様式（paik mode of production）と呼ぶべきであろうと述べているが、もしそのような呼称を良しとすると、日本古代の生産様式は「大化改新」以前は部民制的生産様式、以後は班田制的生産様式あるいは租庸調制的生産様式だということになろう。修正しなければならないのは、その硬直したアジア的生産様式概念のとらえ方自身であろう。

だが、同書は、アッサム峡谷におけるアホーム族の農業、とくに水田経営について具体的な概観をもたらしてくれる。アッサム峡谷の平均勾配は一kmにつき一二cmであり（p.36）、当然、ブラマプトラ河は増水期には容易に氾濫する。だが、そこに残されたシルトが土壌を豊かにしてくれる。タイ系諸族は亜熱帯、熱帯の、河川沿いに、マラリアが蔓延する低地を利用しながら、勢力を増大させてきた。その一支であるアホーム族は、タイ系諸族のなかでは、もっとも西に勢力を伸ばした人々であった。

アホーム族はアッサム峡谷に入った後、一旦は峡谷中央部に進出したが、氾濫原を治めることはできず、おそらく支流に沿って上流に進み、渓流が利用できる谷において堰を築き水路を作り、渓流分水型重力灌漑を始めたと言われる。この灌漑方法は、雲南からインドシナ北部にかけての河谷盆地、山間盆地においては、一般的なものであった。おそらくは、水利施設の創設・維持管理は、タイ系諸族のムオン（ムアン、ムン）と同じような地域共同体に委ねられたのであろう。すなわち、灌漑はコミュニティ・ベースで行われたということであろう。次に、そこから次第に峡谷中央部に近づいていったのであろう。湿地、沼沢地の開発とは、そのことを意味するのであろう。そして、そのような湿地、沼沢地の排水や洪水を防ぐための築堤には、やはり国家が関与した。最後に残った峡谷中央部の氾濫原、頻繁に水を被るところでは、冠水期でも成長を続ける浮稲を植えた。

灌漑の多くはたしかに国家の関与抜きで行うことが可能であったかもしれない。だが、上述したように、国家が灌漑に関与しなかったということと、アジア的生産様式ではなかったというのとは別である。しかも、治水に関して国家は十分に関与しており、共同体のために賦役労働に依拠した収取様式はアジア的生産様式の特徴を良く備えていると考えるべきである。

十九世紀、アッサムはイギリス植民地に統合されるが、その当時の報告に、雲南から東南アジアにかけてのタイ系諸族と同一の農業景観を見ることができる。たとえば、アホーム王族や貴族は、王室儀礼がヒンズー化した後でも、農業などの手作業への従事を恥とは思っていなかったようである（p.80）。つまり、ヒンズー化したとはいえ、社会生活においては、カースト化を受け入れず、タイ系文化を依然として踏襲していたということである。

以上、アッサムのアホーム族の灌漑システムは、タイ系諸民族のコミュニティ・ベースの灌漑システムを拡張したものである。国家は水利に関与しながらも、大規模なものではなく、水利はコミュニティ・ベースのシステムを基本的に維持し続けた点において、東南アジア型の水利システムであるということができる(5)。

2　オリエント世界

西アジアの、メソポタミア及びイラン高原、あるいは北アフリカのエジプトはオリエント世界と一括して呼ばれることが多い。これらの地方はいずれも乾燥地帯であり、農業は水なしではほとんど成立しない。乾燥アジアにおいては、これまで言及してきたモンスーン・アジア（湿潤アジア）に属する日本や東南アジアとは全く異なった農業の景観が存在する。また、インドやスリランカにおいては、降雨に恵まれた地方のほか、乾燥地帯も存在する。だが、そのような場所でも、全く雨が降らない一部の地域を除いて、少ない降雨にも耐える天水農耕が存在する。この点は、旱地農法を成立させた中国華北も同様である。だが、オリエントにおいては、降雨はあまりにも少なく、天水農耕さえ、ほとんど不可能である(6)。かつ、この乾燥地帯に成立した古代国家は、その原初においてはともかく、以後、専制的性格を帯びるようになる。それぞれの古代国家の盛期において、みな専制的な特徴を明確に示したのである。

それゆえ、ウィットフォーゲル型の水の理論においては、古代オリエントは、その理論がもっとも妥当する地域と考えられている。だが、古代オリエント史家、考古学者から、彼の理論を支持するものは、極めて稀な例を除けば、出てくることはなかった。

(1) メソポタミア

メソポタミア文明は、いうまでもなくチグリス・ユーフラテス河流域に育まれた。諸家がおしなべて言うように、チグリス・ユーフラテス河は、荒れがちで、灌漑や治水に、けっして好ましい水文的条件を持つ河ではなかった(中島健一、1977: p.61)。チグリス・ユーフラテスはナイルとは異なり、その氾濫は定期的ではなかった。撒種期と微妙にずれていたといわれる。その流量も平均年間流水量こそナイルに匹敵したものの、年毎の変動が大きく、急流の制御を必要とした。そのため運河網を建設し、急流をなだめ、麦の撒種期に必要な水を確保しなければならなかった。運河は排水のためにも必要であった。塩害を防ぐためであった(加藤博、2008: pp.40-41)。

両河の季節的氾濫の時期は、冬作物には早すぎ、夏作物には遅すぎた(中島、1983: p.149)。さらに、両河地方の夏の猛暑や、それに伴う水分の蒸発に加えて、両河が接近する中流以下の、水はけの悪さが水をめぐる環境をより悪化させていた。それらはみな、塩害を引き起こす要因となる。チグリス・ユーフラテス両河は、都市国家時代にはすでに天井川であり(1977: p.69)、流れが速く、流水量も多いので、増水期にしばしば氾濫を繰り返した。だが、両河が運んで来た土砂は、多量の塩基類を含んでおり、ナイルのような肥沃なシルトを残すことはなかった(中島、1973: p.61)。

当初、灌漑の恩恵を享受していたメソポタミアの民は、塩害の深刻化のとともに、たえず排水をはかり、脱塩のための努力を傾け、土壌の改良、更新をはからなければならなくなった。両河の水管理は容易ではなかった。

だが、そのような努力にもかかわらず、耕地は塩害のために、ナイルほど長期にわたって使用することはできなかった。高温のため蒸発量が大きく、地下水位が高いため、灌漑は塩化を引き起こしやすく、メソポタミアの灌漑地は、多くは塩害により不毛の大地へと変わっていった（バクダード以南のとくに水はけの悪い地帯は、その傾向が強かった）。氾濫により、土砂が蓄積すれば、天井川は、容易に流路を変える。流路変更の後には、湿地、沼沢地が残され、塩化を加速させた。

農業環境の悪化により失われた大地に代わり、別の地区に、灌漑網と耕地が造成された。だが、いずれそれも不毛の大地へと変わる可能性が大きかった。

ここでは人海戦術が全てであった。灌漑のためであろうと、排水のためであろうと無数の水路を造成し、定期的に脱塩のための排水を行なわなければならなかった。また、水路にせよ運河にせよ、土砂で埋まるのを防ぐために、定期的な浚渫は不可欠であった。これらはいずれも、膨大な人の手、苛酷な労働を必要とした。すなわち、メソポタミア農業は、水利施設の規模の大小に関わらず、いずれにせよ大量の農民を動員し、それを指揮し、さまざまな水に関する事業を行ない、水なしでは維持し得ない農業を維持していくほかなかったのである。このような事業のために徴発される労働は、どんな名称をつけようと、強制的なものであったし、農民たちにはそれに従うほか、ほかに生き残る道はなかったのである(7)。このようなメソポタミアにおける水利を中島健一は以下のようにまとめている。

「氾濫の時期や流水量のひどく不規則な両河川の溢流を管理し、灌・排水をコントロールするためには、多量の手労働とその共同作業のための組織、単一の都市や村落共同体の規模をこえる管理の集中化——すなわち、強力な政治的な統一体制が必要であった。古代オリエント文明の諸地方における巨大な灌漑＝治水システムの発展は、技術革新によって発生・発展したものではなく、苛酷な自然的諸条件に適応し・対決して生きていくために、人間の組織や制度上の改革——ヒューマン・エコ・システムを通して、発生し、発展してきたものである」（中島健一、1977: p.83）。適切な記述だと考える。

さらに、灌漑システムの安定した維持が可能かどうかに関して、地政学的要因も大きな影響を与えている。ウィットフォーゲルがその水の理論を適用したメソポタミア文明における水と政治支配の関係とは、上記のごときものであった。一九五七年、ウィットフォーゲル『オリエンタル・デスポティズム』が発表された後、オリエント学のエキスパートたちから水の理論への批判が続くことになった。一部は政治的意図をもった、イデオロギー的批判であった。批判の理論的根拠は、人類の歴史を原始社会→奴隷制→封建制→資本主義→社会主義への必然的、不可避的な発展とみる、スターリンの歴史発展の五段階論に基づくものであった。それに対し、欧米の考古学者たちの批判は、少なくとも実証的な批判であった。

R・M・アダムズ（Adams, 1974）は、古代メソポタミアの灌漑について、村落や部族による、無数の水のための小規模な営為、作業（治水、灌漑、排水、脱塩）が、個々散らばって行われていたのであり、中央政府による統制に言及するのはふさわしくない、と述べている。これについては、村落や部族などのコミュニティ・ベースの灌漑もまた、都市国家による灌漑(8)も、ウィットフォーゲルらが言う大規模灌漑と同じく、共同体のための賦役労働を動員しているのであって、それ以外ではない、と述べるほかない。ただ、共同体のための賦役労働は、共同体のコントロールが及ぶコミュニティ・ベースの灌漑においては、賦役というより、直接、共同体のための必要労働として、個々のコミュニティのメンバーに認識されているのであろう、ということである。それゆえ筆者たちが、問題にしているのは、共同体（もしくは共同体の連合）の力を超えるような規模の灌漑である。

さらに、アダムズ（1974）は、灌漑が権力を独占する官僚階級――ウィットフォーゲルの農耕官僚階級――による労働の強制に基づいて建設されたとする水の理論に対し、Larsa王国の例では、個人企業家 private constructors が雇った大量の賃労働者によって運河建設がなされていたと述べ、ウィットフォーゲルのいう灌漑と専制主義との関わりを否定している。だが、旧「社会主義」国の私企業家を見慣れている我々はすでに、アダムズの private constructors を西欧の私業家と同じように見ることはできないであろう。また、そこに何がしかの貨幣が支払われたとしても、それを私企業家のもとで働く賃労働者（自由な労働者）などと考えることもできない。大量の人民を運河建設に動員するということ自体が、国家の勧農権に関わることであり、共同体のための賦役労働を徴発し・指揮する大権は、本来、王に属することだからである。

次に、ギブソン（Gibson, 1974）は、メソポタミアにおいては、部族による小規模な灌漑と休耕が耕地維持に有効であり、そして環境が悪化した場合には、五十年から百年の間（時にはそれ以上）の休耕が、耕地再生に役立つと述べ、大規模灌漑の必要性や有効性そのものについて疑問を述べている。

だが、ギブソン及びファーネー（Fernea）の大規模灌漑＝農業環境の破壊、そして、部族による小規模灌漑と休耕の組み合わせの適合性は、灌漑文明の残骸の後に成立した、水と部族との関わりから、証明を得ているのではないかと思われ、説得的な議論であると言い難い。むしろギブソンの言うような環境悪化（塩害の拡大）がありながらも、シュメール期から古代バビロニア帝国まで、国家権力の大掛かりな成長があり、その根本に灌漑や排水のための大規模公共事業があったことは間違いないであろう。シュメール期の都市国家時代からメソポタミアにおける帝国の確立に一千年以上かかったとしたら、その帝国が築いたシステムを崩すことは容易ではない。また、どのように言おうとも、シュメール期から古代バビロニア（ハンムラビ王）の頃まで、メソポタミアの国家形成は、水との関わり、具体的には都市を中心とした灌漑（共同体の力量を超えたという意味での大規模公共事業）との関わり、相互作用によって進展してきたことに間違いはない。たとえ、この期間が、灌漑の拡大→強力な王朝の出現→農業環境の悪化→多民族の侵入→王朝の崩壊と新王朝の成立→灌漑の再編・拡大→王朝の強大化→農業環境の悪化、を繰り返したとしても、である。

前川和也（2005）は、アダムズ以来の主として考古学をフィールドとするウィットフォーゲル批判を踏まえつつ、都市国家の水管理がもっとも農業生産に有効であったが、それでもなお耕地の塩化は免れず、塩化の進行に対処するために、土地面積の拡大が起こり、それは究極的には地域全体の土地条件の悪化をもたらすとしても、ある一定の期間、国家組織を安定させることになる（p.170）と述べ、都市国家から領域国家への移行を跡づけている。前川の結論は極めて穏当なものであり、むしろ、なぜ、このような議論がこれまで起きなかったのか、不思議でならない。

アダムズやギブソンの議論は、大規模灌漑がメソポタミアの農業環境を悪化させたという正しい指摘を行ないながら、そこから、灌漑と専制国家を結びつけるウィットフォーゲルの水の理論が誤りであった、と結論づけるものであった。それは、「高温で乾燥した平地の大規模灌漑が容易に塩害を引き起こし、究極的には農業を不可能ならしめる」という環境科学の正当な議論に基づいている。だが、それをもとに、古代メソポタミアに大規模灌漑がなかったと結論づけるのは誰が考えても誤っており、かつ歴史的に成立した灌漑もしくは大規模灌漑が、専制主義を生み出す可能性がなかったと結論づけるのは、早計であろう。灌漑による農業環境の悪化が短期間に、しかも人間の努力では如何ともしがたいほど明確にもたらされた場合にのみ、アダムズやギブソンの議論は正しかったといえる。だが、環境の悪化の前に、灌漑事業は一定期間——しかも長期間——農業生産への大きな寄与があり、かつ悪化に対しては脱塩の試みがなされ、それは無駄というわけではなかった。それゆえ、メソポタミアの灌漑は、数千年に渡って続けられたのである。

これらはいずれも、歴史の問題であり、歴史的事実を追うこと以外に、答えはないはずであった。上述のアダムズは、ウィットフォーゲルの水の理論を批判しつつ、一面において、その水と専制主義の関わりを、ササン朝期には認めている。

「ササン朝ペルシアにおける、大規模な灌漑体系・組織と帝制の支配政策とのあいだには、明らかに密接な対応関係があった。多数の戦争捕虜たちは、さまざまな建設工事に使役された。ササン朝後期の専制的な官僚制度は、たしかに、その国家財政の基礎をメソポタミア沖積平野の農業生産力と農民からの租税収入に大きく依存していた。アダムズは、この支配体制をウィットフォーゲルの治水的社会（hydraulic society）と規定している」（中島健一、1983: p.147）。

ペルシア人のメソポタミア統治後の灌漑の様相、灌漑システムの盛衰を論じたクリステンセンの大著『Iranshahr の衰退』（Christensen, 1993）は、パルティア（アルサケス朝）やササン朝統治下のメソポタミアの灌漑システムの詳細を明らかにしている。

Iranshahrとは、本来はササン朝の帝国のことであり、同書ではササン朝期にイラン人がほぼ恒常的に支配したメソポタミア、イラン高原、アムダリア及びシルダリア流域(9)、さらに、現在のパキスタン、アフガニスタンにまたがるシスタンをも含めている。同書は、Iranshahrの灌漑の特色を概括し、続いて、メソポタミア、イラン高原、中央アジア、シスタンの灌漑の歴史――古代から近代まで――を具体的に記述している。

ササン朝において、コア・エリアにおける財政基盤の安定化は、もっぱら灌漑の延長、強化にあった(p.19)。長く、メソポタミア灌漑の主要な供給源であったユーフラテス河流域の農業環境が悪化した。その状況を打開するため、これまであまり利用されてこなかったチグリス河流域の開発が進んだ。セレウキア、クテシフォンの建設はその象徴であった。チグリス河流域へ植民を促す決め手が、両河間を繋ぐ横断運河の建設であり、具体的にはユーフラテスの水をチグリスに注ごうというものだった。両河の間を東西に平行に走る諸運河のおかげで、チグリス河流域の開発進んだ。このように、アルサケス朝、ササン朝両代に、両河流域に張り巡らされた灌漑水路網により、中、南部メソポタミアは高い農業生産力を維持し続けた。まさに良き王とは、都市の建設者であり、灌漑をなす君主であった。アダムズが述べたように、ササン朝において、メソポタミア農業は最盛期を迎える(五世紀、チグリス河流域の流路変更により、下流で両河が合流し、その下流域での塩害が深刻化した)。

六世紀、ササン朝のもとで最盛期を迎えたメソポタミア灌漑文明は、その後次々と危機に見舞われる。七世紀、メソポタミアへのムスリムの来襲を含め、その後長期にわたり灌漑文明を蝕んだ厄災として、クリステンセンは以下の三つに焦点を当てている。

① 塩害の増大に代表される農業環境の悪化
② 悪疫の大流行→労役に従うものの圧倒的不足
③ 遊牧民族の侵入による灌漑システムの破壊

クリステンセンによれば、ササン朝において絶頂期を迎えた、メソポタミア農業は、ただ、アラブの侵入・占領によって後退期に入ったのではなく、それ以前（六世紀）にすでに停滞に陥っていた、としている。そして、その衰退要因の究明の最大の力点を悪疫の大流行においており、メソポタミア農業の後退は、主要には塩化の進行ゆえではなかったという印象を与えている。これは、悪疫の流行→文明の衰退とは、マクニール史観ともいうべきものであるが、灌漑文明地帯は同時に悪疫の巣 disease-pool でもあるというのは、一面の真実であろう。悪疫の大流行→労働力の不足→水利施設の維持管理の困難性の増大。その結果灌漑管理の中心は、それまでの農民の賦役への依存から、あからさまな力の行使による強制労働の徴発へと転化せざるをえなくなる。だが、それでもなお労働者を集めることができなくなれば、維持管理を縮小せざるをえなくなる。灌漑施設の回復がおろそかになれば、さらなる被害を招くことになる。さらなる結果は、灌漑施設のより一層の破損であり、最終的には主要幹線（運河、水路）の機能停止、廃棄であった。

だが、悪疫の長期流行は、メソポタミアにだけ起こったわけではない。悪疫の流行をも生き延びた灌漑システムの方が多いであろう。それゆえ、悪疫の流行だけに衰退の要因を求めることはできないということになる。それは、遊牧民族の侵入についても同様である。クリステンセンは、それについても、主要な要因であることを否定している。とくにムスリム説には、慎重な言い回しで否定している。確かに遊牧民族の侵入が数千年続いた灌漑文明を衰退に追い込んだという結論は、なかなか出せないであろう(10)。

それゆえ、問題は複合的であり、一つ一つの要因が如何に重大であれ、その一つの要因だけによって衰退がもたらされたのではなかったとはいえる。

それにしても、クリステンセンの大著は、大規模灌漑システムの脆弱性を明らかにしてくれる。とくに、メソポタミアおよびシスタンの灌漑システムの例から、大規模灌漑のもう一つの意義が明らかになる。つまり、大規模灌漑システムにおいては、一箇所における主要な堤防や堰の欠損は全体のシステムに致命的な影響をもたらす（Christensen, p.248）、という脆弱性である。それゆえ、その主要施設の破壊だけでも、それに依存している膨大な数の住民もしくは農民に、十分に大きな被害を与えることができるということである。たとえば、中世日本を襲ったモンゴル軍が、幾つかの堰、堤防、水路を破壊したとしても、当時の農業に与える影響の範囲は限られている。だが、同じことをメソポタミア平原で行えば、全住民の生活に致命的なダメージを与えることができるのである。

(2) イラン

岡崎正孝(1976)によりつつ、イランにおける灌漑の歴史を略述してみたい。

岡崎は、イラン高原の住民にとっては、水は作り出すものであったと述べる。彼らは水を作り出し、耕地を作り出してきた。一部を除いて、国土のほとんどが乾燥地帯、半乾燥地帯に属するイランでは、水こそが農業を可能にするものであった。

イラン史にみられる繁栄と衰退の歴史は水に大きな関わりをもっていた。水を作り出す王朝は栄えた。逆に、水に無関心な征服王朝のもとでは、イラン高原の住民は水の不足に苦しまなければならなかった。征服王朝自身は他の征服地域を含めて粗放的に経営しているため、住民の苦しみとは無縁であるか、住民ほど苦しんだわけではない、のどちらかであった。それゆえ、岡崎は「生血としての重要性をもつ水の維持を、イラン人は何にもまして優先してきた。不利な戦いに徹底的に抗戦して、水利施設に大きな損害を蒙るよりは、かりに苛酷なものであってもその支配下に入ることを選んだ。そして、彼らは度重なる異民族支配を、単に租税徴収者の交代としてのみとらえ、その下で自らの「作り出した」ものを維持し続けたのである」(岡崎、1976: p.299)と述べ、イラン史における土着王朝と征服王朝の交代における水のあり方を描き出している。

最初の古代帝国であるアケメネス朝は、イランの農業水利史上の一大画期であった。イラン高原において、巨大なダムの建設が行われ、カナート掘削が広範に行なわれたからである。キュロスやダレイオスによる巨大なダムは、エジプト征服後、獲得された水利技術者と、各地から連行された捕虜によって築かれたと岡崎は考えている。

技術者云々については、水利建設が開始された歴史状況による。だが、水利施設築造に利用された労働力に関していえば、古代においては、その主力は、ほぼ共同体農民であったと思われる。一般的には、捕虜の存在は一時的であり、水利施設の築造にせよ、修築や維持にせよ、恒常的に頼るべきは共同体農民である。乾燥地帯や半乾燥地帯の農民にとって、水利施設なしに農業は不可能である以上、王の共同体のための賦役労働の徴集に逆らう理由はないからである。捕虜に意味があるのは、王の中の王として、特に大規模な水利施設を築造する場合であろう。捕虜は、定住農民になっていない場合、農繁期にも動員できるという利点があるからである。

続いて、岡崎はイランにおける「水利の発展の中で、質的変化がみられたのがアケメネス時代であったとすれば、量的拡大をみたのはサーサーン時代（A.D.226～643）である」（p.304）と述べ、ササン朝がもう一つの画期だったことを認めている。その例として、フーゼスターンにおけるカールーン、カルへ、デズの三大河川に作られたポル・バンド（ダムの橋）を挙げている。これらの橋梁はローマ人の捕虜によって作られた。ポル・バンドから長い幹線用水路が開設され、さらにこれから樹枝状に支線用水路が引かれていた。これらの大規模な水利事業の促進の結果、フーゼスタンを豊かな穀倉に変えたことを述べている。

水と専制の関わりについて、岡崎は以下のように述べている。

「イランでは専制的な統治者が、絶対的な権力・権限を行使していたようにとられがちであるが、決してそうではなかった。イランは「諸部族の国」（モルーコツ・タワーエツ）と称される。王国内には大きな政治的・経済的影響力を有するさまざまな勢力が存在し、中央政府の勢威が彼らに及ばないことが多かった。王はこのような勢力の中で、相対的に強力であったにすぎない」（岡崎、1988: p.208）。

十九世紀イランを支配したカージャール朝の王も「王の中の王」を称したが、同様であった。そして王の中の王も、また彼に従う王国内の様々な勢力の長もまた、臣下に対して恣意的な統治を行なっていた。

「このような諸勢力、つまり「小権力」の生成を容易にしたのは、「水」であった。彼らはカナート投資によって、多くの「植民村」を所有する巨大地主となり、それによって強大な経済力をもつことができた。水の独占的所有にもとづく大土地所有制が、政治的・社会的影響力の基礎であった」（p.210）。

このような「小権力」の存在がいわゆる封建的割拠ではないことはいうまでもない。というのも、これらの「小権力」自身が、従属的な農民に対する専制だからである。それゆえ、ひとたび強力な中央権力が樹立されるやいなや、これらの「小権力」は中央権力に吸収され、そこに何か地方における相対的な自立的権力による自治といったものが残る可能性はない。存在するのは自治ではなく、行政費用上、中央権力が及ばないレベルにおける地方の勝手である。

このような中央および地方政府による恣意的な統治は、封建制とはまったく異なった社会の在り方をもたらしている。どのような布告、取り決めもまた信頼に足りず、結局は、弱い立場のものの不利に終わる、ということが恒常化すれば、誰も、敢えて「法」や「正義」を守らなくなる。恣意的な統治に晒され、それに慣れるということは、より専制的な統治を準備することにしかならない。秩序は力によってしか維持できないからである。

カナートこそ、小水系と専制の特異な関わりを示すものである。岡崎が例示する近代以降のカナートは、水利施設としては大規模といえるものではないにもかかわらず、極めて専制的な性質を帯びている。それは、投資者がほぼすべてを用意しているからである（用具も、技術者も、時には施設自身も）。投資者がすべてを用意しているところでは、水を使用する農民に、その水利施設への関与を許すものは何もない。水利施設を使用する農民にとって、このようなカナートこそ、外部機構そのものなのである（ここで述べた本来の意味での外部機構は、共同体農民自身の手によって作り出したものであるにもかかわらず、彼らがまったくコントロールできなくなった水利施設を意味する。カナートの場合、もし、カナート所有者がすべてを自前で用意した場合、最初から共同体農民とは無縁のものとして建設されている以上、共同体農民にとって外部的であるのは当然の結果である。だが、アジア的な社会において、たとえ労働者を雇用して水利施設を建設したようにみえても、実際には共同体農民を低賃金で雇用している場合が多く、そこに共同体のための賦役労働の形を変えた継続、あるいは痕跡を見ることができる)。資本家のもとでは、労働者は自らの労働力の価値に見合った労賃を受け取るだけの存在であるがごとく、カナートに従属している農民たちも、その生存に見合うぎりぎりの報酬以外には何も受け取らないのである。アジア的社会における資本家的な企業が、見かけの近代的な相貌とは裏腹に、苛酷な専制的性質を帯びるのは、支配が二重になっているからである。一つは、資本家としてすべてを用意した側が、雇用された側のギリギリの生存に必要な資料以外にはどんな支払いもする必要がないことによって、もう一つは、雇用といいつつ、雇用されているのは村落農民であり、彼らは伝統的な共同体のための賦役労働を、たとえ賃金の支給という形にせよ、強いられているからである。

それに対し、水と専制の結びつきを否定しているのは、カトゥシァン（Homa Katouzian, 1981, 2003）である。カトゥシァンが否定しているのは、専制ではなく、水である。イランの政治システムをカトゥシァンは、徹底的に恣意的な専制だとしている。だが、それはウィットフォーゲルの水の理論とは無縁だとしているのが、特徴的である（Katouzian, 2003: p.67）。イラン史においては、水に対する国家の関与が認められないがゆえに、ウィットフォーゲル仮説はイランに適用できないと明確に述べている。それどころか、農業資源や農産物に対する国家の管理さえなく、かつイランのデスポティズムには、大量の農業管理階級さえ必須ではなかったと述べる。歴史事実の問題として、アケメネス朝、アルサケス朝においては、ササン朝と同じく農業への国家の関与は存在していた。また、ササン朝において認められたごとく、その農業の関与のなかには、当然、灌漑や治水が入っていた。水利事業は、けっしてメソポタミア、あるいはフーゼスタンにおいてのみ実行されたのではなかった。クリステンセンによれば、ササン朝期には、イラン高原の各飛地（enclave）においても、用水路による灌漑、カナート建設が行なわれていた。ただ、ローカルな規模において行われていたというにすぎない。再三述べてきたように、共同体のための賦役労働の徴集は、アジア的社会においては国家の手中にある大権であり、地方的な規模の事業とはいっても、大量の農民（臣民）を動員することには変わりなく、それらはすべてササン朝の王権に関わる事柄であったと考えられる。つまり、水利事業は、王もしくは王の代理（各地方行政官、サトラップ）の認可のもとに行なわれたと思われる。

問題は、ササン朝崩壊以降である。アラブ人による征服以降、トルコ系諸族、モンゴル人の侵入および征服があり、伝統的なペルシア国家の水に対する関わりが継承されなかった可能性がある。つまり、征服者から、水利は軽視されるか、水利可能な耕地は単なる良い税源（収奪源）とみなされ、支配者が率先して水利事業を推進し、水利事業に保護を与えなければならないものと、考えられてこなかったと思われる。つまり、ササン朝に代表される王権と勧農の結びつきが存在しなくなったのである。とりわけ、カージャール朝以降、それは顕著となり、シャー（王）は単なる収奪者でしかなくなった。

征服者たちは、如何に被征服地から多くのものを収奪するかにしか関心がなかったのである（ラムトン、1976）。統治は極めて、恣意的で、刹那的で、かつ無慈悲なものとなった。イランにとって最大の不幸であった。カトゥシァンのイラン専制主義論からは、このような恣意的な権力の行使に対する怒りや絶望が窺える。

（3）エジプト

ナイルは特別な川であった。まず、氾濫は定期的に起こった。それゆえ、貴重な水も撒種の時期に合わずに無駄にしたり、あるいは別の方法で水を調達したりする必要がなかった。つぎに、氾濫は水を被った地域に上流から水とともに運び込んだシルトを残す。このシルトが肥沃であったために、ナイルの氾濫地帯における農業は、数千年の間、肥料なしで連年の作付けが可能となった。また、氾濫期に農地が水につかり、氾濫期が終わると、そこから溶けだした塩分は海に流れ込むことになった。つまり、モンスーン・アジアにおける水田と同じ効果を持っていたのである。乾燥地帯や半乾燥地帯の灌漑におけるもっとも大きな阻害要因は、土地の塩化であった。チグリス・ユーフラテス流域にせよ、インダス流域、黄河流域にせよ、塩害に苦しまなかった文明はなかった。脱塩は極めて困難な作業であった。かつ脱塩なしには農業の継続は不可能であった。その点において、ナイル河畔は極めて恵まれていた。十九世紀後半、主に棉花栽培のために、ナイルの周年灌漑が始まるまで、ナイル河畔の農民の多くは、脱塩作業の苦しみを味わうことはなかったのである（古代より、フィウメ湖周辺において周年灌漑が行なわれていた）。

ナイル峡谷の灌漑は、貯留式（ベイズン）灌漑と呼ばれる。「沖積低地すなわち耕作地を堤防で区切り、ナイル河からつづく運河を築いておく。増水の時期に堤防の一部を開いて、ナイル河の水を耕作地に流し込む。耕作地に水が溜まると、堤防を閉じて水を蓄える。ナイル河が減水する時期になると、ふたたび堤防を開いて耕作地から水を流した。こうすることによって、自然状態より長期間、比較的高い標高位置の耕地まで十分の水を行き渡らせ、水分補給の脱塩の効果を高めることができた」（高宮、2003: p.47）。夏季、アビシニア高原に降った雨は、青ナイルを経て、エジプトに到達する。ナイル峡谷に流れ込んだ水は、河岸から溢れ、灌漑水路（運河）に流れ込む。溢流が引いた時が、播種の時期であった。

このようなナイルの賜に基づく農業ゆえに、ナイルの灌漑は大規模灌漑と無縁であり、かつ専制国家の成立とは無縁であるとの考え方が有力である。ブッツァー（Butzer, 1976）は、はっきりと、ナイルの定期的な溢流を利用する自然な灌漑においては、共同作業はベイズン（貯留地区、灌漑地区）のなかだけのことであり、王朝期に灌漑に関する規則が記録として残っていないということは、水の管理はあまり複雑ではなく、地域的に運営されていた（p.109）と主張し、さらに、農業の危機→灌漑→農耕官吏階級→専制主義的統制、といった直線的な因果関係のモデル化を否定している。

だが、王朝時代初期から、中央政府直轄のよく組織化された治水や灌漑部門の行政機関（per mu）のあったことが知られている。さらに、高級官吏のなかに〝灌漑の長〟との肩書きをもつものがいたことも知られている（中島、1977: p.117）。おそらく、ブッツアーは、メソポタミア等で見られる灌漑水路への水供給の順位、あるいは水が不足した際における各水路あるいは灌漑地区の争いの調停などについて、ナイル河畔においてはほとんど必要がなかったことを重視しているのかもしれない。水をめぐっては、初期エジプトの各王朝（統一国家）は、地域的利害を超えた強い統制力を発揮する必要がなかった。すなわち、水が専制国家をもたらしたのではない、と考えたのであろう。

ナイルは天然の水路であった。増水期、時間の多少の差はあっても、ほぼ同時期に河岸から溢れた水は、各ベイズンに流れ込んだのである。何か問題が起きたとしても、それはローカルな問題であり、中央の問題ではなかった。

だが、溢流灌漑あるいはベイズン灌漑とはいえ、河と田地の間に堤を設けたり、ナイル峡谷のできるだけ多くの可耕地に氾濫した水を供給できるよう水路や畦をつくったり、あるいはそれを一部、開いたり、閉じたりする作業は是非とも必要であった。ナイルを相手に、それらの作業を個々の農民が個々に行うことは想像できない。また、個々の村落がそれを行ったことはありうるであろうとは思われるが、早晩限界が訪れる。考えられるのは、個々の村落を越えた規模で行われた、ということであろう。そこでは、地方政体が、まず共同体のための賦役労働に対する統制権を手に入れたということが重要である。そして、この共同体のための賦役労働を徴集し、指揮する権利が、統一国家に引き継がれていく。

問題はどの時期から自然な溢流灌漑に加えて、貯留式灌漑が行なわれるようになったのか、という点である。ブッツァー（1976）は、本格的な灌漑は中王国時代以降始まったと述べているが、高宮いづみは、貯留式灌漑は地域的なレベルで行うことができるので、早くから地域レベルの小規模な官衙や土地改良の試みが行われていた可能性は高く、何らかの人工灌漑は先王朝時代から行われていた蓋然性が高い（高宮、2006: p.73）と述べている。

エジプトの王権がどのように発展したのか、はっきりしない部分が多い。とくに、初期王朝以前、すなわち先王朝時代と呼ばれる時期に、どのような規模、レベルの政体が存在し、どのように発展し、上エジプトおよび下エジプトの統一に至ったのかについて、文字史料がないだけ、諸説がある。首長制から初期国家への発展を念頭に、どの時期を初期国家とみなすべきであろうか。前四千年紀、ナカダ文化Ⅱ期後半には、上エジプト南部にヒエラコンポリス、ナカダ、アビュドスなどを中心集落とする、しばしば「王国」と呼ばれる政体が登場したが、それを高宮いづみは「大型地域共同体」と呼んでおり、初期国家とは認めていないようにみえる。

おそらく、首長制段階にあると考えているのであろう。だが、それに続く、エジプトが文化的に統一するに至ったナカダⅢ期に、人々や集落間の社会・政治的関係の変化によって、短期間のうちに社会の性質が大きく変わった可能性が高いことを認めている（高宮、2006: p.36）。ナカダⅢ期の途中から、文字の使用が始まり、第一王朝以前の王の名前が伝わっており、ナカダⅢ期後半は、「原王朝」もしくは「第〇王朝」とも呼ばれるが、おそらく、高宮はこの時期に初期国家成立を認めているのであろう。

高宮は「古代エジプトの特徴を示す巨大王墓建造の伝統は、第一王朝開闢とほぼ同じくして著しく顕在した」（p.136）と述べる。王墓の規模については一辺四〇m以上のマスタバ（直方体の墓）、一〇〇メートルを越える「葬祭周壁」など、巨大プラミッドに比べれば小さくはあっても、やはり王や王族の威容を示す大規模なものである。初期王朝の第一王朝から巨大ピラミッドで知られる古王国期の第四王朝まで、ほぼ四百年の時間がある。因みに四百年間という長さは、ほぼ日本の古墳時代（三〜七世紀）全体に相当する。

すでに初期王朝期に大規模な王墓が造られたということは、それに先だって、先の貯留式灌漑のための共同事業がかなりの規模で行なわれ、すでに首長なり王なり、共同体のための賦役労働を徴集し、指揮する権利、権力が備わっていた、ということである。

大規模王墓およびピラミッド建設とエジプト初期国家は、日本古代における古墳の築造と初期国家の関係に極めてよく似ているように思われる。初期王朝においてすでに大規模な王墓の造成を可能にしたのは、中央集権的官僚機構の統制力であろうか。むしろ、古代日本の巨大古墳と同じように、神への讃仰として共同体のための賦役労働が、大規模に徴集された、と考えられる。ピラミッド建設に動員された農民に対し、酒食が提供されたとも言われている。中央集権的な官僚機構は、このような大規模王墓および古王国期のピラミッド建設を経て、次第に形成されていったのであろう。

小括

水と文明の結びつきが強く、水の理論にとって、もっとも証明に有利なはずの古代オリエント文明の諸地域も、実のところ、それほど支持者に恵まれているわけではない。メソポタミアやエジプトの例は、ウィットフォーゲル理論にもっとも適合的なケースと思われたが、水の理論の発表（1957）後、考古学者は、それに同意を与えなかった。

たとえば比較考古学あるいは考古学理論家として知られるトリッガー（2001）は「いっそう大きい灌漑システムへの要求が結果として文明発展の初期段階に専制国家を生む、というかつての通説は、初期文明においては大部分の水利施設が小規模で断片的であったという特徴を、認識していなかった。大規模な国家管理の灌漑システムは、国家の産物であり、その逆であったようにはみえないのである」（pp.55-56）と述べる。「かつての通説」としてあげられている文献はスチュワード（Steward）のものであるが、スチュワードはウィットフォーゲル水力仮説の理解者として知られている。さらに、トリッガーは、初期文明において社会がすでに不平等に満ちていたことをあげ、「初期文明で平等主義的農民社会が、搾取的な国家の不変の経済基盤を構成している、と推測したカール・マルクスのアジア的生産様式モデルが誤りであることを、これは明らかにしている（Marx 1964, Bailey and Llobera 1981）」と、アジア的生産様式概念そのものを否定している。注に挙げられている Marx 1964 とは、ホブズボーム訳のマルクス『諸形態』のことである。『諸形態』におけるアジア的共同体論は、平等主義的農民が、搾取的な国家の不変的な経済基盤を構成しているなどといった要旨では到底捉えきれないものである。「平等主義的農民」というのはおそらくアジア的共同体のことであろうが、マルクスはアジア的所有とかアジア的共同体といった概念によって、そのようなことをわざわざ主張しているのではない。なお、古代以来のエジプトの経済的社会構成に関して、アブデル＝マレク（1968）はアジア的生産様式に基づくものとしている(11)。

トリッガーのいう、大規模灌漑の必要が専制国家を生むのではなく、国家の強大化が大規模灌漑を可能にすることは間違いない。だが、それがウィットフォーゲル「水の理論」の誤りを証明した、ということにはならないと思う。あるいはウィットフォーゲル水の理論の破綻を証明したことにもならない。なぜならば、大規模灌漑の前提が国家であるとしたら、その国家あるいは初期国家を成立せしめたもの、あるいはその成立を促したものとして、灌漑を有力な要因としてあげることができるからである。初期国家成立以前には灌漑は行われていなかった、あるいは初期国家以前のプリミティブな社会が水利に関わらなかったなどということは証明されてはいない。トリッガー説は、水と政治支配の関わりを否定したことにはならないし、かつ、それでいて、トリッガー説はなぜエジプト、メソポタミア、インド、中国といった大河流域の文明において専制国家が成立したのかを説明していない。従来のアダムズ、ブッツァーのウィットフォーゲル批判は、ウィットフォーゲル理論が持つイデオロギー的な負担を取り除くことを主たる目的としたものであったと思われる。科学（Wissenschaft）の世界に過剰な政治的議論を持ち込まないこと、あるいは過剰なイデオロギー的負担を科学に押しつけないこと、それが目的であった。トリッガー（2001）の原著は一九九三年のものであり、すでにウィットフォーゲル・パニックから自由になっていたはずである。アダムズ以来のウィットフォーゲル批判が実って、我々は学問の自由を守った、とでも言いたかったのであろうか。アダムズ、ブッツァー、トリッガーらのウィットフォーゲル批判から我々が理解しえるのは、彼らはいずれも、専制主義や専制国家発生のメカニズムの解明に関心があったわけでも、解明を志向したわけでもなかったということである。すなわち、問題は取り組まれないまま残されている。

ヘレニズム期の歴史研究で知られるピエール・ブリアンの乾燥アジアにおける水と政治支配についての総括的論文は、この点において特に興味深い。ブリアンは、ウィットフォーゲルの水の理論は強烈な批判を招いたけれども、時をおいて考えれば、ウィットフォーゲルの研究は、それまでの文献学 philologie 中心の研究から、社会経済史へとオリエント学の視野を転換させたと認めなければならないと述べている（Briant, 2002/3: pp.520-521）。これは、イタリアのマルクス主義研究者 Gianni Sofri のアジア的生産様式論の一節を引くかたちで行われている。

おそらくは実証に足場をおく歴史家として諸家は、ウィットフォーゲル理論における、「全能な水力国家」説を受け入れることはできなかったのであろう。だが、ブリアンは、それにもかかわらず、ウィットフォーゲル・モデルは今も——とくにエジプトにおける国家の役割について——影響を与え続けていると述べる（p.524）。さらに、二、三十年来の地域的な水利史研究を検討しつつ、中東においては、水力的な公共事業に積極的な関与を行わなくても、あるいは地方に水利建設のイニシアティブを委ねたとしても、国家＝王は、依然として、水と土地に対し強い権限を持つことに、ブリアンは注意を払っており、注目すべきところである。最後に、ブリアンは水利システムにおける中央政府の関与と、地方 local のイニシアティブに関して、それらは互いに排除し合うものではなく、両者の発展的な関係の分析こそ、優れたものになるだろうと結論づけている。妥当な結論だと思われる。

筆者として、ようやくこのような冷静な議論がなされるようになったことに、大きな感慨を覚える(12)。ずっと以前になされるべき評価が、ウィットフォーゲル死後、十数年にして、ようやくなされるようになったというべきであろう。従来、ウィットフォーゲルの欠点のみをとりあげ、それをもって全面的にウィットフォーゲルを否定し去るというやり方が横行していた。

水と政治支配の関わりは、息長く、粘り強く探求されるべき問題であり、ウィットフォーゲル理論の欠点だけをもって否定されてはならない。先ほどのブリアンも気が付いていたように、国家が関与する水力的なシステム、ローカルな水利システムに共通した点がある。本章ではヒマラヤ南麓の例として紹介したコミュニティ・ベースの水利システムを含め、それらはみな、共同体のための必要労働あるいは共同体のための賦役労働を動員して行なうという点において、重要な共通する性質を有する。そして、現実の水利の発展的なプロセスにおいては、互いに重なりあっている。それぞれのプロセスにおいて、共同体、ローカルな権力、国家は、水利に大きな役割を果たしている。水利システムの規模拡大と政治支配の強化は、一方的な関係ではなく、互いに強め合う相互作用的な関わりをもつ。

コミュニティ・ベースの水利システムと水力的な水利システムについて、まだまだ、言及されるべき問題はたくさんあるが、次章に譲りたい。

［注］

（1）イブン・バットゥータの、インダス河下流域で、ナイル河上流域の溢流灌漑と類似したものが行なわれていたとの記述を、紹介している。

（2）南インドのカーヴェリ川の水利システムについては、中村尚司（1988）に優れた紹介がある。少し長いが引用したい。

「南インドのカーヴェリ川は、全長八〇〇キロ、流域面積八万七九〇〇平方キロの大きな河である。下流のタンジャヴール・デルタの始まる地点に、大アニカット（Anicut）という巨大な頭首工の分水施設が築かれたのは、二世紀のカリカール・チョーラの時代と伝えられている。この古代タミル文明の代表的な構造物は、スリランカからの技術者（捕虜）によって建設されたともいわれている」。「この時以来、カーヴェリ川にはいくつものダムや堰堤が築かれ、大小の貯水池群の集合へと変貌していった。一つの水路から数十の池に用水が供給され、なかにはプーランバディ水路のように、貯水池への送水が目的であり、水路近くの水田に導水することが禁止されている事例もある。この大河も中流では二千を越える川幅が、ベンガル湾に注ぐ河口では一〇メートル以下に細くなってしまっている。しかも、一年のうち二カ月間は少しも水の流れない川になってしまっている。その名（カー＝庭、エリ＝池）のとおり、人間によって大河が池に変身させられてしまったのである」。中村によれば、「スリランカ最大の水系であるマハーヴェリ川も、その名（大きな池）にふさわしく、巨大な貯水池の連珠化がすすめられているのである」（p.20）、と述べ、水利システムとしてスリランカと南インドの類似を強調している。

（3）ヴィジャヤナガル国家が、スタインが言うような分節国家か、あるいは、より中央集権的な国家かに関して議論があるようだが、ヴィジャヤナガルが実勢の政治システムとして、分節的であろうと、中央集権的であろうと、筆者の現在の立論に影響を与えない。ヴィジャヤナガルが、スタインが考えているよりも、より中央集権的であった場合、むしろスタンダードなアジア的生産様式論やオリエンタル・デスポティズム論により適合的であろう。

（4）インドにおける祭儀権の強さ。勧農権が自立することができず、僧院や寺院による祝福を通さなければ、農民を領導できない独特の政治文化が存在したのだと思われる。それは、クシャトリアの武力だけでは政権をオーソライズできず、必ずブラーヒミンによる聖化が必要だったことと同一の事柄であった（Baker, p.109）。
（5）十九世紀中葉、中国の茶を羨望していたイギリス植民者は、アッサムでシンポー族（ジンポー族、カチン族）が高木茶を植えていることを見つけ、それをプランテーション化しようとした。だが、シンポーにせよ、アホームにせよ、東南アジア系民族は、プランテーション労働者になろうなどとはせず、労働者不足に困ったプランターが、ベンガルから労働者をアッサムに連れてきてプランテーションで働かせることになる。その後、急速にアッサムのベンガル化、ヒンズー化が進行し、王国の民だったアホーム族は、却ってマイノリティとなった。
（6）中東地方では、四〇〇㎜の降雨量があれば、灌漑の施設が不十分でも、水はけがよく、地下水位さえ低ければ畑作物の栽培ができる。四〇〇㎜の降水量は砂漠と農耕地帯の臨界線である。四〇〇㎜以下の地方では灌漑なしに農作物の栽培ができないので、定住は河岸に限定されてくる。そのほかの地方では遊牧しかできない（中島健一、1977: p.64）。
（7）ザグロス山脈の麓の水量が豊富なところ（たとえば南西斜面、旧エラム、現在のフーゼスターンなど）においても、堰堤を築き、安定した農業を行なおうとしていた。つまり、水に無縁な農業地帯というのは、極めて限られた存在であり、また、そのようなわずかな降雨量のもとに天水農業を行う地方は、政治支配を生み出すほどの余剰を生み出さないか、あるいは、そこから余剰を収奪しようとする征服者にとっても魅力のない場所であった。
（8）国家が成立していない段階における都市共同体の灌漑システムをコミュニティ・ベースの灌漑と呼んでよいと思われる。また、国家が成立してまもない段階（初期国家段階）の灌漑システムも、コミュニティ・ベースのシステムの特徴を保持しているかもしれない（都市がいくつかのコミュニティに分かれて、それらコミュニティが、個々の灌漑施設の維持管理に関与しうる場合など）。だが、都市国家が領域国家に成長するにつれ、王権が伸長し、王もしくは国家の所有となった灌漑施設は、都市成員のコントロールが及ばないものとなる。住民は、水の供給と引き換えに、灌漑施設の築造と、維持作業に、動員されるだけの対象となる。アジア的社会においては、国家の主宰（王）は、都市共同体の住民に労働への参加を強制できる。そこが、アジア的社会の灌漑都市国家と古典古代世界の都市国家の相違である。さらにもう一つ重要な点は、ナイル河畔の貯留灌漑や、メソポタミアの都市灌漑などのような、同系の類似した灌漑システムが隣接する場合、それらは同一政権に容易に包摂され、システムの下部ユニットとされる可能性が極めて高い。それらに比し、盆地における灌漑の場合、それぞれの盆地の灌漑をめぐる環境や条件はかなり異なり、それぞれ別の政権樹立・維持に有利であるのとは状況を異にしている。
（9）近世以降の中央アジアにおける灌漑開発に関して、塩谷哲史『中央アジア灌漑史研究序説』（風響社、2014）は、王権（ヒヴァ・ハン国）と水の関わり、灌漑開発のための徙民とそれに伴う民族（ウズベク・トルクメン）間矛盾、水を利用した他民族の服従政策、そして水をめぐる帝国主義政策（ロシア）などを論じ、極めて興味深い。灌漑開発に関わったそれぞれの部族成員（農民）の所有の在り方も、それらの矛盾や軋轢によって翻弄されているのではないかと思われる。

（10）七世紀、アラブ人（ムスリム）のメソポタミア征服は、これまでとはまったく別の、遊牧民族と農耕文明のあり方を示すことになった。灌漑維持に不利に作用した巨大遊牧勢力、アラブ人、モンゴル人、トルコ人。彼らは、河川文明世界を占領した後、河川文明の支配者となった。だが、彼らは現地化しなかった。河川文明の新たな支配者として、遊牧民族と対峙し、河川文明の維持に腐心したりはしなかった。逆に、河川文明世界を占領しつつ、故地の部族との関わりを断たず、周辺地域の遊牧民族と親しい関係を維持した。それゆえ、周辺の遊牧民族は、河川文明の中心都市における抗争、宮廷クーデター等に援軍として借り出されることが多く、かつ、周辺に留まった部族は、宮廷や都市化した遊牧民の腐敗に憤慨し、都市を急襲し、新たな支配者となった。このような遊牧民族の抗争や支配者の交代の度に、もともと傷つきやすい灌漑システムは、大きな損傷をこうむらねばならなかった。

（11）近代に入るまで、エジプトがアジア的生産様式に基づく社会であったことは、アスワンダムの設計者ウィルコックスに関する鈴木弘明（1986）の記述からも理解できる。

「ウィルコックス着任時の生産年齢人口と推定される十五～五十歳までの健康な男子は、特別な場合を除いてナイル川の治水、灌漑活動に従事する法律上の義務があったと考えられ、当時相当な高額であり、住民にとって重い負担と思われる一ポンド二十ピアストルの身代金を払えば、賦役は免除されることが可能であった。また、当時の法律の強制力にも限界があって、後述するようにこれを無視したパシャ、地主も存在した。しかし、法律の強制下にあった農民にとってこのような多額の金額は払込み不可能であり、結局ファラヒーンと呼ばれる農民がこれらの労働を担当したと考えられる。しかし、これらの強制労働は農民にとって忍耐の限度をこえており、逃散が発生した」（p.57）。

「……ベヘイラ運河 Rayah Baherah は賦役労働者 corvée（forced lobor）によって土砂清掃が行われていた。つまり賦役労働者とは強制労働者たちの群であり、その土地における常に最貧、最も無力な者であり、一年の中六カ月間運河の清掃と堤防の整理を行わねばならなかった。エジプトはかれらの仕事のうえに存在している。かれらは鐚一文も受け取れないのだ。ただ打たれるだけなのだ。

かれらは自分自身の道具を用意した。かれらがあまりにも貧しくて籠を用意できない場合、裸の背中で濡れた土を運んだ。かれらは干涸びたビスケットをいっぱい詰めた自分の袋をもってくる。それでかれらは生きているのだ。かれらはいかなる天気でも戸外の剥き出しの地面に眠り、昼も夜も頭上にいきなり空を仰いでいたものである」(p.58)。

十九世紀末、ウィルコックスはエジプト政府および英植民地当局に対し賦役制の廃止への働きかけを行なっている。河川をめぐる賦役制はその後徐々に廃止されていく。

(12) ウィットフォーゲル・パニック以後も、タブー視されるようになった水の理論を、その後も粘り強く研究し続けたのは中島健一であった。その成果は、一九七〇年代初頭から、八〇年代初頭にかけ、三冊の著作となって出版されている。中島は戦前以来、すでに早川二郎らのアジア的生産様式論に親しんできた。その関心は戦後も途切れることはなかった。中島(1973)の序文において、「古オリエント文明の崩壊をヒューマン・エコ・システムの荒廃のなかに理解しようとした」と述べているように、中島が目指したのは、水利と政治システムの関わりを、自然のなかの人間の営みの歴史のなかに位置づけることであった。一九六三年「古代オリエントの奴隷制度」(古代史講座第七巻、学生社)では、ウィットフォーゲルの hydraulic civilization を水力文明ではなく、治水文明と訳し、hydraulic society を水力社会ではなく治水社会と訳しているが、それは、水に関する議論を、ことさら鋭利な政治的イデオロギー的な対立面に持ち込むのではなく、あくまでも水利と政治支配を、人間と環境の相互作用の歴史のなかで理解しようとする姿勢からであったと思われる。

『オリエンタル・デスポティズム』刊行後、様々なウィットフォーゲル批判が行なわれたが、中央集権的国家の成立は、大規模灌漑の必要が招来せしめたとするよりも、その反対に、統一国家の形成およびその集権化が、大規模灌漑を可能にしたと解するウィットフォーゲル治水国家論への批判が有力であった(Butzer, 1976)。それゆえ「集権的政治体制にもとづく治水レジームの成立」(中島)は、統一国家形成の原因ではなく、その結果として理解した方が無難なはずであった。だが、中島は「乾燥化とのたたかい――灌漑農法と政治体制」(中島、1973 原載『西南アジア研究』第十八、十九巻、1968)において、塩化の進行による原初的な灌漑システムの行き詰まりが新しい灌漑システムの到来をもたらしたことを、中島は「土壌のおそるべき塩化と対決し、営農のための エコ・システムをととのえ、農業生産力をまもっていくために、新しい生産関係としての集権体制――デスポティズムを必然的なものとしたのであった」(p.112)と述べ、ウィットフォーゲル視点の継承を明確に語っている。

[文献リスト]

ウィットフォーゲル『オリエンタル・デスポティズム』新評論　一九九三年
太田秀通『共同体と英雄時代の理論』山川出版社　一九五八年
応地利明「風土と地域」浜下武志・辛島昇編『地域史とは何か　地域の世界史1』山川出版社　一九九七年
岡崎正孝「イランの灌漑農業」福田仁志編『アジアの灌漑農業』アジア経済研究所　一九七六年
岡崎正孝『カナート　イランの地下水路』論創社　一九八八年
加藤博『ナイル　地域をつむぐ川』刀水書房　二〇〇八年
小林栄治『インダス河の開発　パキスタンの水と農業』アジア経済研究所　一九七九年
小堀巌『乾燥地域の水利体系』大明堂　一九九六年
鈴木弘明『エジプト近代灌漑史研究　W・ウィルコックス論』アジア経済研究所　一九八六年
高宮いづみ『エジプト文明の誕生』同成社　二〇〇三年
高宮いづみ『古代エジプト文明社会の形成』京都大学学術出版会　二〇〇六年
高宮いづみ「水と古代エジプト文明」秋道智彌編『水と文明』昭和堂　二〇一〇年
多田博一「インドの灌漑農業」福田仁志編『アジアの灌漑農業』アジア経済研究所　一九七六年
多田博一『インドの大地と水』日本経済評論社　一九九二年
トリッガー『初期文明の比較考古学』川西宏幸訳　同成社　二〇〇一年
長沢栄治『エジプトの自画像　ナイルの思想と地域研究』平凡社　二〇一三年
長田俊樹「インダス文明ははたして大河文明か」秋道智彌編『水と文明』昭和堂　二〇一〇年
中島健一『古オリエント文明の発展と衰退』校倉書房　一九七三年
中島健一『河川文明の生態史観』校倉書房　一九七七年
中島健一『灌漑農法と社会＝政治体制』校倉書房　一九八三年
中村尚司『スリランカ水利史研究序説』論創社　一九八八年
原隆一『イランの水と社会』古今書院　一九九七年
ビアブライヤー『王の墓づくりびと』酒井伝六訳　学生社　一九八九年
福田仁志編『アジアの灌漑農業』アジア経済研究所　一九七六年
前川和也「シュメールにおける都市国家と領域国家」岡村秀典編『国家形成の比較研究』学生社　二〇〇五年

ラムトン『ペルシアの地主と農民』岡崎正孝訳　岩波書店　一九七六年
レンチ『健康の輪――病気知らずのフンザの食と農』農文協　二〇〇五年
渡辺千香子「水から見たメソポタミアの歴史と文化」秋道智彌編『水と文明』昭和堂　二〇一〇年
Anouar Abdel-Malek, *Egypt: Military Society: The Army Regime, the Left, and Social Change under Nasser*, Random House, 1968.
Robert McC. Adams, Historic Patterns of Mesopotamian Irrigation Agriculture, Thodore E. Downing & McGuire Gibson (eds.), *Irrigation's Impact of Society*, The University of Arizona Press,1974.
H. Asche, & M. Massarrat, *Studien uber die Dritte Welt : asiatishe Produktionsweise* (*Iran*), *Ausbreitung kolonialer Herrschaft* (*Indien*), Gottingen, 1977.
J. Mark Baker, *The Kuhls of Kangra: Community-managed Irrigation in the Western Himalaya*, University of Washington Press, 2005.
Pierre Briant, L'Etat, la terre et l'eau entre Nil et Syr-Darya, *Annales*, 57annee, 2002/3.
Karl. W. Butzer, *Early Hydraulic Civilization in Egypt:Study in Cultural Ecology*, university of Chicago Press, 1976.
Peter Christensen, *The Decline of Iranshahr: Irrigation and Environments in the History of the Middle East, 500B.C. to A.D. 1500*, Museum Tusculanum Press, 1993.
Kate Currie, *Beyond Orientalism*, K.P.Bagachi&Co, 1996.
Dominic J. Davison-Jenkins, *The Irrigation and Water Supply Systems of Vijayanagara*, Manohar & American Institute of Indian Studies, 1997.
Dowing & Gibson (ed.), *Irrigation's Impact on Society*, University of Arizona Press, 1974.
Sanjeeb Kakory, *Technology, Production and Social Formation in the Evolution of Ahom State*, Regency Publication, 2003.
Homa Katouzian, On the Mode of Production: Feudalism or Despotism?, in *The Political Economy of Modern Iran: Despotism and Pseudo-Modernism, 1926-1979*, New York University Press, 1981.
Homa Katouzian, The Aridisolatic society: a model of long-term social and economic development in Iran, in *Iranian History and Politics: The dialectic of state and society*, Routledge Curzon, 2003.
P.B. Mayer, South India, North India: The Capitalist Transformation of Two Provincial Districts, Hamza Alavi etal., *Capitalism and Colonial Production*, croom Helm. 1982.
David Mosse, *The Rule of Water: State Craft, Ecology, and Collective Action in South India*, Oxford University Press, 2003.
Winfried Pholy, *Iran: Langer Weg durch Diktaturen Geschichte und Perspektive*, Express Edition GmbH, 1985.

Sharma, *Indian Feudalism, c.300-1200,* University of Calcutta, 1962.

H. Sidky, *Irrigation and State Formation in Hunza: The Anthropology of a Hydraulic Kingdom,* University Press of America, 1996.

J. Shaw etal., Ancient Irrigation and Buddhist History in Central India: Optically Stimulated Luminescence Dates and Pollen Sequences from the Sanchi Dams, *Asian Perspectives,* Vol. 46, No.1, Spring, 2007.

J.Shaw & J. Sutcliffe, Water Management, Patronage Networks and Religious Change: New evidence from the Sanchi dam complex and counterparts in Gujarat and Sri Lanka, *South Asian Studies,* No.19, 2003.

Burton Stein, *Vijayanagara,* Cambridge University Press, 1989.

William Willcocks, *Sixty Years in the East,* William Blackwood & Sons LTD, 1935.

Donald Worster, *Rivers of Empire: Water, Aridity, and the Growth of the American West,* Oxford University Press, 1985.

第五章　水の理論の系譜（三）

本章は、まず中国史に関する水の理論について、その詳細を述べ、その意義を考察するところから議論を始めたい。

1　中国

(1)　木村正雄

水の理論という呼称は、本来、ウィットフォーゲルの歴史理論、特に一九五七年以降の水力理論に対して用いられた。だが、水の理論と呼ばれるべき他の歴史理論が、中国古代史の領域に存在する。独特な「第一次農地」と「第二次農地」概念を駆使し、中国古代専制国家の生成を理論的に解明せんとするとした木村正雄の歴史理論である。木村正雄がその理論の骨格を提示したのが「中国の古代専制主義とその基礎」（木村、1958）においてであり、ウィットフォーゲルが『オリエンタル・デスポティズム』を発表した翌年のことであった。

木村は、中国古代において、土地私有がすでに存在していたにもかかわらず、専制主義支配、すなわち人頭的支配＝個別人身支配体制が如何にして成立したのか、その基礎的条件を明らかにしようとした。

原始農耕の始まった華北では、下流から離れた乾燥した耕地は農耕に適せず、また、河身に近い低平なところは、洪水の害を受けるので、安全な農地にはならず、耕地として利用されたのは、河身には近いが、洪水の害を防ぎうるところ、河岸の小高い丘を中心とする若干の土地であった。邑制国家の農地の広さを限定したのは、根本的には、このような生産諸力の段階における治水・灌漑の可能性によるものであった。「そこで私は、このような生産力の段階におけるこのような限定された農地を、仮に第一次農地と呼んでおく。邑とはこのような第一次農地を基礎に、小高い丘を中心に営まれた聚落で、防洪と関係してはじめから都市的密集的であり、多く土壁などをめぐらしたものと考えられる。そして某邑の田と呼ばれる第一次農地は、多くのこのような土壁の外にあったと思われる」（木村、1958: p.15）。

このような邑制国家の農地を支える治水灌漑機構は、比較的小規模であったが、当時としては、共同体農民の個々の力ではもちろんのこと、少人数では築造することも、維持管理することもできなかった。そこから、共同体もしくは共同体連合の力を越えた邑制国家のコントロールが招来せられることになる（pp.15-16）。春秋から戦国時代にかけて、鉄器が普及し、農業生産力が高まるにつれ、土地の分割所有、すなわち私有が発生する。そして土地利用の不均等化にもとづき「初税畝」（初めて畝に税す）段階にいたる。木村は、「それにこの段階に至っても、勿論農耕は治水水利機構の規制を脱却し得ず、従って水利治水機構は分割所有されはしなかった。そこで私有制が成立しても、そこにはギリシアなどのように複数の自由農民からなる市民社会を生む可能性はなく、一人による専制社会となるほかなかった。分割されない一つの単位治水水利機構は、結局、一人の占有支配に帰するほかはなく、他はその治水水利機構を媒介として、その占有支配者に従属することになったからである。こうして一つの単位水利機構ごとに小規模な古代的専制組織を生み、それら小専制者の有力者は次第に他の治水・水利機構をも専有支配するようになり、春秋末には数邑の支配者ができ、遂に中国は戦国の所謂七雄に分割支配されるようになったのである」（p.16）、と述べ、すでにこの段階にして、小規模な専制組織の成立に言及している。

では、第二次農地は如何にして成立するのであろうか。「なお七雄時代以後には、各々自己支配下の集団的労働力を投入し、鉄製土木工具を使って新しい大規模水利機構を設け、これまで放置された荒蕪地・低湿地を開拓した」。これが第二次農地であり、木村はこれによって領域国家の基礎が成立したと述べる。「そして中国が遂に秦を中心に統一され帝国時代を現出するに至る間には、このような新しい大規模治水水利機構と第二次農地が大きな役割を果たしたこと、後述の如くである。従って戦国時代(1)以後においては、君主の専制的支配は、結局治水水利機構の支配を通じて行われたということができる」(p.16)と、戦国七雄時代以降の第二次農地の成立を述べている。

以上によって理解できるように、実は、第一次農地において、すでに専制の萌芽が存在することが明確に指摘されており、興味深い。このような論理からすれば、治水灌漑機構を専有するものの手による、大規模な治水灌漑の開設による第二次農地の造成とは、少なくとも、春秋戦国の交代期には始まっていたということになる。すなわち、西門豹あるいは李悝の、灌漑工事は、すでに第二次農地の造成であったのである。木村は、第二次農地を秦漢期の新県設立に結びつけ、黄河下流域を舞台にした大規模水利事業の展開を秦漢統一国家の専制体制樹立に繋げている。この構想の雄大さが、木村をして中国古代国家論の雄ならしめたものであるが。上記の木村の論理によれば、春秋期にすでに、個々の小水系において、専制が萌芽的に成立しつつあったことを考慮すれば、それが戦国期に、七雄それぞれにおいて、灌漑・治水事業を展開しつつ、専制の強化が図られたことをもって、すでにこの水の理論は実証されたと理解すべきであろう。

戦国七雄に代表される専制国家群が如何にして統一帝国を生むにいたったかということをも、木村はこの理論によって証明しようとした。「以上のようにして成立した第二次農地は、その開設のみならず、その維持にも国家的統一権力の存在を不可欠にした。何故なら、第二次農地を支える治水灌漑機構は、その規模があまりにも大きく、その維持は、個人や小集団の力を超えたからである。黄河やその支流は「一石水にして其泥数斗」といわれたように、極めて多くの泥を含んでいた。そこで、放任すれば、河底はたちまち高まり渠は数年ならずして埋まった。そうなると堤防は相対的に低くなり、渠は老衰して機能を失った。それを防ぐためには、毎年決まった時期に河川や渠を浚渫し、堤防を修理する必要があった。これは大事業であって、国家の統一権力の手にまつほかなかった」（p.19）。

このような第二次農地の性格は、逆に統一王朝の弱みをも含むものであった。すなわち、第二次農地の維持管理の失敗が直接、政治支配の安定を損ない、最終的には王朝の崩壊をもたらすことになった。「だから若しも戦争がおこったり、政治が怠廃したりして、数年もの間浚渫が怠られると、たちまち洪水がおこり旱魃に見舞われた。こうして王朝末期にはきまって洪水や旱魃がひん発し、統一政権の崩壊と共に第二次農地の大部分は荒廃した。そこの農耕を支えている治水水利機構が老衰し、または崩壊する結果、生産力はゼロに近くなり、そこでは当然にも相対的人口過剰即ち飢饉がおこった。人民は死亡するか、他地方に流亡するほかはなかった」（p.19）。すなわち、王朝末期の農民反乱の原因こそ、第二次農地の崩壊であった。

かくして木村理論は、専制国家の成立の理論ばかりでなく、中国古代統一国家の成立をも理論的に導き出そうとした。だが、第一次農地において、すでに専制の萌芽が存在する以上、第二次農地創出に関わる専制国家の成立は容易に導き出せる。第一次農地成立において、専制の萌芽が出現するがゆえに、強化された王権は、第二次農地造成への積極的なイニシアティブをとり得る、そう考えることができる。

しかし、統一国家成立が可能であるかどうかは、本来的には専制とは別の問題である。その後の中国の分裂期のそれぞれの分国がつねに専制的であったことを想起されたい。専制国家は往々にして複数の大河流域を包括する大帝国を出現させる。それゆえ、混同しやすいのは無理がないとはいえ、本来の「水の理論」から直接導き出されるのは専制であって、統一国家ではない。すなわち、木村理論からは、黄河流域——主要には中・下流域——を包括する専制国家の成立を導き出すことができるだけであり、全中国を版図とする統一国家としての中華帝国の成立は、その後の歴史的プロセスを通じて達成されたのである。

おそらく、木村理論の形成に、ウィットフォーゲルの右傾化（反共化）が大きく影響しているのであろう。それが、木村が何故、秦漢期の統一国家生成までをも自らの理論の射程に組み込んだのか、ということの一つの説明になる。ウィットフォーゲルが、水力理論を掲げ、「社会よりも強力な国家」の成立を解明しようとしたことに対する、木村なりの対抗であったのではないかと思われる。木村はウィットフォーゲルの水力理論とは異なり、第一次農地、第二次農地といった概念によって、自らの水の理論のなかに、中国古代国家生成における発展的契機といったものを組み込みたかったのであろう。

上述のごとく、邑制国家の政治・経済システムのなかに、すでに専制の萌芽が存在していた。言いかえれば、水によって支えられたアジア的な土地所有は、専制を潜在的に内包しているということになる。第一次農地によって専制が萌芽的に成立し、第二次農地の展開の中から専制国家が登場したと考えるべきであろう。ここで強調されるべきは第二次農地の存在が、専制からの離脱を難しくしたという点である。アジア的社会において、勧農権を地方豪族が中央政府から奪い返し、それとともに村落共同体やその連合が再び治水灌漑事業の主体となっていく場合、専制国家からの離脱は可能となる。だが、一般的にいえば、アジア的社会にそのようなチャンスがめぐってくる可能性は極めて少ないといえる。

木村は、第二次農地にもとづいた中国古代専制国家の社会構成を斉民制と呼んでいる。斉民制は古典古代的奴隷制と対比された隷属のシステムである（木村、1959）。木村がこの区別にこだわるのは、①古典古代社会が土地私有権に基礎をおき、複数の自由農民からなる市民社会が成立し、社会の主たる階級を構成していたのに対し、中国はそのような自由な市民は成立せず、唯一絶対的な存在である皇帝が存在し、その分身たる官僚が皇帝の機能を分任し、国家機構を構成していたこと、②古典古代の奴隷は、市民に所有され、人格を認められず、家族構成権も所有権も持っていなかったのに対し、中国古代における直接生産者は、良民（斉民）であり、家族を構成し、土地を所有する権利を認められていたこと（木村、1959: p.15）が理由であった。この斉民は、所有権こそ持ってはいたが、生産の自主権を持たず、一律かつ直接に、国家の規制支配を受けていたことを強調している。そこに、斉民制と古典古代奴隷制を対比する理由があるのであろう。だが、この斉民制は隷属システムとしては奴隷制に対比しうるものではあるが、奴隷制ではない。それは、総体的奴隷制が奴隷制ではないのと、同じ理由からである。

木村正雄の水の理論は、その後、彼の二つの大著『中国古代帝国の形成』、『中国農民叛乱の研究』の刊行によって、さらに具体的に展開されることになった。前者は、秦漢帝国期における郡県制の諸県を、第一次農地に基づく旧県と、第二次農地の上に築かれた新県との対比から、旧県を邑制国家以来の政治的自立性の高い地域、新県を国家権力に開設され、維持管理される水利機構に依存する地域とみなし、この新県こそ、古代における中央集権的郡県制の基礎となったものとみなすものであった。

後者は、前著を踏まえ、王朝末期の第二次農地の崩壊と農民反乱の勃発の関わりを具体的に論じたものであり、何故、王朝末期に大規模な農民反乱が起こるのか、さらには反乱軍のそれぞれがどのような農業生産構造に依拠しているのかを明らかにしたものである。ともに、スケールの大きな理論的展望を提起している。

(2) 佐久間吉也

木村正雄の水の理論の発表は、中国古代史ばかりでなく、中国史研究全体に大きな波紋と刺激をもたらした。一九六〇年代以降、秦漢以前から清代に至るまでの、政治支配と水の関わりに関して、多くの文献的、実証的研究の成果が発表され、互いに競い合う諸家により研究の蓄積がなされている。秦漢帝国に続く魏晋南北朝期をフィールドとしていた佐久間吉也も、木村理論の影響を受けた一人であった。

佐久間吉也『魏晋南北朝水利史研究』(1980)は灌漑・治水のほか、それ以外の水利、たとえば、水旱災とその応急対策、漕運とそれに必要な運河建設を含めて、魏晋南北朝期の水利を論じている。筆者はここで、佐久間が水利史のなかに、水旱災への応急対策に加えて、漕運、さらに倉に代表される共同の備蓄を含めて論じたことを高く評価したい。

筆者が以前から述べてきたように、灌漑・治水は、共同体のための賦役労働を徴集・指揮して行なわれる。堰や水路、そして堤防などの水利施設の築造には、共同体農民が、あるいは国家の公民・良民が大量に動員され、また、その維持管理においても多数の農民が動員され、王の代理人あるいは官吏の指揮のもと働かされ、そうしてのみようやく長期にわたり持続することが可能となる。さらに、アジア的な社会における王都への主穀の搬送である漕運も、共同体のための必要労働、賦役労働によってなされた。というのも、土地と水が王のものである社会においては、収穫物を王へ奉献するのは当然であり、王都への搬送もまた、理念としては（実際の搬運については可能不可能を具体的に検証しなければならないとはいえ）、共同体農民の負担によって行なうものとされた。

ただ、魏晋南北朝期は、統一王朝が崩壊した後の混乱期であり、そこにおける権力の在り方、国家の在り方に関して、統一王朝期との相違をどのように考えるかが問題となる。たとえば、三国時代、呉の会稽太守車浚は、飢民を救うため、備蓄を納めた倉庫を開こうとして処刑されるが、それについて、佐久間は「会稽太守車浚にまつわる事件は、郡にある倉庫を開く権利は、呉帝の手中にあったことを示すものである。つまり郡倉の管理権即ち開倉権は専制君主の手中にあって、郡太守は勝手に倉庫を開くことはできなかったことを示している。このことは専制君主の権力が直接に民衆に及んでいたことを示すものと考えられる」（佐久間、p.109）と述べている。すなわち、郡の倉およびそこに備蓄された物資は共同体のための必要労働によって築かれ、蓄積されたものである以上、倉は共同体を代表するもの（帝や王）に属する。民への賑貸は、民の父たる帝もしくは王の贈り物（賜物）であり、地方官衙の長が主導することは、私恩を施し、帝に替って民心を掌握せんとするものと疑われたのであろう。このような事例において、たとえ分裂期の王朝といえども、治政において統一期のそれと異なるところはない、ということがはっきり示されている。

さらに、佐久間は晋代の水利官に関して、灌漑施設や漕運路の形成を推進した者が、どのような官職にあったかを表にした後、次のように述べる。「地方官兼将軍の場合がもっとも多く、灌漑関係が五名で、漕運関係が四名である。次が地方官で灌漑関係三名、漕運関係三名である。地方長官は軍号を持つ持たないに拘らず、州郡国の水利関係について責任を負わされていたのである。水利官としては陳狼の都水使者一名である」（pp.279-280）。さらに、佐久間は政治機構の上での水利関係の官職について考察し、晋代の水利を司る官職や官衙が系統的ではなく、実権も漢代より低下していることを指摘している。

このような指摘は、魏晋南北朝期の分国、分権化に関わることがらであり、この時代の性格規定に関わる問題を孕んでいる。だが、灌漑にせよ、漕運にせよ、膨大な夫役（人足）を集めなければならない。また農業生産に可能な限り影響がないようにするため、夫役の徴発に、優先順位をつけなければならない。そのような意味で地方長官兼将軍が、官職として、適任であろう。また、互いに領土を争う分国的な状況において、まず、民心を掌握すべく、民生の安定を図らねばならない。そのような危急時に、前線を担う軍政の長に、水利を統括させるのも、また、当然というべきであろう。

木村正雄『中国古代帝国の形成』（1965）は、長江流域以南の地方に関して、「気候が比較的湿潤で、その開拓は氏族や家族などという小集団でも可能で、従って北シナのように、国家権力を背景とするような第二次農地はそれ程広くは形成されなかった。農地はいわば至るところに蚕食的に開拓されうる可能性があり、聚落も散村的でありえた。従ってこのような農地に基礎をおく聚落や県は、それ自体自立的で、国家権力に依存する性格は少なかった」（木村、1965: p.776）と述べ、さらに華北とは違った天水農耕の可能性が、その農地の自立性を高めたことを示唆している。

おそらくこのような木村正雄の江南に対する見方が、佐久間の判断に影響を与えているのであろう。佐久間は、南朝の国家構造に関して、「確かに黄河流域に形成された巨大な国家権力に比すべきものは生じなかったが、水旱災発生の情況をみると、とくに長江流域における災害は多く、少なくとも国家権力による治水灌漑の整備が必要であったと考えられる」（p.457）と述べ、さらに、それら水旱災の応急対策として、大土地所有者の徐耕による米千斛の供出（宋朝）が行われ、税役減免の詔がだされている（梁朝）が、その実効が見られないところから、王朝権力が末端にまで浸透していないことを示すものであるとし、「つまり南朝において専制君主体制が弱体化しつつある傾向がみられる」（p.476）と判断している。

佐久間は、魏晋南北朝期の水利と政治支配の関わりについて「大勢として、南朝時代は古代デスポティズムの範疇に入ると考えられるが、封建制への傾斜がみられる場合がおこっている。国家権力を背景にして形成された灌漑地域において、その工事の責任者である将軍・刺史・太守等で、またその子孫や一族が大土地を集積し、隷属者を従え、世襲が行われているのである」（pp.518-519）と、同書の最後でまとめているが、残念ながら、大勢の把握として誤っている。水利事業の主体が、国家ではなく、地方の軍政の長や、地方官衙の長、そしてその一族に移っていくとの把握から、歴史的趨勢としての封建制への傾斜を抽出しているが、当時の歴史観を反映しているのであろうが、日本史になぞられた概念把握、あるいは「世界史の基本法則」をなぞることから抜け出せていないといわざるをえない。

(3) 吉岡義信

隋唐時代は黄河の河道が比較的安定していたと言われる。だが、宋代以降、黄河はその荒ぶる川としての本領をいかんなく発揮するようになる。吉岡義信『宋代黄河史研究』(1978)は、宋代における黄河の治水と政治支配との関わりを詳細に追ったものとして、注目されるべき著作である。

吉岡は、その序論において、彼の北宋期黄河の治水に関する研究が、ウィットフォーゲルの「治水文明論」に沿い、それを具体的な歴史の場において検証しつつ、議論を深めたことを明確に述べている。本書が出版された一九七八年は、まだ、ウィットフォーゲル・パニックがおさまっていたとは言い難い時期であり、序論において、学ぶべき対象として、はっきりとその名を挙げた勇気を称えたいと思う。

吉岡は、第一章第一節の冒頭で「宋代の黄河は歴代稀にみる多くの問題をかかえていた。とくに仁宗の慶暦八年(西暦一〇四八年)澶州商胡埽の河決によって、過去一千年東流していた黄河が北流して新局面を迎え、加えて北方諸民族の動きは、宋朝自らの体質改善を余儀なくし、ここに王安石が新法を強行した。黄河治水問題は新法党の水利積極策に乗じ、国防と党争のなかに紛糾を極めてくるのである。繰り返す決壊とその治水には、河北北方六路の人と物とが投入され、国家の政治経済社会上に、多大の影響を及ぼしている」(p.11)と概括し、北宋期における黄河の治水(河防)が、政権をめぐりあい争う党派の抗争、および北から国境を脅かす遼との外交問題、国防上の問題ともからみ合っていたことを述べている。

黄河の自然、治水技術、宋代の河役と河工など、黄河河防上の具体的な諸問題を多岐にわたり丁寧に追っているが、黄河の治水機構、治水政策を論じた部分がもっとも興味深い。たとえば治水機構における最上位の官、都水監の官僚としての地位は決して高いものではなかった。「しかし程昉の例で知られるのであるが、事実は皇帝・宰執、それに連なる水官が実権を握っていたのである」。水利を司る官衙は一系統だけではなかった。また、水利工事のための役夫の動員、資材の調達など、それらの役割は多数の官衙にまたがって配分されていた。「「未だこれを専一にする者はなかった」のである。これを専一にする者は、ひとり皇帝であり、その権威を仮る宰相であり、水官のみであった。程昉は「同管勾外都水監丞」という肩書のみで、都水監を闊歩できたのである」（p.339）。

治水機構は系統だった組織とはいえなかった。また、治水・河防に関わる諸官衙も系統的に指揮されてはいなかった。だが、そのことは、むしろ、中央に、より正確にいえば、皇帝や宰相、あるいはその庇護や寵愛を受けた少数の水官に権力の専攬を許すものとなっていた。水官は水事に習熟したものであったことは勿論であった。だが、彼らが水利において力をふるうためには必ず中央の勢力ある者の支持を必要としたのである。吉岡が、水官と執政府との関係は、「人間的な因縁を認められはするが、行政上の統属関係は認められない。朝廷に直属しているのである」（p.356）と述べるのも、そのことを指している。そこから、本来は新法党の人であった李偉や呉安特といった水利官僚が、旧法党政権のもとでも、その重鎮たちの支持を受け、黄河治水を推進しえたことも理解できる。重鎮たちには、国防上の観点から、黄河東流を維持せざるを得ず、そのためにも確かな実力をそなえた水利官僚を手なづけておかなければならなかったからであろう。

吉岡は、政争と治水政策のからみ合いの歴史を、次のように締めくくっている。「都水監官僚機構は、王安石の新法治下に発展し、元豊正名に至る間に整備強化拡充が計られた。都水監はいわば新法党の一拠点であった。都水監の現場下級官僚である程昉が、宦官的な特質を発揮して、都大提挙官振りを、縦横無尽に発揮して、北流する黄河を東にかえし、しかもその上に治水の目的である利水を果たしたその偉業は、正しく王安石のいう如く、秦以来第一の黄河治水官であるということができるであろう。その手法はそのまま呉安持・李偉に受けつがれたとみることができる。しかしすべては黄河の威力の前に屈服した」（p.357）。

程昉、呉安持、李偉などの治水官僚は、何故、そのような大きな力を発揮できたのであろうか。再び吉岡は言う。「こうした身分、官位の低い治水官僚が、その持てる才能と技能とを充分に発揮できたのは、その背後に強力な専制支配権力をもつ皇帝と執政大臣官僚が控えていたからである。しかしすべては黄河の威力の前に屈し去った。黄河は依然として北流しつづけるのであった」(p.357)と。

吉岡は、河防への多大な努力にもかかわらず、「すべては黄河の威力の前に屈した」と繰り返し述べている。北流する黄河を東流せしめようとしたのは、遼との国境をどのように構築するかとの国防的な観点からの強い圧力の存在であった。同書は北宋における河防政策と新法党・旧法党の抗争に代表される政治抗争のからみ合いを詳述しているところに、やはり精彩があるが、そこから、かえって、河防のために動員される大量の数の農民との対比が鮮やかに浮かび上がってくることになる。

黄河改修、あるいは河防への動員は、頻繁に、しかも広範囲に行われた。大河だけに小規模な治水工事とはいえ、役夫、五千、あるいは一万を集めることは稀ではなかった。「普通大役の労働力は五万を降らず、平均一〇万内外の人員が動員されている」(p.289)。また、堤防などの修築のための資材の供出も、重い負担であり、かなり遠方の州県まで供出を命じられた。動員は一般に農閑期に行われたが、工期が延びれば、春耕に間に合わないこともあった。また、難工事の際には、役夫が死ぬ危険性があった。澶州孫村口の役(一〇八八年)においては兵士逃走三六九一人、死損一三一九人が出たとあり(p.172)、治水工事はまさに苦役であった。

夫役や建設資材の供出は、決壊した地域にだけ求められたのではなかった。それよりはるかに広大な地域に対し供出が命じられたのである。官衙の命により、ただ負担だけを押し付けられる農民のなかにできるかぎり負担を逃れようとするものが出てくるのは当然であった。金や力あるものは、負担を貧しい農民に押しつけた。国家による大規模な水利事業は、それに動員される農民の意志とは、ほとんど無関係に、行なわれることになる。だが、動員を命ぜられた農民たちにそれを拒否する自由などなかった。村落の農民たちはやむをえず、負担を回避し、負担を互いに押し付け合う間柄に陥らざるをえなくなった。筆者はそこに、中国の村落がけっして共同体ではありえない大きな要因をみている。そして、このような村落の体制は、秦漢帝国期にはすでに定着していたと考えられる。すなわち、コミュニティの意志とは無関係に、大規模公共事業を行なうような社会、つまり専制国家のもとにおいては、村落は共同体ではありえない。そこに存在するのは、費孝通がいうような、差違や序列があるがゆえに、互いに結びつき合う村民の関係、「差序格局」である。

村落における差序格局の成立は専制体制と不可分の関係にある。専制主義的な政治システムは、戦国期に形成され、秦漢帝国において確立した。同時期、農村共同体もまた解体されたとされる（渡辺信一郎、2010: p.26）が、差序格局はその共同体が解体された村落の上に成立したと考えることができる。

（4）長瀬守

上記吉岡義信と同じく宋代の水利を論じたものに長瀬守がいる。また、長瀬は合わせて元朝期の水利をも論じている。長瀬は主著『宋元水利史研究』（1983）の「序」において、ウィットフォーゲルの水の理論が日本の戦後研究に与えた影響の大きさを指摘しつつ、次のように述べている。「ウ氏は戦後『東洋的専制主義』（アジア経済研究所訳、論争社、昭和三十六年）を発表し、戦前の研究に対しさらに詳細な理論的補足をなした。木村正雄氏『中国古代帝国の形成』（不昧堂書店、昭和四十年）の理論もウ氏の理論を継承発展させたものであり、第二次農地形成が帝国形成に大きな役割を果したことを指摘された。これにはウ氏の水の理論の結果とも通じる問題点があり、天野元之助氏の指摘されるように、それは旱地農法への軽視である」（長瀬、1983: p.9）。

すなわち長瀬は、ウィットフォーゲルおよび木村正雄の水の理論の弱点である、旱地農法の軽視に対し、その弱点を補強することによって、より合理的で、東アジア、東南アジア世界に通じる、文化と社会を繋ぐ水利社会論を作り上げようとしている。それゆえ、長瀬がもっとも関心を寄せているのは、ウィットフォーゲルや木村正雄のような古代専制国家の成立ではなく、東アジア水利文化圏の形成である。その文化圏には、華北・江南を含めた全中国、および日本や東南アジアが含まれ、全体としてその農業の特質は、水利農業であると主張する。

天野元之助のいうごとく、華北においては早くから、賈思勰『斉民要術』の成立に象徴されるように、少なくとも南北朝期には、旱地農法が成立し、水を節約した畑作農業を行なっていた。旱地農法の成立を代田法の普及期（前漢）とみなす見解も有力であり、それゆえ、ウィットフォーゲルや木村正雄の水の理論の妥当性に対する有力な批判となっている。華北の旱地農法も含めて東アジア水利農業文化圏に属する水利農業であるとする長瀬の構想は、有意義なものであった。農業技術、犂耕、輪作体系、施肥そして労働力と労働編成、華北農業と江南農業の違いなど、長瀬の関心とその記述は多岐にわたる。さらには当時の政治家とくに王安石の水利思想や、優れた水官であった郭守敬や賈魯の水利学に関しても興味深い記述が多数述べられているが、ここでは、理論的な部分に集中して議論したい。

長瀬が、東アジア農業に共通するものとしてあげるのが、手耨（手作業）を主体とするということである。「ウ氏の論理は手耨＝労働力問題に還元できる。その基底には水利社会が存在していると私は考える。それは天水をこえたもっと広汎な且つ複合した水利を基底にもつ社会であり、華北・江南を含めた中国地域、日本、東南アジアを含めて一つの共通性をもつエリアを考える。それを水利文化圏と規定し、新しい視角で一つの特質を究明したのが「東アジアにおける水利文化圏の特質」論である。ここでは水利文化圏を形成するいくつかのファクターをあげ、その重要性を究めることが却って東アジアの特質——水利社会——を浮き彫りにすることができる所以を強調した」（p.11）と、長瀬は述べる。

ウィットフォーゲルが戦前の主著『解体過程にある中国の経済と社会』あるいは『東洋的社会の理論』において、アジア的社会における農法の特質として、灌漑・施肥・組合せ耕種法・鍬耕の四つをあげ、それらが相互的に有機的連繋を保ち、これらは農業生産過程における労働期間の異常な拡大を要求し、極度に労働密度の高い集約の成立を指摘していることに関して、長瀬は「このことは今までの歴史研究の間では軽視され易く、ウ氏の理論は、水の理論即東洋的停滞論という形で安易にうけとめられていたようである。すなわち、水田社会の基礎となる水稲は、作物分類学の立場からいうと中耕作物（または中耕除草作物）といわれるものである。この中耕作物は、西洋農業（ここでは非中耕作物）とアジア農業（ここで中耕作物）の自然環境的差異を端的に示す指標ともなっている。中耕作物というのは、極めて手間のかかる農作業を必要とするし、非中耕作物は手間のいらないものであると、規定している」（p.27）と述べ、先ほどの手耨を中心とした農業を、アジア的農業の西洋農業への相違点として提示している。

さらに長瀬は、手耨や中耕を中心とした農業の観点から、「このことはアジアにおける多量の労働力投入を「人海戦術」とよぶ語感の中にも現れているが、ウ氏によれば、「生産された生産手段」の意義が後景に退き、「自然生的生産用具」（土地・水）の役割が極度に発達する。ということは同時に、労働力の無双の発展に対する「労働器具の未発達」という構造を形成したと指摘している」（p.28）と、議論をつけ加えている。このすぐ後、長瀬は、一頃（百畝）に要する水稲の労働投下量が、他の作物に比べ群を抜いて高いことを述べている。だが、アジア的農業における主要穀物は、水稲とは限らない。人海戦術がことに江南に多いわけでもない。また、東南アジアから中国を経て日本まで、米や麦ばかりでなく、粟やキビを耕種していても、東アジア的な農業でなくなるわけではない。さらに、人海戦術云々について言えば、たしかに手耨に頼る農業の影響を指摘できよう。労働生産性を重視せず、ただ土地生産性にのみこだわった農法が労働の浪費とも思われる人海戦術を生んだともいえよう。だが、人海戦術にもっとも緊要なものとしては、働き手を集め、それを一か所または数か所に投入し、人手の多さに頼って（省力化もはからず）、公共事業を行なっていた権力の存在こそ、問題にしなければならない。まさに、水利をめぐる工事の負担、河役を誰がになっていたのかということであり、それを駆使していたのは誰かという問題である。

長瀬は吉岡義信（1978）の黄河史研究の主要部分が水利役の詳述に偏っていることを批判しているが（長瀬、1983: p.11）、それはやや論点を違えているように思われる。すなわち、吉岡はやはりウィットフォーゲルや木村正雄らの専制国家論の枠のなかにおいて、水利を論じていたのであり、大量の農民を動員し、それを指揮し、河防のための事業を行なうというのは、権力論の問題であり、議論の中心とならざるをえなかったのであろう。

もちろん、長瀬もまた治水事業と国家機構の関わりについて、何度も言及している。また、「このように宋代の官制では、治水事業について官の力はかなり末端機構にまで反映されるように、そのしくみがなされ、後述する労働力の徴発もこのしくみの中で行われ、黄河治水という共通の利害のために、すべてが統合されて、公権に直結していた」（p.204）と述べ、さらにその要因として「治水事業の如きは個人の力では如何ともし難いもので、しかも災害をうけるときは、その地域が広範囲に浸され、人も物も無に帰することは、単に個人や地域集団の問題にとどまるものでなく、巨視的には国家の問題にまで還元され、拡大されてくる。これが治水＝公権への直結の要因である」（p.204）と論じており、決して論点のツボをはずしているわけではない。ただ、吉岡との対比でいえば、問題をあつかう関心の軸が異なること、観点の相違が存在するのであり、そこに吉岡と長瀬の著作のそれぞれの特質が存在するのである。

長瀬はさらに征服国家である元朝においても、同じように水利について関心が払われていたことを述べる。「華北は主として畑作地帯が中心であり、灌漑も畑作に行われ、雨水の少ないときは旱害となって農民生活を不安におとしいれ、生産は低下し、政治的基盤も不安定になる（元は異民族の統治者という性格上、直接生産者と直結していないため、農民の生活の不安定は、より以上に政治と深いかかわりをもってくる——反乱や国家経済の危機をまねく。そのため歴代王朝以上に、農民に対する関心、保護の策が強くなされているようである）。これを救うため、政治的には免租を、経済的は水利灌漑施設をつくり生産を確保するという措置が必要になってくる。ここに治水・利水事業が国家権力によって行われる意義がある」（p.286）。長瀬は、元は異民族であるがゆえに、歴代王朝以上に農民に対する関心、保護が強くなされた可能性を指摘している。一九六四年、国際的なアジア的生産様式論争の切っ掛けをつくったヴァルガ論文以降、支配者（王や皇帝）の農業への関心そのものが、アジア的な響きを持つことが指摘されている。西欧の諸王は、農作物の豊凶に責任を負うことはない。それはまず気候のせいであり、最終的には神に帰すことがらである。その意味では、元朝の諸帝もまた典型的なアジア的国家の君主であったといえる(2)。

（5）その他

以上、瞥見してきたように、木村正雄の両大著刊行後、中国史における水に関する著作、論文が多数発表され、優れた著作にこと欠かない。単著としては、上記の著作のほかに、谷光隆『明代河工史研究』（1991）、森田明『清代水利社会史研究』（1974）、『清代水利社会史の研究』（1990）など労作が続いている。だが、紙幅の関係上、これ以上触れない。ただ、谷光隆（1991）に清代の治水家靳輔に関する評伝（侯仁之著）が翻訳・付載されている。そこに、靳輔を重んじた康熙帝の、自分が政務に関わって以来、三藩・河務・漕運をもって三大事としていた、との言葉が伝えられている（p.571）。三大事のうち、河務すなわち黄河の治水および漕運、つまり二つまでも水に関わることがらである。この康熙帝の言葉をどのように解するか、いろいろな見方があろうが、水が依然として国家の大事であったことが理解できよう。

これまでは、ウィットフォーゲルもしくは木村正雄の理論的提言を肯定的に受けとめてきた研究者の労作を紹介してきた。だが、ウィットフォーゲルや木村正雄の水の理論に対しては、古代史研究者に強力な反論、否定論が存在する。小嶋茂稔（2009）は、木村説に対しては、中国古代において灌漑農法がそれほど必要とされていたかという疑問がつとに投げかけられていたことを述べ、その注において、原宗子（2005）、藤田勝久（2005）、浜川栄（2009）の名を挙げ、中国古代における国家形成に大規模治水建設が必須であるという見解は否定されつつある（小嶋茂稔、2009: p.6）、と結論づけている。これが、現在の日本の中国古代史研究者の大方の意見かとも思われる。

まず、藤田の批判の骨子は、古代国家成立初期に全国的な水利官による組織は見いだせず、そのため、国家が「統括的な水利組織」によって農民の再生産に直接関与するという形態もありえない、というものである。その通りであろう。浜川栄は、この藤田の実証により、「全国規模での治水・水利機構が前漢末にようやく整備されたことは疑いようがなくなった。これにより、中国古代デスポティズム成立の基礎条件に全国的治水・水利機構の存在を想定したウィットフォーゲルや木村の理論は崩壊したといってよい」（p.28）と断定する。

そうであろうか。あまりにも、表面的な字句に捉われた批判ではないかと思われる。我々は、文革期に全国的な政府機構および党機構が瓦解するなか、毛沢東の独裁（「無産階級専政」）が強化されたのを見てきた。また、先ほどの吉岡義信の北宋期の黄河史研究のなかで、水利機構は必ずしも系統的な組織ではなかったことを見た。だが、それが皇帝に直属する中央の専攬を保証していたのである。ウィットフォーゲルおよび木村正雄の水の理論においてもっとも重要なことは、専制国家は如何にして生まれたのかを問うことであり、彼らの理論的なあげ足をとることではないのだ。

もし、水の理論への批判が、大規模水利への必要が中央集権的な専制国家を成立せしめたのではなく、実際には中央集権的な国家の成立が大規模水利事業を可能にしたのだ、というのであれば、筆者には、妥当な批判だと思われる。一九五七年、ウィットフォーゲルの大著が刊行され、関係する諸学界は大きな衝撃を受けた（ウィットフォーゲル・パニック）。その著作の政治的なメッセージがあまりにも強かったがゆえに、ウィットフォーゲル「水の理論」の批判のほとんどは、彼の理論的弱点をそのまま突くものであった。すなわち、大規模水利事業を営むためには、すでに権力が一定程度集中していなければならず、それゆえ国家および国家機構の成立が先であり、大規模水利事業はその後からなされたとするものである。だが、ウィットフォーゲルが死亡し、その矛先であった社会主義圏（ソ連圏）が崩壊した一九九〇年代以降、批判の在り方は変化してきている。あるいは、一九九〇年代に、水利史に関わる著作が次々に出版されるようになったことを考えれば、実際の研究、フィールドワークが進行中の一九八〇年代には、すでに、ウィットフォーゲル仮説をそのまま受け入れなくとも、少なくとも、政治支配と水との間には大きなつながりがある、ということを認める雰囲気が生まれつつあったと思われる。また、アジア的生産様式論支持者や理解者のなかに、大規模水利が先か、それを可能にするような権力の集中が先かの議論は、卵が先か鶏が先かの議論と同じく、意味がなく、相互作用論に立つべきだと考えるものも出てきている（Worster, 1985）。筆者が、木村正雄の水の理論の中における、第一次農地にもとづく国家のなかに、すでに専制の萌芽が存在することを木村が認めていることを重視するのも、それゆえである。

また、それが、一連の水の理論に対する批判への答えにもなっていると考える。すなわち、専制を生むのは必ずしも大規模水利事業の必要性だとは限らない、ということである。邑制国家のような規模の小さい国家においても、君主は水利事業展開のために農民に賦役を命じたであろう。良民もしくは公民に労働を強制する、それが専制の萌芽だと考える。後は戦国時代以降の郡県制の展開のような具体的な歴史プロセスの問題である。また、浜川は乾燥地帯における灌漑が必ず重大な塩害を引き起こすことを強調している。だが、古代における華北がどのようなエコシステムのもとにあったのか、いまだはっきりしない。また、たとえ古代華北が現代のように乾燥していたとしても、メソポタミアのように華北などよりももっと高温で乾燥した地域においても、数千年間、灌漑が繰り返し試みられた地域もあり、塩害の可能性をもって、古代華北における灌漑の重要性の否定や無効性には繋がらないと考える。ましてや、「過剰な灌漑による塩害の発生を伝える史料もない。したがって、歴史上の灌漑機構において塩害があったことを明証することはできない」と浜川自身が述べていることをみれば、いっそうその感が強い。

水の理論に対するもっとも本質的な批判は、天野元之助（1958）から提出された。木村説が天水農耕を無視していることへの批判である。その含意は、華北農業が主要には天水農耕であり、その技術的基礎は旱地農法に依っているとの指摘であり、それゆえ灌漑農法は、華北農業の主要な形態ではなく、したがって古代文明の基礎となりえないとなる。原宗子の水の理論批判は、この天野元之助の批判を継承したものである。彼らの批判は重たい批判であり、ウィットフォーゲルおよび木村正雄の二人の水の理論の根本をついたものであると考える。

だが、アジア的生産様式論にせよ、水の理論にせよ、一九二〇年代後半以降、つねに重大な批判を浴びてきており、そのこと自体、普通のことであった。古代史研究者ではない筆者としては、この領域（中国古代史）について、さらなる研究の進展を気長に待つ以外にないが、ただ、次の幾つかの諸点を今後の留意点として挙げておきたい。

第一は、中国史において初期国家が成立した時期、あるいはその前後において、如何なる自然環境にあったのかについては、まだ不明な点が多い。鶴間和幸（2007）は、「中国文明を生み出した自然環境は時とともに変化するものであり、現在の自然環境が古代と同じではないことには異論はない。古代の黄土高原は現在よりも温暖湿潤で、森林が繁茂した緑の平原であったとも見られている。その地を多大な人口を養うために開発した結果、自然環境が変化してきたのである。森林があれば、降水はいったん地下に浸透し地下水となり、徐々に河川に注ぎ込む。森林を伐採すれば、降水は表面の黄土を押し流し、河川に直接注ぎ込む。当然河川の土砂の量が増え、黄濁度も増すことになる。古代の黄河は黄河とは呼ばれておらず、河あるいは河水といった。唐代から黄河と呼ばれ、宋代以降に定着していった」（鶴間、2007: p.4）と述べているが、この記述に依拠するならば、殷周期においては、現在考えるよりもさらに大きな役割を水に期待してもよさそうである。殷周時代より、華北の諸王権が旱地農法に依拠していたのかどうか、問題はオープンになったままであろう。上述したように、大規模水利の跡を発見するのが重要なのではない。古代農業はどの程度水利に依存していたのか、あるいは諸王権が依拠したのは、水利農業であったのか、それとも旱地農業であったのかが問題なのである。特に、殷周期に大規模水利を問う必要はない。理論的には、第一次農地における国家の成立で、十分である(3)。

筆者は、この第一次農地にもとづく邑制国家の成立以降の、中国古代の水利農業の発展を二系列に分けて考察しうると考える。一つは、より大きな水利事業の展開による、第二次農地成立への道である。もう一つは、水利農業を踏まえながら、より少ない水で可能な旱地農法成立への道である。これは、ちょうど、石井米雄の水利をめぐる工学的適応と農学的適応に相当する。すなわち、第二次農地への道は、堰や水路、あるいは堤防の築造など、力をもって水を制御する工学的適応の道であり、旱地農法への道は、自然に従い、その自然の特性にあった農業への転換、すなわち農学的適応の道である。そして重要なことは、工学的適応の道も、農学的適応の道も、同じ水利社会において生じたということである。その点において、長瀬守がいう畑作を行なう華北も水稲農業の華中・江南も、同じ水利文化圏に属する東アジア水利農業文化圏説は妥当であると考える。旱地農法、とくに『斉民要術』に代表される旱地農法は灌漑農法と無縁ではない。旱地農法は水の節約を旨とし、基本的には水利農業の延長であろう(4)。

次に、このような水利を通じた王と農民の関係において、王の良民・公民に対する支配権が確立したことを考えると禹の洪水神話が何時成立したのかが重要となる。岡本秀典（2007）によれば西周期には、この神話が基本的に成立したとみなせそうである。この神話の成立こそ、土地と水が王の所有であることが確立したことの証であろう。禹の神話の成立と流布は、王が大地（耕地）の創造者として、土地と水の所有者として、その土地を耕し、水を利用する共同体農民に、賦役を命じるイデオロギー的な権力を与えるものである。すなわち、この神話成立期に、水利が農業にとって必須だった時代があったことを想定しうると同時に、この神話の流布を支えた社会もまた、農業にとって水利が極めて重要である社会であったと想定しうることになる。

最後にもう一言。アジア的生産様式の成立にとって、水は主要な契機ではあるが、水が全てではない。先ほど、王の農業生産に対する責務というのは、西欧のマルクス主義者にとっては、アジア的な響きがあると述べたが、さらに、共同の備蓄をあげなければならない。この点はヴァルガ（1964）も強調しているところである。インカ時代、土地は三分され、国家宗教の、インカ王の、そして残りが村落共同体（アイユ）の土地として分けられ、それぞれ、村落共同体の共同労働（アイユ）によって耕されたが、その収穫物は祝祭や救恤に使われたという。ゴドリエによれば、これもまたアジア的生産様式にもとづく社会の出来事なのである。そうなれば、我々はやはり、殷周期の藉田や偶耕といったことを、その視点から再考すべきであろう。大規模灌漑がないから、アジア的生産様式ではない、あるいはアジア的国家の成立とは認めがたいというのは、あまりにも、通俗的な理解にもとづくものである。

2　中南米

水と政治支配の結びつきは、アジア的社会に顕著なものであった。マルクス主義の創始者たちは、アジア的社会にメキシコやペルーをも含めており、南北アメリカの古代文明において、水が如何なる役割をしていたのか、あるいはしていなかったのか、やはり検討してみたいと考える。

アメリカ古代文明における水と政治支配の関わりが問題となったのは、ウィットフォーゲル『オリエンタル・デスポティズム』(1957)以降のことであった。ウィットフォーゲルは、その大著のなかで、インカ帝国、アステカ・メキシコ連合を、中国、インド、メソポタミア、エジプトなどの古代文明などと同じように、水力社会であると述べている(マヤ文明については、水力社会としては周辺的な存在と見ているようである)。すなわち、一般の水利社会とは異なる大規模な灌漑・治水事業を営むべく、より強力な政治権力が生まれたと認識していた。このウィットフォーゲル仮説は、古代メソアメリカをフィールドとする考古学者たちを強く刺激した。サンダーズとプライス(Sanders & Price, 1968)は、灌漑がメキシコ盆地の国家形成に大きな役割を果たしたと主張した。だが、ウィットフォーゲル理論をメキシコ盆地(5)に適用することに対しては、メキシコ盆地の灌漑システムが小さすぎて、ただ食糧供給部門を支える程度のものにすぎず、それゆえ水利システムは複雑な官僚階級による管理運営を必要としなかったし、それをめぐる抗争や競争を刺戟することもなかったとの批判が起きた。サンダーズ(Sanders, 1976)は、このような批判に対し、反批判を提起しようとするものであった。

テオティワカンやアステカといった古代メキシコ文明を代表する国家を生んだメキシコ盆地の水利システムについて、サンダーズは様々な検証を試みており、そこから古代社会を支える水利の重要性を丁寧に解き明かそうとしている。だが、彼があげる二つのタイプの灌漑システムのうち、泉を水源とする灌漑は小規模なものであり、また盆地を囲む峡谷・急斜面(barranca)からの水流を利用した洪水灌漑(溢流灌漑)にしても、それほど大きなものではない。またそれに必要な水路にしても、長い延長をもつものではない。そのほか、テスココ湖畔におけるチナンパや、テスココ湖周辺に広がる低湿地帯における排水の整備などいずれも水利に関わる事柄であり、メキシコ盆地の農業および食料生産にとって重要であり、かつ、そのような水利施設の建設や水利事業のためには多くの農民を動員せざるをえなかったとはいえ、それらはみな、大規模な土木事業を伴うものではなかったと思われる。

一九七〇年代以降も、メキシコ盆地の水利をめぐる議論は続いたと思われるが、その後も、プライスやサンダーズの主張を強く支持するような、あるいはまた、ウィットフォーゲル仮説の実証に必要な、大規模水利の遺構がみつかったわけではなかった。それゆえスカボロー（Scarborough, 2003）は、サンダーズやプライスの議論は不十分なものであり、水力仮説を実証したものではないと述べ、むしろ彼らの実際の考古学的作業にもとづかない主張が、メソアメリカ古代史研究に混乱をもたらしたとして、否定的に見ている。青山和夫（2007）も、メソアメリカの灌漑について、マヤにしても、テオティワカンやアステカにしても、灌漑システムはいずれも小規模なものであり、灌漑理論は当てはまらないと、何度か強調しているが、その背景にはスカボローと同じ見方があるのかもしれない。それに対し、スミス（Smith, 1996）は、サンダーズのウィットフォーゲル理論のメソアメリカへの適用の試みは、その後のフィールドワークや比較研究を強く刺激したと述べ、さらに、現在、ウィットフォーゲル理論をそのままの形で受け入れるものは少ないが、それにもかかわらず、多くのものが灌漑農業と政治権力の集中化の間に強い機能的関連が存在していることを認めている、と付け加えている。

青山和夫（2007）は、ラテン・アメリカ特有の水上耕地、チナンパのアステカにおける展開について「チナンパは、メキシコ盆地の淡水湖において、首都で増大する食料需要に対応すべく、アステカ王国が一五世紀から造成した、大治水事業であった。大河川流域ではなく、しかも王国が発展した結果、造成されたのであり、灌漑理論はあてはまらない」（p.222）と強い口調で述べている。ここでの灌漑理論とは、もちろん、ウィットフォーゲルの水の理論である。

だが、冷静に考えれば、この大治水事業のため農民あるいは部族の民を動員する権力はどこから生じてきたのであろうか。当然、強力な国家が成立したからである、というのが答えであろう。だが、すべての初期国家、あるいは発達した首長制が、同じように、自らの部族成員や共同体農民に労働を強制する権力を所有していたのではない。少なくとも、マルクスが古典古代的共同体とかゲルマン的共同体と呼んだ人々の世界では、首長や王は、同一共同体のメンバーに労働を強制することはできなかった。国家が成立していないからできなかったのではなく、国家が成立した後もできなかったのである。それゆえ、古典古代世界の知識人は、ペルシアやエジプトにおいて公民や良民が、公共事業のために労働を強制されているのを見て、かれらは自由民ではない、と考えたのである。

メキシコ盆地に成立した国家が、土木事業のために臣民を動員しえたこと、それもまた一般的な初期国家の成立とは別に説明しなければならない事柄である。さらに、いえば、ウィットフォーゲルの水力社会（専制国家）であれ、青山がいうメキシコ盆地やユカタン半島の諸王国であれ、いずれも、首長が同じ共同体成員、同じ部族の民に、王や皇帝が公民もしくは良民に、公共事業のために労働を強いる体制には異なることがないという点に、今一度、注意を向けなければならないと考える。

ペルーの古代文明については、古代メキシコと同じく、マルクスやエンゲルスも、アジア的社会の関連から言及しており、その後も民族学・人類学あるいは古代史や国家論に関心のあるマルクス主義者にとっては、注目すべきテーマであった。一九六〇年代初期以降、アジア的生産様式論争の再開を提唱したフランスのマルクス主義者の一人であったモーリス・ゴドリエ（1976）は、アジア的生産様式の典型の一つとして、インカ社会を取り上げ、その社会構成を論じている。ゴドリエにとってアジア的生産様式の本質とは、「一方では、土地の共同占有が支配的であり、部分的にはまだ親族関係を土台に組織されている未開諸共同体と、他方では、この諸共同体の現実的ないし想像的統一を表現し、本質的な経済資源の利用を統御し、自分の支配する諸共同体の労働と生産物の一部を直接的に領有している国家権力との、結合された存在にほかならない」（p.204）。土地所有はいまだ共同体的な所有が支配的であり、土地私有は存在しない。それにもかかわらず、小共同体の上に聳え立つ総括的統一体（具体的にはインカ国家）は、諸共同体の共同労働（賦役）と、同じ諸共同体からの貢納を基本的な収取の手段としていた。とくに、征服者としてインカ国家が各共同体に割り当てたインカの土地および神の土地における、共同体成員の共同労働（共同体のための賦役労働）こそが、インカ社会の生産様式の土台であった。いまだ土地私有が存在しない段階における、貢納や賦役を差し出す側と、それを受け取る側の対立、支配と被支配の成立。その意味で、この生産様式は、階級のない社会から階級社会へと到る過渡的な性格を持つと、ゴドリエは述べる。この共同労働こそ、灌漑や段畑をつくるための大規模な生産労働なのだが、ゴドリエはこの生産様式においては、水は本質的な契機ではない、と強く否定する。ゴドリエによれば、「水利労働であれ他の労働であれ、大規模な生産労働および非生産的労働は、未開共同体を支配する国家権力出現の、可能な土台のうちの一つにすぎ」ず、さらに「ある社会が《アジア的生産様式》に属するかどうかは、だから、中央権力が指揮する大規模労働が存在するかどうかではなく、主要な生産手段を集団的に占有しながら、しかもその終極的な統制権が国家の手中にあるかどうかに、かかっているのである」と述べ、大規模労働の存在もまた、アジア的生産様式規定の主要な要因ではない（pp.204-205）とまで言い切っている（6）。

ペルー文明、とりわけインカ帝国との関係において、水利を社会発展の重要な要素として論じているのは、ムラー（1980）である。ムラーはマルクス主義的な生産様式論あるいは社会構成体論に極めて接近したアプローチを採り、インカ社会の生産力および生産関係の発展を論じている。ゴドリエのアジア的生産様式論にムラーのインカ経済組織の研究は影響を与えている。ゴドリエ（1976）やアイヒ（Eich, 1982）が強調するように、共同体農民による貢納と賦役（共同体のための賦役労働）こそ、インカ帝国の収取の根本にあったものであった。インカの生産様式と社会構成体はまさに、アジア的生産様式の一つのモデルとなりえたのである。

アンデス文明と水利の関わりについては、アンデス高地ばかりではなく、ペルー海岸地方を含め、アンデス文明を構成している様々なエコシステムの相関に目を向けている山本紀夫（2004）の記述を参考にしつつ概観を得たい。古代ペルー文明の二つの中心地、アンデス高地とペルー海岸地帯のうち、水が必須であったのは、降雨量が少なく、乾燥した海岸地帯であったと考えられる。海岸地帯に興亡を繰り返した古代文明、モチェ、ナスカ、チンチャ、チムーなど、いずれも灌漑によって農業を支えていた。主要な作物はトウモロコシやマニオクだったと考えられている。ペルーに到来したスペイン人の多くをまず驚かせたのが、乾燥した海岸地帯に広がる灌漑水路であった。ペルー北部海岸地帯に建設されたモチェでは、大土木事業が行われ、その灌漑施設が残されているが、その一つチカマ川のラ・クンプレ運河は、全長が一一〇キロメートル以上に及んでいる。アンデス高地から流れ落ちる河川の水を利用し、灌漑水路を張り巡らし、砂漠を耕地に変えたのである（山本、2004: p.105）。その後、北部海岸に築かれたチムー王国の首都チャンチャンは、チカマ渓谷に置かれていた。また、南部海岸地帯のナスカでは、蒸発を防ぐため地下水路（puquio）が築かれ、ナスカの可耕地一五〇〇haの農業を支えていた。また、中部海岸においては、インディオが残した灌漑を、スペイン人たちが引き継ぎ、彼らの最初の都市リマを潤し続けたといわれる。

それに対し、アンデス高地において、文明の発生と水利の関わりは、海岸地方に比べ、それほど明確ではない。それというのも、アンデス高地の文明が依拠した主要な食糧は、一般に信じられているトウモロコシではなく、ジャガイモ、キヌア（アカザ科の雑穀）など寒冷高地に適した作物であった（山本紀夫、p.124）からである。トウモロコシは基本的に温暖な低地に適した作物であり、ジャガイモが栽培化されたような高地では栽培できない（p.83）。十六世紀、征服者スペイン人たちが、「水が引かれていない限りトウモロコシの種が播かれることはなかった」と述べているように（p.160）、アンデス高地におけるトウモロコシの拡大は、同じく高地における灌漑の発達と連動していたと考えられる。

トウモロコシ栽培がアンデス高地に普及しなかった理由は、寒冷高地であることのほか、雨期と霜の訪れる時期の間が短く、トウモロコシが成熟するには不十分であったことが挙げられる。それゆえ、成熟を促し、かつ霜害を防ぐためにも、灌漑が必要とされていた。だが、急峻な山地における灌漑は、両刃の剣でもある。すなわち、灌漑による土壌流出の恐れである。それを防ぐためにも、石などを用い、土壌流出を食い止めるだけの段畑をつくる必要があった。三〇〇〇メートルを越える高地に灌漑設備を築造することのほか、さらに切石を用いた段畑の造成のためには、多大な労働を必要とする。灌漑・階段耕作（terracing）・トウモロコシの結びつき（complex）（Mitchell & Guillet, 1994: p.8）。この厖大な労働の徴集と指揮を可能にしたものこそ、インカ帝国の誕生であった。

ほそぼそとした形でしか維持されていなかったトウモロコシ栽培が拡大されるようになったのは、インカ帝国の興隆と関わりがあると、ムラーに依りつつ山本は言う。「実際に、アンデスの山岳地帯におけるトウモロコシの大規模な栽培はインカ帝国の版図の拡大とともに広がったと考えられる（Murra,1975）。また、インカ時代の後期になって階段耕作の規模が大きくなり、切石を使った石積み技術も精巧になる。これは高度に中央集権化された政治組織の成立によって大量の労働力を駆使し、大規模な土木事業が可能になったことを意味している」(p.290)。山本は、互酬性や再配分といったプリミティブな社会における交換システムに関する認識を踏まえつつ、インカが作り上げた労働制度や収取システムを果たした役割を「インカ王は権威によって集めた富を気前よく再配分することで多くの民族を味方につけることができたが、この再配分の中心となっていたものこそがトウモロコシであったと考えられるからである」(山本、p.292)と述べ、トウモロコシが、インカ帝国の成立にではなく、その拡大に大きな役割を果たしたらしいことを認めている。

これまで、述べてきた大規模な「共同体のための賦役労働」は、水をめぐるものであった。だが、アンデス高地の大規模な共同体の賦役労働は、水を契機として生じたものかどうか定かではない。灌漑の拡大のまえに、すでにアイユの共同労働は存在していた可能性もある。それが、アジア的生産様式を論じる際における、高地アンデス社会の、特徴といえるであろう。我々の水の理論において、共同体のための必要労働、あるいは共同体のための賦役労働——すなわち社会的必要労働——は、治水であれ、灌漑であれ、水利のための労働が中核に存在した。アンデス高地のプリミティブな社会においては、その主要な食糧を構成するジャガイモの生産やキヌアなどの採取は、本来、水利を伴うことはない。ただ、ティティカカ湖畔の都市ティワナクにおいて、レイズドフィールド(raised field)と呼ばれる一種の灌漑農耕が行なわれていたが、そこではジャガイモが植えられていた可能性がある(関雄二、2010)。海抜三八〇〇メートルの高地にあるティワナクの巨大建築物は、いうまでもなく、レイズドフィールドと同じく農村共同体の共同労働で建設されたものである。水路にせよ、その補修にせよ、あるいは年ごとの川浚え、畔なおしにせよ、農村共同体の共同労働なしには成立しない。それゆえ、共同労働の慣行と水利建設を、ほぼ同時に発生し、かつ互いに作用しあって、維持発展してきたものと考えたくなるが、神殿建設に象徴される共同労働の発生の方がかなり早くから先行したものと思われる(7)。人口の増加を促した、あるいは人口増加に対応した食糧の増産のための、急峻な山地における階段耕作については、農村共同体の共同労働とそれを大規模に動員・指揮する指導体制が不可欠だったと思われる。

この種の共同労働は、狩猟社会における共同狩猟、焼畑耕作における森林の伐採と共同の火入れなど、人類の歴史においては、かなり早くから成立していたと考えられる。ただ、共同労働が少数の支配者のための賦役体制に繰り込まれ、かつその体制の下、長期にわたって存続することを考えると、この種の労働のかなり特殊な性質を考慮にいれざるをえない。何故ならば、一般の共同労働は、たとえば収穫物の不公平な分配のように、労働に見合わない成果や報酬に結果する時には、いつも、容易に、個々人の労働に解消されるからである。すなわち、我々が一般に想像しうる共同労働は、独自の、敵対的な、生産様式の中核的な収取にまで発展することはない、と考えられる。それゆえ、アジア的生産様式論——それを敵対的な生産様式として理解する場合——においては、水が契機となる共同労働に注目が集まることになる。

アンデス高地における水利について、おそらくは一九八〇年以降、大きな注目が集まるようになったと思われる。それは、東南アジア、南アジアらの、水利に対する関心が高まったのと同時期であったと考えられる。ミッチェル&ギエ（Mitchell & Guillet, 1994）からは、多くの生態学や人類学、あるいは地域研究をフィールドにする研究者たちが、アンデス各地、各峡谷の水利について、それぞれ、継続的なフィールドワークを行なっていることがわかる。なかでも、クスコ盆地の王権と水の関わりを論じているシャーボンディ（Sherbondy, 1994）が興味深い。アンデス高地の小盆地クスコは、大帝国への発展前のインカにとって重要な食糧基地であり、農業生産はクスコ盆地の灌漑によって支えられていた。その灌漑システム（とくに水源や水路）はインカ独得の宇宙観（方位観）に結び付けられており、それがまた政治や行政のモデルともなっていた。土地に対する権利は水に対する権利に依存していた。それゆえ、個々人は、水路建設およびその維持管理を担う村落共同体（アイユ）の一員として、水に対する権利を保有していた。インカの創生神話において、Inca Roca の妻となった Mama Micay の最初の行動が、日照りに苦しむクスコに灌漑の水を送ることであった。さらに、クスコへの水源は、彼女の国の Lake Coricocha からインカの王によって作られた秘密の地下水路を通って流れ込んでいると信じられていた（Sherbondy, 1994: p.81）。同じように、灌漑路や排水路もまたインカ草創期の王たちによって作られたと伝えられていた（p.82）。そこから、インカの王が土と水の所有者であると信じられ、さらに水路を増設し、段畑による階段耕作を拡大させるために、王がインカの民に賦役を課すことがイデオロギー的に正当化されることになる。スペイン人はクスコ征服後も、インカ時代の水利システムを彼らなりに踏襲した。征服者であるスペイン人たちにとっても、それ以外の方法で、アンデス高地において食糧を確保することが難しかったからであろう。また、インディオから貢納を取り立てるためにも、灌漑システムは維持されなければならなかった（p.87）。

考古学をフィールドとするウィリアムズ（Williams, 2006）は、アンデス文明の灌漑と政治支配の結びつきに関して、「ウィットフォーゲルの水力仮説は灌漑システムが複雑な政治システムへの発展をもたらす主要な力だと規定した。ほとんどの研究者たちが、その主張を退けたにもかかわらず、農業生産における技術革新、農業システムの強化、より複雑な社会―政治形態への発展などが、同時に生じたことは、世界の多くの地域において、報告されている。南アメリカ西部の尾根、とくにペルー、ボリビア、チリの乾燥した砂漠と高原は、これらの相互関係を検証する理想的な場所である」と、興味深い見解を述べている。さらに、ウィットフォーゲル理論に、エスター・ボズラップ（『農業成長の諸条件』）の経済発展に関する議論を結び付け、「土地の希少性を伴う農業景観における人口増大の圧力は、灌漑を含む農業システムの強化を導く。これらの強化された新しい灌漑システムは管理者に効果的な操作を求め、灌漑官僚制度の成長は国家機構の発展を招くことになる」と概括している。

3　ヨーロッパ

これまで、アジア的社会における水と政治支配の関わりを検討してきた。だが、コロンブス以前のアメリカ大陸の古代文明を営んできた社会がマルクスの言うアジア的社会であるかどうかについては、様々な議論があると思われるが、上述のごとく、筆者は、水と政治支配という点に関しては、マルクスの「アジア的社会」に属するものとして捉えうると考えている。では、それらに対し、非「アジア的な社会」における灌漑・治水は、政治支配とどのような関わりにあるのであろうか。非「アジア的社会」における水と政治支配の関係の歴史を知ることは、逆に「アジア的社会」とは何かを、より良く知る助けになるはずだと思われる。

マルクスは、アジア的社会と西欧社会の水の在り方について、以下のように述べている。

天候と地形上の条件、とくにサハラからアラビア、ペルシア、インド、タタールを経て、アジア最高の高原にまでひろがっている広大な砂漠地帯のために、運河と用水とによる人工灌漑が、東洋農業の基礎となった。エジプトやインドと同様、メソポタミア、ペルシアその他でも、洪水を利用して土地を肥沃にし、高い水位を利用して灌漑水路に水を注いだ。このように、水を節約して共同につかわなければならない根本的な必要から、西洋では、フランドルやイタリアの例のように、私的経営が自発的な連合を結ぶのが促進されたが、東洋では文明があまりにも低く、また地域があまりにも広大で、自発的な連合を生み出さなかったため、とうぜん集中的にはたらく政府権力が介入することになった。ここからして、一つの経済的機能、すなわち公共事業をおこなうという機能が、あらゆるアジアの政府に帰した」（マルクス「イギリスのインド支配」『マルクス＝エンゲルス全集』第九巻、p.123）。

この著名な一節において、西欧における水利事業の典型として、マルクスはフランドルとイタリアの例を挙げている。一八五〇年代の西欧において、水利と農業の顕著な結びつきを代表する地域として、おそらくフランドルとイタリアはよく知られた存在であったのであろう。では、フランドルとイタリアの例は、どの程度まで、アジア的社会との質の違いを明らかにしてくれるのであろうか。

チリアコノ（Ciriacono, 2006）は、ベネチアおよびオランダの水利事業に関する著作であり、時期区分としては、近世以降、ほぼ産業革命期まで、もっとも大きな関心は近世ベネチアの水利事業に向けられている。同書を貫いているのは「オランダの「黄金の時代」においてでさえ、オランダ自体においても、その他のヨーロッパの地域においても、私的な会社組織が沼沢地へ向けた資本のメイン・ソースであったことは疑いない」

(Ciriacono, 2006: p.14) といった著者の捉え方である。実際には、国家あるいは諸政体もまた沼沢地の干拓には関心を寄せていた。耕地が増えれば、農民も増えるからである。だが、問題は、それを実行するかどうかは、国家や公共団体が資本をもっているかどうかにかかっていた。経済の下降に従い、私的投資家たちが干拓への関心を失うのと反比例して、国家がその役割を増大させることもありえた。

近世ベネチアにおいて、人口の増加、およびオスマン帝国の台頭と、そこからの食料輸入の困難さが増すにつれ、耕地拡大への意欲が増した。そこに、有力な主穀として水稲が加わる。ポー川流域における米作は長い伝統があるとはいえ、麦作が主流である西欧において、水稲を営むというのは、おそらくムギ類に比し、コメの、種子に対する収穫の多さ、耕地当たりの、土地生産性の高さが、投資家たちの投資意欲をかきたてたのであろう(8)。

ベネチアにおいて農地のために水を要求したのは大土地所有者＝土地貴族であった。彼らは、自らの収益の拡大のため、経営のための投資として水に投資した。もう少し具体的にいえば、土地貴族たちは、飲用水を買うようにして、農業用水を買った。もしくは、農業用水を、原料や機械に向けたのと同じように、明確に配分された投資の一環として、購入したのである。

だが、ベネチアにおける水利は、ラグーン(lagoon, 潟)との関わりが重要であった。ラグーンの現状を変えることにつながるような水利事業は認められなかった。土地貴族は、様々な用途において高まる水需要のなかで、自らの水田への給水を確保しなければならなかった。

西欧の灌漑農業における水と政治支配の関わりを明らかにするには、より相応しい例を検討する必要がある。まずは、治水に関するオランダの例である。オランダの干拓地における農業は、一度干拓が成功するや、水をつねに供給する必要はない。すなわち、灌漑農業ではない。ただ、海面より低いオランダの干拓地においては、治水事業こそ生命線であった。この治水のための自治組織が十三世紀にできたウォーターボードであり、幾つかの農家があつまり堤防を造り、相互に責任を負っていた。ウォーターボードは、その代表ダイクグラーフを選んだ。人々は堤防管理の費用を税金として支払った。堤防と水の前では人々は平等で民主的であり、ウォーターボードは世界でもっとも初期の近代的な民主主義的自治組織となった(長坂寿久、2007: pp.51-52)。アジア的社会における水と政治支配の結びつきとはまったく対蹠的な世界がここにある。

さらに、西欧的な水と政治支配の在り方を示すものとして、グリック『中世バレンシアにおける灌漑と社会』(Glick, 1970)は、現在のところもっともすぐれた著作である。

バレンシアの灌漑地はウエルタ huerta と呼ばれた。ほとんどのウエルタはバレンシア市およびそれぞれの町の管轄のもとにあった。町の人間は城壁の外に灌漑農地をもち、主穀やブドウを植えていた。バレンシアの市と町は、都市およびその管轄下にある土地(農地)に対し、司法権を有していた。市や町が新しい水路を築く場合、議会あるいは行政当局は、そこに明確な司法権を確立した。アラゴン王のもとにあるバレンシアの、最終的な司法権はアラゴン王に属したとはいえ、実質的にはバレンシア市や町が保有していた(国王からの特許状を得ていた)。それゆえ、王は、アジア的社会の王のように、灌漑の発展のために投資しようともしなかったし、またそれに統制を加えようともしなかった(p.95)。灌漑のための投資は主に土地所有者や他のグループがカンパニーを作って行うものが主体であり、町は市民が負担できないほどの規模の灌漑計画にのみ関与した。具体的な水路の掘削工事は、人手を集め賃金を払って行われ、石灰岩、砂やレンガなどの必要な資材もまた金銭をもって調達している。灌漑プロジェクトにおいては賦役 corvée はほとんど用いられなかった。特にバレンシア市においては賦役ではなく、賃金による雇用を好んだといわれる。ただ、緊急時(洪水により主要な水利施設が破壊された時など)には、賦役に頼る場合、あるいは賦役に頼る町があったようである。

名称については様々な差違を含みながらも、一般には、地域的な灌漑機構の責任者は sobrecequier と呼ばれ、個々の水路の管理者は cequier と呼ばれていた。sobrecequier は、市の役人であった。ウエルタ全体に関わる灌漑の問題についての司法権は jurate によって執行された。jurate は市の行政官であった。sobrecequier と jurate の職務や権限の間には、重複する部分があり、それゆえ、時には sobrecequier が存在しない場合もあったようである(pp.34-36)。cequier はそれぞれの灌漑コミュニティの全体集会によって選ばれたものたちであり、

sobrecequier あるいは jurate の司法権に従っていた。十四〜十五世紀には、市の議会 council と jurate は、ウエルタ全体の水利権の保護者であったが、cequier がその決定から排除されていたわけではなかった。次第に、具体的な経験と知識を有する cequier の重要性が増し、cequier の集会や委員会がウエルタの水利に関する集団的決定において重きをなしていく。それらは後のバレンシア市の水利法廷（Tribunal of waters）の前身をなすことになる。

バレンシア市などの水管理は郊外の水車場、製粉場 mill や大農場主の水要求とは摩擦を起こしがちであった。水不足の年には、具体的な抗争となって現れた。バレンシア市側にとっては、市民へのパンの確保のためにも、市のパン製造業者に粉を供給する製粉場に優先的に水を供給しなければならなかった。水をめぐる最大の抗争は、一四一三年に生じた。三人の貴族（lord）がバレンシア市に優先権がある水路の水を自領に流そうとして、市の jurate および水利機構と衝突した。その時のバレンシア側の対応がとても興味深い。市は jurate 等の報告を聞くや、大土地所有者から市の水利権を守るため、一〇〇名の騎兵と一〇〇〇名の歩兵を募集することを決定し、市やウエルタ中を触れ回らせた。騎兵には一日五スー（sous）、歩兵には三スーの手当てが三日分用意され、広場に集まった義勇兵には市の役人（jurate や justiciar）から前もって支払われた。武力衝突を前に貴族たちはすぐに和解を求め、市の決定を尊重することを誓い、保証人（質）を市に差出した。貴族たちが強気に出た根拠は、国王フェルナンド一世（一四一二〜一四一六）からの書状であったが、市議会は彼らの根拠が国王の手紙を恣意的に解釈したものと断じ、貴族たちにはもともと存在しない権利を主張しているとしてその要求を退けた。その翌日、市は国王（フェルナンド一世へ手紙を送り、経過を報告したが、その時、ハイメ二世（一二九一〜一三二七）のバレンシア市への特許状については、触れなかった。触れる必要もないと考えていたのであろう（pp.141-143）。

同書で述べられている中世バレンシアの灌漑機構の在り様は、我々が知るものと大きく異なる。灌漑コミュニティのそれぞれのメンバーや灌漑コミュニティ自身の権利が、cequier や sobrecequier あるいは jurate の司法権のもと統括され、守られている（当然、権利に対しては相応の義務が課せられている）。これは、西欧における放牧地や草地、森林などの共有地（コモンズ）を管理運営するやり方と同じだと考えられる。司法権相互にはヒエラルヒーが存在し、そのなかで、位階に応じた決定がなされる。その決定は位階に応じた効力を有す。そして、この最終的にはアラゴン王の特許状によって保証されている。

いわゆるアジア的社会において、このような中世バレンシアの灌漑システムの在り方にもっとも近いのは中世日本の灌漑システムであろう。いずれにせよ、中世日本においても、共同体の水利をめぐる諸権利は、上級所有権を持つ権門からの支持（様々な諸権利の授与）抜きにはありえなかったであろう。だが、日本中世と大きく異なるところもある。異なる点は、中世日本においては、大小さまざまな支配者が保持していた大権は、司法権（裁判権）というより勧農権であった。すなわち、これまで何度も述べてきたように、共同体のための必要労働もしくは共同体のための賦役労働を徴集し、指揮する権限である。

アジア的社会とは、この共同体のための必要労働および共同体のための賦役労働を収取の基礎としていた。すなわちゴドリエがいう諸共同体による共同労働である。公共事業とは、この共同労働によって担われる。国家が成立した後、この共同労働は賦役となる。国家成立以後のアジア的社会の水利事業が、賦役として現れるのは、それゆえである。

中世バレンシアの灌漑システムにおいては、賦役はほとんど用いられていない。この点において、アジア的社会の灌漑システムとは大きく異なる。なぜ、賦役をほとんど必要としなかったのであろうか。また、中世バレンシアにおいて、たとえば、新たな水路を築造する場合、まず、それが個々人あるいはグループとして行なう場合においても、あるいは町や市が行なう場合においても、投資として行なわれた。先に一定の資本が準備され、それによって人を雇い、資材を購入して、建設されたのである。そのようなことは、一定程度、アジア的社会においても行われている（特に江戸時代の各種水利事業）。だが、アジア的社会においては、人を動員するのに、あるいは物資を調達するのに、予め資本があるかどうかは、状況次第である。勧農権の保持者は、仮に資本が準備できなくとも、あるいは十分な資本がなくとも、農民を動員し、物資を調達することができる。もし、事前に手元に余裕があれば、労働者に報酬を払うこともあるであろうし、物資に代価を払うこともありうる。少ない元手しかなければ、少なく払うことで済ませるであろう。

中世バレンシアのようなやり方では、灌漑が一挙に広がることはない。ゆっくり拡張しうるだけである。そこにバレンシアの灌漑システムの特異性があるように思われる。つまり、バレンシアにおいては、もっとも元手がかかる最初の灌漑施設の築造、灌漑システムのための基盤づくり、すなわち大がかりな初期投資を行なったのは、中世バレンシア人ではなく、それ以前の、アラブ人、ムスリムであったということである。ムスリムが一応築き上げた灌漑施設を、キリスト教徒であるバレンシア人が引き継いだ、それゆえ、大がかりな初期投資をしなくて済んだと考えられる。

バレンシアの灌漑の起源については、アラブ起源説、ローマ起源説など諸説があり、十九世紀以来、議論が続いている。特に問題とされているのは、中世バレンシアの灌漑システムは、その骨格を、ウマイヤ朝によるスペイン征服後、アラブ人によって築かれたかどうかである。グリックは、後ウマイヤ朝、あるいはその後のイスラム政権、そしてアラゴン王国のもとでの、バレンシアにおける水利建設に連続性を認めているようである。すなわち、バレンシアの水利建設は後ウマイヤ朝以来、徐々に行われたのであって、ウィットフォーゲルの水の理論が想定するような大規模公共事業の展開は、いずれにせよ中世バレンシアには妥当しないと考えている。

だが、グリックは水利建設が大規模かどうかに捉われているように思われる。イスラム系の王国はいずれも征服王朝であり、征服地は征服者の所有に帰した。かつ、ウマイヤ朝は西アジアの出自であった。オリエント諸国家が公共事業のために臣民に賦役を強制する大権を所有していたように、スペインのイスラム国家もまた、臣民に賦役を課すことを当然とみなしていた。後ウマイヤ朝崩壊（一〇三二年）以後、スペインのイスラム国家は分裂を深める。だが、地域ごとに成立したイスラム諸小王国を封建化したと考えることはできない。というのも、それらの小王国もまた、君主と臣民の関係においては、従来と変わることがなかったからである。変化は、たとえばバレンシアのように、レコンキスタ以降、生じたのである。

小括

さて、第三章、第四章を含めた、若干の総括を行ってみたい。筆者は、第三章の冒頭において、水利システムの規模について考察した。共同体もしくは共同体連合によってコントロールしうる水利システムの規模を小規模とし、デスポティズム（東洋的専制）を成立させる水力社会のシステムの規模を大規模とした。その中間のもの、共同体や共同体連合のコントロールを越えてはいるが、デスポティズムもしくは水力社会を成立させるほど大規模ではないものを、中規模とした。

ここでいう水利システムの規模とは、地理的な広さにはある程度関係はあるが、それを直接意味するわけではない。その社会がもっている技術水準、あるいはマルクス主義者がいう生産力の水準が高ければ、地理的な広さは克服する可能性が高い。重要な点は、いつの時期に、どの程度の技術的な水準において、どの程度困難な課題に立ち向かうかである。わかりやすい例を挙げれば、産業革命の高い技術段階以降においては、広大な地域の灌漑や治水は、必ずしも中央集権的な統制がなければ建設できないわけでも、維持できないわけでもない。また、仮に大規模水利事業を中央政府の強力なリーダーシップによって推進し、その後中央集権的な機構によって管理・維持したところで、それは社会の一部にすぎず、既存の政治システムの変更――多少の影響は出るかもしれないが――に結びつくわけでもない。だが、逆に、産業革命以降の技術とシステムを、同時代の他の社会――たとえばアジア的社会――に移植する場合、往々にしてそれは――様々な開発独裁の例に見られるように――、集権的な政治システムへの変更、あるいは集権的な政治システムの強化を招く可能性がある。

本稿のテーマは水と政治支配の関わりにある。それゆえ、主要には、プリミティブな社会の段階における政治支配――具体的には初期国家――の成立、および専制国家成立に即して、水と政治支配の関わりを考えなければならない。具体的な例を挙げると、筆者が見聞した雲南大理地方北部の小さな盆地、下桃源壩子《バーズ》（盆地）は、一・八㎢で、宅地以外はほぼ水田によって占められている。下桃源村の戸数は一〇四戸である（二〇一二年）。このような小さな盆地から、たとえ古代であっても、なにかしら政治支配のようなものが生まれるとは考えられない。周囲をほぼ山に囲まれ、また裏山にあたる部分には森があり、そこから、あるいは渓流から容易に水を引くことができる。つまり、重力灌漑による典型的なコミュニティ・ベースの灌漑システムであり、灌漑にせよ排水にせよ、水はコミュニティのコントロールのもとにある。

このようなコミュニティ・ベースの灌漑システムにおいては、コミュニティの成員は、互いに協力しあう関係にある。彼らは堰や水路の建設、あるいは季節ごとの水利施設の修理などに、共同で参加し、彼らの農業に必要な水の供給を受ける。応分の負担があり、応分の享受がある。このような水利建設およびその維持管理のための労働は、共同体のための必要労働にほかならない。

コミュニティ・ベースの灌漑において、メンバー相互のより緊密な協力を必要としているのが、雲南のハニ族、フィリピン・ルソン北部のボントク族、さらにバリ島の農業景観としてよく知られる棚田の水利システムである。棚田の水利システムにおいては、水は水源から水路を経て田に達するが、その後は田から隣の田への、いわゆる田越し灌漑となる。棚田は、畔が崩れれば下の田に水と土砂が流れ込み、被害を大きくする。それゆえ、自分の田だけのことを考えて耕すことはできない。一般に水稲農業は、たとえ天水田であっても、集水域は必ず自分の田よりも大きく、水は他人の土地を経て自分の田に注ぐことになる。ゆえに、個々の農戸の自己経営といっても、他人との協力を欠かすことができない。そこがヨーロッパに典型的な小農民経営とは異なるところである。

このようなコミュニティ・ベースの灌漑においては、共同のことがらに対する成員相互の関わり方、働きぶりが、互いに手に取るようにわかる。そのことを協働連関の可視性と呼ぶ。平地の田に投下するよりも二、三倍といわれるほど苛酷な労働を強いられているはずの棚田が、近代に到るまで、比較的安定して維持されてきたのも、この協働連関の可視性に負うところが多いと考える。

クリフォード・ギアツ『ヌガラ』を継ぎ、バリ島の灌漑組織スヴァクについて詳細なフィールドワークをおこなったランスィング（Lansing,1991）は、灌漑システムにおけるウォーター・テンプルの役割に注目する。ウォーター・テンプルは水利社会における宗教的な機能を司るのみならず、季節ごとの宗教行事に伴うスヴァクの寄合を通じ、スヴァク内のメンバー間の水配分をめぐる摩擦や、各スヴァク間の水をめぐる抗争を調整すると同時に、農業歴に合わせ農作業の進行をもゆるやかにコントロールしていた。さらに、最上位のウォーター・テンプル the temple of the crater lake およびその主宰者 Jero Gde は、首長や王といった「政治支配」との関係においても、微妙な距離を保ち、全体として灌漑システムが維持・発展していくように、その役割を果たしていた。そしてランスィングは、このようなバリ島の灌漑システムに内在している共同関係を、hydraulic solidarity と名づけた。筆者の協働連関の可視性は、たとえばプリミティブな社会における他の共同作業や共同事業、たとえば、共同狩猟や焼畑における森林の伐採や共同の火入れなどを含んで構想されている点において、ランスィングの hydraulic solidarity とは異なる。ただ、協働連関の可視性も、hydraulic solidarity も、ともに、コミュニティ内部の関わり合いの在り方を表すとともに、コミュニティ間の共同関係をも表すものである。つまり、先ほどの下桃源壩子（盆地）のような、小さなコミュニティ内の共同関係を表出するとともに、共同体連合によってコントロールされているような、あるいはコミュニティ・ベースの灌漑システムを幾重にも重ねたバリ島の灌漑システムの共同関係をも表しうる(9)。

どの程度の広さがあれば、コミュニティのコントロールを越えるのかについては、その土地の気候、地形、地質、植生、主穀の種類、利用しうる水の多様なあり方、その社会が持つ技術水準や歴史的経験など多数の要因が絡んでおり、一義的に決められない。首長制から初期国家へのプロセスに関わる例としては、中国西南からインドシナ北部にかけての河谷盆地や山間盆地において水稲農業を営むタイ系諸族を例にとると、ほとんどは一〇〇㎢以下の盆地における水稲農業であり、大きなものでも、たとえば、シーサンパンナの最大の盆地といわれる勐海盆地は、二二九㎢であるが、だが、それも三つの盆地が繋がっているものを一つの盆地として数えているからである。また、景洪盆地は七六㎢にすぎない。ランナー王国を生んだチェンマイ盆地は京都盆地（二七〇㎢）よりも一回り大きいと言われている。ちなみに、中国西南の古代国家滇国を生んだ昆明盆地は七七〇㎢、南詔・大理を成立させた大理盆地は三五〇㎢ほどであり、日本古代国家の首都であった奈良盆地（四五〇㎢）や京都盆地とほぼ同じか、一回り大きい程度である。

そして、これらの古代国家あるいは初期国家の経験から言えることは、このような盆地、小平野に成立した首長国や初期国家の場合、水に関する関与の程度については、それぞれ違いがあるにせよ、基本的にはコミュニティ・ベースの灌漑システムを維持しつつ、それらに依拠して収取を行なっている、という点が共通している。国家が、たとえ水利事業に積極的に関与したとしても、コミュニティ・ベースの水利の在り方を大きく変えるようなことをしない。たしかに、国家成立以後、共同体のための必要労働は、共同体のための賦役労働として、王および王の代理人（官吏）によって強制されるものとなった。それゆえ、王の支配地域における人民の招集とそれを使った公共事業は、当然にも王の認可なしには不可能であり、その意味での国家の関与は必ず存在したであろう。また、各水路間の、あるいは灌漑区ごとの水争いなどに関しては、当然、より上位にある国家機関が調停を行なったであろう。しかし、たとえ村落の手に余るような水路の掘削に国家が関与した場合においても、新たに開発された遠方の土地を王の直轄地にし、王直属の官僚を派遣し、王の政治意志を反映させた直接統治を行なう、などといった、中国古代における戦国時代から秦漢までの、郡県制の施行に向けた趨勢のような、支配システムの変化は生じない。あるいは外部からの影響などによって一時生じたとしても、永続しない。もし、新たな灌漑地を直轄地として官吏を送り込んでも、いずれ土着し、豪族化する。このような盆地や小平野を基盤にした政治権力は、盆地内の地域ごとの政治勢力に依拠して初めて政権たりうるのであり、また、盆地・小平野に跨る政権も、個々の盆地・小平野の政治勢力に依拠してのみ政権たりうるからである。

それゆえ、このような盆地や小平野では、政治的にも経済的にも、限られた資源しか獲得しえない。このような地域では、首都の盆地は、他の地域に対し相対的優位にあっても、絶対的優位を確立することはできない。それゆえ、中央政府は地方政府に対し、あるいは諸部族に対し、さまざまな妥協をせざるをえない。

上述のごとく、コミュニティ・ベースの灌漑システムは、その水利施設の築造と維持・管理は共同体のための必要労働によって担われた。国家が成立した時、それらの水利施設は公《おおやけ》のものとなった。また、共同体のための必要労働は共同体のための賦役労働に転化した。それが、専制の萌芽ではあるが、だが、あくまでも萌芽にすぎない。初期国家においては、水利システムは依然としてコミュニティ・ベースのシステムに依存するほかなかったからである。先ほどの専制の萌芽が、実際の専制の成立に至るまでには、コミュニティのコントロールが到底及ばないような、システムの大規模化や外部機構化――コミュニティにとって水利施設や水利機構がまったく疎遠な存在になること――のほか、長期にわたる歴史的なプロセスが必要であった。

結局、専制国家生成と深く結びついた大規模水利事業というのは、古代文明や古代専制国家を発生・成立させたような大河地域にこそふさわしい。このような大河流域あるいは大平原における水利事業は、灌漑であれ治水であれ、個々の地域（個々の灌漑区や治水区）の利害をほとんど考慮せずに、中央政府およびその官僚層の利害にもとづいて進められる。個々の灌漑区や治水区の農民たちは、ただ、物資の調達を命じられ、事業の現場へ動員される対象にすぎない。また、大規模な水利施設、大きなダム、長くかつ運河のような幅広い水路、長大な堤防などは、個々のコミュニティのものでもなければ、それのコントロールがおよぶものでもない。それらはすべて王のものであった。そして、その築造のために人民はただひたすら動員され、使役されるだけであった。

さらに留意されるべきは、大河および大平原によって、主穀の首都への搬送が容易であるということである。国家の手元に直接多くの食糧が集まれば集まるほど、それが多数のチャンネルを通じて容易に集めることができればできるほど、国家は臣民の意志に左右されずに、国家意志を発動することが可能となる。それはまた、臣民のあずかり知らぬ決定をも可能とするという意味で、国家支配を人格的に体現する個々の王や皇帝の恣意性が増す過程でもある。すなわち、中国の歴代王朝における漕運と運河建設は、水の理論と無関係などではなく、それ自身において、アジア的社会の特質を帯びたことがらなのである。

これまで、本論文全体を振りかえり、水と政治支配の関わりの多様性を再認識すると同時に、また、政治支配における水の契機の重要性もあらためて認識することとなった。そこにおいて、問われるべきなのは、むしろ、古典古代世界や中世西欧世界における、水と政治支配の結びつきの在り方であろう。オランダや中世バレンシアの水と政治支配の在り方と、我々がアジア的社会と呼んでいる世界でのそれと大きく異なることについては、先ほど見たところである。そして、そこにおける所有の在り方の違いが問題となる。それは、土地私有が確立した社会における水と政治支配の関わりと、土地私有がなかなか確立しえないアジア的社会における水と政治支配の関わりとの相違、というべきものであろう。それが、一方では、王権に抗する（王権を制限する）土地所有を意味し、一方では土地私有の未成立もしくは王権に依存し王権に従順な土地私有に繋がるのである。

最後に、西欧のマルクス主義の、アジア観にも――オリエンタリズム、ヨーロッパ中心主義批判に留意しつつ――耳を傾けてみよう。ヴァルガが、農作物の豊凶を予想し、備蓄に努めるのはアジア的社会の王たるものの責務であるとみなしたことは、すでに述べた。ヴァルガだけでなく、テーケイやシェノーといった当時のマルクス主義者もまた、そこにアジア的な社会の響きを感じ取ったのである。この責務こそが、アジア的社会における王の政務として勧農であり、そのために臣民を賦役に駆り立てる権限、勧農権が生じたのである(10)。逆に豊凶の責めは王にはなく、それは気候によりけりであり、究極的には神に帰すると考えるヨーロッパの歴史には、勧農や勧農権という発想自体が存在しない（土地私有を尊重する裁判権が存在する）。では、ヨーロッパの君主は農事に関心がなかったのであろうか。関心は存在したであろう。だが、それは自己の収入増を期待した所領の経営として存在したのだ。それと、アジア的社会における君主の勧農とは異なる。勧農という発想には王の臣民に対する責務、民生への配慮が存在する。すなわち、王は何とかして民を食わせなければならない(11)。王が、民生を配慮し、水を巧みに制御し、共同の備蓄を主導することと、臣民が様々な形で、共同体のための賦役労働に服し、王都への主穀の搬送を担うこととは、おそらく、どこかで、釣り合っていると、古代の、アジア的社会に生きる人々は考えたのであろう。

［注］

（1）原文は中国時代。文脈上から印刷ミスと判断した。

（2）「国家は、偶発的な凶作にそなえる食糧の備蓄に配慮する。バイブルの有名な伝説によれば、ヨセフは、豊作の七年のあとには凶作が七年続くから、豊作の七年の間に食糧の備蓄をおこなうようにとファラオに助言したといわれる。この伝説は、疑いもなく、バイブルがつくられた頃にアジア的生産様式がエジプトにおいて存在していたということを反映している」（ヴァルガ「アジア的生産様式について」福冨正実編訳『アジア的生産様式論争の復活』未来社、1969）。

（3）西周期の、とくに『詩経』に描かれているような景観における水利の在り方について、谷口義介（1988）は自然灌漑、すなわち小水系の重力灌漑を主要なものとしている。また、そのような生産力を背景とした西周期の政治構造についても、ゆるやかな総括的統一体（君主）とそれに包括される小共同体（首長）の相互的な関係からなるものとみている。

（4）後代のことになるが、長瀬守（1983）によれば、宋代になっても華北には大きな沼沢地帯が残っていた。五代から北宋期にかけ、渤海、滄州から白洋淀、保定まで、塘泊が連なっており、契丹（遼）の侵攻に対する重要な防衛線となっていた、と述べている。華北の生態的環境の歴史的変遷が、明らかになる日を期待したい。

（5）メキシコ盆地の大きさは、八〇〇〇㎢（あるいは九六〇〇㎢）とされ、我々が知っている盆地、たとえば日本や中国西南から東南アジアにかけての盆地で、古代国家を生んだ盆地の大きさが、奈良盆地、京都盆地、大理盆地（南詔・大理）、チェンマイ盆地（ランナー王国）らがいずれも、三〇〇㎢から五〇〇㎢くらいであり、大きくても七七〇㎢程度（古代滇国を生んだ昆明盆地）であるのに比し、規模において極めて大きな盆地であることがわかる。因みに、中国古代文明の発祥地の一つ、渭水盆地（関中）は東西三〇〇㎞、南北一〇〇㎞である、正確な面積は不明だが、おそらく一万五〇〇〇㎢前後と考えれば大過ないであろう。

（6）重要なことは、ゴドリエは水の理論に反対である、ということである。ゴドリエにおいては、水管理は国家機能のなかの一つにすぎない。だが、これは、アジア的生産様式論争再開にあたって、自らのアジア的生産様式論を、ウィットフォーゲル水の理論から、可能な限り切り離しておきたいと考えていたゴドリエの、苦心の、戦略的な理論配置――自らの理論を多数ある理論のなかの、どのような位置に存在せしめるかといった意味での理論配置――と言った方が正しいと考えられる。水の理論が反共理論であり、反マルクス主義であると考えられている以上、当時のマルクス主義者にとって水の理論との類似は致命的結果をもたらす可能性が高かったからであった。

（7）泉靖一は、このように最初に神殿が建てられる南米特有の文明の在り方を「はじめに神殿ありき」と述べた（大貫良夫ほか『古代アンデス 神殿から始まる文明』朝日新聞社、2010）。筆者は、この神殿経済が共同の備蓄の役割を担い、飢饉の際などに共同体成員の救恤を行なうなら、神殿の主宰が共同体成員に「共同体のための賦役労働」を果すことは可能ではないかと考える。

（8）興味深いのは、ベネチアにおいて、「健康に害をもたらすから」という理由で、医者や学者が水田の拡大に抗議したとあることである（Ciriacono,p.31）。

（9）ジャワ（インドネシア）の水利システムも、原初に、バリと同様な、コミュニティ・ベースの灌漑システムが存在していたと考える。インドネシアの伝統的な水利システムについては、N.C.van Setten van der Meer, *Sawah Cultivation in Ancient Java : Aspects of Development during the Indo-Javanise Period, 5th to 15th century*, Canberra, 1979. を、近代オランダ植民地期の水利に関しては Maurits Ertsen, *Locales of Happiness: Colonial Irrigation in the Netherlands East Indies and its Remains, 1830-1980*, VSSD, 2010. を参照している。

（10）ヴェルスコップ、シェノー、ゴドリエなどが、生産の組織者、推進役としての国家を、アジア的なものとみなしたのも、この勧農権の行使に気付いたからである。

（11）両者の農業への関心の相違が、現在の経済学に対する二つの世界の見方に繋がっている可能性を指摘しておきたい。土地貴族にせよ、領主にせよ、自己（自分の家）の収入を増大せしめること、それが西欧の労働生産性重視に繋がったのではないか（良民を簡単に使役することはできなかったがゆえに）。すなわち家政（オイコス）→経済学である。他方、民に腹いっぱい食わせようとすることが、アジア的社会における土地生産性の重視に繋がったのではないか、すなわち経世済民→経済学である。

［文献リスト］

青山和夫『古代メソアメリカ文明　マヤ・テオティワカン・アステカ文明』講談社選書メチエ　二〇〇七年

伊丹一浩『堤防・灌漑組合と参加の強制――一九世紀フランス・オート＝ザルプ県を中心に』御茶の水書房　二〇一一年

天野元之助「中国古代デスポティズムの諸条件」『歴史学研究』第九期　一二三号　一九五八年

ウィットフォーゲル『オリエンタル・デスポティズム』湯浅赳男訳　新評論　一九九一年

大崎正治『フィリピン国ボントク村　村は「クニ」である』農山漁村文化協会　一九八七年

岡本秀典『夏王朝　中国文明の原像』講談社学術文庫　二〇〇七年

織田武雄他『西南アジアの農業と農村』京都大学　一九七六年

小野秦『宋代の水利政策と地域社会』汲古書院　二〇一一年
木村正雄「中国の古代専制主義とその基礎」『歴史学研究』二一七号　一九五八年
木村正雄「中国古代専制国家の基礎条件」『歴史学研究』二二九号　一九五九年
木村正雄『中国古代帝国の形成』不昧堂書店　一九六五年
木村正雄『中国古代農民叛乱の研究』東京大学出版会　一九七九年
小嶋茂稔『漢代国家統治の構造と展開　後漢国家論研究序説』汲古書院　二〇〇九年
ゴドリエ『人類学の地平と針路』山内昶訳　紀伊國屋書店　一九七六年
佐久間吉也『魏晋南北朝水利史研究』国書刊行会　一九八〇年
関雄二『アンデス考古学』改訂版　同成社　二〇一〇年
谷口義介『中国古代社会史研究』朋友社　一九八八年
谷光隆『明代河工史研究』同朋社　一九九一年
玉城哲・旗手勲『風土　大地と人間の歴史』平凡社　一九七四年
玉城哲『風土の経済学』新評論　一九七六年
中国水利史研究会編『中国水利史論集』国書刊行会　一九八一年
中国水利史研究会編『中国水利史論叢』国書刊行会　一九八四年
長江水利史略編集組『長江水利史』高橋裕監修　鈴木孝治訳　古今書院　一九九二年
鶴間和幸編『黄河流域の歴史と環境』東方書店　二〇〇七年
長坂寿久『オランダを知るための60章』明石書店　二〇〇七年
長瀬守『宋元水利史研究』国書刊行会　一九八三年
浜川栄『中国古代の社会と黄河』早稲田大学出版部　二〇〇九年
原宗子『「農本」主義と「黄土」の発生　古代中国の開発と環境』2　研文出版　二〇〇五年
藤田勝久『中国古代国家と郡県社会』汲古書院　二〇〇五年
ベヴィラックワ『ヴェネツィアと水　環境と人間の歴史』北村暁夫訳　岩波書店　二〇〇八年
星斌夫『明代漕運の研究』日本学術振興会　一九六三年
森田明『清代水利社会史研究』亜紀書房　一九七四年
森田明『清代水利社会史の研究』国書刊行会　一九九〇年

森田明編『中国水利史の研究』国書刊行会　一九九五年
森田明編『清代の水利と地域社会』中国書店　二〇〇二年
望月清司「「共同体のための賦役労働」について」『専修大学社会科学研究所月報』　八八号　一九七一年
望月清司『マルクス歴史理論の研究』岩波書店　一九七三年
山本紀夫『ジャガイモとインカ帝国』東京大学出版会　二〇〇四年
吉岡義信『宋代黄河史研究』御茶の水書房　一九七八年
渡辺信一郎『中国古代の財政と国家』汲古書院　二〇一〇年
Stephen G. Bunker, *The Snake with Golden Braids: Society, Nature, and Technology in Andean Irrigation,* Lexington Books, 2006.
Salbatore Ciriacono, *Building on Water: Venice, Holland and the Construction of the European Landscape in Early Modern Times,* Berghahn Books, 2006.
Dieter Eich, *Ayllú und Staat der Inka : zur Diskussion der asiatischen Produktionsweise,* Verlag Klaus Dieter Vervuert, 1982.
Paul H. Gelles, *Water and Power in Highland Peru: The Cultural Politics of Irrigation and Development,* Rutgers University Press, 2000.
Theodore E. Downing & McGuire Gibson,（eds.）, *Irrigation's Impact of Society,* The University of Arizona Press, 1974.
Thomas F. Glick, *Irrigation and Society in Medieval Valencia,* Belknap Press of Harvard University Press, 1970.
Daniel Hillel, *Out of Earth: Civilization and the Life of the Soil,* University of California Press, 1991.
Daniel Hillel, *Rivers of Eden: The Struggle for Water and the Quest for Peace in the Middle East,* Oxford University Press, 1994.
Alan Kolata, The Agricultural Foundation of the Tiwanaku State: A view from the Heartland, *American Antiquity,* Vol.51, No.4, 1986.
Alan Kolata, The Technology and Organization of Agricultural Production in the Tiwanaku State , *Latin American Antiquity,* Vol.2, No.3, 1991.
Arthur Maass & Raymond L. Anderson, *...and the Desert Shall Rejoice: Conflict, Growth, and Justice in Arid Enviroments,* The MIT press, 1978.
Larry W. Mays（ed.）, *Ancient Water Technologies,* Springer, 2010.
William P. Mitchell, & David Guillet（eds.）, *Irrigation at High Altitudes: The Social Organization of Water Control Systems in the Andes,* American Anthropological Association, 1994.
J. Stephen Lansing, *Priests and Programmers: Technologies of Power in the Engineered Landscape of Bali,* Princeton University Press, 1991.

Lisa J. Lucero, & Barbara W. Fash, *Precolombian Water Management: Ideology, Ritual, and Power,* The University of Arizona Press, 2006.

John Murra, *The Economic Organization of the Inca State,* Jai Press Inc., 1980.

E. U. Nwa, *History of Irrigation, Drainage and Flood Control in Nigeria: From Pre-Colonial Time to 1999,* Spectrum Books Limited, 2003.

William T. Sanders, The Agricultural History of the Basin of Mexico, Eric R.Wolf（ed）, *The Valley of Mexico: Studies in Pre-Hispanic Ecology and Society,* University of New Mexico Press, 1976.

Sanders & Price, *Mesoamerica: The Evolution of a Civilization,* Random House, 1968.

Verno L. Scarborough, *The Flow of Power: Ancient Water Systems and Landscapes,* School for advanced Research Resident press, 2003.

Katharina Schreiber & Josué Lancho Rojas, *Irrigation and Society in the Peruvian Desert: the Puquios of Nasca*, Lexington Books, 2003.

Jeanette E. Sherbondy, Water and Power: The Role of Irrigation Districts in the Transition from Inca to Spanish Cuzco, William P.Mitchell & David Guillet, *Irrigation at High Altitudes: The Social Organization of Water Control Systems in the Andes,* American Anthoropogical Association, 1994.

M.E. Smith, The Aztec Silent Majority: William T. Sanders and the Study of the Aztec Peasantry, In *Arqueologia Mesoamericana: Homenaje a William T. Sanders,* Vol.1, 1996.

Paolo Squatriti, *Water and Society in early mediaval Italy, AD 400-1000,* Cambridge University Press, 1998.

P. R. Williams, Agricultural innovation, intensification and sociopolitical development: the case of highland irrigation agriculture on the Pacific Andean watersheds, Marcus, J. and Stanish, C.（eds.）, *Agricultural Strategies,* Cotsen Institute of Archaeology, UCLA, Los Angeles, USA, 309-333, 2006.

Donald Worster, *Rivers of Empire: Water, Aridity, and the Growth of the American West,* Oxford University Press, 1985.

第六章　西欧におけるアジア的生産様式論争の展開　一九六四―一九七四年

アジア的生産様式論争は、中国革命の敗北以後、中国社会の性格規定（具体的には如何なる社会構成体であるか）をめぐり、ソ連において、一九二〇年代後半から、三〇年代初めまで、活発に行なわれたが、スターリン史学の成立とともに、論争はその後長く中断された。三九年、ソ連において、マルクスの遺稿『経済学批判要綱』が出版され、同時に、その一部である『資本制生産に先行する諸形態』も刊行された。第二次世界大戦後、世界のマルクス主義者にとって、『諸形態』（より根本的には『要綱』）からマルクスの歴史理論を如何に導き出すかが大きな課題となった。

一九五〇年代以降、アジア的生産様式論争復活への動きが始まる。ヴェルスコップ（東ドイツ）、テーケイ（ハンガリー）、ペチルカ、ポコラ（いずれもチェコスロバキア）を経て、パラン、シェノー、シュレ−カナル、ゴドリエなどフランスのマルクス主義者へと、各国マルクス主義者の様々な試みを継承しつつ、一九六四年、幾つかの――おそらく幸運といってもよい――条件の重なり合いを得て、論争は再び開始された（福本「西欧におけるアジア的生産様式論争の勃発」『アジア的生産様式論争史』社会評論社、二〇一五年、参照）。

＊　＊　＊

一九六四年、フランスの左翼雑誌『パンセ』四月号特集を契機としたアジア的生産様式に対する関心、議論は次第に高まりをみせた。ＣＥＲＭ（マルクス主義研究センター）と『パンセ』は、論争の中心とみなされ、フランス国内あるいはフランス語圏ばかりでなく、竹のカーテンに閉ざされていた中国あるいはその隣国である北朝鮮を除けば、世界的な規模において、各国のマルクス主義者から注目されるに至った。一九六〇年代後半において、実際に熱心な議論が起きたのは、フランスのほか、ようやく論争が再開されたソ連のほか、極東の日本、そしておそらく中南米のメキシコなどであった。なかでも、一九六五年初めよりソ連で論争が再開したことの意義は極めて大きい。なぜなら、スターリン批判以後も、世界の社会主義者、マルクス主義者のイメージのなかでは、ソ連は相変わらず社会主義の祖国であり、そこでもし、論争の再開が拒否されれば、アジア的生産様式を論じること自体が、依然としてオーソライズされないという事態を迎える可能性があったからである。そうなれば、論争再開の機運は早々に萎みかねなかった。論争再開の烽火をあげたフランスおよび、それを支えたハンガリー、チェコスロバキアら東欧のマルクス主義者たちは、すでにソ連の関係学界に働きかけを行なっており、それゆえソ連の動向に細心の注意を払っていたのは当然であるが、遠く極東の日本にあっても、アジア的生産様式論の積極的な提唱者である、塩沢君夫、太田秀通、福冨正実らもまた、ソ連学界の動向に大きな関心を寄せていた。

だが、それにもかかわらず、再開されたソ連における論争は、けっして理論的レベルが高いとはいえなかった。主としてペチルカ(1)や福冨正実らに紹介されたソ連における理論家たちの論文を読んで気がつくことは、過去の負の遺産を引き継ぎ、その重みに喘ぎつつ論争を再開したという事実である。それゆえ、一九六〇年代末まで論争をリードしていたのは、依然として、一九六四年に長く中断された論争を復活させたフランスのマルクス主義者であった。

以下、『パンセ』誌を中心に、一九六四年以後一九七〇年前後までの間、アジア的生産様式に関して、どのような論文や著作が書かれ、何が議論されたのかを辿ってみたい。

1　一九六四年、論争の再開

アジア的生産様式論争の再開を告げた一九六四年『パンセ』四月号（一一四号）には、シャルル・パランによる特集号への序文にあたる短い文章の後、テーケイ・フェレンツ、ジャン・シェノーの論文が掲載されたほか、シェノーによる各国のアジア的生産様式に関する文献紹介と、モーリス・ゴドリエによるマルクス・エンゲルスのアジア的生産様式に関する記述の紹介が掲載されている（福本前掲書）。

一九六四年において、アジア的生産様式に注目した雑誌は『パンセ』だけではなかった。社会主義国の古典古代学者が集うエイレネ協会の雑誌『エイレネ』も、一九六四年度号（通巻第三号）において、シェノーとペチルカのアジア的生産様式に関する論文を掲載した。前著でも述べたごとく、アジア的生産様式論争を復活させるという試みにおいて、チェコスロバキアの古典古代研究家ペチルカと古代中国学者のポコラはＣＥＲＭ東洋部会の貴重な援軍であった。

『エイレネ』に掲載されたペチルカの論文「ソ連におけるアジア的生産様式および奴隷制的構成体に関する討論」は、戦前ソ連におけるアジア的生産様式論争を回顧し、アジア的生産様式に代わる概念として出された奴隷制的構成体の学説的な興隆を冷静に、かつ丁寧に記述したものである。

ペチルカは、一九二〇年代のソ連における古典古代および古代オリエント研究が、社会構成体の理論に依拠していなかったとし、古典古代に関しては、この時代の歴史家、たとえやセルゲイエフやコヴァレフも、マイヤーの循環論に強く影響されていたことを述べる。それに対し、テュメネフはすでに当時、古代における資本主義の存在を否定し、奴隷の意義を強調するようになっていた。そのテュメネフは、当時の古典古代史家の著作に関して、「古典古代社会は特定の構成体として、その固有の法則にもとづいて発展し、また一連の社会構成体のなかに、固有の位置を占める」が、それらの史家の著作においては、この古典古代の根本問題について、解決もされず、問題設定も行なわれていなかったと述べており（Pecirka, 1964: p.149）、これらから、アジア的生産様式論争当時においてもソ連におけるマルクス主義歴史学の水準が決して高くなかったことがわかる。

一九三一年、レニングラード討論後の、主流となった奴隷制学説のあらましについては、コヴァレフ、ストルーヴェおよびテュメネフに比重をおいて書いている。コヴァレフやストルーヴェが、古代オリエント社会の性格規定に関して、当初の封建制説から、レニングラード討論会当時のアジア的生産様式説を経て、最終的に奴隷制説へと移行したこと、また、アジア的生産様式概念の支持者も、中国問題における反対派（トロツキスト）の見解から距離を置いていたこと、あるいは、テュメネフは一九三〇年代以来、一貫して、ストルーヴェら主流とは異なった見方をしていたこと、などの指摘は興味深い。ペチルカが、奴隷制学説のなかでもっとも先進的であるとするのは、テュメネフの奴隷制の二つの類型説である。ストルーヴェが、古代オリエント社会と古典古代の相違を、同じ奴隷制的社会構成における発展段階の相違とみなしたのに対し、おそらく、テュメネフが、一九三〇年代以来、古代オリエントと古典古代における、生産関係と社会関係の間の、深い区別を、強調してきたことを評価し、それが、ヴェルスコップによって批判的に継承されたと判断していたのであろう。以上から、アジア的生産様式論争再開に向けたペチルカの一連の行動が決して思いつきやつけ焼刃的なものではなく、学説史・理論史を踏まえた、考え抜かれたものであったことがわかる。

シェノー「アジア的生産様式——論争の新しい段階」の脚注では、本論文は前年（一九六三年）に書かれたものであること、さらに自らの論文も掲載されている『パンセ』四月号のアジア的生産様式特集の内容を紹介し、それらを参照するように求めている。

シェノーは、ヴェルスコップ、テーケイ、ポコラと続く、ヨーロッパにおけるアジア的生産様式論の系譜を紹介し、自分たちCERMのグループは、その流れにあることを示唆し、かつ、シャルル・パランを中心に彼らがアジア的生産様式問題を検討し始めたおり、ヴェルスコップやテーケイのテキストから学んだことを明らかにしている。さらに、イギリスを始めとする、各国の、マルクス主義歴史理論に関する問題状況、アジア的生産様式への関心の高まりを紹介し、彼らの試みがけっして狭いサークルのものではないこと、広がりをもつものであることを指摘する。当然、そのなかには、インドや中国に関する情報も含まれる。日本についての言及もあり、一九三〇年代に論争が行われたこと、一九四七年にマルクス『資本制生産に先行する諸形態』の翻訳が発表されたことが述べられている。具体的な論客としては、唯一、森谷克己の名前と、その書名――『アジア的生産様式論』(1937) および『東洋的社会の歴史と思想』(1948) ――が挙げられている。一体、どのような経緯で、シェノーらが森谷の名前とその著作名を知ったのか、興味が惹かれるところであるが、おそらくは、ベトナムのマルクス史家グエン・ロン・ビシュの論文を通してであると思われる(2)。

シェノーは、さらに、次々とアジア的生産様式の問題点をあげていく。提起されたのは、①アジア的生産様式において、何が根本原則なのか。②国家と支配階級の問題。③呼称問題。④水と専制の問題。⑤停滞の問題、の五つである。①は、共同体内で、農業と工業が分離していないこと、そして共同体が直接(専制的な)公権力に従属していることを、挙げている。②については、テーケイが〝現実〟の共同体と人工の共同体(上位の共同体)の区別を強調していることを挙げ、この上位の共同体が指導階級として、現実の共同体の機能を果たす、つまり、公僕が生産手段の独占者として、正真正銘の階級的な搾取者となり、水の問題への関与において、現実の共同体(村落)はともに、「総体的奴隷制」のもとにおかれる、と述べる。③アジア的生産様式の〝アジア〟は、地理的な名称かどうかについてシェノーは、より一般的なタームを検討すべきでは、としており、⑤停滞の問題に関しては、アジア的生産様式から他の生産様式への発展はあると考えている。

これらの論点を次々提示しながら、シェノーは、アジア的生産様式論の理論的な内容について、同じ流れにありながらも、現状として、各理論家たちの間に見解の不一致があることを率直に認めている。とくに、テーケイと、シェノー、ゴドリエらパンセ・マルクシストの間の見解の相違に言及している(Chesneaux, 1964: p.140)(3)。シェノーやゴドリエらが、アジア的生産様式の封建的生産様式への転化を認めているのに対し、テーケイは、アジア的生産様式のなかに封建的収取関係が存在するにもかかわらず、それが支配的になることはなかった、つまり、たとえば中国の場合、漢から清まで、ずっとアジア的生産様式が支配的であったと考えていることを問題にし(p.135)、テーケイの議論に、停滞論的な色合いが強い点をシェノーは指摘している(p.143)。彼らに対するテーケイの影響が大きいことは認めながらも、『パンセ』四月号におけるよりも、シェノーはテーケイに対し、批判的な姿勢をより明確にしているように思える(4)。

一九六四年、西欧におけるアジア的生産様式論争勃発の年、フランスの学術誌『アナル』第三期もまたアジア的生産様式に関する論文を掲載した。古典古代史家ヴィダル-ナケ「ウィットフォーゲルとアジア的生産様式概念」である。この年、ウィットフォーゲル『オリエンタル・デスポティズム』がフランス語に翻訳され、ミニュイ社から出版された。翻訳者はヴィダル-ナケであり、同書の序文もまたヴィダル-ナケによって書かれた。『アナル』誌に掲載されたのは、その序文であった(ウルメン、1995: p.614)。

このヴィダル-ナケの序文は、ウィットフォーゲルに批判的な記述を含み、ウィットフォーゲルを大いに怒らせるものであった(5)。ヴィダル-ナケの立場は、当時の急進的なフランス知識人に一般的なものであったと思われる。それゆえ、おそらく、ゴドリエらCERM東洋部会のメンバーとも、対立するものではなかったであろう。

ヴィダル-ナケは、歴史を大きく俯瞰しながら、アジア的生産様式論を捉えようとしており、かつ、急進的マルクス主義者として、マルクス・エンゲルス以来の国際共産主義運動の流れのなかで、アジア的生産様式概念およびその論争を捉えなおそうと試みていた。すなわち、革命的実践を主要な任務とするマルクス主義者が、アジア的社会に遭遇した場合、それをどう理解したのか、理解すべきなのか、との問題設定において、論争を再評価しているといえる。また、アジア的生産様式概念が、一九三〇年代、スターリンの教条主義的な歴史解釈の犠牲にされ、葬り去られたことについても冷静に語っている。

ヴィダル-ナケの立場は、歴史におけるアジア的生産様式の存在やその特徴の把握、あるいは東洋的専制主義のもとでの国家のありようといった面において、ウィットフォーゲルの主張を受け入れながらも、ウィットフォーゲルが彼固有の主張として、とくに強調していたアジア的生産様式論におけるマルクス自身の後退説、すなわち「マルクスが将来の社会主義国家建設を想定して、晩年、アジア的生産様式の主張を弱めた」などといったマルクスを貶める主張に同意することはなかった。また、マルクス・エンゲルスの単系的発展論批判についても、十九世紀の他の歴史思想と同じく、マルクス・エンゲルスの歴史発展論が単系的であったことを認めつつも、その単系発展論的傾向は、マルクスにおいては、つねに不均等発展の概念によって対抗されていた、とも述べている(6)。

ヴィダル-ナケの議論は多岐にわたるが、ウィットフォーゲルの理念に勝ちすぎ、実証的ではない傾向について、皮肉っぽく、言挙げしているようにみえる。だが、それにもかかわらず、アジア的社会を理解するという点において、ウィットフォーゲルを軽んじてはいない。彼は、その結論にあたる部分において、アブデル-マレクやハッサン・リヤドに依り、十九世紀以降のエジプト史の例を引きつつ、その歴史が、単に帝国主義の支配下にあるということに留まらず、如何にアジア的生産様式や東洋的専制と結びついているか、そしてそこからの人民の解放が希求されているかを詳述している。この論文の最終部分から、読者はおそらく、ウィットフォーゲルの東洋的専制主義論が、主張にひどい偏りがあり、理論に大きな難があったとしても、その学説の核心部分は肯定されるべきものと受け取ったのであろうと思われる。

ヴィダル-ナケのこの論文は、ゴドリエや Helene Antoniadis Bibicou から高い評価を得た。だが、ウィットフォーゲルは、自らへの批判を許さなかった。彼は、『オリエンタル・デスポティズム』フランス語版第二版から、ヴィダル-ナケの序文を削除することを出版社に約束させた。一般的に言えば、たとえ翻訳者といえども、その見解は、原著者と一致する必要もないし、つねに一致を求めるのは事実として不可能であろう。ただ、ヴィダル-ナケがその意図を隠してウィットフォーゲルに資料の提供を求め、提供された資料をもとに、ウィットフォーゲル批判を行ったという点は、咎められても仕方のないことであろう。

一方、ウィットフォーゲルの側には、当時、まさに勃発しつつあったアジア的生産様式論争を目の当たりにして、危機感をつのらせる理由があった。

ウィットフォーゲルはヴィダル-ナケをネオ・トロツキズムと批判した。ウィットフォーゲルにとって、ネオ・トロツキズムとは、トロツキーやレーニンにあった、アジア的復古への危惧、あるいはロシアが半アジア的であるがゆえに、その歴史は複合的発展として営まれる、といった理解を持たない、ドイッチャー以後のトロツキズムを指している(ウルメン、1995)。このヴィダル-ナケへのネオ・トロツキズムとの批判は、ウィットフォーゲルの再開された論争に対するアンビバレンスを象徴している。

ウィットフォーゲルは、大著『オリエンタル・デスポティズム』の刊行以来、アジア的生産論争の再開を強く期待していたはずであった。一九六四年、その論争はついに起きた。だが、それはアジア的生産様式論から彼――マルクス主義の背教者ウィットフォーゲル――を排除しようとする人びとの手で始まり、かつ広がりを見せていた。論争の口火を切ったテーケイもゴドリエも、マルクス主義の裏切り者の手からマルクスの「アジア的生産様式」概念を取り戻すことを目指していた。当然、『オリエンタル・デスポティズム』の翻訳を引き受けながら、その序文においてウィットフォーゲル批判を展開したヴィダルーナケも、その流れの中にあったと考えるべきであろう。ヴィダルーナケは、ウィットフォーゲルとは異なったパースペクティブからアジア的生産様式を論じていた。さらに、同じように、マクロヒストリー的な観点を持つとはいえ、ヴィダルーナケ自身は古典古代史家であり、歴史理論とその実証について、ウィットフォーゲルよりも厳しい立場をとっていた。それが、ウィットフォーゲルに対する辛辣な批判に現れている。

そして、同年の『パンセ』十月号(一一七号)には、シュレーカナル「熱帯アフリカの伝統的な諸社会とアジア的生産様式概念」、ボワトー「植民地以前のマダガスカル社会における土地に対する権利(アジア的生産様式試論)」が掲載された。シュレーカナル論文は、熱帯アフリカを全体的に観察し、かつそこからアジア的生産様式の適用を考えるという点において、理論的な性格を持つものであった(福本前掲書)のに比し、ボワトー論文は、ある特定の地域を対象とし、モノグラフに依拠したアジア的生産様式論であり、この種のものとしては、論争再開後、最初に書かれたという点において価値がある。

ボワトーは、植民地以前のマダガスカルの歴史について、採集・狩猟経済を営んでいたタイサカ、農耕のほか牧畜を営む部族であったサカラバ、そして水稲耕作を中心にして、十九世紀にほぼ全島を統一したメリナに代表させて叙述している。ボワトーは、マダガスカル全体に関わる記述として、家父長制的な奴隷制は存在したけれども、それはけして古典古代的なものではなかった。また、ヨーロッパ人がフィーフ(封土)と呼んでいる、首長などに王から与えられた土地は、「擬似フィーフ」であり、それゆえ、封建制をサカラバやメリナに当てはめることもできないと述べている。さらに、植民地以前において、領土内の土地所有は王に属し、その占有権（用益権）はフクヌルナ fokon'olona（7）、村落共同体に属していた。これらは、マダガスカルの歴史にアジア的生産様式概念の適用が可能であることを示していると思われると述べ、さらに、マダガスカルは、相対的に孤立しており、土地所有関係の自生的な発展を考えるうえでの実験室となっている、とその研究の意義を示唆している。

具体的な記述として興味深いのは、貴族といえども王に直接接することができなかったとか、首長に近づく臣下は、首長の足底を舐めなければならないといった、サカラバ王（大首長）の全能ぶりである。ただ、このような王や大首長の高い権威、あるいは王や大首長に関するタブーはハワイ、サモア、トンガといった、ポリネシアの政治システムにおいても顕著であり、そのこと自体をもって専制的であるということはできないであろう。

西海岸をテリトリーとするサカラバの農業は焼畑式の移動耕作であり、富は主に家畜の群れと、その肉であったといわれる。サカラバの王は、征服者としての世襲的な権利によって、土地の主であり、臣民はすべての未開墾地を耕すことができたが、用益権を有するのみで、それを譲渡することができなかった。王国は中央集権的に組織されており、各首長には「擬似フィーフ」が与えられたが、それに対し貢納と賦役を納める義務があった、と述べる。ボワトーの描くサカラバの王は、専制君主のようにみえる。プリミティブな社会から初期国家にかけ、大首長や王は、時には全能のように映る。土地所有が王に帰するとすれば、なおさらである。

タイサカと同様に、マレー・ポリネシア系の部族であったイメリナは、マダガスカルの中央高原から次第に自らの勢力圏を拡大していった。イメリナの首長フォーバ hava は、小さな丘に堡を築き、その周りに棚田をつくり（灌漑をほどこし）、イメリナ発展の端緒をつくった。首長は土地の主と称したが、土地はやはりフクヌルナと呼ばれる村落共同体のものであった。だが、首長のイニシアティブで開墾された土地に対して、首長は土地の主であることを主張するようになる。決定的であったのは、水稲耕作にとって不可欠である、水利事業への首長の、このイニシアティブであったように思われる。ボワトーによれば、初めて平地に水田を開いたラランボ（Ralambo 一五七五〜一六一〇?）、タナナリブに進出し、平地の水稲耕作をいっそう推し進めたアンリアンザカ（Andrianjaka 一六一〇〜一六三〇?）、イメリナの広大な沼沢地の排水や、治水のための堤防を築き、水力的な公共事業を推進したアンリアナメプイイメリナ（Andrianampoinimerina 一七八七〜一八一〇）らは、いずれも政権の拡大強化を推進し、首長間あるいは首長の後継者の間の争いが、絶えず繰り返されてきたマダガスカルの統一への歩みに、その名を刻んでいる。アンリアマシナバロナ（Andriamasinavalona 一六七〇〜一七一〇）の治世の時に、イメリナ部族を統一し、メリナ王国が成立している。

イメリナ社会における水稲耕作の進展と社会的生産力の発展にともない、その階層分解は、カースト的性格を帯びた（貴族―自由民―奴隷）。また土地をめぐる債務関係の進展は、富農と小作民を出現させた。さらに、王国の形成にともなう官僚機構の成立や、戦争による全島的統一への軍事行動は、貴族や軍事指導者の土地（とくに占領地）に対する権利を強めた。だが、それらにもかかわらず、土地が私的に占有されることはあっても、土地私有が制度として成立することはなく、村落共同体は依然として土地に対する占有権を保持し続け、さらに王の土地に対する権利、すべての土地は王に属するという、王の抜きんでた権利(8)に変化はなかった。そこから、東洋的専制という連想がわくが、ボワトーは、そのような規定はしていない。むしろ、この至高の権威を宗教的なものに由来すると考えているようである。祖先が切り開いた土地に対し、抜きん出た権利を持ち、それを継承する首長は祖先を代表し、自らと祖先を同一視していること、そして、村落共同体はその土地を現実に耕しているもの全体を代表していること、そこから、上級所有権を有する王と、その土地を耕すかぎり事実上の所有権を有している村落共同体の、それぞれの所有の違いが生じてくると理解している。

ボワトーは、ゴドリエらと同じように、アジア的生産様式を、無階級社会から階級社会への、長い過渡期の生産様式と考えている。そしてかつ、それは、それぞれの国によって違いはあれ、人類の歴史に普遍的なものと、理解している。

2　論争の展開

上述のごとく、一九三一年レニングラード討論後の中断のあと、三十年以上の歳月を経て、一九六四年、アジア的生産様式論争は再開された。西欧にとっては、それは再開というより勃発であった。また、一九六四年末以降、ヴァルガ「アジア的生産様式について」の発表と、彼の死を受け、ついにソ連においても論争が始まった。すなわち、論争はついに再開されたのである。

一九六四年は、フルシチョフが失脚し、ブレジネフ政権が誕生した年でもあった。「雪解け」の時代は終わり、保守への回帰が始まり、ソ連はその後、長く停滞の時代を迎える。それゆえ、論争の再開がもう少し遅れれば、ソ連において論争は再開されないままになる可能性もあったであろう。ともあれ、ギリギリの時点で、ソ連において論争が再開されたことは、論争を仕掛けた側にとっては、幸運であった。一九六五年初めより、ソ連の哲学、歴史、人類学・民族学を代表する各雑誌には、様々な立場からのアジア的生産様式論が掲載されることになる。

フランスでは、一九六五年『レ・タン・モデルヌ』（現代）五月号に、モーリス・ゴドリエ「アジア的生産様式の概念」が掲載された。なぜ、論争勃発の年に、ゴドリエの論文が、彼もまた常連の寄稿者であった『パンセ』に登場しなかったのか依然として謎であるが、ともかく、アジア的生産様式論の提唱者として、もっとも若い理論家であるゴドリエの文章が広範な読者の目に触れることになった。

ゴドリエ論文の前半は、前年ＣＥＲＭから小冊子として発行された「アジア的生産様式の概念と社会発展のマルクス主義的図式」とほぼ同じ趣旨のことが述べられている。すなわち、それぞれの生産様式の説明において、テーケイの「三つの所有形態」論から借りてきた、個人―共同体―土地を三角形の頂点とする、所有形態の図式を、そのまま利用し、特徴づけに利用している。また、歴史上の生産様式として、ゲルマン的生産様式を含む六つの敵対的生産様式を挙げているのも、前年の論文を踏襲している。アジア的生産様式、古典古代的生産様式、奴隷制的生産様式、ゲルマン的生産様式、封建的生産様式、資本主義的生産様式、の六つであり、ゲルマン的生産様式という用語自体、ゴドリエ独自のものである。さらに、古典古代的生産様式と奴隷制的生産様式、ゲルマン的生産様式と封建的生産様式、それらが――多系的であるとはいえ――発展図式のなかで併記されるのも、ゴドリエ独自の発想である。このゴドリエ独自の発想については、前年シェノーから苦言を呈されたところであるが、ゴドリエはなお、それを堅持している。

ゴドリエは冒頭で、前年『アナル』誌に掲載されたヴィダル-ナケ論文に続き、アジア的生産様式の概念の思いがけない運命に幾つか光をあてたい、と述べる。すなわち、この概念は、マルクスによって練り上げられ、エンゲルスによって放棄され、ついでマルクス主義者から公式に排除され、だが、幾人かのマルクス主義者のもとひっそりと保持され、かつ、変節した弟子によってマルクスの意図に反して寄せ集められ、歪められ、ついには、マルクス主義も非マルクス主義者も含め、西欧史のカテゴリーにうまく当てはまらない事実の解釈に心を砕いてきた多くの民族学者や歴史家のペンのもと復活させられた。この短い言及から、ヴィダル-ナケに対する評価ばかりでなく、アジア的生産様式概念の、マルクス主義者の間における、これまでの扱われ方に対するゴドリエの見方も、伝わってくる。

まず、変節した弟子によりマルクスの意図に反して寄せ集められ、歪められ、とあるのは、明らかにウィットフォーゲルと、その理論のことを指している。何人かのマルクス主義者に守られた、とある点については、ゼルノウの一九六〇年の論文（Sellnow,1967）とシェノーの一九六四年の『パンセ』掲載論文が注に挙げられているが、ヴァルガなどのほかに具体的に誰を念頭においているのか、気になるところである。そして、何よりも、マルクスの死後、エンゲルスがアジア的生産様式概念を放棄した、と明確に述べている点が問題となる。実は、この問題がゴドリエ論文の後半におけるテーマであった。マルクスとエンゲルス、マルクス主義の二人の創始者の見解の違いという、この微妙な問題について、ゴドリエは、次のように説明する。

エンゲルス『家族、私有財産および国家の起源』からアジア的生産様式が消えたのは、アジアと中東の歴史が、非典型なものとして、エンゲルスの分析領域から排除されたからであるが、根本的な理由は、それではない。それは、エンゲルスがモルガン『古代社会』のテーゼを受け入れたことにある。モルガンのテーゼは、未開段階の部族社会における、階級支配と国家への発展の不可能性と、文明段階および階級構造への最終段階としての、「英雄」時代の政治組織形態としての「軍事的民主制」の存在からなりたっている。

軍事的民主制は未開人の政治組織の最終形態であり、モルガンはアステカの軍事的首長、ギリシアのバシレウスやローマのレックスと同じものとみなした。マルクスもエンゲルスも、この点を認めていた。本来、先コロンブス期の大文明——インカ、アステカ、マヤなど——の政治システムの検討から、貴族階級の一人の手に国家機関が委ねられ、かつ、その権力が、君主の絶対的な権力に変わってしまう可能性——アジア的生産様式概念の可能性——を見いだしえたはずであるが、モルガンは、スペイン征服時のアメリカ大陸の大文明は、ギリシアでいう「英雄時代」にあり、文明の段階の前の段階、階級社会が発生する前の段階、つまり軍事的民主制と判断し、その理論的可能性を閉じてしまった。

だが、それ以後、古代遺跡の発掘が進み、状況は大きく変化する。考古学の発展により、ギリシア文明の開始期は、二千年も遡ることになった。とくに重要であったのは、クレタ・ミケーネ文明の「異質性」の発見であった。それは宮廷と王権を中心とした文明であり、すべてが王に集中していたことがわかるにつれ、国家と階級支配成立以前の、軍事的民主制という概念自体が疑問視されるようになった。なぜなら、ホメロスの英雄時代とは、クレタやミケーネ国家が出現する以前の出来事ではなく、それらが崩壊した後に出現したからである。

さらに、エンゲルスの、ギリシアにおいては、国家は、部族社会のなかから発展した階級的対立から生まれたとする仮説も、支持し難くなった。ポリスは部族社会において出現した最初の対立からではなく、アジア的モデルに近い別の形態の国家が存在した後、その崩壊後、次第に現れた第二の形態（二次的な政治システム）である、ということになるからである。アジア的生産様式を否定したモルガン・エンゲルスの仮説自体、再考の余地がある、ということになる。

ゴドリエは、ゲルマン人は古典古代的生産様式も、奴隷的生産様式も経ずにプロト封建的な国家形成に向かったことを挙げ、それにより、エンゲルスは階級社会への道は一つではないことを示したと述べる。マルクス主義の創始者たちが、最後まで歴史の多系的発展論を放棄したことはなかったと、ゴドリエは強調したいのであろう。さらに、ゴドリエが「歴史は一貫しない事実の寄せ集めなのだが、マルクスとエンゲルスにとって、多数の知識人と一致して、西洋の歴史の《典型的》、《普遍的》な特性とは、その特異性にあり、他の発展コースとの相違にあるのであり、類似にあるのではない。この普遍的な価値は、正確には、いたるところにあるということではなく、西欧固有の性質は、どこにもみつからないという、ところからくる」（p.2022）と述べる時、西欧における技術的進歩や資本主義の発生の歴史を念頭においているが、ゴドリエが思いのほか、アジア的社会を通して西欧を意識しつつあることを理解し得るはずである。

『パンセ』一九六五年八月号には、塩沢君夫「日本の歴史とアジア的生産様式」、セルヒオ・デ・サンティス「インカ、アステカ、マヤにおける村落共同体」、シェノー「アジア的生産様式論争はどこまで行ったのか？」が掲載された。

日本のアジア的生産様式論者、塩沢君夫の『パンセ』誌におけるアジア的生産様式論争への登場は、時宜をえたものであった。塩沢は何よりも、戦後もっとも早く、アジア的生産様式を肯定的に論じた理論家であった。戦後の日本において、『諸形態』の翻訳（1947）もあり、アジア的生産様式に関する論文が幾つか書かれた。だが、いずれも、アジア的生産様式＝奴隷制説に与するものであり、独自の生産様式論を唱えるものは現れなかった。独自の社会構成体としてのアジア的生産様式論は、一九五七年度歴研大会古代史部会における塩沢の報告において初めて唱えられたのである。その点において、塩沢に寄稿を要請したのは、ふさわしい人選であったといえる。

塩沢は論文の前半において、日本の戦前・戦後のアジア的生産様式に関する、有力な見解を紹介している。戦前においては、森谷克己、渡部義通、早川二郎、相川春喜、秋沢修二、佐野袈裟美、赤松啓介らの見解が紹介されているが、重点が置かれているのは、早川二郎であり、とくに彼の貢納制論である。塩沢自身も、アジア的生産様式＝貢納制の立場に立っており、当然、早川理論のオリジナリティを高く評価している。ただ、早川が、貢納制（アジア的生産様式）を、共同体社会から奴隷制への過渡期の社会構成として捉えていたとするのは、正確ではない。早川は、この過渡期の社会構成は、階級社会への過渡として捉えていたのであって、その過渡は、奴隷制への過渡というよりも、むしろ封建制への過渡として捉えていたからである（理論的な可能性として、奴隷制への発展が否定されているわけではない）。そこに、貢納制がアジア的社会を特徴づけるとの早川の構想があったはずである。早川の歴史に対する見方は、戦前のマルクス史家としては稀有な、多系的な発展論であった。それに対し、塩沢のそれは、アジア的生産様式→古代的生産様式（奴隷制的生産様式）→封建制的生産様式→資本主義へと進む、単系的発展である。早川から貢納制論を継承したといっても、そこに違いがあった。

戦後については、渡部義通、藤間生大、石母田正らの見解が、主に紹介されている。ただ、この論文が書かれたのが一九六四、六五年であることを考えると、すでにその当時、独自の社会構成体としてのアジア的生産様式論を提起していた太田秀通、福冨正実について言及がないのは、どうしてであろうか、疑問が湧く。太田はすでに、一九五九年に『共同体と英雄時代の理論』を出版しており、福冨も一九五九年以来、後の『共同体論争と所有の原理』に結実する長文の論文をすでに数本執筆しており、彼らの労作を知らなかったとか、アジア的生産様式論として内容が取るに足らないものであったとか、言えないはずであった。塩沢は、文中では、安良城盛昭や尾崎庄太郎らの見解にまで言及しており、それにもかかわらず、太田、福冨への言及がないのは、日本を代表する理論家の著作としては公平さを欠いているといわざるをえない。

論文の後半において、塩沢は、彼の独自のアジア的生産様式論を披露している。マルクスの幾つかのテキストの解釈、共同体のアジア的形態と基本的収取、共同体の枠組のなかでの一定の階級分化、アジア的生産様式＝古代アジア的デスポティズム、そして最後にアジア的生産様式から新しい生産様式、古代奴隷制の誕生等が論じられている。

すなわち、塩沢君夫は、アジア的生産様式のなかから、古代（古典古代）的生産様式が生まれ、古代的生産様式のなかから封建的生産様式が生まれる、と考えている。これは基本的には大塚久雄『共同体の基礎理論』

（1955）で示されたアジア的共同体→古典古代的共同体→ゲルマン的共同体への生成・発展・移行を、それぞれの共同体にもとづく生産様式の生成・発展・移行に読み換えたものである。だが、アジア的共同体が古典古代的共同体に移行するとか、古典古代的共同体がゲルマン的共同体に移行するといった考え方は、現在の時点からいえば、理解不可能なものである。しかし、当時、そういった考え方が通用していたのである。それは、ヘーゲル流弁証法の理解から、歴史をも物質の自己運動とみなす思考が、日本のマルクス主義者のなかでマルクス自身の考え方として受け止められていたからであろう。

以上、『パンセ』誌における塩沢の議論は、日本においては、マルクス主義の伝統があり、アジア的生産様式を徹底して議論しうる土台があることを示した点において、評価すべきであろう。たとえば、ホブズボーム『資本制生産に先行する諸形態』（英訳）序文を読めば、彼らが、アジア的生産様式論争の重みも、論争におけるそれぞれの議論の背景もほとんど理解していなかったことがわかる。それが、おそらく、当時の英語圏のマルクス主義の水準であった。塩沢論文は、日本のマルクス主義文化が、それらとは、大いに異なることを示すものであったといえる。

セルヒオ・デ・サンティス「インカ、アステカ、マヤにおける村落共同体」は、ラテン・アメリカ、とくにアステカ、マヤ、インカ文明を舞台としたアジア的生産様式論である。

最初に、自分の現在の立場が、一九六四年春の『パンセ』特集号以後復活したアジア的生産様式論の立場に立つことを明確にしている。シェノーとパランによって示された方向に、あるいは、シュレ-カナルが熱帯アフリカに関して、ボアトーがマダガスカルに関して試みたように、と具体的な名前を挙げて、アジア的生産様式論に臨む、自らの立脚点を述べている。デ・サンティスが目指すのは、植民地以前のそれぞれの社会が「専制─村落」形態として理解されたアジア的生産様式の、次の三つの現象に特徴づけられることを証明することである。なお、アジア的生産様式の特質を「専制＝村落」的とするのは、シェノーの発案である。三つの特徴というのは、①私的所有がまだ存在しない、つまり原始共産制に繋がっている臍の緒をまだ切っていない、②その上に存在し、全体の利益のため経済的機能を遂行している専制権力、③この社会の村落共同体の存在、発展への傾向は、特殊な封建制へ、機能の権力の、個人の特権への転換に向かうこと、である。デ・サンティスは、専制権力を、全体の利益のための経済的機能の遂行と交換に、村落成員に総体的奴隷制の条件を強制しているとみなし、その権力は「古典的」(古典古代的)な特徴を帯びていない。なぜなら、権力者のカーストは、私的タイトルを領有するためにその権力を行使しているのではなく、ただ集団のタイトルにより、「職務上の権力」(ヴェルスコップ)の名のもと、そうしているからである、と述べる。

デ・サンティスは、以上の視点から、ラテン・アメリカの古代国家、古代社会を各々検証している。まず、インカ国家と土地所有について。国家成立以前は、村落共同体の土地所有だけが存在していた。インカ帝国成立後、共同体はより大規模な政治システムに組み入れられ、専制支配のもと——中央権力はインフラ建設のための公共事業(道路網)にイニシアティブを発揮し、全体的利益(要塞の建設、灌漑、階段耕地の造成など)を代表し、最高権力は全土に対し卓越した権利を主張した——、土地は、インカの土地、太陽の土地、そして共同体(ayllu, アイユ)の土地に分けられた。インカの土地、太陽の土地は、共同体の首長の指導のもと、共同体成員によって耕され、収穫はそれぞれ、聖職者と中央権力のものとなり、それによって農民たちは——「総体的奴隷制」の特徴を示し——、アジア的生産様式の典型を維持した。

次に、所有の変化について。帝国の贈与によって生まれた所有は公共のものではなく、私的保有の形態を表す傾きがあり、その管轄地において、アイユまたは聖職者カーストによって営まれる、(集団的な、機能的な)保有の型と、少ししか共通していなかった。それゆえ、スペインの征服以前に、もし、「耳」(高官や貴顕)が、その手の中に、クスコの周りの土地を集中させ、封建階級の萌芽を形成させたとしても、驚くべきことではなかった(de Santis,p.83)。

つづいて、アステカ社会は、アイユのそれに極似した構造や機能をもつ村落共同体(calpulli)の上に築かれていた。カルプリの枠組においては、土地私有の形態を見出すことはできず、ただ個人的に成果を領有する権利があるのみであった。インカのアイユのように、共有地は集団の権限の土地とカルプリの首長によって割当てられる耕作地とに分かれていた。アイユとの違いは、割当てが終身であり、土地は、用益権保持者の死後にしか、カルプリに返されないという点である。この共同体の構造は、道路、要塞、灌漑のための水門などの建設を引き受ける専制的権力によって支配される。その代わりに、権力は農民たちに一連の負担（貢租・賦役ら）――戦役中の軍隊に必需品を供給するための土地を耕すことなど――をもとめる。

アステカの専制権力は、インカ権力とは異なって、際立った階層的序列のある構造を有し、それぞれの権力センターは広大な土地において入念な支配を実行していた。そこには、一部は奴隷、あるいは平民の都市住民、村落共同体のメンバーによって耕される、「宮廷の土地」、「領主の土地」があった。しかしながら、スペイン人たちの侵入の直前、この組織はすでに分解が進んでおり、領主の土地は「王の土地」になった。宮廷の土地は「貴族の土地」に、「戦士の土地」になった。この用語における変化は、古い、職務的所有からカースト的所有への変化を示している。

最後に、古代マヤ社会についても言及している。マヤ文明については、上述の二つの文明に比較し不明な部分が多く、それゆえ、デ・サンティスの言及も漠然としたものになっている。マヤの基礎的な社会細胞は、真の村落共同体であり、その枠組のなかでは、私有財産は存在しない。マヤの社会組織は、決してバラバラではないが、その権力の基本的性格は、専制的中央が欠けており、むしろ多中心主義的であるようにみえる。しかし、マヤ文明のより正確な検証によれば、社会のおのおののコアにおいて、古典的なアジア的型の専制権力を垣間見ることも可能な要素も存在する。また、村落共同体を都市に結びつける紐は唯一の信仰に基づいているのではなく、共同体のメンバーは、少なくともマルクスが使った意味における「総体的奴隷制」と規定しても決して誇張ではないようにみえるところの条件のもとで、実際に維持されている。また、マヤの生産組織は、公共の利益のために課せられる一連の労働に基づいており、それは、明確な、協業的職務のうえの、中央権力存在の、はっきりした表徴を構成している。それらから、デ・サンティスは、マヤ社会も、アジア的生産様式か、それに近い構造を含んでいるとみなしているようである。

デ・サンティスは、これら三つの社会の共通点を、次のようにまとめている。ラテン・アメリカの三つの社会――少なくともインカとアステカ――はともに、古典的「アジア的」な特徴をもっており、またマヤ文明もこの生産様式の多数の特徴を示している。確かに、三つのこのケースにおいて、我々は社会の基礎に、土地の私的所有を知らない村落共同体を見つけることができる。

インカ、アステカ帝国とマヤは、社会的経済的面においては、停滞的特徴を有していたが、その枠組において、そのユニークな発展形態は、もとの職務上の権力を個人的性格の特権的権力に換える傾向を示した。この、封建的な形態への発展への流れは、とくにアステカのなかで明白であった。そこでは、大規模な権力の階層化が、貴族および戦士のカーストが、きわめて短い時間内に、個人的な所有の形態を作り上げることを可能とした。だが、ペルーでは、征服の時代、軍事カーストが、「領主階級」へ変身しつつあった。

以上、デ・サンティスが記述したこれらの古代社会の特徴は、アジア的生産様式とは何かを、きわめて明確に説明している。また、以上の古代社会の性格、特に王権の性格から、これら古代文明を征服し、かつ生産も資源収奪もインディオに依存し続けたスペイン人の支配のもと、スペイン王は「やすやすと、インカやアステカの王の支配にとって代わった」こと、またこのカトリック王は、インカやアステカの土地を征服者たちに分けたけれども、卓越した権力を保持し続けた（p.90）ことが、十分に理解できるはずである。

一九六六年、論争開始後、二年がたち、ようやく、シャルル・パランがアジア的生産様式論を発表する。『パンセ』六月号（一二七号）「地中海の原史時代とアジア的生産様式」がそれである。パランは戦前より著作活動をしていた古典古代史家であり、戦後はフランスのマルクス主義史学において指導的な役割を演じていたと思われる。

古典古代史学とアジア的生産様式という組み合わせは、意外に思われるが、一九五〇年代初頭におけるベントリスによるミノア線文字Bの解読以後、粘土板文書の調査研究が進み、クレタ・ミケーネ文明に対するイメージが大きく変わったことが、影響している。パランとともに、CERM東洋部会に加わったヴェルナン、アジア的生産様式論争開始に重要な役割を果たしたチェコスロバキアのペチルカ、ウィットフォーゲル仏語訳者であったヴィダル-ナケ、そしてヴェルスコップとその弟子ハインツ・クライシヒ、さらには日本の太田秀通など多くの古典古代史家が、アジア的生産様式に関心を寄せていたのも、この影響の大きさ――おそらく当初は衝撃的であったこと――を示している。

パランは、まず、以下のように述べるところから出発する。エジプトに国家が成立してから、ギリシアに奴隷制的生産が十分に発展するまで、ほぼ二千年の間があるが、その間、原始共同体は衰退したが、奴隷制的生産様式はなかなか成立しなかった。この二千年間を過渡期と呼ぶこともできないし、奴隷制の緩慢な成熟と呼ぶこともできない。地中海は、奴隷制的生産様式の前に開花し、その後奴隷制生産様式に直接転化することなく崩壊した、耀く文明を知っていた。それが、アジア的生産様式にもとづく文明である、と。アジア的生産様式として検証される諸文明は、巨石文化、クレタ・ミケーネ文明、エトルリア文明である。

それらを検証する前に、パランは奴隷制と類似した収取システム、総体的奴隷制、封建的賦役を課す農奴制、厳密な意味での奴隷制の、それぞれの違いを明らかにしている。

総体的奴隷制：人が利用・調達できる人手こそ、その本質である。それは、無償で、あるいは最低の費用で、調達することができる。奴隷のように、その労働の再生産に必要な費用（対価）を支出する必要がない。大衆は強制労働に服するので、手労働は豊富である。総体的奴隷制は、生産条件を改善する巨大工事――水の主人によって灌漑や干拓など――を可能にする。また、コミュニケーション（交通）手段の改善にも利用される。しかし農業生産の一般的条件の改善はあったとしても、それは農業生産における技術発展に有利ではなく、生産力の前進にとっては、袋小路である。

封建的賦役：総体的奴隷制においては、専制君主の決定にのみ従うのに対し、封建的賦役は、慣習や定められた期間性によって、少なくとも一般的には、固定されている。賦役は決められた日数、期間に維持されなければならない。生産力の一般的な水準は、アジア的生産様式のそれよりも高く、小作人の時間は、より貴重である。また、村民は、すこしずつ、よい条件を勝ち取り、領主の要求を抑制するため、協議し、闘う。

厳密な意味での奴隷制：ここでは、奴隷は奴隷主の私有財産――購入され永久的方法によって維持される――である。集団として働かせられる奴隷のほかに、家内奴隷がいる。ここでは、人海戦術（人手の浪費）や、大きな苦役だけにつかせることは、もはや問題とならない。生産力水準はすでに上昇しているか、上昇し続ける。芸術的生産だけでなく、生産自身においても、真の専門化を課せられている。奴隷所有者はすでに専門化された奴隷、それが可能なものの獲得に関心を持っている。奴隷は、商品であり、商品の生産者になることもでき、また当然にも、家内奴隷にもなりうる。

この三つの収取システムについての理解は概ね妥当であり、かつ、このような理解はすでに、CERM東洋部会のなかで、とくに、シェノー、シュレ-カナル、ゴドリエらとのあいだにおいて共有されていると思われる。ただ、以上のような収取システムの理解をもとに、巨石文化を総体的奴隷制にもとづくものと説明されると、正直、戸惑わざるをえない。たしかに、ドルメンなど巨石の移動、建立には膨大な労力を要する。だが、世界各地にその類例がみられる巨石記念物は、そのほとんどが首長制段階の社会においても、十分に建設可能であり、特にアジア的生産様式概念を援用するまでもないと思われるので、パランの巨石文化に関する議論の検討はここでは割愛する。

続いて、クレタ・ミケーネ文明についてては、解読されたテキストから、その社会の本質的な構造は、少なくとも、アジア的生産様式のコースにおいて建設されたことを示していると述べる。クノッソス・ミケーネ王国は、王宮経済を中心にしており、王はすべての権力・権威を自らに集中し、統合していた。だが、実際には、書記のほか職業的な専門家や王室検査官のほか、王と人民に介在する権威のヒエラルヒーに連なる人々が、経済生活あるいは社会活動の領域を細かくコントロールしていた。ここには、私有財産の礎となる私的商業の展開はなく、国家組織はエジプトをモデルとしていた。ダモス（農業を担う村落共同体）は、土地を保有していたが、所有していたのではなかった。保有と引き換えに、王宮と宗教施設に貢納義務を負っていた（集団的な収取が行なわれていた）。

クレタ文明の影響を受けつつ、ミケーネ文明が成立する時期の遅れ、波及の緩慢さを説明するために、ヒッタイトの例を出しているところが興味深い。河川文明地区ではない地中海縁辺に対するアジア的生産様式の浸透、アジア的生産様式型の社会組織の樹立には時間がかかることを、ヒッタイトの例は示している、ということらしい。だが、ミケーネへのアジア的生産様式浸透の遅れは、総体的奴隷制のシステマティックな利用へと導く生産組織の必要のなさによって、説明できるのか、とパランは自問する。そこで、まず、常時戦争を営んでいたミケーネ諸国家の防御的性格と動員の必要性を考慮し、さらに、水の要因が存在したかどうかその可能性をさぐっている。東洋部会のメンバー、ヴェルナン『ギリシア思想の起源』は、古代オリエントの排水、灌漑、水路の維持など大規模公共事業における協業の必要性の例を引きながら、コパイス Copaïs 湖（ボイオティア）干拓の意味を取り上げている。ミケーネの王たちは、水のコントロールに積極的であったとされる。だが、パランの記述を読む限り、湿地の多い平野部を扱いかねていたとしか思えない。筆者にとって、パランのこの種の議論は、クレタ・ミケーネ文明における、アジア的専制国家の印象にもかかわらず、それが成立する原因や背景をうまく説明できないことに起因しているように思われる。

結局は、ドーリア人の侵入によって、アジア的生産様式は破砕されることになる。パランは、そこから、奴隷制的生産様式の成立を以下のごとく説明する。ヘシオドス「労働と日々」は前八世紀のものだが、社会の変化を表示している。連帯や相互援助が欠けた社会においては、私有財産を自らの要塞として、個人的計算にたち農事に励む以外にない。互いの援助も利害や損得に結びついている。また、個人で、すべての農具を所有し、他人に借りることがないようにしなければならない。そこでの奴隷制は、すでに家父長制的奴隷制、総体的奴隷制の段階をすぎており、奴隷は経営のなかの労働力として計算され、使用されている。

最後に、エトルリア文明についてである。エトルリア文明は、遅く発展したアジア的生産様式の社会であり、青銅器時代ではなく鉄器時代のそれであった。エトルリア文明は、ギリシア文明にやや遅れて始まった。それゆえ、古代オリエントのモデルは、ギリシア・モデルを介してであった。エトルリアについては情報が欠けているが、そのエリアは、やはり、排水の悪い沼沢地を抱えていたので、水利事業が必要であった。前六～五世紀の、ポー川下流域、Spina 付近で、水路の跡が発掘されており、経済的に重要な役割を果たしたことが認められている。ローマの南、Marais Pontins（Pontine Marshes）の排水事業も、エトルリア人がローマの君主であった頃、地下水路や小さなトンネルをつくって手がけられたといわれている。Tarquins（タルクィニウス）など、ローマ王であったエトルリア人たち。この時期にローマでは、様々な工事が行なわれたといわれている。

しかし、エトルリア文明は、このようなインフラを持ちながら、その後の周辺諸部族との闘い、とくに奴隷制的生産様式への依拠を高めつつあったローマとの闘いを勝ち抜くことなく、衰退する。パランは、その内的要因として、エトルリアが総体的奴隷制の遺制を払拭できず、奴隷制的生産様式を表面的にしか受容できなかったのではないかと、述べる。

パランは、ドーリア人の侵入が古い生産様式を破砕させ、新しい生産様式の成立に有利に働いたことを挙げ、エトルリア文明は、その反対に、古い生産様式の遺制が新しい生産様式の受容を不十分なものにしたと述べる。それは、西方における蛮族の侵入が古代ローマを終焉させ、封建制の成立に有利に働いたのに対し、東方における帝国の維持が、その障害になったことを連想させる。

東ローマ帝国、すなわちビザンツ社会の経済的社会構成が果たしてアジア的生産様式かどうかを論じたのが、『パンセ』十月号(一二九号)におけるアントニアディ–ビビク(Hélène Antoniadis-Bibicou)「ビザンツとアジア的生産様式」である。

同論文は、英文でも、入手可能であることから、結論に関わる議論のみを紹介したい(9)。アントニアディ–ビビクは、たとえば、エジプトやシリア、メソポタミアの水利について、それらはビザンツの時代を迎える以前にすでに成立しており、かつ、エジプトは早くにビザンツの領土から失われ、シリア、メソポタミアが領土であったのは一時的なものであったこと、それに対し、ビザンツ固有の領土、中核地帯であったアナトリアやバルカン社会において、水利は農業に不可欠なものではなかったことを挙げる。また、皇帝の土地および国家の土地(国庫の土地)とは明確に区別された私有地が存在し、かつ、それは依然として、私有財産を保護するローマ法のもとに置かれていたことを挙げる。正確な、かつ十分なデータはないが、国家の土地は広く存在していたこと、だが、それにもかかわらず、かつ、時代によって種々変動があり、大土地私有が増加した時もあれば、小土地私有が発展した時もあったにせよ、私有地は国有地よりも多く、また皇帝の所有地は、私有地や国有地よりも少なかったと述べている。アジア的社会の側から発想すれば、国有地も皇室所有地も同じようなものであり、両者を合わせ、私有地より多くなれば、必ずしも執筆者の意図したとおりにならないのではないか、という気がするが、彼女はそう——私有地より多くなる可能性——は考えていないようである。そのほか、政治的には、ビザンツ皇帝は、東方の宮廷の影響もあり、「東洋の専制君主」のように見える。だが、ビザンツにおいて、教会、軍隊、元老院は、国家の三つの構成要素であり、ユスチニアヌス一世のもと、元老院は勢力を削られたけれども、十一世紀においても、なおその権威は重要であった。また、コンスタンチノープル市民も、demes に組織され、有効な政治行動を起こすことができた。これらから、彼女は、ビザンツ皇帝権が強化されたアジア的生産様式に基づくものとすることはできないとしている。ビザンツ国家において皇帝権が強化されたにも関わらず、ローマ法が維持され、私有がつねに尊重されていたことを考えれば、妥当な結論であろう。

『パンセ』十二月号（一三〇号）には、カリドゥ・デム（Kalidou Dème）「植民地以前のセネガルにおける階級社会」が掲載されている。一九六九年、CERM編『アジア的生産様式について』（論文集）が出版された時に、著者名が Boubacar Ly と変更されている。おそらく、前者がペンネーム、後者が本名であると思われる。

セネガル川は、エジプトのナイル、中国の黄河のように、それぞれの地域にめぐみをもたらすという意味で、「セネガルの母」であった（菊池、p.167）。平地の土地は二つに分かれる。洪水に覆われる土地と覆われることのない土地である。前者はまた、覆われる程度によって、三つに分かれる。毎年雨季には洪水で覆われ、後にシルトが残されるセネガル川に沿った土地はパレと呼ばれる。シルトの残留によって土壌が更新されるため、もっとも豊かな土地である。セネガル川中流域は、とくに生産性が高く、フータと呼ばれる。

土地はリネージ集団の所有であった。土地所有の起源は、土地の開墾にもとづいており、それぞれ火の権利、斧の権利と呼ばれた。土地を拓いたものは、土地の主人であるが、おそらくは長老に率いられたリネージ集団であったと思われる。所有は集団的なものであって、個人的なものではなかった。リネージのどんなメンバーであれ、彼がもっとも勢力をもっていたとしても、世襲した土地を（他人に）譲渡することはできない。セネガルには各地、各部族に首長が出現し、また小王国もいくつか成立した。土地は最終的には王のものとなり、共同体農民の王への貢納は、村長および地方長官を経て行われる。

「我々は暫定的に、生産関係の視点から、生産は家族・リネージと村の枠において行われる、と主張する。

すべてのエレメント、農民も、同じく職人——彼らは同時に農民でもある——も、村の社会的生産に参加する。共同体は、国家権力を保持し、たいていの場合、土地の理論的な所有者である貴族によって搾取されている。貴族階級自身は、リネージ家族の基礎の上に組織され、その土地に対する権利、農民労働の一部に対する彼らの権利は、集団的で、個人的なものではない。同様に、被搾取者も、搾取者も、個人的ではない。被搾取者は、土地なしの個人ではないし、土地を保有している個人の搾取者もいない。これは、我々の国を特徴づける生産関係の型の一種のユニークさを構成する」(Déme, pp.27-28)。

以上から、カリドゥ・デムの描くセネガル社会は、シュレ-カナルが、アフリカにおける社会システムの特徴として述べた、家父長制的家族、集団的土地所有をともなう村落共同体、そしてこれらの家父長制的共同体のうえに形成される種族制的貴族または軍事的貴族、そしてさらに、それらの階級的社会関係の変化によってもたらされる国家といった諸点に、極めて類似している。すなわち、フータを中心としたセネガル社会の社会システムは、シュレ-カナルのいう、アフリカにおける、非専制的な「アジア的生産様式」のイメージに合致している。

ただ、やや奇妙に思うのは、植民地期以前において、セネガル川流域においては、その溢流灌漑以外に、何か別の人工灌漑をやっている様子がないということである。つまり、共同体の首長も、王と称せられる人々も、あるいは共同体自身も、堰、堀、水路、堤防といったものをつくっているわけではない。これでは、王権は、氏族や拡大家族の長老にとってかわり、自らが土地の唯一の所有者となり、彼らを事実の所有者の立場に追い込むことは難しい。このような条件のもとでは、エンゲルスの政治支配の第一の道——共同体の職務機関の転質の道——は切り開かれない可能性があるからである。だが、自然灌漑のみで、人工灌漑を行なわず、それゆえ共同体(長老)、共同体の首長、王の、共同体のための必要労働に対する指導性、主導性が強く発揮されない場合もなお、何らかの形で、長老、首長、王の、民衆に共同労働すなわち賦役を命じる権利が生じる可能性はないのであろうか。

カリドゥ・デムの記述には、火の権利、斧の権利によって、王や首長は、征服によって、あるいは先占によって、税およびレントを獲得することが可能となることのほか、農民を賦役に駆り立てることは書かれていない。他人に労働を供給するのは職人カーストであろうが、それによって、水利施設が作られるとも思われないし、また、王宮や王都の建設も、無理であろう。もし、王宮、王都の建設を図るとしたら、誰を働かせるのであろうか。

ソーナー「マルクスとアジア的生産様式」(Thorner, 1966)は、一九六四年にアジア的生産様式論争が再開された後、書かれたアジア的生産様式論に対する批判のなかで、もっとも優れたものであり、六九年『アナル』第三期にその翻訳が掲載されている。また、論争再開後、英語圏においてアジア的生産様式に関して書かれた最初のレビューでもあった(10)。ソーナーは、ここで、アジア的生産様式概念を発想する契機となったインドの村落＝共同体という考え方、あるいは土地私有の不在(所有権の問題)について、インド農業における水利の比重の問題、長期にわたる停滞、等々、アジア的生産様式概念が孕む難点について、厳しい指摘を行っている。ただ、それは、一九三〇年代以降、アジア的生産様式論に向けられてきた、マルクス主義からの排除といった文脈で語られているのではない。その点において、ソーナーの批判は極めてまっとうなものである。

十九世紀インドの村落をプリミティブな共同体とみなす考え方——マルクスのインドを含めて——は、日本においては一九七〇年代後半に、小谷汪之に厳しく批判されており、やはり、マルクスの資料の読み方自身に、問題があるところである。ただ、マルクスの焦点は、あくまで所有の違いにある。すなわち、古典古代的所有やゲルマン的所有と、アジア的所有は明確に異なる、という点こそ、一八五〇年代のアジア的社会論におけるマルクスの最大の関心事であった。それゆえ、インド社会、とりわけ、インドの村落に体現されているアジア的所有(本源的な共同体的土地所有の第一の形態)の担い手(肉化したもの)として、インド村落を考え、それを共同体であるとみなし、それが十九世紀中葉まで続いていると考えていたのであろう。筆者は、アジア的社会の基底にアジア的所有があり、それは、古代地中海世界の基底であった古典古代的所有や、中世西欧社会の基底であったゲルマン的所有とは明確に異なったものとする、マルクスの考え方それ自体は、今もなお正しいと考えている。

3　論争の高揚

論争の再開から、ほぼ三年が過ぎ、一九六七年、論争はいよいよ佳境に入ったといえる。論争のイニシアティブは依然として、『パンセ』の寄稿者たち、シェノーやシュレ-カナルらCERMの理論家たちがとっていたが、論文の執筆者たちの幅は、彼らの周辺および彼らに繋がる人びとの枠を超え、一挙に広がっていく。同年、マルクス主義雑誌『ルシェルシュ・アンテルナシオナル』（Rescherches Internationales）五七―五八号が、前資本主義的社会構成およびアジア的生産様式に関する特集号を出しており、注目される。また、東ドイツの学術誌として知られる『経済史年誌』においても、アジア的生産様式の特集が行われている。まず、一九六七年、『パンセ』に掲載された二つの論文から、新しい動向を検証したい。

『パンセ』四月号（一三二号）に掲載された、メリキシヴィリ「奴隷制、封建制と古代東洋におけるアジア的生産様式」は、ソ連『歴史の諸問題』一九六六年一月号に掲載されたものであり、日本では、その直後に福冨正実によって翻訳され、後に福冨正実編『アジア的生産様式論争の復活』（未来社、1969所収）に収録されている。福冨正実は、同論文におけるメリキシヴィリの見解を、ソ連における「論争のこの段階における一種の総括的論文として十分に注目されて然るべき内容をもっている」と高く評価しているが、フランス語に翻訳・掲載した『パンセ』とその寄稿者たちも同じように考えていたのであろう。彼らは、当時、ストルーヴェ説、すなわち、単系的発展論、直線史観を批判するものならば、概ね好意的に受け止めていたように思われる。

メリキシヴィリ――グルジア・アカデミー会員（ウラルトゥ学）――は、まず、ソ連における論争において、代表的な見解となったストルーヴェのアジア的生産様式＝初期奴隷制説が、実際には矛盾に満ちたものであったことを明らかにする。ストルーヴェによれば、ウル第三王朝の王室所有地において広く存在していた王室の大所有地の使用人は、これらの王室所有地で一年中仕事をしていた。彼らは、自分自身の生産手段を失ったものから成り立っていた。また、それと関連して、捕虜が捕獲されて奴隷にされたことについて伝える多数の古代東洋の史料の存在が知られるようになった。それらから、ストルーヴェはこのような働き手を奴隷のカテゴリーに入れたのである、ということになる。中国のマルクス史家も同じだが、おそらく、そこで奴隷が見つからなければ、どこかまた別のところで見つけたであろう。専制国家における学者の役割というものは、そういうものであると、筆者は考えている。

ストルーヴェたちは、古代オリエント社会は奴隷制的社会構成体であると規定したとしても、その奴隷制を古典古代のそれとは同じものだとは考えなかった。ストルーヴェらは、古代アジア社会の奴隷制は、そこに残る共同体的諸関係の強固な残存のため、たとえ発達した場合でも、古典古代のような発達した奴隷制にはならない、と考えたのである。そこから、「初期奴隷制」なる概念が生まれる。あるいはそれは、「共同体的奴隷制」といった用語で呼ばれることもある(11)。

だが、概念が生まれ、呼称が揃ったにもかかわらず、「古代東洋的社会の特質としてとくに指摘されているのは、奴隷所有制の不十分な発展、生産における奴隷労働のかなり制限された使用である。物質的財貨の基本的な生産者大衆として考えられているのは、普通の共同体員たちである」(福冨編、p.295)とあったと、メリキシヴィリは述べ、ストルーヴェ説の欠陥を明らかにする。たとえば、ストルーヴェが例としてあげた、ウル第三王朝期の「奴隷制的大所有地」は、その後の検証によって、バビロニア自体においてさえも例外的なものであったことがわかっていく。「それは、全期間でわずか一～二世紀のあいだ存在しただけで、ウル第三王朝期の衰亡後には一般に消滅してしまった。このような大所有地の土地は、戦士や役人たちへ分配地としてあたえられ、また、収穫物の一部分を支払うという条件のもとで王室所有地の零細な小作人へあたえられた」(p.298)といわれる。

それゆえ、「奴隷たちが少数であり、奴隷労働の使用範囲がきわめて制限されている(基本的な生産部門である農業においては通例では、自由な共同体員の労働が支配的であった)ような諸社会を、われわれは、なにゆえに奴隷制社会として認めるのであろうか?」という疑問が当然生まれてこざるをえない。だが、実際には、そのような疑問は、奴隷制説が最高指導者からの政治的な要請であることが知られるにつれ、ほとんど問題とならなくなったのであろう。

しかし、最高指導者が死亡し、その個人崇拝が批判され、ついには、封印されていたものが、解ける。アジア的生産様式論争はともかくも始まったのである。そして、気がつけば、「最古の階級社会のすべてを奴隷制社会とみなすことができないということが、討論の過程においてますます明白になりつつあるようにわれわれにはおもわれる。明白な個性的特徴をおびているためにマルクス主義の創始者たちによってかつて注目されたアジア的な型の諸社会が、社会的発展の過程においてどのような地位をしめているかを明確に規定する必要があるということもまたあきらかになりつつある」（p.313）とメリキシヴィリは、率直に事態の厳しさを述べる。では、ストルーヴェらの奴隷制説が誤っていた以上、マジャールやヴァルガなどのような、アジア的生産様式を独立した社会構成体として認めるべきなのであろうか。メリキシヴィリは、認めるのでも、認めないのでもない別の道を歩む。すでに、ソ連の論争において、ヴァシリエフやストゥチェフスキーといった人びとが、その中間路線を提起していた。二人は、前資本主義社会に三つの基本的な構成体のモデル、発生・進化のモデルがあるとし、古典古代的モデル、封建制的なモデル、そしてアジア的なモデルを挙げる。この三つのモデルは、継起的なつながりにあるのではなく、類型的なもの、互いに併存するものであった。アジア的モデルとは、アジア的生産様式のことであるが、その内容は、抑圧と搾取の奴隷制的傾向と封建制的傾向という二種類の搾取、二つの傾向が長期にわたって強力に残り、相互に作用しあっている発生・進化のモデルである。アジア的モデルについて、もっとも緩慢にしか発展せず、その枠組みにおいて、二つの傾向、二つのコースが互いに阻止し合っていると、二人は述べている(12)。

当時、ヴァシリエフとストゥチェフスキーの議論は、斬新に映り、福富正実も高く評価していた。しかし、今日的時点から見れば、これは、アジア的生産様式を固有な社会構成体を表すものとみなす考え方からみれば、むしろ大きな後退であった。というのも、彼らによれば、アジア的生産様式とは、結局は、奴隷制や封建制に帰するからであり、もし固有なものがあるとすれば、その併存・絡み合いの独自性のみということになる。二人のような提起の仕方は、古典古代的生産様式や封建的生産様式と比較して、アジア的生産様式の固有性とは何か、といった問題意識を削いでしまう可能性が高い。

メリキシヴィリの方法は、上記の二人の方法より、もっと巧妙で、包括的なものである。彼は、原始共同体社会以後の歴史を、初期階級社会（または未発達な階級社会）→発達した階級社会→後期階級社会（または発展した無階級社会）と捉える。そして、相異なる諸ウクラードが併存するアジア的生産様式は、この初期階級社会への過渡的な社会と述べる。また、初期階級社会のなかには、初期封建制的なもの、初期奴隷制的なものも含まれるとしている。アジア的生産様式には、すでに二つの傾向が内在している以上、条件の成熟によって、アジア的生産様式が時には奴隷制的生産様式へと向かったり、時には、封建的生産様式へと転化することは十分に可能ということになる。

たしかに、国家成立前後の社会においては、相異なる諸ウクラード、諸関係が未分化に存在している。また、資本主義以前のすべての階級社会が明確に、アジア的、古典古代的（奴隷制的）、封建的社会に分けられるわけでもない。しかし、アジア的生産様式を議論する場合は、やはり、マルクスの原義にもどらざるをえない。『諸形態』における、アジア的所有、古典古代的所有、ゲルマン的所有の区別は明確である。とくに、アジア的所有と、古典古代的・ゲルマン的所有の間には、明確な区別がある。それをおろそかにして、アジア的生産様式を論じても、ほとんど意味がない。結局のところ、メリキシヴィリのアジア的生産様式＝初期階級社会説は、固有の意味でのアジア的生産様式を論じることをやめるということにほかならない。ソ連内アジア的生産様式論争におけるヴァシリエフ&ストゥチェフスキー、メリキシヴィリら、中間路線（折衷主義）の例は、当時の国外における評判とは異なり、ソ連における学界の、三十年にわたるアジア的生産様式に対する拒絶、異端視は、依然として形を変えて続いている、ということをはしなくも明らかにしたということにつきる、と考えられる。

同じく『パンセ』一九六七年四月号（一三二号）に掲載された、イオン・バヌ「古代東洋哲学のパースペクティブにおける「アジア的」社会構成」もまた、十分に注目されるべき内容をもった論文であった。バヌはブカレスト大学教授（古代哲学史）であった。バヌ論文は、ヴァルガ、テーケイ、シェノー等がアジア的生産様式の特徴を表すものとみなした、君主の農業生産への関与と義務、共同の備蓄などの意味を、貢納制の概念を使い、これまで、取り扱われてこなかった、思想、イデオロギーの領域において、問題を深く掘り下げようとしたものである。

バヌは冒頭において、アジア的生産様式における「アジア」を仮に「貢納制」と呼びかえた方がよいと述べる。貢納制タイプの社会の特殊性は、国家の経済的機能にもとづく国家と共同体の一体性と、貴族と農民の敵対、の間における弁証法的な関係であり、その一体の思想は、共同体成員あるいは共同体（それらはそれぞれ別に小天地をつくっている）にもとづく社会の性質によって、古代東洋の精神に具現されている。そして、その共同体の統一を越えた視線は、総括的統一体に出会う。つまり、それが共同体および共同体成員が従うところの唯一の所有者、デスポットである（Banu,p.55）。

マルクスとエンゲルスは、水利建設（水路やダム）を貢納制的生産様式の構成に必要なものとみなしていた。この生産様式の起源についてはいろいろ議論があるが、古代において、これら［水利］建設は、東洋民族的な景観を性格づけるエレメントである。古代メソポタミアの王ウルカギナ Urukagina は、自らを、人間を幸せにする神の代理とした。彼は神との関わりを築くために灌漑路や貯水池の建設を心がけた。このように、デスポットによって、技術の役割は、彼と神の絆を証明し、彼の権威を増すことに使われた。

神の代理人として、あるいは神として、王の生産に及ぼす力についての神話・伝説は多数存在する。シュメールの賛歌では、王は「穀物の山を築く農業家であり、獣脂とミルクを増やす羊飼いであり、豊かな水をクリークにもたらすもの」であると謳われ、エジプトの王も、「ナイルよりも王が、水をずっと豊かにし、国を緑にする」と言われている。ディオドロス・シケロス（?～前二一頃）も、エジプトについて「王は生活に必要なものすべてを作り出す」と、先の見方を肯定していた（p.58）。中国では堯が暦をもたらし、メソポタミアでは地と水の神エア Ea が、天文の知識、農業、文字、都市と寺院の建築術などをもたらした。また、公共事業によって、共同体の農業に繁栄をもたらしてきた、と。そして、これらすべてのテキストは、農業経済への関心と水利事業へのそれを、国法の擁護強化および、専制体制の保護者たる神への賛仰義務に、結びつけている。もし、このように、奴隷制国家や封建国家とは反対の、経済的機能――農業技術の建設や食糧備蓄――を実践する貢納制タイプの国家の特殊な性格を考慮に入れるならば、上記において問題にされた特殊な性格は、貢納制概念の助けをかり容易に説明可能となる（p.60）。

貢納制国家の特殊な観念、国家の経済的機能が農業の生物学に結びつけられていることの重要性。たとえば、王（政府）のよき治世とナイルのめぐみ、大地の豊穣性、そして婦女が子供を産むことなどが、緊密に関連付けられ、悪しき治世は、その逆を生み出すことになる。マルクスは、「アジア的国家において、収穫は政府の良し悪しに依存し、ヨーロッパでは、それは天候の良し悪しに依存する」（「イギリスのインド支配」）、と述べている（p.61）。つまり、特殊な貢納制的経済諸関係を、我々は次のように理解する、土地の繁栄の問題は、ポスト・ヘシオドス期のギリシアにおいては、本質的に生物学的な省察の領域におかれ、貢納制社会においては、社会学的な省察の領域におかれる、ということである（p.61）。

「デスポットの社会経済的ポジションは、国土の唯一の所有者として、彼に集中している諸機能の複合体のイデオロギーを条件づけている。財の唯一の所有者はそれが与えた成果の唯一の受領者でもあり、その有効性を維持・増大させるための方策の、制限のない、主導者である。彼は諸物の神であり、その立法者であり、彼の働きのリズムのなかで、それを育て、それを守り、回復させ、警護する。これらすべては、国家の比重を増大させ、古代の人々が暮らしている狭い範囲において、その宇宙的なスケールにまで、それを継続的に大きくする。王と神の合体は、超越的要素（神）を政治化し、社会秩序の保証者となる。また一方では、（王の）政治的要素を超越化し、生命と豊穣性を聖別する専制君主となる」（p.62）。

道家における無為（道徳経）と貢納制型収取についての考察も興味深い。老子と、管子や荀子の、それぞれの思想の見立ては難しいものだが、それをバヌは、どうやら、まず、共同体の立場に立てば、政府による不干渉の勧めが出てくるし、次に、国家の人間としては、共同体や農民への干渉が出てくると、考えているらしい。そこで、道家は農業共同体をイデオロギー的に代表しているということになる。彼らの無為は、彼らのアウタルキーを減退させる行為に対する防衛である。だが、アジア的社会の共同体は公共事業（水利）において、国家の行動を必要とする。道家の無為は、国家を拒絶しているのではなく、国家に人民を飢えさせないように振る舞うことを求めている。それに対し、管子や荀子は、支配階級のイデオローグとして、貢納制国家の干渉政策を絶対に正しいと断言する、ということになる。

バヌのオリエントおよび古典古代、両世界における王権の役割、王と民衆の関わりについての比較は、非常に興味深いものであり、納得のいくものである。ただ、筆者は、貢納制的生産様式への変更という呼称問題に関しては、説得的であるとはいえない、と考えている。なぜなら、アジア的社会、とくに水利農業が行われる社会において、貢納とともに、水利事業のための、共同体農民に対する労働の徴発が存在する。水利のための労働は、当初は自発的なものであっても、国家の形成とともに、賦役に転化する。つまり、貢納と賦役は一体のものと考えるべきである。それゆえ、貢納的生産様式という呼称は、アジア的生産様式の一面を明らかにしているにすぎず、とくに、水を中心としたアジア的生産様式の収取様式をトータルに表すには、かえってふさわしくない。上位の共同体から小共同体への貢納の賦課は、過度なものでなければ、小共同体の日常的な諸関係をかえずに行うことができるであろう。だが、賦役は異なる。専制国家における賦役の強制は、小共同体の労働力を奪い、生産組織としての小共同体を立ちいかなくしてしまう可能性が高い。小共同体は、賦役の強制に対し、より敏感に、警戒的にならざるをえない。収取においては質や量がつねに問題となるが、一般的な議論としては、賦役の徴発は、貢納の徴発よりも、課せられる側にとって負担が大きいと考えられる。

一九六八年『パンセ』四月号（一三八号）には、アジア的生産様式に関して、二つの論文が掲載された。ラオスとカンボジア（アンコール朝）に関してのものであり、ともに旧仏領インドシナに属しており、やはりフランス人の関心のあり方を示しているように思われる。マニヴァナ「中世ラオスの社会経済的様相」は、十四世紀後半に樹立された、ラオ族のランサン王国の経済的社会構成をめぐる考察である。

ランサンの社会の主要な生産活動は水稲耕作であった。興味深いのはランサンにおける王権のあり方である。王は仏教王であるが、その神聖性は、王がその臣民に年に二度ほどしか姿を見せない、という程度にまで高まっていた（クメール・モデル）。王のタイトル Cao Fa Phèn Din は、天と地の所有者の意であり、王の神聖性を表すもう一つの呼称 Cao Sivit は、存在の所有者を意味する。その臣民は彼（王）にその存在について負っている負債として、貢租と賦役を——人間の労働と生産物か獲得物によって——支払わなければならない、ということになる。

「宗教は理論的に政治の上にあった。ランサンの歴史の困難な時期に、僧侶会衆は、政（行政）・軍（軍事）の貴顕とともに、政治的決定に参与した」。「仏教王は、多くの規則によって制限されており、専制君主ではない。彼は《大地に慈雨を施すインドラのように民衆にその善を及ぼさなければならない》。王は時々僧侶になる。世俗の権力に加え、聖なる権威を振るう以上、彼は非常に高い身分を獲得することになる」（Manivanna, p.66）。「所有の面において、タイでは三つのタイプの所有があった。王 Cao Phèn Cam のそれ、共同体のそれ、家族のそれである。初期の原則においては、収用（接収）は存在しなかった。ランサンには唯一の所有者、王しか存在しなかった。王は貴族や僧侶に、所有に関わることを許していた。ランサンの発展につれて、平民の所有者が出現するようになったが、それらは、絶対的である君主の人柄次第であった」（p.68）。

マニヴァナは、アジア的生産様式のカテゴリーは、ランサンに適用できると述べる。それは、①経済はまだ村落共同体のうえに成り立っていること、②その国家においては、王は共同体の利害の仲介者であり、自由民は賦役と貢租——国家に対する、また貴族に対する地代——の支払いに従わなければならない一つの国家が存在するとし、さらに「ランサン社会は古い、共同体的諸関係が生き続けている階級社会である。この階級社会はアジア的生産様式の一つの形態——大規模土木事業のない——に属する」（p.69）と結論づけている。

二つ目の論文は、セドフ「アンコール社会とアジア的生産様式の問題」である。彼はまず、アンコール社会はまさに、神聖政治の性格を帯びた、初期階級社会の一つであった、と述べる。セドフはソ連の研究者であり、同論文は、メリキシヴィリ初期階級社会論に依ったものである。ところが、アンコール社会は、カンボジアの初期国家であった扶南とは異なった生産基盤を有したと述べ、水稲（灌漑による稲作）に依拠しており、その複雑な灌漑システムの建設は、当時の生産力の水準に必須であり、村落共同体の上に築かれ、中央集権化された国家によってのみ可能だった。我々は、アンコール朝最初の王たちは、大規模な土木工事の建設を遂行したことを認める、と。これは、一般的に、アジア的生産様式と認められるべきではないか、と考えるところだが、セドフは、奴隷は、「灌漑者」タイプの中央集権化された国家の発展において、大きな役割を演じたと、述べ、さらに「奴隷制的生産様式は、初期階級社会段階において、つい最近までまだ自由であった村落共同体が国家的・官僚的搾取の主要な対象になっていない時に、顕著な役割を果たした」と、奴隷制生産様式であったとするのである（p.333）。そればかりではなく、何かと、封建的な傾向に繋がるものをしきりに見つけようと努力している。

それでも、最終的には「おそらく、その事業を組織する役割において、アンコール国家と同じような、一つの国家の純粋なモデルをみつけるのは難しい。灌漑（貯水池と用水路）はアンコール王国の生活内部において本質的な役割を果たし、王の配慮の、もっとも緊要な対象を構成していた。碑文はこの種の表示で埋まっている」（p.82）と述べ、最後に「同時に、ポスト・アンコール期のカンボジアは、そのあまり発展していなかった階級社会の過去から、ヨーロッパ型の封建構造とは社会経済的構造において同じであるとは言えない一連の諸特徴を継承した。なによりも、国家主義と中央集権主義の伝統である」（p.84）と述べている。だが、セドフがこれだけ語ったとしても、初期階級社会ではなく、アジア的生産様式にもとづく社会であった、と述べるわけではない。おそらく、初期階級社会の概念のなかにアジア的生産様式が含まれているからであろう。かつ、初期階級社会は、奴隷制的生産様式にも、封建的生産様式にも展開可能な便利な概念であり、社会の進歩を表示し得る。すなわち、アジア的生産様式概念がもつ停滞論的側面を回避できる、それが初期階級社会論に従う理由であろう。それゆえ、その論点の扱い方にメリキシヴィリ説の特徴がよく出ていると同時に、その欠点も浮かび上がる。

＊　＊　＊

以上、一九六四年以後のアジア的生産様式論争を『パンセ』を中心に追ってきた。シェノー（Chesneaux, 1966）は、『パンセ』の執筆陣にとってのアジア的生産様式に共通した特徴として、①国家権力に従属する村落共同体、

②土地私有の不在、③国家の経済的高権（ヴェルスコップ）、④上位の共同体の君主への人格化、⑤村落共同体からの余剰生産物の収取、の五点をあげているが、本章で取り上げたボワトー（1964）からマニヴァナ（1968）にいたるまでの、それぞれの地域のアジア的生産様式のあり方、あるいは論じ方に、――メリキシヴィリらソ連の理論家は別として――、シェノーやゴドリエらパンセ・マルクシストたちが主張してきた、アジア的生産様式概念の共通した理解が存在していると考えて、ほぼ間違いないであろう。

それに対し、急進的な西欧マルクス主義を代表するエルネスト・マンデルのアジア的生産様式への見方は異なる。マンデル「《アジア的生産様式》と資本の飛躍的発展の歴史的前提条件」（マンデル、1971：原文は一九六七年出版）は、まず、アジア的生産様式の根本的な特徴として、①土地私有の欠如、②村落共同体の特有の凝集性、③農業と（家内手工業的な）工業との緊密な統一、④人工灌漑に必要な大規模労働とそれを統制する中央権力、⑤社会的剰余生産物の大部分を取得する国家、を挙げ、さらに、テーケイの中国（明朝）やインド（ムガール帝国）の前資本主義的発展が商業資本主義の一歩手前のところまでさしながら、結局はそれを越えることができなかった議論を取り上げ、それを説明するものこそ、アジア的生産様式の特殊構造なのであることを強調している。

すなわち、マンデルからみれば、ゴドリエ、シェノー、シュレ-カナルらパンセ・マルクシストの試みは、このアジア的生産様式の根本をなす、特殊アジア的なものの放棄ということになる。アジア的生産様式を、無階級社会から階級社会への過渡期の社会構成体であるとし、水利労働の役割を認めず、単なる、古代の一定期間のあいだに、どこにでもある、村落共同体と中央搾取権力とのある独自な結合にすぎないものに、アジア的生産様式のカテゴリーを拡大するのは、スターリン主義者の封建制カテゴリーの拡大と同じことであり、「マルクスとエンゲルスが分析の出発点としたもの、つまり、国家の肥大化した専制的性格、土地私有の欠如、といった現象がそこではとりわけ無視されてしまう」と批判している。さらに、ウィットフォーゲルの一九五七年の大著は、たしかに科学的客観性が欠けているが、古い傑作『中国の経済と社会』（1931）は、マルクスやエンゲルスが理解していたアジア的生産様式特有の性格を理解するための最善の鍵であるとまで、述べる(13)。

パンセ・マルクシストとマンデルとの違いは、彼らの置かれた立場の違いでもある。前者は、フランス共産党内の知識人グループのメンバーであり、後者はそれらとは対立する国際トロツキストの一員であり、かつその代表的存在であった。西欧マルクス主義を共通にしながらも、おのずから立場の違いによる、論争へ向けた戦略が異なることは無理からぬことであった。もし、パンセ・マルクシストたちが、停滞論、水の理論、専制主義をその理論に内包させつつ、アジア的生産様式論争の再開を呼びかけたとしたら、東欧・ソ連のマルクス主義者から大きな批判を浴びることになったであろう。一九六四年以後の論争の再開は、相当に難しかったであろうし、当然、論争の高揚もなかった可能性が高い。

4　論争の高揚（続）

一九六四年、フランスにおいて再開されたアジア的生産様式論争は、その後、ソ連を含むヨーロッパ各地、ラテン・アメリカ、そして日本において、活発に行われるようになった。だが、全体として、一九六〇年代末まで、再開されたアジア的生産様式論争は、ＣＥＲＭ東洋部会に結集し、主に『パンセ』誌において論陣を張っていたフランスのマルクス主義者、パラン、シェノー、シュレ-カナル、ゴドリエらの主導のもとに行われていた。

フランスにおいて、アジア的生産様式に関する論文を掲載したのは『パンセ』だけではなかった。一九六六年に創刊された『人間と社会』（L'Homme et la société）もまた、アジア的生産様式論争に関心をもっており、数は少ないとはいえ、その議論を掲載していた。とくに、その創刊号には、『資本主義生産に先行する諸形態』（仏語訳）を掲載したほか、一九六七年第五号には、『ザスーリチの手紙への回答・下書き』を掲載し、その関心ぶりを示していた。また、その後も、アジア的生産様式に関する論文を掲載している。その他、『アナル』、『人類』（L'Homme）などの学術誌、あるいは幾つかの左派系雑誌も、アジア的生産様式論を掲載している。

なかでも、注目すべきは、一九六七年、マルクス主義理論誌『ルシェルシュ・アンテルナシオナル』（No.57－58）の「前資本主義的諸形態とアジア的生産様式」と題された特集号であった。同号は最初に、短い編集部による前書きがついている。巻頭のシュレ-カナル以外の論文は、みな原文はフランス語以外の言語でかかれたものであり、前資本主義的な生産様式あるいは社会構成体に関する議論に慣れない読者のために、シュレ-カナルに、これらの問題についての概要を寄稿してもらったと述べている。論文の著者とタイトルは以下のごとくである。

①シュレ-カナル　初期階級社会の研究の理論的問題
②ホブズボーム　マルクス・エンゲルスの労作における前資本主義構成体
③ペチルカ　ソビエトにおける討論
④ストルーヴェ　初期階級社会に関するマルクスのコメント
⑤ヴァルガ　アジア的生産様式について
⑥ガルシャンツ　討論の二つの段階
⑦ホフマン　社会経済構成と歴史科学
⑧レヴィン　中国史における社会構成
⑨テーケイ　中国におけるアジア的生産様式
⑩ポコラ　中国は奴隷制を知っていたか
⑪セミョーノフ　古代東洋の社会経済体制
⑫コレスニツキー　初期階級社会の幾つかの特徴
⑬ストルーヴェ　アジア的生産様式の概念：正当性と限界
⑭ニキフォロフ　アジア人民の制度についての討論
⑮イオン・バヌ　貢納制的社会構成

⑯オルメダ　アステカとマヤの社会について
⑰バルトラ　テオティワカンの興亡
⑱グエン・ロン・ビシュ　ベトナムにおけるアジア的生産様式
⑲ディヴィシオグル　アジア的生産様式による経済モデルについて
⑳サックス　社会構成についての討論の新局面
㉑ゼルノウ　時代区分決定の基準
㉒ヴェルスコップ　歴史発展における生産諸関係の役割

以上二十二本の論文が掲載されているが、個々の著者、内容について、少し説明を加えたい。上述したように、巻頭の①シュレーカナルは、アジア的生産様式概論であり、一九六四年以来のパンセ・マルクシストの主張を短くまとめたものである。②ホブズボームは、英訳『諸形態』の序文である。③ペチルカは、一九六四年『エイレネ』(第三号)掲載論文であり、一九三〇年代以降のアジア的生産様式および奴隷制に関するソ連の論争をまとめたものである。④ストルーヴェは、一九三八年に学会で発表され、「マルクスによる初期階級社会の規定」とのタイトルで、一九四〇年『ソビエト民族誌』(第三号)に掲載されたものである(14)。⑤は、一九六四年に発表され、世界のマルクス主義者に衝撃を与えたヴァルガの遺稿である。⑥ガルシャンツは「アジア的生産様式について」とのタイトルで、福冨正実編(1969)に収録されている。⑦ホフマンは、②ホブズボームへの批評であり、「社会経済構成と歴史科学」と題し市川泰治郎編(1977)に収録されている。なお、ホフマンはフンボルト大学(ベルリン)教授である。⑧レヴィンは「中国における社会諸構成の問題」と題し市川泰治郎編(1977)に収録されたものと同じ論文である。⑨テーケイは、その主著『アジア的生産様式』第三章「アジア的生産様式と中国社会の諸問題」の仏語訳である。⑩ポコラは、一九六三年「中国に奴隷制は存在したのか」の仏語訳である。⑪セミョーノフは、「古代東洋の社会経済体制の問題」と題して福冨正実編(1969)に収録されている。⑫コレスニツキーは、「初期階級的諸社会の若干の典型的な特徴点と独自的な特徴点について」として、同じく福冨編（1969）に収録。⑬ストルーヴェは、一九六四年、国際人類学・民族学会議に出されたゴドリエ、シュレ–カナルのペーパーを批判した論文であり、やはり福冨編（1969）に収録されている。⑭ニキフォロフは、邦訳されていないと思われる。ニキフォロフは、日本に紹介された一九六〇年代のソ連文献のなかでは、アジア的生産様式論にもっとも批判的な理論家であるようにみえるが、アジア的生産様式否定派ではなく、その理論的立場はむしろ中間派的であり、具体的には、アジア的生産様式＝共同体的奴隷制説である。⑮バヌは、一九六六年に書かれた「アジア的生産様式について」と題する論文の、貢納制に関する部分の抄訳である。⑯オルメダは、先コロンブス期についての、ロネオタイプ（roneotype）で発表された著作の一部の翻訳である。アジア的生産様式概念の適用を否定しており、正統学説に忠実であるようにみえる。⑰バルトラ「テオティワカンの興亡」として、雑誌“El Gallo Ilustrado”一二四号に掲載されたものである。バルトラは、スペイン語版『諸形態』（1965）の翻訳者でもある。⑱グエン・ロン・ビシュは「アジア的生産様式とは何か」として『歴史研究』五三―五四号（ハノイ）に掲載されたものである。彼については、シェノーが、『パンセ』一九六四年四月号で、二度ほど言及している。⑲ディヴィシオグル（Divitçioglu）は、一九六六年『アジア的生産様式と低開発諸国』（小冊子）と題されたものの翻訳である。同書は「アジア的生産様式」の特殊性から、発展途上諸国に適用可能な種々の経済的モデルを取り出そうとしたものである。その見解は、ソーワー（1977）から高く評価されている。発展途上国におけるアジア的生産様式的遺制――経済活動における国家の役割の大きさや村落共同体のアウタルキーなど――は、その解体期にあっても、資本主義的発展に阻止的に働くことを強調している。著者はイスタンブール大学教授である。⑳サックス（Sachs）はポーランド党中央委員会の政治理論機関誌“Nowe drogi”一九六六年三月号に掲載されたもの。アジア的生産様式をつねに括弧つきで表している点を除けば、ヴェルスコップ、テーケイ、ペチルカ、ポコラ、パンセ・マルクシストなどに近い見解をとっているように思われる。㉑ゼルノウは、『原史時代の時代区分決定の基本原則』の一節「公表された資料によって提起された原理の検証」の翻訳である。㉒ヴェルスコップは、『ドイツ哲学雑誌』一九六三年第十二期に掲載されたシュテーンバック「一人の自然科学者の、哲学と個別科学についてのエッセイ」に対して書かれたものであり、「一人の歴史家の回答」と題し、同誌一九六四年第六期に掲載されている。

以上、フランス、イギリス、ソ連、東独、ハンガリー、チェコスロバキア、ルーマニア、ポーランドなどの東欧圏、メキシコ、トルコ、ベトナムなど、各国の論客が揃っている。しいていえば、イタリアや日本の理論家の名前がみえないのが、少しさびしい気がしないではない。それでも、論客のなかにアジア的生産様式支持者、それに反対するソ連の奴隷制論者たち、また、その中間的な立場にある人々が顔を揃えており、全体的な配置として、この人選は適切であると思う。とくに、ソ連、東独の執筆陣に大きな紙幅をさいているのが目立つ。マルクス主義研究において先進的であると自負している両国の顔を立てているともいえる。また、アジア的生産様式キラーともいうべきストルーヴェについては、④⑬が掲載され、独自の社会構成体としてのアジア的生産様式を否定するニキフォロフの論文⑭、同じく否定論の⑥ガルシャンツ、も掲載されており、従来のアジア的生産様式否定派や批判派への配慮をにじませている。その他ソ連の理論家は⑤ヴァルガを除けば、他の二人、⑪コレスニツキー、⑫セミョーノフは中間派といってよい人びとである。東独のレヴィン、ゼルノウ、ポーランドのサックスらは、むしろ、アジア的生産様式を肯定的に見る人びとであった。ホフマンは論文⑦を読む限りにおいては、アジア的生産様式肯定論のように見えるが、マクファーレン（Bruce McFarlane, 2005）(15)は、ホフマンは正統派（歴史発展の五段階論）の立場から、柔軟な立場をとるホブズボームを猛然と批判したと評している。なお、ホブズボームは、当時は、旗幟を鮮明にしていなかったが、後に、否定論であることを明確にしている。

一九六七年、ドイツにおいても、代表的学術誌『経済史年誌』（第四期）において、アジア的生産様式特集が組まれた。だが、その陣容も内容も、『ルシェルシュ・アンテルナシオナル』五七―五八号の、多数の、多種多彩な論考を掲載し、かつ、その中に、積極的な、個性的なアジア的生産様式論を載せ、大いにその意気込みを示したのとは対照的であった。掲載されたのは次の六本である。

①ヴェルスコップ　アジア的生産様式問題への序論
②ヴァルガ　アジア的生産様式について
③レヴィン　アジア的生産様式から水力社会へ：背教者の歩み
④テプファー　前資本主義的生産様式の問題性
⑤ビュトナー　植民地以前のアフリカとアジア的生産様式論争

これらの論文の内容から、当時の東独内におけるアジア的生産様式に対する見方というものが、ほぼ明らかになる。というのも、ヴェルスコップの序論①において、彼女はアジア的生産様式という言葉を一度しか用いていない。しかも、「いわゆるアジア的生産様式」という曖昧な言い方をしている。内容的にも極めて晦渋であり、アジア的生産様式論の中心的テーマにほとんど触れることのない、奇妙な著作となっている。そこから理解できるのは、東独において彼女のようなアジア的生産様式論者は、ほぼ身動きの取れない状態に追い込まれているという現実である。②ヴァルガは、上述の遺稿の独訳である。③レヴィンはウィットフォーゲル「水の理論」を裏切り者の非科学的な理論と罵倒したものである。レヴィンはアジア的生産様式否定派ではないが、ここでは、転向者を非難・罵倒する役割を演じている。④テプファーは、メリキシヴィリのアジア的生産様式＝初期階級社会説に依拠し、前資本主義的生産様式を論じたものである。テプファーはその前稿「封建制の根本問題について」（経済史年誌、1965）において、ヴァシリエフ&ストゥチェフスキーの二つのウクラードの併存絡み合い説に依拠しながらも、地中海世界の西と東、およびそれらとアジア的社会の、それぞれの歴史プロセスの相違に留意しつつ、アジア的生産様式を論じていた。その二年後、メリキシヴィリ説に転じたわけだが、④では、それぞれの文明、社会の歴史的な道の相違の認識について、以前より後退した印象を受ける。⑤ビュトナーも、アフリカ史へのアジア的生産様式の適用について、否定的である。以上、これらから、総じて、どうして、わざわざこの特集を組んだのか、積極的な意味合いが見いだせない結果に終わっている。むしろ、党のイデオロギー部門もしくは社会科学や歴史科学部門の指導者たちが、この論争を好ましく思っていないことを示す結果となっている。

『エイレネ』一九六七年号は、再び、ペチルカのアジア的生産様式論争概観を掲載した。対象となっているのは、論争再開以降のソ連における議論であった。ペチルカは、福冨正実と同じように、テル－アコピャン、メリキシヴィリなどのようにアジア的生産様式概念を否定せず、かつ、普遍的な発展段階としての奴隷制説に批判的な理論的傾向を、高く評価している。というのも、再開されたソ連の論争において、積極的にアジア的生産様式論を掲げるものは、ヴァルガの遺稿以外に存在しなかったからである。もっとも、アジア的生産様式概念を肯定的に論じているテル－アコピャンにしても、マルクスが晩年、アジア的生産様式概念を使用しなくなったこと、モルガン説を受け入れ、アジア的生産様式を原始社会の生産様式と考えるようになった、との見解をとっている。

一九六九年、ＣＥＲＭ編『アジア的生産様式について』が刊行された。ＣＥＲＭ所長であるロジェ・ガロディが序文を書いている(16)。収録された論文は、十二本である。

①シェノー　アジア的生産様式　研究における幾つかのパースペクティブ
②ゴドリエ　アジア的生産様式の概念と社会発展のマルクス主義的図式
③シュレ－カナル　熱帯アフリカの伝統社会とアジア的生産様式の概念
④ボワトー　植民地以前のマダガスカル社会における所有権
⑤パラン　地中海世界の原史時代とアジア的生産様式
⑥アントニアディ－ビビク　ビザンツとアジア的生産様式
⑦ブバカール・リー　植民地以前のセネガルにおける社会階級
⑧メリキシヴィリ　奴隷制、封建制と古代東洋におけるアジア的生産様式
⑨パラン　如何に生産様式を性格づけるか（討論）
⑩バヌ　古代東洋哲学のパースペクティブにおけるアジア的社会構成

中世ラオスの社会経済的様相
アンコール社会とアジア的生産様式

⑪マニヴァナ
⑫セドフ

そして最後に簡単な参考文献一覧が付載されている。

以上の論文のほとんどは、一九六四年以降、『パンセ』に掲載されたものである。①シェノーは、一九六四年四月アジア的生産様式特集号に掲載されたものであるが、出版時の知見に照らし、適宜修正されている。②ゴドリエは、同年、CERMの小冊子として発行されたものであるが、それに数ページの前文をつけ、その中で、エンゲルスがマルクスの死後、アジア的生産様式を否定したとの見解を修正している。⑦ブバカール・リー(Boubacar Ly)は、『パンセ』一九六六年十二月号(一三〇号)にKalidou Demeの名で掲載されたものである。なお、『パンセ』に掲載されたもので、本論文集に収録されなかったのは、一九六四年四月号掲載のテーケイ、一九六五年八月号掲載の塩沢君夫、セルヒオ・デ・サンティスの論文である。テーケイ論文については、ガロディの序文の脚注に、一九六六年フランス語訳『アジア的生産様式』(ブダペスト)が出版され、それに含まれているために、収録しなかったとある。だが、たとえそうであっても、CERM論文集に収録されることは、テーケイにとって、その後の理論活動に有利であったと思われる。

なお、『パンセ』一九六九年四月号(一四四号)には、カトリーヌ・コクリ-ヴィドロヴィチ「アフリカ的生産様式についての研究」が掲載され、評判を呼んでいる。また、ダンビュヤン(Marinette Dambuyant)「経済高権に依る国家:カウティリヤのインド」が一九七〇年六月号(一五一号)に掲載され、ようやくインドをフィールドとするアジア的生産様式論が登場したといえる。両論文は、『アジア的生産様式について』第二版(1974)に収録されている。

また、一九七〇年、CERM編『前資本主義社会について――マルクス・エンゲルス・レーニン文献抜粋』が出版されている。一八五三年六月におけるマルクス・エンゲルスの往復書簡、『諸形態』、『経済学批判』「序言」、「ザスーリチの手紙への回答・下書き」など、アジア的生産様式に関する文献を網羅的に収録している。

さらに、そのゴドリエによる序文は、一〇〇頁以上に及ぶ長文である。一九六四年以後、一躍、西欧におけるアジア的生産様式論の旗手として論壇に躍り出たゴドリエの、マルクス主義の創始者たちとアジア的生産様式の関わりに関するもっとも詳細な概論である。序文は二つの節に分かれるが、第一節は、「マルクス主義の創始者におけるアジア的生産様式概念の歴史」であり、一九五〇年代初め以降の、概念の発端、成立、そしてその後のニュアンスの変化などを、丁寧に辿っている(17)。ソ連流アジア的生産様式否定論に顕著な、マルクスが民族学や人類学に疎かったがゆえに創出され、その熟知とともに否定された、未熟な、一過性の概念、あるいは仮説といった様々な論難に対し、アジア的生産様式概念はマルクスのアジア的社会論の中核であり、ニュアンスに変遷はあれ、最後まで維持されたという点を、クロノジカルに詳細に跡づけている。また、マルクス死後、エンゲルスがアジア的生産様式概念を放棄したとの、エンゲルス放棄説についても、エンゲルスの『フランク時代』、ベーベルおよびカウツキーへの一八八四年初頭の書簡などにおける共同体とデスポティズムの関係に関する記述に言及しつつ、それを否定している(18)。ソ連流マルクス主義、スターリン主義的歴史理論とは明確に異なった、西欧マルクス主義にもとづくマルクス主義歴史理論のディスクールを確立することを目指した、ゴドリエの意志が感じられる。

以上、一九六七年から、一九七〇年にかけての、総括的な文献を紹介してきたが、この間の数年は、西欧マルクス主義にとって大きな転換期であった。とくに、一九六八年は、激動の年であり、五月、パリにおいて五月革命が勃発する。その影響は、西欧のみならず、アメリカにも及び、学生運動を中心に、既成社会そのものへの批判を掲げるカウンター・カルチャー運動へと発展した。また、西側社会におけるニューレフトの台頭と、英米など英語圏におけるマルクス主義への関心の高まりをもたらした。

また、一九六八年一月、チェコスロバキアにドプチェク政権が誕生し、社会主義の大胆な改革、民主化を推進した。だが、このプラハの春と呼ばれた東欧社会主義の実験は、同年秋のソ連の軍事介入によって圧殺される。その後、プラハの春の圧殺を主導したソ連党ブレジネフ指導部の保守化あるいは体制強化により、ソ連・東欧のマルクス主義の間においては、以前にもまして自由な議論が難しくなった。

これらの事件は、当然にも、西欧左翼に甚大な影響を与えた。とくに、フランスでは、左翼全体に圧倒的な支配力をもっていた共産党の権威を動揺させた。CERM東洋部会に集い、この間、アジア的生産様式論争を牽引してきた『パンセ』寄稿者たちの、その後の、それぞれの人生にも、大きな影響を及ぼすものであった。長いスパンで見れば、シャルル・パラン以下の理論家たちは、シュレ-カナルを除いて、みな党を離れていく。シュレ-カナルは、ロシェからマルシェへと続く党執行部を厳しく批判しつつも、最後まで党に残った。シェノーは、ベトナム解放闘争および文化大革命への支持を鮮明にしていく。ゴドリエは、ニューレフト台頭による、左翼陣営の分裂・拡散のなかで、構造主義およびマルクス主義人類学の旗手として、世界を舞台に活躍するにいたる。

チェコ事件の影響は、世界の社会主義者、マルクス主義者の間に、深刻な影響をもたらした。ソ連流のマルクス・レーニン主義への疑問が深まると同時に、それへの批判が強まっていく。一九六〇年代末から一九八〇年代初めにかけ、ニューレフト、ユーロ・コミュニズムなど、既成の社会主義、マルクス・レーニン主義を越えようとする試みが行われた。以後、マルクス主義者の議論のほとんどは、ソ連・東欧圏を離れ、自由な議論が保証されている、もしくはそれが可能な、西欧およびアメリカ大陸など、「自由世界」、西側の世界に移っていく。

5　一九六〇年代論争の中間的な総括

一九七〇年前後に、幾つか、一九六四年の論争開始以来の議論を踏まえた、総括的なアジア的生産様式論が提出されている。代表的なものとしては、G・ソフリ『アジア的生産様式論』(1969)のほか、ギー・ドクワ『歴史について』(1971)、メロッティ『マルクスと第三世界』(1971)などがある。

イタリアのマルクス主義者、ソフリは、一九六九年、マルクス・エンゲルス以後のアジア的生産様式に関する議論を概括した著作『アジア的生産様式論』を出版した(19)。西欧マルクス主義にもとづいたアジア的生産様式論の歴史、あるいは論争史のレビューとして参考になる。同書は三章からなり、第一章「マルクス・エンゲルスとアジア的社会」、第二章「アジア的生産様式論争における転回点」、第三章「論争の新しいパースペクティブ」、と題されている。第二章は、プレハーノフから、スターリンに至るまでの、ロシア社会のアジア的性格をめぐる議論である。一九六〇年代の論争は、第三章に含まれる。

その第三章において、ウィットフォーゲル『オリエンタル・デスポティズム』について、ソフリは、一九六〇年代のアジア的生産様式論争勃発を挑発した大著として、重要視している。ソフリは、まずウィットフォーゲルの、第一次大戦以降の思想経歴について丁寧に紹介している。そこでは、一九五〇年代アメリカのマッカーシー旋風のもとでの、彼の反共主義者としての活動、たとえば、赤狩りの協力者として、進歩的知識人であったラティモアやノーマンなどの告発を行なった事実について言及してはいるが、裏切り者、背教者といった悪罵を投げつけてはいない。ソフリの著作が書かれた一九六九年が、『オリエンタル・デスポティズム』刊行後、十二年しか経っていないことを考えると、穏やかな対応だといえる。さらに、ウィットフォーゲルのアジア的生産様式論およびその独特の水力理論について、詳細に論じているばかりでなく、厳しい言い方はしていても、非難しているわけではない。ウィットフォーゲル批判は、むしろ、シノロジストのプリーブランク(Pulleyblank, 中国名：蒲立本)やエバーハルト、あるいは人類学者エドマンド・リーチなどオリエンタリストによる彼の大著への批判の紹介によって行なわれている、といってよい。

ソフリによるウィットフォーゲル評はきわめて詳細である。とくに、その東洋的専制主義と水の理論の関わりについて、大規模公共事業とそれを統制する農業管理官僚制、専制君主と彼の官僚機構の人民に対する全能ぶり、そのイデオロギー的正当化などを、順を追って説明し、それらが、安定した水力的な農業経済の永続化や、農民からの貢租と賦役の安定した収取に資するとともに、私的所有あるいは大土地所有者の台頭を抑え、専制君主と官僚機構の永続化をもたらすことなど、要点を踏まえた説明を行なっている。ソフリは、一方で、ウィットフォーゲルの大著が、様々な主張や試みの奇妙な混合物であり、比較史的方法を用い世界史を俯瞰しようとする野心的な著作ではあるが、一つの観点から力任せに筆を振るって出来上がった著作であると、評している。だが、それにもかかわらず、水の理論による東洋的専制主義についての叙述が省かれることなく紹介されており、そこから、おそらく、ソフリはウィットフォーゲルの議論に、それなりの論理的説得性を認めていたのだと思われる。

続いて、再開されたアジア的生産様式論争について、ソフリは、一九六四年以後の論争の流れを紹介しながら、テーケイ、ゴドリエ、シェノー、シュレ−カナルなど主な論客たちの見解を批判的に紹介している。まず、ソフリの批判の主な対象となっているのは、テーケイである。ソフリは「アジア的生産様式は、ハンガリーの歴史家にとって、自然成長的な部族的共同所有の継続として表される。東洋的社会はしかし、本源的共同体とは、その階級的性格によって、区別される。そのなかにおいては、国家は剰余生産物の徴収者である」とテーケイ説の特徴を捉える。ただ、社会構成における共同体的性格と階級的性格の二重性において、アジア的生産様式を捉えるのは、テーケイの独自の視点というよりも、シェノーやゴドリエらにも共通した点であった。ソフリは矛先を、テーケイのアジア的生産様式論の「弱い環」に向ける。テーケイにおいては「アジア的生産様式とその他の前資本主義的社会構成との間の関係は、ほとんどはっきりしていないようにみえる」と批判する。テーケイは「マルクスとエンゲルスにとって、アジア的生産様式は奴隷社会や封建社会とは根本的に区別された独自のカテゴリーを表わしている」としながら、それにもかかわらず、アジア的生産様式を、奴隷制や封建制、資本主義のような基本的構成だとは考えていないからである。

この部分にあたるテーケイの記述は「マルクスのアジア的生産様式のカテゴリーを一九二〇年代に用いた多くの人々が、ときに公言し、ときに自明の帰結として示した傾向、つまり、アジア的生産様式のなかに資本制に先行する第四の基本構成体をみようとする傾向は完全に誤ったものであった」(テーケイ、p.129)との一節であろう。テーケイが言っているのは、資本制生産に先行する基本的構成体——原始共同体的生産様式・古代的生産様式・封建的生産様式——と等しい基本的構成体としてアジア的生産様式を見なすべきかどうかについてであり、彼の結論は、アジア的生産様式は原始共同体的生産様式と古代的生産様式のあいだに立つ過渡的形態であり、その所有諸関係のあり方からいえば原始共同体的構成体に結びついている、というものである。

アジア的生産様式が階級的な搾取形態を持ちながら、実は、原始共同体的社会構成に属するというテーケイの認識は、そのアジア的生産様式論が停滞論的傾向を有することに繋がる。すなわち、「アジア的社会の人々は、したがって、部族的共同所有を克服することなく、過渡期の局面にずっと留まっているということになる。反対に、彼らは固定され、その法則のなかに引き止められる」(Sofri, 1971:p.147)とソフリはテーケイを理解する。さらに「西欧においては、それに対し、過渡期は部族的所有の揚棄とともに、その、種々それぞれの歴史的地理的条件の影響のもと形成された奴隷制─古典古代的構成あるいは、ゲルマン的─封建的構成への発展とともに、速く終了する。したがって、二つの発展の型が存在する：一方では、アジア的生産様式に性格づけられる東洋、他方では、原始共同体↓(アジア的生産様式)↓奴隷制↓封建制↓資本主義、へのコースとテーケイの発展論を要約しつつも、「この二つの型は〝ユニバーサル〟である、たとえ全ての人びとが同じ段階を貫徹した、という意味においてではないにしても」と、テーケイに対し厳しい評価を下している。だが、このような「二つの方のユニバーサルな発展図式(二系列的な発展論)といった考え方は、ゴドリエらについても共通して言えることであった。

シェノーやゴドリエらとは異なったテーケイのアジア的生産様式論の特徴は、アジア的生産様式における社会構成が原始共同体的構成に属し、それとは区別された独立した構成ではないという点と、したがって、中国やインドといった代表的アジア的社会は、その歴史に停滞論的特徴を有するという点の二つにあった。だが、それでもなお、アジア的生産様式を発展の相においてとらえようとしている点において、また、原始共同体社会から階級社会への過渡期の生産様式として捉えている点においても、テーケイとシェノーやゴドリエなどパンセ・マルクシストとの見解との共通点は明らかであった。なぜ、テーケイだけが厳しく批判されなければならないのか、理解に苦しむところである(20)。

次にゴドリエについては、まず「彼が、七つの異なった「社会経済構成」――原始共産制、アジア的、古典古代的、奴隷制的、ゲルマン的、封建的、資本主義的生産様式――を区別したとき、わずかしか確信を持っていなかった」とやはり、ゴドリエの七つの生産様式を問題にする。だが、「アジア的生産様式は一つの類型的な、無階級から階級社会への過渡期の社会組織である。自然生的な共同体において、全体利益に結びついた権力を利用する個人の少数者が、次第に搾取階級に変わっていく。しばしば、その少数派の個人化である王が、共同体を犠牲にして、土地所有者になった。土地私有が成立しないまま、搾取が成立する」（Sofri, p.150）と述べゴドリエに理解を示す。また「これらの分解のプロセスは、自然的諸条件に条件づけられている。全般的な利益（灌漑、排水、階段耕地建設など）のための大規模事業のために、協業が大規模に求められている。しかし、大規模公共事業の存在、絶対的中央権力の存在も、官僚機構の存在も、アジア的生産様式を性格づけるための必須のエレメントではない」とゴドリエの理解がウィットフォーゲルとは一線を画していることを述べ、「ゴドリエは、この社会経済構成の決定的エレメントを、共同体の生産物の一部分（生産物か労働の形態をとる）を吸い上げる――しかし、生産諸条件において直接掌握するのではなく――ことによって、固有の搾取を組織化する貴族階級の登場に置いており」、「ゴドリエにとってアジア的生産様式の典型的な内部矛盾は、その共同体であると、好意的にまとめている。「東洋的専制」と「官僚機構」はゴドリエにとって二次的な要因的構造と階級構造が併存しているところに存在する。ゴドリエは、テーケイなどとともに、この点について一致している」とゴドリエがテーケイと一致している部分があることを認めつつ、「この矛盾は、私有財産の漸進的発展を引き起こし、それゆえ、アジア的生産様式を、停滞を免れ、二つのそれぞれ異なった発展コースをたどることを可能にする」と、ここでまた、ゴドリエがテーケイとは異なって停滞論的ではないことに言及する。以上から、やや意地わるい見方をすれば、同じことをテーケイが言えば、辛辣に扱われ、ゴドリエが言えば、好意的に扱われているのではないか、と思わざるをえない。テーケイが社会主義圏において、アジア的生産様式に関して論陣をはらなければならず、西欧諸国における言論とは比較にならないほど慎重にならざるをえない点を考慮すると、ソフリのこのテーケイ批判は、辛辣にすぎると考える。

6　中間的な総括（続）

さらに、一九七〇年前後のアジア的生産様式論争を代表するのがギー・ドクワ『歴史について』とウンベルト・メロッティ『マルクスと第三世界』である。

ドクワは、すでに、一九六六年にアジア的生産様式に関する論文を発表しており、またマンデル（1971）も、ドクワの未発表のアジア的生産様式に関する論文に言及している。だが、筆者の手元にあるのは、一九六九年『人間と社会』誌に掲載された論文「初期階級社会――アジア的形態」と、一九七一年刊行の彼の主著『歴史について』である。主著の第二章、第三章ともいうべき「初期階級社会：アジア的形態」、「前資本主義社会：奴隷制と封建制」は、一九六九年論文と同一主旨のものである。ここでは主に一九六九年論文によって、ドクワのアジア的生産様式論を検討してみたい。

アジア的生産様式概念の核となるのは本源的所有のアジア的形態であるが、それを含め、アジア的生産様式やアジア的社会といったものに共通するアジア的形態について、ドクワはそれが包括する領域を「国家と村落共同体の対立によって特徴づけられ、その支配階級は、国家機構と一体となっている」と述べる。これは、シェノー、ゴドリエ、シュレ-カナルなどのパンセ・マルクス主義と同じ認識である。ドクワも、アジア的形態の領域は、ほぼ、ゴドリエらの、薄められたアジア的生産様式に一致している、と認めている。ここで、あえて薄められたと、修飾しているのは、ゴドリエらと異なって、ドクワには、狭義の、あるいは固有の、アジア的生産様式概念も存在するからである。このような、パンセ・マルクス主義者の緩やかなアジア的生産様式概念に対し、マンデル（1971）は、そのような認識は、アジア的生産様式における固有の問題意識を薄める可能性があることを批判していたが、ドクワもゴドリエらに対し同じ批判点を共有していた(21)。

ドクワは、そのような認識の違いを、アジア的形態という領域において、「歴史的移行を必然的なものだとは考えていない」点であると述べている。すなわち、ゴドリエらが、アジア的生産様式論特有の停滞論的傾向を払拭するため、アジア的生産様式はそれ自身の矛盾によって奴隷制あるいは封建制へと移行する、と考えていたのに対し、ドクワはその移行を必然的なものであるとは考えないということである。というのも、ドクワは、asiatisimeにおいては、共同体を凍結し、共同体がそれ以上分解することを妨げる傾向があると考える。とくに上位の共同体は、（下位）共同体が劣化しその凝集力が衰えることが、それを奉仕させる上位の共同体の利益を損なうことになることから、共同体の分化を妨げようとする。なお、ドクワのアジア的生産様式論を検証するうえで、このasiatismeをどう理解するかが問題とあるが、筆者は、封建制（féodalisme）に対応させた、アジア的生産様式あるいはアジア的所有にもとづく社会の基本的性格を表すものであると考える。

ドクワのアジア的生産様式論のもっとも大きな特徴として、アジア的生産様式を、三種に分類していることが挙げられる。すなわち、水力的な大規模公共事業にもとづく、厳密な意味でのアジア的生産様式、国家が交換を統制し、剰余生産物の大部分を収取するサブ・アジア的生産様式、アジア的構成体の一つとして、部族的タイプであり、かつ軍事的民主制を経た、人工的で脆い模造物であるパラ・アジア的生産様式、の三つである。このような三分類は、ウィットフォーゲルの大著の読者であるならば、すぐに水力社会の中心地域、周辺地域、亜周辺地帯の分類に類似していることが理解できよう(22)。対象とする地域も、ウィットフォーゲルの水力社会の周辺地域にはマヤ文明、ビザンツ、タタール・ヨーク以後のロシア、オスマン・トルコ社会などが、亜周辺地帯には原史期ギリシア、日本、キエフ・ロシアなどが含まれ、ドクワのサブ・アジアには、マリやガーナなどのアフリカ文明や、アステカ、マヤ文明などの先コロンブス期の中南米社会、そしてオスマン帝国が、パラ・アジアにはミケーネ期ギリシアと古代日本が含まれる。

ドクワは、アジア的社会においては、国家は生産様式規定に特徴的な、経済的、社会的機能を持ち、かつ上部構造でもありうる、と述べ、単純な上部構造・土台概念をアジア的生産様式論に持ち込むことを退けている。アジア的生産様式論における重要な視点だといえる。ドクワはさらに、厳密な意味でのアジア的生産様式は、国家のより重要な質的な役割に負っており、そのより強固な凝集性（まとまり）ゆえに他の二種に対立するとし、それは他の二種に対し優位性でもあり、劣る点でもあると述べる。長所とは伝統社会において遭遇するもっとも高い生産力を有する可能性のことをさしている。逆に短所とは、他のシステムへの変化を極端にまで制限してしまう点を挙げている。すなわち、国家および共同体の凝集性の強さが、新しいシステムへの変化を強く阻止することになるからである。それに対し、パラ・アジア的生産様式は、他の二種に対して非凝集性によって対立する。サブ・アジア的生産様式は、中庸の道をゆく。厳密な意味でのアジア的生産様式よりも、凝集性がより少ないゆえに、より発展的性格を有している。すなわち「サブ・アジア型は封建制への道を拓く」(Dhoquois, 1971: p.248)。また相対的に自立的であるがゆえに、パラ・アジア的生産様式よりも、より多くの凝集性を有している。

ドクワが、ウィットフォーゲルにおける水と専制主義の関わりではなく、国家(あるいは共同体)の凝集性を指標にしたことにより、幾つか難点を抱えることになった。というのも、国家の経済機能や経済行為は、国家の凝集性とは関わりがあったとしても、国家の強い凝集性が国家の経済機能や経済行為を高めるとはいえないからである。間違いないのは、国家の凝集性は、国家の臣民からの余剰収取を容易にする、ということだけであろう。それゆえ、国家の凝集性が弱いはずのミケーネ・ギリシアや古代日本の国家の経済機能や経済行為が、他の二種のアジア的生産様式における国家の経済機能や経済行為と比べて劣るとはいえないことを、うまく説明できない。また、上位の共同体(国家)の凝集性と、小共同体の凝集性が、如何なる関係にあるかについては説明していない。

たとえば、アジア的社会における、中世および近世日本の村落共同体の類のない強固さをどのように考えるべきであろうか。ドクワは、古代日本社会が部族的な、軍事的民主制を経て国家形成した社会であること、それゆえ、その後も王権に対する貴族階級の勢力が維持されたこと、また、急流の谷と小さな河川平野の国における灌漑全体を国家が全体的にコントロールすることができず、国家は地方勢力に対し、そのコントロールを手放してしまったことが、封建化のプロセス進行を助けたと考えている。

メロッティ『マルクスと第三世界』は、細かく、二十三章から成り立っている。なおかつ、その前提として、

「議論の現状」と題する章を設け、正統派マルクス主義の歴史発展の図式、いわゆる五段階論が批判にさらされ、様々な挑戦を受けている状況を述べ、その批判者として、ゴドリエ、ロダンソン、シェノー、マンデル、シュレ-カナル、ガロディ、シュミット、テーケイ、ドクワらの名前を挙げている。人類の歴史を、原始社会→奴隷制→封建制→資本主義→社会主義へと必然的に発展するものとみなす、五段階論の発展図式は、まったく、アジア、アフリカ、ラテン・アメリカなど第三世界の諸国家、諸民族の、それぞれが辿ってきた歴史に合わない、とメロッティは主張する。ところが、その合わない歴史を有するはずの中国、ベトナムといった、社会主義国の歴史家たちが、この発展図式に則って、型通り、自らの歴史を、原始社会、奴隷制、封建制などと、段階づけている。

メロッティの議論は、最初から、遠慮なく、このような歴史発展の五段階論が誤っていること、そして、その誤った歴史理論に、第二次世界大戦後社会主義国となったアジア諸国の歴史家が、自国の歴史を無理に合わせて、描いている、ということを批判している。この点が、ゴドリエやシェノーなど、共産党員でもあったフランスのマルクス主義者の方法、記述のスタイルと、ニューレフトであるメロッティの大きな相違であろう。

メロッティが、正統派マルクス主義の発展図式に対して、オルタナティブな主張として挙げるのは、プレハーノフやウィットフォーゲルの二系発展論である。それは、原始社会から階級社会への発展コースにおいて、歴史は二つの道に分かれる。一つは、奴隷社会を成立させる古典古代的生産様式へ向かう道であり、もう一つはアジア的生産様式を成立させる道である。だが、戦後のウィットフォーゲルの水力社会論に対しては、「永遠のアジア的社会」論であるとし、ウィットフォーゲルが、水力社会に対しては、永久にその専制主義的性格が続くものとみなしていることを、批判している。

メロッティが一九六〇年代以降、登場した理論家たちをどのように評価しているかは、ゴドリエ、シェノー、シュレ-カナルなど『パンセ』グループおよびテーケイを、新単系発展論と批判していることから窺える。ゴドリエらが、①アジア的生産様式は過渡期の生産様式であり、奴隷制へと発展することも、封建制へ発展することもありうると主張していること、②古典古代的生産様式以前の、たとえば、巨石文化、クレタ・ミケーネ文化、エトルリア文明にアジア的生産様式の存在を認めうる可能性を指摘していること（シャルル・パラン）、この二点から、ヨーロッパの一部の地域で、原始社会→アジア的生産様式→古典古代的生産様式→封建的生産様式→資本主義、へと展開した可能性が出てくる。それを指して、新単系的な発展図式であると述べているのだと思われる。メロッティはまた、ゴドリエらが水の役割を可能な限り低く評価しようとしていることに対し、それでは、マルクスの原意にもとると批判。この点では、彼はマンデル、ドクワ、ソフリなどの見解に与している。

だが、一九六〇年代におけるゴドリエなどの見解の主眼は、一九五七年以降、ともかくも、アジア的生産様式といえば、ウィットフォーゲルの、反共主義的な水の理論のことであり、マルクス主義者がマルクスのアジア的社会論を論じることすら難しくなっていた状況を転換させることであった。マルクス主義者の前に、歴史発展の五段階論、単系的発展論ではどうにも解釈できない、様々な出来事が起こり、あるいは新たな史料が登場していた。それら――とくに第三世界の事象――をマルクスのアジア的社会論、とりわけその核心であるアジア的生産様式概念を用いて、分析・総合することが求められていたにもかかわらず、誰もが躊躇せざるをえない状況が厳然として存在していた。「背教者」ウィットフォーゲルの水の理論の存在は、その身動きできない状況の一つの大きな要因であったが、もう一つの大きな要因は、社会主義の祖国ソ連が、その三十年前、最高指導者スターリンの直接の関与のもと、アジア的生産様式を誤った理論として否定したことであった。スターリンの死後もなお、過去の重い遺産を引きずったままであり、それが、マルクス主義者全体の重荷になっていた。

そのことを考慮すれば、『パンセ』グループが、アジア的生産様式論争の口火を切るのに、何故極めて慎重に振舞わなければならなかったか、理解できる。彼らの主張が、ヴェルスコップ、テーケイと同じく、多系的発展論へ踏み出すと同時に、なかば、地域によっては、単系的発展を考慮する余地をも残すものであったことは、そのような事情を物語っているものである。もし、彼らが、最初から、一九七〇年代のアジア的生産様式論の旗手、メロッティやソーワーのように、鮮やかなほどの多系的発展論を唱えて議論を公にすれば、東

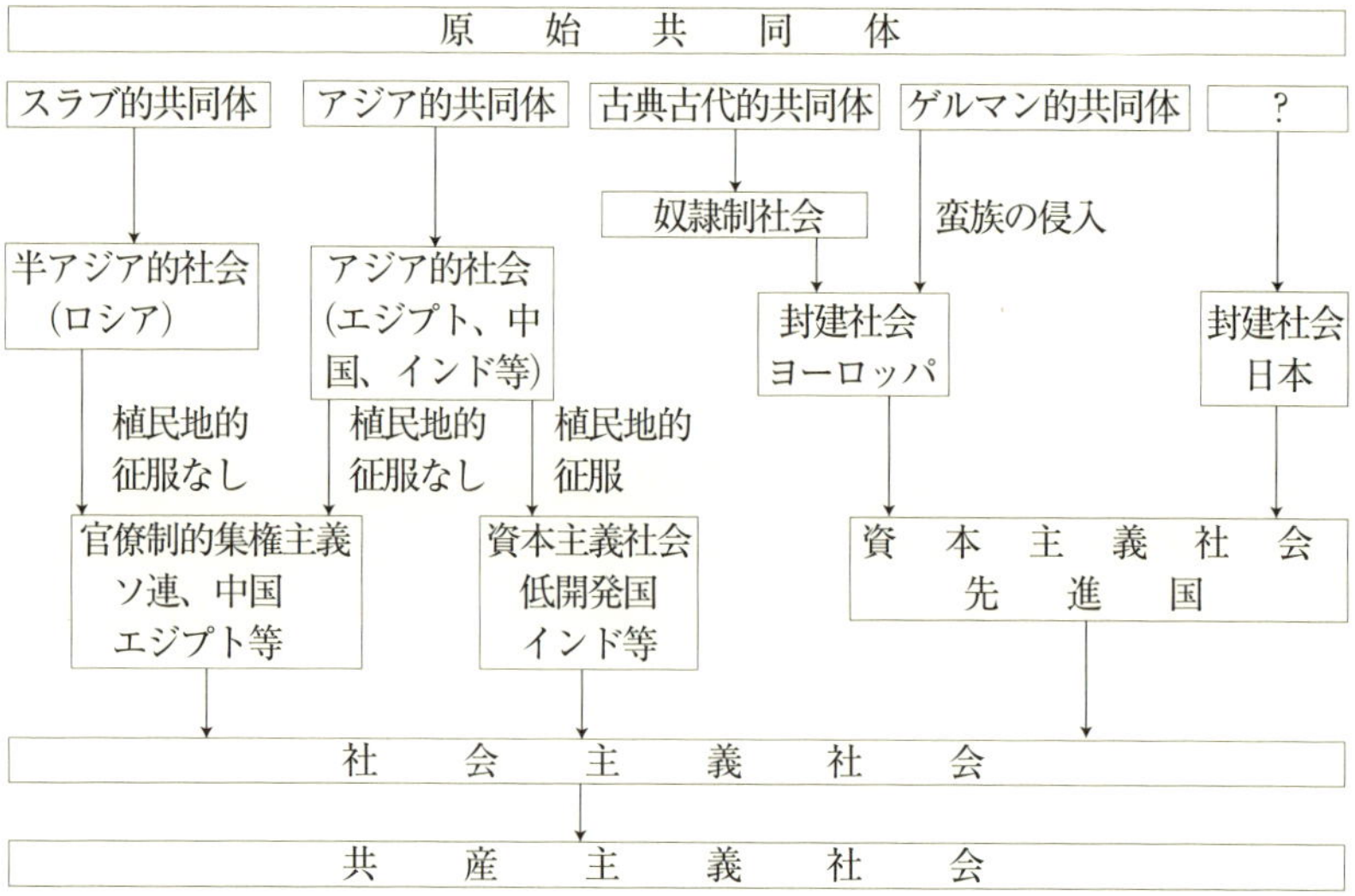

U.Melotti, Marx and the Third World, Macmillan, 1977, p.26.

側のマルクス主義者、とくにソ連の理論家たちの猛然とした批判を浴びるだけであったろう。それでは、いまだ、世界の多くのマルクス主義者、社会主義者が社会主義の祖国ソ連への幻影にとらわれている状況では、アジア的生産様式をめぐる議論は、西欧の少数のマルクス主義者の多系的発展論と、東側の正統派マルクス主義の単系的発展論の対立、ということで終わってしまうことになったと思われる。論争が国際的に広く行われるようになってはじめて、思い切った多系的発展論も、多くのマルクス主義者が耳を傾けうるものとして登場しうるのである。おそらく、メロッティは、そのことをある程度、了解しつつ、ニューレフトの立場から、『パンセ』グループおよびテーケイやヴァルガなど、正統マルクス主義からの圧力を考慮しつつ議論をしなければならなかった理論家たちの、今となっては中途半端な立場を批判しているのだと思われる。

メロッティは極めて挑発的に、第一章において、自己の多系的発展論を提示しているが、おそらく、アジア的生産様式論争において提出された、もっとも大胆な多系的発展論であると思われる。要約すれば、マルクス『諸形態』における各本源的共同体のそれぞれから、直接、敵対的な社会構成が成立し、それぞれ独自に、あるいは互いに影響しつつ、奴隷制、封建制などの前資本主義的社会構成が生成・発展する、ということになる。アジア的共同体はアジア的社会（アジア的生産様式）に、古典古代的共同体は奴隷制に、ゲルマン的生産様式は封建制へと、直接発展する。なお、古典古代奴隷制は中世にかけて、封建制に合流する。さらに、中世から近代へかけ、封建制から資本主義が生まれ、やがて資本主義は——植民地化のプロセスを含め——世界を包み込むことになる。また、スラヴ的共同体からは、半アジア的社会（ロシア）が形成され、そして、それが植民地化されない時、官僚制的集産主義社会、すなわち二十世紀社会主義が成立する。アジア的社会の一部も、中国のように、植民地されない場合、官僚制的集産主義に合流する。そのほか、日本だけが特別に、別系統の封建制を形成し、かつ、資本主義へと展開する。興味深いのは日本が一体、どの本源的共同体から出発したのか、あるいは日本の封建制がどの本源的共同体に由来するのか、不明としている点である。また、日本の封建制から資本主義への展開については、自生的に見えるように書かれている。

この多系的発展論の図式において、もっとも印象的なのは、二十世紀社会主義は官僚制的集産主義（collectivismo burocratico）(23)に属するとの規定である。おそらく、呉大琨が、文革後、偶然にメロッティを読んで、その内容に衝撃を受けたというのは、この官僚制的集産主義の規定ではなかったか、と思われる。社会主義の祖国ソ連より広がった、二十世紀社会主義が、資本主義の積極的な止揚などではなく、資本主義に並行する社会構成であることを、この発展図式は示しているからである。文革の辛酸を舐めつくした一九八〇年前後の中国の知識人にとって、この規定は新鮮に映ったはずである。そして、なにゆえ、彼らの社会主義が未熟なままであり続けているのかについても、密かに納得したに違いない。

さて、メロッティはアジア的社会をどのように規定しているのであろうか（第五〜十二章）。メロッティは、まず、アジア的生産様式の特徴をもっとも適切に記述したものとして、エンゲルス『反デューリング論』の、政治支配成立への二つの道のなかの、第一の道に関するパラグラフのほぼ全体を引用する。具体的には、第一の道の最初の記述から、共同職務執行機関の長——社会の公僕——が、その機能の発展を通じ、社会の主人になるプロセスについてのパラグラフであり、その具体例として、灌漑があげられ、専制支配の主が灌漑の総請負人であること、それというのも、これらの国では、灌漑なしには農業が不可能である、と結ぶところまでである。

マルクスがどのような社会をアジア的社会とみなしていたのか（第十二章）について、メロッティは、まずインド、中国、そしてエジプト、メソポタミア、ペルシア、アラビア、トルコなど中近東、タタールなど中央アジア、ジャワおよびオランダ領東インド諸島など極東、そしてスペイン人の侵入以前の、メキシコ（アステカ）やペルー（インカ）などラテン・アメリカ、を挙げた後、これらの国々は必ずしも、個々には、マルクスのアジア的社会のモデルに沿っているわけではない、と述べる。まず、インドには、政治的な面において、強力な中央集権的官僚制にもとづいた政府が欠けていたこと、中国には、経済と法律の側面において、少なくとも一定程度、私有財産が存在していたことを挙げている(24)。また、半アジア的とされたロシアには水利的な特徴が欠けており、その経済と政治の中央集権化の原因は別にあること、を指摘している。

では、水の契機をもたないロシア社会のアジア的性格は如何に形成されたのであろうか。ロシア社会のアジア的性格について、メロッティは、「モスクワはモンゴル式の奴隷制の毒悪と悲惨な学校のなかから成長し、その教育を受けてきた。彼らはただ、その強さを、奴隷の技術の達人になることで、勝ち取った」（マルクス『十八世紀の秘密外交史』）とする、マルクスの観点を、そのまま引き継いでいる。モンゴルのハーンの専制統治のもとでは、無条件の服従しか存在せず、どんな形の権力の行使も、ハーンの許しのもと、ハーンを代表してのみ、そうすることが可能であった。自分を代表してそうであったのではなく、また彼個人の権利などでもなかった。その二百年にも及ぶ屈従を通して、統治方法を学んだロシアの君主たちのなかで、イワン三世は、ロシア国家の真の意味での組織者であった。

イワン三世は、モンゴル式に、臣民に対し厳格な管理体制と義務兵役制を敷き、全ロシアに対し領土要求を行い、長子継承制度を樹立し、自ら軍隊を統帥し、教会と国家を統一した。彼はさらに中央集権的な統治と軍事行動の必要から、新たな等級制を設立し、文武官僚を統制し、その等級に応じて土地を賜与した。だが、この土地は永久の所有ではなく、彼の終身占有であった。このような領地制は、モンゴル人が数世紀間広く行っていたものであった。イワン三世は、政治、経済、軍事、宗教の大権を一身に集めた真の専制君主であった。イワン四世のもと、あるいはピョートル大帝のもとで作り上げられたロシア帝国の諸制度、各階級、都市と農村、工業と農業も、みな、西欧のものとは完全に異なったものであった。中産階級は存在せず、都市も工業も、新しい官僚階級も、専制に依存したものであった。そしてこれらの負担はすべて農民に押しつけられた（農奴制）。支配階級およびそれに付随して生きていた人々は、みな農奴制に寄生しており、農民からの搾取は、ひどく残酷に行われた。メロッティは、マルクス『ザスーリチの手紙への回答・下書き』における農村共同体の議論を検証しつつ、マルクスが、古代ロシアばかりでなく、十九世紀中葉のロシアの生産様式をも〝アジア的〟なものと考えていたとし、かつマルクスが挙げたように、ロシアの共同体はその専制の基礎であったと考えているようである。

最後に、メロッティは中国をどう見ていたのであろうか。彼は中国をアジア的生産様式の典型とみている。すなわち、ナイル川やチグリス－ユーフラテス川、インダス川あるいはガンジス川流域に誕生した文明と同じように、黄河流域に成立した文明も、治水・灌漑など水利を契機として、大規模公共事業および大規模な開墾と農地の造成をはかり、大量の農民を計画的に動員し、工事を完成させるプロセスを通じて、強力に権力の中央集権化が達成されたとする、マルクス以来の水利社会論に従っている。

そのような専制化は、すでに殷代に始まっており殷代王都の考古学的発掘から、すでに、共同体の上に聳え立つ至高の権力が成立し、定期的に共同体から貢納や賦役を受け取っていたことが証明されるとしている。そこから、メロッティは、従来の議論とは異なり、中国の通史を語る時、奴隷制とか農奴制といった用語を使わず、また、封建制についても、主要な意味を持たせず、使ってもその多くは括弧付きで用い、あくまで中国史を権力の集権化とその経済的基礎の歴史として語ることになる。

中国におけるこの専制国家システムは、安定していると同時に、その変化、すなわち「革命」もまた制度的であり、保守的なものである、と述べる。各王朝の支配のもとで、土地私有制や商業資本主義を発展させるとともに、王莽の新や太平天国のように、時に私有を制限し、農地を分配し、あるいは公共のための備蓄を行なってきた。メロッティは、一九一一年、二千年来の中華帝国の崩壊によって、中国におけるアジア的生産様式は終息したとみている。だが、一九四九年の革命以後、新たに築かれた体制は、アジア的生産様式の古い枠組に適応したものであった(第十七章)。この部分も、呉大琨の琴線に触れたのであろう。

7 フランスにおけるその後の論争

上述のごとく論文集『アジア的生産様式について』(1969)、資料集『前資本主義社会について——マルクス・エンゲルス・レーニン文献抜粋』(1970)を刊行した後、フランスの論争を牽引してきたCERMも、『パンセ』およびその寄稿者たちも、一九七〇年以降、アジア的生産様式について、以前のような積極的な活動を見せることはなくなっていく。最大の要因は、おそらく、一九六八年以降、彼らの間の分岐が始まったということであろう。ただ、CERM東洋部会のメンバーの間では、この分岐はセクト的な主導権争いといったものではなく、激動する国内外の情勢に対し、マルクス主義者として、あるいは左翼知識人として、それぞれが、今後、如何なる方向を目指すのかということから生じたものであったろう。

当時、もっとも劇的な転出は、CERM所長であったロジェ・ガロディの道であり、チェコ事件に際し、ソ連党を支持したフランス党指導部を容赦なく批判し、一九七〇年、党を除名され、そして、一九八〇年代には、イスラム教への帰依を表明し、マルクス主義者であること自体を辞めてしまっている。前述のごとく、シャル・パラン、シェノー、ゴドリエらはみな党を離れ、一人シュレ-カナルだけが、最後まで党に残ることになる。

一九七〇年前後に、CERMは、マルクス主義歴史理論に関連して、二つの論争を主宰している。社会構成体論争と、封建制の検討に関する論争である。また、以前ほど積極的ではなくなったとはいえ、一九七〇年代においても、『パンセ』は時々、アジア的生産様式論を掲載している。

一九七〇年代前半に、『パンセ』に掲載されたのは、レ・タン・コイ「アジア的生産様式研究への貢献：古代ベトナム」（一九七三年十月号、一七一号）であり、さらに、チャン・タン・ヴェト(25)「アジア的生産様式アプローチへの幾つかの認識論的障害について」が、『人間と社会』（一九七四年、三三―三四号）に掲載されている。ここでは、ベトナムに関するアジア的生産様式論を取りあげてみたい。ベトナムとアジア的生産様式の関わりについては、グエン・ロン・ビシュ論文が『ルシェルシュ・アンテルナシオナル』五七―五八号にすでに掲載されているので、まずその検討から始める。

グエン・ロン・ビシュ「ベトナムにおけるアジア的生産様式」の特徴は、簡潔にいえば、正統派の歴史理論（歴史発展の五段階論）を配慮しつつ、ベトナム史におけるアジア的社会の特徴を認める、というものである。著者は冒頭で、「私は、アジア的生産様式概念を、説明手段として研究することなく、放棄する提案に反対する」（p.267）と述べている。その理由は、マルクス主義の古典を取り消すことができないように、この概念を取り消すことはできないからである。また、事実として、われわれがそれを用いなくとも、アジア的生産様式の特殊性（固有性）を廃棄することができないからである、と述べる。

では、アジア的生産様式とは何か。著者は、アジア的生産様式＝独自の社会構成説、原始社会説、過渡期の生産様式説、奴隷制説、封建制説などを検討し、それら各説をいずれも退ける。というのも、アジア的生産様式の特殊性は原始時代末期から封建制末期まで存在し続けるからである。マルクスは、アジアの農村共同体を、アジアの経済制度（ウクラード）として描いていた。つまり、著者のいうアジア的生産様式の特殊性（固有性）とは、土地と財産の公有という形をとり、長期にわたって存続し続ける農村共同体である、ということになる。

アジア的社会における農村共同体の長期残存をもたらしたものは、灌漑などに顕著にみられる集団労働の必要性であり、農村共同体は、アジア的農業にふさわしい社会体制であり、かつその労働の集団的実践の指揮は、中央集権を求める。マルクスのインドにおける農村共同体の研究の例から理解できるように、アジアの農村共同体は、アジア的社会の異なった構成――奴隷制や封建制にもとづく社会――を、原始時代の末期から十九世紀まで、貫いて生き残った。それゆえ、アジア的生産様式を使って、アジア的社会に国々の歴史に、奴隷制や封建制の時代を含むか、含まないかを決定することはできない。

このような議論は、日本における講座派のアジア的生産様式論を想起させる。アジア的生産様式は、古代における生産様式であるとともに、古代以降、中世、近世を貫いて、その特殊性を日本社会に刻印し続けた、とするのは、講座派の総帥野呂栄太郎の「国家＝最高地主説」以来の論法であった。グエン・ロン・ビシュが、戦前戦後の日本のアジア的生産論争から、何をどの程度吸収したのか（あるいは、しなかったのか）を、興味深く思う。

レ・タン・コイ「アジア的生産様式研究試論――古代ベトナム」は、表題のとおり、古代ベトナム史にアジア的生産様式概念を適用しうるかどうかを検討したものである。著者はまず、古代（植民地以前）ベトナム社会について、私的所有の不在、社会的階級の不在といったアジア的生産様式論の矛盾について言及している。もし、古代ベトナムに土地私有やそれを基盤とした社会階級が存在するならば、そこから考えられることは封建制ということであろう。おそらく、それゆえであろう、著者は論文の前半において、ベトナム史における封建制概念の適用可能性を論じるとともに、当時のベトナム社会が如何に封建制ではなかったのかについて縷々説明している。とくに、①ヨーロッパの家臣たちが複数の主君を持つことができたのに比し、ベトナムの臣従関係は、王と役人の関係であったこと、②王から贈られた土地は、私有地となっても、忠誠への報酬として、上位の領主から受取ったフィーフではなかった。すなわち、契約的臣従関係ではなかった。③大土地所有（ラティフンディア）は、私有地全体のなかで――陳朝末期を除き――比重が低く、所有者も君侯とその血族に限られており、面積が数千 haを超えることは稀であった。著者は「古代ベトナムは、家臣制（vassalité）と封土、個人的な臣従のネットワークにもとづく社会的政治的組織、封建領主や諸侯の間の権力の分割、が存在しなかったことから、「封建的」とみなすことはできない」（Le Thanh Khoi, p.133）と結論づける。

では、古代ベトナム社会は、アジア的生産様式にもとづくものであったのだろうか。著者は、「ベトナム国家は、二つのファクターの影響の下、強化された」として、①外国支配との闘い、②大規模水利事業の必要性、を挙げる。さらに「とくに河川の築堤と水田の灌漑は、すべての王朝が彼らの主要な義務であるとみなした任務であり、その軽視は、すべて、王朝の衰退を予告するものであった。年代記は、築堤、運河（灌漑の機能のほか）の増加を記載し、運河は、すばらしい、地方の、コミュニケーション・ネットワークを作り出した」（p.136）とも述べ、アジア的生産様式論への肯定的な評価を表しているかのようにみえる。だが、そうではない。国家が「総括的統一体」としてローカルな共同体と協力しつつ大規模水利事業を展開することを述べるくだりあたりから、小共同体の所有の強さを問題にし始める。著者は、マルクス『諸形態』における専制君主＝唯一の所有者、共同体＝事実上の所有者、共同体成員＝保有者のイメージにより、アジア的社会を「専制君主」と君主の単なる小作人としての共同体成員からなるとみなす見解に異議をとなえる。すなわち、所有のローマ法的概念を極東に移し変えることを拒否する。そこから、総体的奴隷制、東洋的専制、私的所有の不在、千年の停滞などの概念は放棄されるべき（p.140）との主張が導き出される。著者は、最後に「アジア的生産様式概念に施すべき修正はあまりにも多く、あまりにも本質的なものなので、非ヨーロッパ社会の分析の深化に応じて、それ（アジア的生産様式概念）を放棄し、他のものを作りだした方がよい」（p.140）と結論づけている。

チャン・タン・ヴェト「アジア的生産様式アプローチへの幾つかの認識論的障害について」は、そのタイトルへの脚注に、テーケイへの hommage《オマージュ》として、と書かれており、注目される。また、タイトルにある認識論的障害 obstacles épistémologiques とは、ガストン・バシュラールの用語である。

著者はまず、アジア的生産様式の存在に対する再認識を提起する。それは、ベトナムの社会構成の歴史において、アジア的生産様式概念が適応可能であるといった意味においてばかりではない。ベトナム的なアジア的生産様式における村落共同体は顕著な凝集性によって特徴づけられるが、その村落共同体の凝集力こそ、過去において、もっとも血なまぐさい征服に対する持続的で有効な抵抗を可能にした、との認識からである。民族的抵抗を支えた、その組織力、集団的規律、これらもアジア的生産様式と結びつけられて考えられている。そこから、著者のアジア的生産様式概念が、水利を中心としたものであることが容易に理解しうる。だが、それは、水の契機を偶然的なもの、傍流へと押しやったシェノーやゴドリエらのパンセ・マルクシストたちのアジア的生産様式論に対する批判に繋がると同時に、アジア的社会における特殊性あるいは固有性を強調したマンデルやドクワの主張に繋がっている。

著者は、ゴドリエらを批判し、社会階級の問題を取り上げる。アジア的生産様式論における最初の搾取者は国家であり、国家に繋がる人々であった。それゆえ、その階級的性格は政治的なものである。だが、ベトナムのマルクス主義者は、無階級社会から階級社会への過渡期における社会階級の在り方を問題にする。そこに、おそらく所有主体としての村落共同体の問題が潜んでおり、共同体は国家への剰余の提供者、賦役や貢納の負担者であるばかりでなく、所有の主体であり、農民によるその自立や連合は、一つの社会階級を構成するといった観点が存在しているのだと思われる(26)。さらに、著者は「このようにして、水力的な、大規模公共事業における、伝統的国家の役割について過小評価することは、ベトナムや中国の全体の歴史を彩る、農民の大きな闘いを、科学的に説明する可能性を、無条件に、不可能にする」（Trân Thanh Veit, pp.130-131）と述べ、ゴドリエたちの議論から失われた、アジア的生産様式論における水の契機の復活を主張する。まるで、木村正雄の「第二次農地」崩壊時における農民叛乱の理論を読んでいるような気がするが、ただ、ベトナムのマルクス史家は、そこにおいても、所有における共同体的な契機、大規模水利事業における共同体の主体的な役割に、こだわっている点に、木村との違いがある。

一九七四年、論文集『アジア的生産様式について』第二版が出版された。離党したガロディに代わって、序文を書いたのは、シュレ-カナルであった。初版所収の論文に加えて、一九七〇年前後に『パンセ』に掲載されたコクリ-ヴィドロヴィチ（1969）、ダンビュヤン（Dambuyant, 1970）の二つの論文が追加されている。後者は、インドにおける王権が、ヴェルスコップがいうアジア的生産様式の指標の一つである経済高権を振るっていることを指摘し、古代インドにおけるアジア的生産様式の存在を証明せんとしている。カウティリヤ『実利論』全体に流れる、君主は、権力奪取およびその維持のために、あらゆる手段を駆使して行なわれるべきであるとの思想は、マキアベリ『君主論』というより、むしろ『韓非子』に通じる。その点をもって、『実利論』がアジア的社会における政治権力の在り方を映し出している、ということは確かであろう。だが、現在伝わっているカウティリヤ『実利論』は、古代の政治経済事象のほか、それに絡めて、雑多な記述が数多くあり、古代にありそうな事柄の一種のカタログに近い面を持っている。カウティリヤ『実利論』の記述をもとに、なにか、社会経済史や歴史理論の検証に利用しようとすれば、より慎重な検証が必要であるように思われる。

コクリ-ヴィドロヴィチの「アフリカ的生産様式」については、アフリカ固有の生産様式概念を提起したという点において、その後に大きな影響を与えている。だが、共同体農民よりの収取および長距離貿易からなる生産様式規定では、多分、アフリカ的な固有性は出て来ない。同様な社会システムをとる社会は、アフリカに限らないからである。

アフリカ史に対するアジア的生産様式概念の適用は、一九六〇年代初頭におけるアブデル-マレクのエジプト史への適用の例がある(27)。だが、エジプトやスーダンなどナイル川流域以外では、ニジェール河畔、セネガル河畔に適応可能性を検討しうる程度であり、アジア的生産様式をアフリカ全般に適用するのは難しく、せいぜいは貢納制的生産様式により、貢納や賦役の収取は存在した、という程度で終わる可能性が高い。

ただ、このアフリカ的生産様式をめぐる議論の流れに、注目すべき思想的系譜ともいうべきものがある。マクシム・ロダンソンに始まり、ルネ・ガリソ、コクリ-ヴィドロビッチらを経て、サミール・アミンに至る流れである。その流れにおいて、シュレ-カナルのような、西欧的伝統から出発し、アフリカ(具体的にはマグレブなどの北アフリカや熱帯アフリカ)に、奴隷制も封建制の適用不可能であり、そこからアジア的生産様式が有効だといった考え方そのものを拒否する、一群のアフリカ研究者、アフリカ人理論家たちが登場する。ヨーロッパ中心主義への批判であり、かつ歴史および社会科学を通じて、西欧的概念自体への拒否につながる側面をもっている。

コクリ-ヴィドロヴィチのアフリカ的生産様式の提起は、シュレ-カナルの熱帯アフリカに対するアジア的生産様式規定が、従来のアフリカ社会に対する封建制規定と同様に、不十分なものと思われるようになったことも関係している(28)。「アフリカ的生産様式」において、その間の事情を以下のように説明している。ブラック・アフリカの伝統社会が階級社会とはいえないとしても、すでに原始共同体の段階を通過しており、政治的経済的不平等がはっきりと刻印されており、そのような社会を、ソ連の歴史家たちのように、奴隷制や封建制概念でくくることはできず、そこからシュレ-カナルのアジア的生産様式論が登場する。だが、アフリカには、水利に関する大規模公共事業も、それを指揮する専制君主も、その最高指揮権に従う、直接生産者の総体的奴隷制も見出すことができない、と。

さらに彼女は、シュレ-カナルのアジア的生産様式の緩やかな定義、「農村共同体を基礎とする生産装置」と、それに依拠した「人間による人間の支配」では、あまりにも一般的にすぎて、本質的なものを見逃している、と批判する(29)。それは、緩やかなアジア的生産様式規定における一面の事実ではあるが、では彼女は、どのように、アジア的生産様式とは区別された、アフリカ固有の生産様式を規定するのであろうか。そのエレメントは、共同体的氏族構造と地域システムの共存、家族的自己生計維持と遠隔地交易の重合とに集約され、そこから、余剰の収奪が可能なものとして、遠隔地交易が比重を高めることになる。彼女は、伝統アフリカの、農業・手工業の技術がプリミティブな段階にとどまり、農業は余剰をもたらさず、君主は臣民——氏族的な共同体成員にせよ、村落共同体の成員にせよ——をわずかしか搾取しなかった——農業を余剰の基本とするアジア的生産様式とはそこが異なる——とし、「余剰生産物の大部分を生み出したのは、実のところ遠隔地交易だった」（コクリ-ヴィドロヴィチ、p.112）と述べる。即ち、アフリカ的生産様式の種別性は、家父長的共同体経済と、特定集団による遠隔地交易の排他的事業との組み合わせを基礎にしており、その権力形態は、この集団の性格に依存していた（p114）、とされる。

だが、このような規定では、アフリカばかりでなく、アフリカ大陸以外の、多くのプリミティブな社会における余剰のあり方と権力の結び付きにも、同様なことがいえそうである。現に、マクシム・ロダンソンは『イスラムと資本主義』のなかで、イスラム勃興期の古代アラブ社会に関して、「土地は大したものをもたらさない。土地所有者が収納する地代だけでは、そのぜいたくな欲求を充足できないからである。地代はただ生存に必要なものを供給することができるだけだった」（ロダンソン、p.52）と述べ、富は輸送業をともなう商業——つまり遠隔地交易にほかならない——から生じると述べている。おそらく、その他にも、それに類似する地方がまだまだあるであろう。逆に、アフリカ大陸では、ニジェール川流域やセネガル川流域、あるいは東アフリカ、ヴィクトリア湖周辺の農業生産が盛んな地域がアフリカ的生産様式から外れることになる。すなわち、河川流域や湖沼周辺の農業の盛んな地域はアジア的生産様式に属するが、剰余を生まないほどの農業しか持ちえない地帯はアフリカ的生産様式に属するという皮肉な結果ともなる(30)。

だが、それでもなお、コクリ-ヴィドロヴィチの試みが意図するものは、かなり鮮明に伝わってくる。伝統社会、もしくは植民地以前の社会において、奴隷制、封建制、そしてアジア的生産様式など、既存のマルクス主義歴史理論が用意している概念では包括しえない地域(とその社会)がある、という彼らが強く意識している現実である。

ブラック・アフリカの伝統社会を、植民地以前の社会と置き換えれば、北アフリカあるいはイスラム・アフリカにも、事情は共通している。この問題の起源を辿れば、これもまたロダンソン『イスラムと資本主義』(原著は一九六六年出版)にみえる、イスラム社会、すなわち中東やマグレブ社会に対する、従来の生産様式規定の不十分さに対する批判に端を発したものであった(31)。結局、ロダンソンが行き着いた結論は、「未開生産様式」(原始共同体社会)と資本主義社会の間の、前資本主義社会は、奴隷制や農奴制を含め無限の偏差を持つ搾取システムが存在したこと、それゆえ、アジアやアラブの前資本主義社会をアジア的生産様式などという呼称で括ることはできないこと、また、そのような搾取を包摂した経済システムのいずれが資本主義を生みだすかを予め決めることはできないというものであった。

この従来の、非ヨーロッパ社会の生産様式論や社会構成体論の不十分さに対し、一九六八年四月二十七日(すなわちパリ五月革命の直前)、CERM主催のもと、「封建制をめぐって」(午前)、および「ヨーロッパ以外の封建制をめぐって――植民地以前のマグレブ社会」(午後)と題し、諸家が集うシンポジウムが行なわれた。午前の部の主な報告者の一人はシャルル・パランであり、討論もまたパランの司会のもとに行われた。午後の部の主要な報告者はルネ・ガリソであり、討論はシュレ-カナルの司会のもと行なわれた。この二十七日午後のシンポジウムの内容は、『パンセ』一九六八年十二月号(一四二号)、ルネ・ガリソ及びルセット・ヴァランシによる、マグレブ社会の生産様式規定の問題をめぐる論争に一部反映されている。また、このシンポジウムの内容は、一九七一年、CERM編『封建制について』として出版されている。この論文集を見るかぎり、主役は午前の部の基調報告を行なったシャルル・パランではなく、午後の部の基調報告者ルネ・ガリソであった。論文集の前書きは、ルネ・ガリソが、また、結論部はパランとガリソが執筆している。ガリソは従来の議論がマグレブ社会の発展を低く見積もり、逆に西欧封建制を重視し、その発展が資本主義の勃興を導いたことを自明の理とみなしていることを厳しく批判している。

さらに、このような流れを受け、一九七六年十二月、パリ大学Ⅷバンセンヌ校舎において、非ヨーロッパの前植民地社会の生産様式および社会構成体に関する四日間のシンポジウムが行なわれ、その成果は、ルネ・ガリソ編『前資本主義社会の構造と文化』(Structures et cultures précapitalistes, 1981)として出版されている。論文集の内容は、アフリカにおけるアジア的生産様式論および、植民地以前マグレブおよびアラブ社会における生産様式である。ガリソが序文——西欧封建制の特権的性格に対する批判——を書き、かつ同書の末尾において、コクリ-ヴィドロヴィチとルネ・ガリソがそれぞれ総括的論文を書いている。それらから、一九六〇年代のロダンソンに始まる、ヨーロッパ以外の社会の知見を踏まえたより包括的な、社会構成体や生産様式規定への希求が、サミール・アミンにおけるような、むしろ非ヨーロッパ的世界における要素を主要なものとみなし、そこから得た結論をヨーロッパ社会の規定へと返していく仮説に行きつく、そのような作業のプロセスの一環として、アフリカ的生産様式に関する議論を見ることもできると思われる。

以上のような歴史的コンテキストを考慮すると一九七四年の『アジア的生産様式について』第二版の出版は、一九六四年前後に、フランスのマルクス主義者によって始まった、アジア的生産様式論争の一つの時代の終焉を意味している。それは同時に、思想史的な意味において、一つの時代の大きな転換点をも象徴している。アジア的生産様式論の提起が、長く失われた概念の復権として、ソ連流マルクス主義、より厳密にいえば、スターリンの歴史発展の五段階論批判を意味した時代は過ぎ去り、ヨーロッパ中心主義批判やオリエンタリズム批判のなかで——その批判の対象として——語られる時代に入ったことを示している。

［注］

（1）ペチルカ（Pecirka, 1967）は、再開されたソ連のアジア的生産様式論争を総括した論文であるが、その脚注において、まずヴェルスコップのもとに送り、彼女に読んでもらったことを述べている。状況の厳しさにもかかわらず、東欧内の知識人のネットワークが存在していたことが想像される例である。

（2）シェノーは、『パンセ』アジア的生産様式特集号（一一四号）掲載の論文のなかで、Nguyen Long-bich は、『歴史研究』（ハノイ）第五三―五四号（一九六四年八月―九月）に発表した「アジア的生産様式とは何か?」のなかで、日本人の研究成果について大きな場所を割いて記述していると述べている。おそらく、グエン・ロン・ビシュは日本語が読め、かつ何幹之や侯外廬など中国のマルクス主義者と同じように、日本のアジア的生産様式論に詳しかったのだと思われる。

（3）テーケイは、アジア的生産様式における階級支配の存在は認めていても、それを、奴隷制、封建制、資本主義と同じ、基本的な社会構成体をなすものとは認めていなかった。あくまでも、共同体の臍の緒を断ち切っていない点において、原始共同体的な社会構成に属するものとみなしていた。

（4）「たとえば、テーケイは、原始社会と奴隷制社会とのあいだに過渡期が存在していることを認め、この過渡期を特徴づけるのに「アジア的生産様式」という用語をもちいるべきであると提案している。しかし、シェノーやゴドリエが提案しているのとはちがって、基本的な社会経済構成体の一つとしての自立したアジア的構成体について述べることを拒否している。ゴドリエは、このばあいに、アジア的生産様式を前階級社会から階級社会への過渡期の社会組織として記述して、このアジア的生産様式のなかに、「一方では集団的構造と、他方では搾取者的な支配階級の萌芽との矛盾的統一」をみいだしている」（ペチルカ、1967: p.138）。

（5）上述したように、ヴィダル-ナケは、歴史に対し、ウィットフォーゲルとは異なったパースペクティブを有し、それを明確にしたことにおいて、両者は衝突することになった。そこまで、違いが明らかであれば、最初から、翻訳を引き受けないほうが良かったであろう。おそらく、新進の歴史家として、ヴィダル-ナケの側には、是非引き受けたい気持ちがあったのであろう。また、ウィットフォーゲルは、自己の主著がフランス語に翻訳されることを強く望んでいたといわれる。

（6）筆者は、マルクスにおいても、エンゲルスと同様に、単系的発展論への傾向は存在していたが、一八五〇年代初頭以降、アジア的概念を最後まで放棄しなかったことからも理解できるように、多系的発展論を堅持し続けたと考えている。

（7）人名、地名、雑誌名などの訳語については、菊池一雅『村落共同体の構造』（大明堂、1977）、ウルメン『評伝ウィットフォーゲル』（新評論、1995）などを参照した。とくに菊池の書は、ベトナム、ラオス、マダガスカル、セネガル、ラテン・アメリカ（アンデス）と、『パンセ』誌上で取り上げられたアジア的生産様式論に関わる地域を対象としており、ボワトー以下『パンセ』誌上に掲載された諸論文を理解するうえで有益であった。

（8）原文は la propriété du haut-domaine. 上級所有権なのであろうが、この場合、封建社会における王や領主などが位階に応じて、相互に分け合う所有権と混同される可能性がある。アジア的社会の「上級所有権」とは、むしろ至上権に近いものである。

（9）Helene Antoniadis-Bibicou, Byzantium and the Asiatic mode of production, *Economy and Society*, Vol.6, no.4, 1976.

（10）同時期の英文のものとしては、『マルキシズム・トゥディ』に、東ドイツのホフマンやレヴィンによる、アジア的生産様式に関する寄稿が掲載されている（いずれも市川泰治郎編訳『社会構成の歴史理論』未来社に収録）。

（11）ソ連における再開されたアジア的生産様式論争において、一貫して独自の社会構成としてのアジア的生産様式論を批判していたニキフォロフは、共同体的奴隷説の代表的な提唱者である。

（12）ヴァシリエフ&ストゥチェフスキー「前資本主義的諸社会の発生と進化の三つのモデル」、福冨正実編（1969）所収。なお、奴隷制と農奴制の、二つの収取関係、二つのウクラードの長期にわたる併存と相互の絡み合いをもって中国史を説明したのが、戦前の秋沢修二『支那社会構成』（白揚社）であった。

（13）マンデルが自分の見解に近いと述べているのは、ギー・ドクワから送られてきた謄写版刷の未発表原稿である。

（14）このストルーヴェ論文は、邦訳されていないと思われる。この論文についてシェノーは、「一九四〇年の十の論点から成る有名な論文におけるアカデミー会員ストルーヴェの見地であって、この論文は「アジア的生産様式に断然終止符を打った」として歓迎されたものである」（シェノー、1966：71）と述べている。だが、ストルーヴェは、マルクス『資本論』第一部第十一章にある、巨大工事に従事した膨大な「非農業人口」のフレーズに過大な意味を持たせ、この「非農業人口」が共同体農民ではないことを強調し、マルクスが、古代や中世、あるいは近代植民地においては、大規模協業のスポラディックな利用は、たいていは奴隷制に基づいていると述べているところから、古代アジアにおいても、大規模公共事業は奴隷制によって担われていたと強弁している。しかし、何よりも、この「非農業人口」に関する記述がマルクス自身の見解ではなく、あくまでもリチャード・ジョーンズからの引用であること、さらに、その後に続くパラグラフにおいてマルクスが述べた古代や中世の事例は、いずれも西洋（非アジア的世界）に属するものであり、古典古代および中世ヨーロッパの社会経済システムに言及したものであることを理解すれば、ストルーヴェの議論は、無理を承知の理論的こじつけでしかないことが理解できよう。

(15) Bruce McFarlane, Asiatic Mode of Production: a new phoenix (part1), *Journal Contemporary Asia*, August, 2005.

(16) ロジェ・ガロディ(一九一三〜二〇一二)は一九六七年、『現代中国とマルクス主義』(野原四郎訳、大修館書店、1970)を書いたが、その冒頭において、中国史におけるアジア的生産様式の存在を認め、それが遺制として、封建制の発達を阻み、ブルジョア階級の形成を不可能にしたと述べている。言葉としては、この歴史的特性は、社会主義建設の中国的な型の客観的条件の一つではあっても、中国式社会主義理論の現在の形態を説明するものではないと釈明しているが、中国社会主義理論(毛沢東主義)批判の書の冒頭に、わざわざ「中国の歴史とその経済構造」の解明の手がかりとしてアジア的生産様式を持ち出した意図は明らかである。ガロディのアジア的生産様式理解は、ゴドリエらのアジア的生産様式規定における、大規模水利事業を伴うアジア的生産様式と基本的に同じものである。

(17) ゴドリエの序文の第二節は、「批判的総括の試み」と題し、ゴドリエ『人類学の地平と針路』(紀伊国屋書店、1976)に収録されている。

(18) 一九六九年、七〇年当時のゴドリエを、一九六四年、六五年当時のゴドリエから分かつものは、このエンゲルス＝アジア的生産様式放棄論の訂正であった。さらに、この序文の内容で、留意したいのは、マルクスがコヴァレフスキー、モルガンを読んだ後、ゲルマン的共同体を、原始共同体の最後の段階と認識するようになったとする点である。それ以前――『諸形態』から『資本論』第一巻執筆時において――は、マルクスはゲルマン的共同体を、私有制に移行したものとみなしていた、とゴドリエは主張する。だが、それは、ゴドリエの間違いである。このことは、ゲルマン的共同体を支える個人的所有を、私的所有と見誤ったことを、ゴドリエははしなくも自ら吐露しているといえる。

(19) ソフリについては、ドイツ語訳に依っている。引用及びその頁はドイツ語版のものである。なおソフリは、フランス以外の西欧において、もっとも早くアジア的生産様式論争に呼応したマルクシストの一人であった。なお、イタリアにおける論争は『マルクス主義批評』Critica Marxista、『リナシタ』Rinascita を中心に一九七〇年前後から活発化する。

(20) ホブズボームにもいえることだが、ヴェルスコップ以来の東欧諸国のマルクス主義者の苦闘の持続が、ようやく、フランスにおいて、論争の勃発をもたらし、そして、それがソ連をも巻き込むことによって、世界的な規模の論争にいたったという、歴史的コンテキストに対する認識の浅さが、ソフリにも見受けられる。ソフリのテーケイに関する幾つかの批判点は、テーケイにとっては、社会主義国の知識人である以上、立場上書かざるをえなかった部分であり、かつ、それでもなお、テーケイの一連の論文が、論争の勃発への助走を担った点においては、必ずしも本質的であるとはいえない批判であった。

(21)「シェノー、シュレ-カナル、ゴドリエは、彼ら自身、彼らが大規模土木事業の役割を過小評価した時、それらがマルクスから離れることだと認識していた」(Dhoquois, 1969: p.155)。ドクワのそれは、広義、狭義の意を含めたアジア的生産様式論であることによって、パンセ・マルクシストの、「薄められたアジア的生産様式」論に対し、よりアジア的社会の固有性を強調するものとなっている。

(22)ドクワは、サブ・アジア的生産様式における、歴史的な水との関わりについて、灌漑はより少しの役割しか演じておらず、時には無視しうると、述べている。

(23)英訳は bureaucratic collectivism. なお、メロッティについては英訳 Marx and the third World, MacMillan, 1977. と中国語訳、梅洛蒂『馬克思与第三世界』(商務印書館、1981)に依っている。

(24)インドおよび中国の、アジア的性格について、メロッティがマルクスのモデルに一致しないとしている諸点について、言及しておきたい。まず、インドに中央集権的な官僚制を備えた政府が欠けていたという点であるが、これは、比較の問題であろう。たしかに、歴史上のインドの諸政権の官僚機構は、中国の歴代王朝ほどは、中央集権的ではなかったかもしれないが、その他の文明の諸政権に比べれば、たとえば、中近東の諸国家と比べれば、同じように中央集権的であったといえるのではないかと思われる。また、統一王朝であった時期が短く、むしろ、地域ごとに王朝が並立していた時期が長く、それゆえ、インド中世が、なにかしら封建的であったかのように言われることが多い。だが、個々の地域政権の政治的経済的システムは封建的であったであろうか。むしろ、それぞれの地域政権の内部は、十分に専制的であったといえる。また、水利との関係でいえば、インド半島全体を包括する統一政権が存在するかどうかは、多分に偶有的である。すなわち、全土を包括する統一政権が存在するかどうかは、もし、エジプトのように、全土がほぼ単一水系から成り立っている場合や、メソポタミアのように、両大河が接近し、かつ歴代王朝の大規模水利事業のもと、多数の水路で結ばれ、全体として、緊密なネットワークを構成している場合を除けば、政権が全土を包括するかどうかは、直接水利に関わるわけではない。むしろ、水利以外の条件が考慮されるべきであろう。インドにおいては、地域政権は、まずそれぞれの水系(流域)に依拠し、水利を維持し、そこからの余剰を吸上げつつ政権基盤を固め、自己の政治勢力の増強に努めたと考えられる。

次に、中国における私有財産の問題であるが、土地私有が古くから存在し、土地の売買が行われていたことと、経済的社会構成がアジア的生産様式であったかどうかは、別の問題である。それは、すでに、ウィットフォーゲルが、『オリエンタル・デスポティズム』において述べているように、所有というものの権能は、それぞれの社会システムにおいて、異なる。アジア的社会における所有は、弱き所有であって、それがなにほどかレントを得る権能をもつことはあっても、それ以上の権能をもつことはない。中世ヨーロッパ的な視点から考えると、大土地所有は、すぐに大所領の形成や不輸不入権の獲得へと連想しがちになるが、それはあくまで、強き所有が成立している社会の話である。農業の始まりが水利をもって始まったような社会、すなわち水利社会においては、所有はつねに弱き所有であった。そこから、個々の所有に政治な権能の発生を期待することはできない。ましてや王臣の所有が、王権を制限するほどの強さをもつことなどは、できないのである。あるいは、ささやかな臣民の所有が、王権から、自らの人身を守り、宅を守り、宅の周りに広がる圃場を守る、などということを期待することはできないのである。アジア的社会の専制国家は一般に位階に応じて富をもたらす。だが、所有権を保護しているわけではない。臣下に所有を認めるかどうかは、国家意志次第である。それは今日の「専制国家」においても同様である。ただ、今日、位階は富だけではなく、国外へのアクセスの容易さをももたらす。それゆえ、まず国内のシステムに従い蓄財に励み、それを国外に持ち出すことによって、強き所有に転化させることが行なわれている。そこに、「専制国家」と世界市場の絶妙なシステムの接合（articulation）が存在している。

(25) ベトナム人名のベトナム語の綴りとフランス語の綴りが少し異なるため、同一人がしばしば違う訳語で呼ばれる場合がある。Tran（トラン）は Trân（チャン）に修正した。グエン・ロン・ビシュ Nguyen Long Bich の Bich はビクだと思われるが、本書では、本田喜代治訳（1966）に合わせている。アジア的生産様式論争史あるいはマルクス主義ヒストリオグラフィーのなかで、訳語の変更によって、別人と見なされることはできるだけ避けたいためである。

(26) 小水系の水利社会と大河流域の水力社会の相違に対する認識が、未熟であったことが、混乱の根底にある。ベトナムはその二つの水利社会の混合ともいうべき特色をもっている。小水系の水利社会において、小共同体は存続しうる。あるいは小共同体が再組織される。だが、水力社会においては、専制国家成立後、小共同体は存続しえず、中国の宗族、インドのカースト（ゴートラ）、エジプトのアーイラなど、村落を越えた大きな親族組織が台頭する。ベトナム史の中心であったトンキン・デルタの治水や灌漑は、大規模水利事業のようにみえる。だが、その主体は一方では国家であり、一方では、水防共同体ともいうべき輪中共同体であった。そこに、ベトナム特有の村落共同体の強靭さがある。おそらく、ベトナムのマルクス史家にとって、『諸形態』にみえる小共同体とその成員の権利の弱さのイメージを受入れることが難しかったのであろう。

(27) 一九七〇年代後半では、『パンセ』に、アフマド・サデク・サアド「アジア的生産様式とエジプトの社会構成の問題(ヘレニズム時期からビザンツ支配末期まで)」(一九七六年、一八九号)が掲載されている。

(28) これらの論調の推移には、メイヤスー、G・デュプレ、P-P・レー、エマヌエル・テレーなどフランスのマルクス主義人類学が主導してきたアフリカ研究の進展により、アフリカ社会の社会構成体や生産様式をめぐる議論が、大きく前進すると同時に、従来の概念の単純な適用では、次第におさまりが付かなくなったことが関係していると思われる。

(29) シュレ-カナルやゴドリエの苦心した、緩やかなアジア的生産様式の定義があまりにも一般的であるというのは、その通りではある(ゴドリエのそれは、大規模公共事業を伴うアジア的生産様式と、それを伴わないアジア的生産様式を区別する)。だが、二人とも共同体を通した支配、共同体を通した収取(そこには搾取が含まれる)を強調している、そこに、実はアジア的生産様式の本質が隠されており、一概に本質を欠いたもの、アジア的生産様式におけるダイナミックな要素を削ったとはいえない側面を持っている。

(30) アフリカ的生産様式論に関して、アフリカ人類学者川田順造は『無文字社会の歴史』(岩波書店、2001)において、以下のように述べている。

「他方、植民地化以前のアフリカで、長距離交易が、集権的支配の成立に果たした役割を強調し「アフリカの専制君主は、彼の臣下よりは周辺部族を搾取したのであり」、「余剰生産物の主要部分は、実際は長距離交易からもたらされていた」として「アジア的生産様式」のかわりに「アフリカ的生産様式」のモデルを提出した研究者もある(Coquery-Vidrovitch,1969)。植民地以前の黒人アフリカといっても、きわめて多様な地域と時代をひとまとめにしてとりあげ、そこから「アフリカ」という生産様式の規定をみちびくこと自体、現在までのアフリカ研究の蓄積では、飛躍しすぎた一般化といわざるをえないし、「農民的基礎」と「長距離交易による、外社会からの余剰生産物の獲得」とを、背反的、二者択一的に考えることもできないと私は思う」(p.175)。

(31) なお、ロダンソン(一九一五〜二〇〇四)は、一九三七〜五八年の間、フランス共産党員であり、かつ『パンセ』寄稿者の一人であった。一九五六年『パンセ』六六号掲載の、エンゲルス『起源』を記念した歴史理論に関するシンポジウム(原始社会、軍事的民主制部会)にも参加している。

[文献リスト]

市川泰治郎編訳『社会構成の歴史理論』未来社　一九七七年
ウルメン『評伝ウィットフォーゲル』亀井兎夢訳　新評論　一九九五年
ロジェ・ガロディ『現代中国とマルクス主義』野原四郎訳　大修館　一九七〇年
コクリ-ヴィドロヴィチ「アフリカ的生産様式についての研究」山崎カヲル編訳『マルクス主義と経済人類学』柘植書房　一九八〇年
菊池一雅『村落共同体の構造』大明堂　一九七七年
テーケイ・フェレンツ『アジア的生産様式』羽仁協子訳　未来社　一九七一年
福冨正実編訳『アジア的生産様式論争の復活』未来社　一九六九年
ペチルカ「奴隷的構成体とアジア的生産様式に関する所見」福冨正実訳『東亜経済研究』第四十一巻第三・四号、一九六七年
エルネスト・マンデル『カール・マルクス《経哲草稿》から《資本論》へ』山内昶・表三郎訳　河出書房新社　一九七一年
マクシム・ロダンソン『イスラムと資本主義』山内昶訳　岩波書店　一九七八年
Jan Pecirka, Die Sowjetishene Diskussinen über die asiatische Produktionseweise und über die Sklavenhalterformation, *Eirene* III, Praha, 1964.
Jean Chesneaux, Le Mode de Production Asiatique: Une Nouvelle Etape de la Discussion, *Eirene* III, 1964.Praha.
Pierre Boiteau, Les droits sur la terre dans la société malgache précoloniale (Contribution à l'etude du «mode de production asiatique»), *La Pensée*, no 117, octobre 1964.
Jean Suret-Canal, Les Sociétés Traditionnelles en Afriaque Tropical et le Concept de Mode de Production Asiatique, *La Pensée*, no 117, octobre 1964.
Vidal-Naquet, Histoire et ideologie : Karl Wittfogel et le concept de «Mode de production asiatique», *Annales*, 19e Annee-no3, juin 1964.
Sergio de Santis,Les communautes de village chez les Incas, Les Azteques et les Mayas, *La Pensée*, no 122, Aout 1965.
Kimio Shiozawa, Les historiens Japonais et le «mode de production asiatique», *La Pensée*, no 122, Aout 1965.
Jean Chesneaux, Où en est la discussion sur le «mode de production asiatique»?, *La Pensée*, no 122, Aout 1965.
Maulice Godelier, La notion de «mode de production asiatique», *Les temps modernes*, no 288, Mai 1965.

P. Vidal-Naquet, La Russie et le mode de production asiatique, *Annales,* no2, 1966.

Charles Parain, Protohistoire Méditerranéene et mode de production asiatique, *La Pensée,* no127, Juin, 1966.

Helene Antoniadis-Bibicou, Byzance et le mode de production asiatique, *La Pensée,* no 129, Octobre 1966.

Jean Chesneaux, Où en est la discussion sur le «mode de production asiatique» ? (II), *La Pensée,* no129, Octobre 1966.

Kalidou Deme (Boubacar LY), Les Classes Sociales dans le Sénégal Précolonial, *La Pensée,* no 130, Decembre, 1966.

P.Skalnik & T.Pokora, Begining of the Discussion about the Asiatic Mode of Production in the U.S.S.R and the Peoples Republic of China, *Eirene* V, Praha, 1966.

Daniel Thorner, Marx on India and the Asiatic mode of production, *Contribution to Indian Sociology,* Vol.IX ,1966.

Ion Banu, La formation sociale«asiatique» dans la perpective de la philosophie antique, *La Pensée,* no 132, Avril 1967.

Charles Parain, Comment caracteriser un«mode de production», *La Pensée,* no 132, Avril 1967.

G.A.Melekeschvili, Esclavage, feodalisme et mode de production asiatique dans l'Orient ancien, *La Pensée,* no 132, Avril 1967.

Jan Pecirka, Von der Asiatischen Produktionsweise zu einer marxistischen analyse der frühen Klassengesellschaften, *Eirene* VI, 1967.

R.Garaudy, *Le Probleme Chinois,* Paris,1967.

Jean Chesneaux, Où en est la discussion sur le «mode de production asiatique» ? (III), *La Pensée,* no 138, Avril 1968.

L. Sedov, La societe angkorienne et le problem du mode de production asiatique, *La Pensée,* no 138, Avril 1968.

Keo Manivanna, Aspects socio-ecomiques du Laos medieval, *La Pensée,* no 138, Avril, 1968.

Jean Suret-Canale,Problèmes théoriques de l'étude des premières sociétés de classes, *Recherches internationales : à la lumière du marxisme,* 57-58, 1967.

E.Hobsbawm, Les formations précapitalistes dans l'oeuvre de Marx et Engels, *Recherches internationales,* 57-58, 1967.

J.Pecirka, Discussion soviétiques, *Recherches internationales,* 57-58, 1967.

V.Strouve, Comment Marx définissait les premières sociétés de classes, *Recherches internationales,* 57-58, 1967.

E.Varga, Sur le «mode de production asiatique», *Recherches internationales,* 57-58, 1967.

Y.Garouchiantz, Deux étapes de la discussion, *Recherches internationales,* 57-58, 1967.

Ernst Hoffmann, Les formations socio-économiques et la science historique, *Recherches internationales,* 57-58, 1967.

G.Lewin, Les formations sociales dans l'histoire de la Chine, *Recherches Internationales,* 57-58, 1967.

F.Tökei, Le mode de production asiatque en Chine, *Recherches internationales,* 57-58, 1967.

T.Pokora, La Chine a-t-elle connu une société esclavagiste ?, *Recherches internationales,* 57-58, 1967.
Y.Semenov, Le regime socio-économique de l'Orient ancien, *Recherches internationales,* 57-58, 1967.
N.Kolesnitski, Quelques traits des premières ssociété de classes, *Recherches internationales,* 57-58, 1967.
V.Strouvé, Le concept de M.P.A. :légitimité et limites, *Recherches internationales,* 57-58, 1967.
V.Nikiforov, Une discussion à l'Institut des peuples d'Asie, *Recherches internationales,* 57-58, 1967.
Ion Banu, La formation Sociale «Tributaire», *Recherches Internationales,* 57-58, 1967.
Mauro Olmeda, Sur les Société aztèque et maya, *Recherches internationales,* 57-58, 1967.
Roger Bartra, L'ascension et la chute de Teotihuacan, *Recherches internationales,* 57-58, 1967.
Nguyen Long Bich, Le M.P.A. dans l'histoire du Vietnam, *Recherches internationales,* 57-58, 1967.
Sencer Divitçioglu, Essai de Modèles économiques à partir du M.P.A. *Recherches Internationales,* 57-58, 1967.
Ignacy Sachs, Une nouvelle phase de la discussion sur les formations, *Recherches Internationales,* 57-58, 1967.
Irmgrad Sellnow, Les criteres de détermination des périodes historiques, *Recherches internationales,* 57-58, 1967.
Elisabeth Charlotte Welskopf, Du rôle des rapports de production dans l'évolution historique, *Recherches internationales,* 57-58, 1967.
E.Ch.Welskopf, Vorbemerkung :zu Problemen der Asiatischen Produktionsweise, *Jahrbuchs für Wirtschaftsgeshichte,* T.4, 1967.
E.Warga, Über die asiatsche Produktionsweise, *Jahrbuchs für Wirtschaftsgeshichte,* T.4,1967.
G.Lewin, Von der"asiatsichen Produktionsweise"zur"hydraulic society": Werdegang eines Renegaten, *Jahrbuchs für Wirtschaftsgeshichte,* T.4,1967.
B.Töpfer, Zur Problematik der vorkapitalistischen Klassengesellschaften, *Jahrbuchs für Wirtschaftsgeshichte,* T.4,1967.
T.Büttner, Das Präkoloniale Afrika und die Diskussionen zur asiatischen Produkitionsweise, *Jahrbuchs für Wirtschaftsgeshichte,* T.4,1967
Anouar Abdel-Malek,*Egypt: Military Society,* Randam House,1968.
Jean Copans, A propos du «mode de production asiatique», *L'Homme,* tome 9, no.1, 1969.
Jean Suret-Canale, A propos du mode de production asiatique, *La Pensée*, no 143, Febrvier 1969.
Catherine Coquery-Vidrovitch, Recherches sur un mode de production africain, *La Pensée*, no 144, Avril 1969.
Guy Dhoquois, Les Première société de classes : Les formes asiatiques, *L'Homme et la société,* N.12, 1969.

R.Bartra (ed.),*El Mode de Produccion Asiatico:Problemas de la historia de los Paises coloniales,* Mexico,1969.

Kazimierz Majewski, *La question du"mode de production asiatique" dans la civilisation égéenne à la luminère des sources archéologiques,* Zaklad Narodwy im. Ossolinskich-Wydawnictowo,Polskej Akademii Nauk, 1969.

G.Sofri, *Il Mode di Produzione asiatico,* Einaudi,1969.

C.E.R.M. (préface de R.Garaudy), *Sur le "mode de production asiatique"* , Editions Sociales, 1969.

C.E.R.M. (préface de Maurice Godelier), *Sur les Societs précapitalistes: Textes de Marx,Engels,Lenine,*Editions Sociales,1970.

R.A.L.H.Gunawardana, Irrigation and Hydraulic Society in Early Medieval Ceylon, *Past and Present,* no.53, 1971.

Roland Felber, "Asiatsche" oder feudale Produktionsweise in China, *Zeitschrift für Geschichtswissenschaft,* H.1,1971.

U.Melloti, *Marx e il Terzo Mondo,*Milan,Terzo Mondo 13-14, 1971.

Guy Dhoquois, *Pour l'histoire,* editions anthropos,1971.

Gianni Sofri, *Über asiatische Produktionsweise,* Euroäische Verlagsanstalt, 1971.

C.E.R.M., *Sur le féodalisme,* Editions Sociales, 1971.

Le Thanh Khoi, Contibution à l'étude du mode de production asiatique, *La Pensée,* no 171, Octobre 1973.

Tràn Thanh Viet, Sur quelques obstacles épistémologiques à l'approche du MPA, *L'Homme et la société,* 33-4, 1974.

C.E.R.M. (préface de Jean Suret-Canale), *Sur le "mode de production asiatique",* 2 [e]ed., Editions Sociales, 1974 .

A.S.Saad, Le mode de production asiatique et les problemes de la formation sociale egyptienne, *La Pensée,* no 189, 1976.

第七章　アジア的生産様式論争の拡大　一九七四―一九九一年：英語圏を中心に

一九六〇年代初頭、『マルキシズム・トゥディ』における歴史論争が、一九三〇年代以来のマルクス・レーニン主義歴史理論に対する再検討の機運を盛り上げることに一役買ったにもかかわらず、一九六四年、フランスを中心として再開されたアジア的生産様式論争において、イギリスを中心とした英語圏のマルクス主義者は、ほとんどといってよいほど、役割らしい役割を担うことはなかった。一九六〇年代中葉に『マルキシズム・トゥディ』に掲載されたアジア的生産様式に関する寄稿は、いずれも、レヴィン、ホフマンといった東独マルクス主義理論家からのものであった。

一九六四年、待望の『資本制的生産に先行する諸形態』が英訳された。その長い序文をホブズボームが書いている。その後、アジア的生産様式論争において、ホブズボーム『諸形態』序文が先行研究として挙げられることが多いが、ホブズボームの関心は、モーリス・ドッブ、ポール・スウィージーの間で始まった資本主義論争に顕著にみられるような、封建制から資本主義への発展に関してであり、『諸形態』はその文脈において読み込まれ、解釈がなされており、アジア的生産様式論の視角からではなかった。ホブズボーム序文における、ヴェルスコップやテーケイに対する関心の薄さは、それを物語っている。

そのような状況は、一九六〇年代後半においても、さらには一九七〇年代初頭においても、変化はなかった(1)。一九六〇年代においては、英語圏の著者によるアジア的生産様式に関する論文は、唯一、ソーナー

(Thorner)のものしか存在しなかったといってよい。だが、すでに変化への胎動が始まっていた。とくに、一九六八年のパリ五月革命、および「プラハの春」と、チェコ事件は、象徴的であった。前者は、戦後資本主義社会の矛盾の爆発として、後者は二十世紀社会主義の行き詰まりとして、受け止められ、その後の知識人の在り方に大きな影響を与えた。そして、この影響は、フランス、イタリアといった、本来社会主義やマルクス主義の影響が強かった諸国ばかりでなく、イギリス、アメリカといった欧米資本主義国全体に波及するに至る。

そこには知識人層の在り方とその役割の変化が存在した。もともと大学へは社会の一部、エリート層しか進学しなかったが、欧米諸国の経済発展の結果、大衆の子弟が大学に進学する時代が到来した。これは、長期的には、その後の、情報化社会、知識産業の時代の到来を準備するものであった。だが、当時においては、学生層のいっそうの政治的急進化とカウンター・カルチャー運動への大量参加をもたらした。フランス、ドイツ、イタリアらに比べ、保守的であるとされた英米諸国の学生たちも急進化し、さらに、知識人層のマルクス主義受容を促したのである。

それらは、アジア的生産様式論争とは直接的な関係をもつものではないが、主として英米を含めた諸国のマルクス主義の受容、マルクス主義への関心の高まりは、英語を母語とする知識人のなかから、アジア的生産様式を論じる知識人が登場する可能性を高めたといえる。とくに、一九六四年『諸形態』の英訳刊行に続き、一九七三年『経済学批判要綱』が英訳出版され、アジア的生産様式を論じる資料的な環境が整ったことも見逃せない出来事である。

一九七四年、『ニューレフト・レビュー』編集者として知られたペリー・アンダースンによって、『古代から封建へ』『絶対主義の系譜』が刊行された。それらは、マルクス主義批評家として健筆を振るっていたアンダースンの独特な歴史観を披歴したものであるが、同時に、その独自な西欧文明に対する認識は、彼のアジア的社会論の展開を示すものでもあった。

1　アンチ・テーゼ

ペリー・アンダースン「アジア的生産様式」は、彼の主著『絶対主義の系譜』に、「日本的封建制」とともに附載されている。『絶対主義の系譜』の姉妹編ともいうべき、この二つの論文は、おそらく『絶対主義の系譜』と同時期に書かれたものであり、本来はその一部として書かれた可能性が高い(2)。

「アジア的生産様式」の冒頭は、マルクスが西欧と日本以外に、封建制概念の適用を拒んでいたことから始まる。マルクスが『資本論』第一部において、江戸期の農村における純粋封建的組織に言及したことはよく知られており、その点、問題設定として興味深い(3)。また、マルクスが『コヴァレフスキー・ノート』において、コヴァレフスキーがインドに封建制概念を適用したことについて厳しく批判したことも、今日、よく知られている。

アンダースンは、マルクス以前の、ヨーロッパにおける、東洋的専制主義についての考え方の形成を、マキアベリ→ボダン→モンテスキュー→ヘーゲルに沿って、あるいは経済思想においては、アダム・スミス→ジョーンズの流れに沿って、跡づけ、それがマルクスにおいて合流していることを明らかにしている。アンダースンは、マルクスに先行した諸家のアジア的社会論の力点を以下の諸点にまとめている(Anderson, p.472)。

土地国有	ハリントン、ベルニエ、モンテスキュー、ジョーンズ
法的抑制の欠如	ボダン、ベルニエ、モンテスキュー
宗教をもって法に替える	モンテスキュー
世襲的貴族制の欠如	マキアベリ、ベーコン、モンテスキュー
社会的に平等な隷従	モンテスキュー、ヘーゲル
孤立した村落共同体	ヘーゲル

工業に対する農業の優位	スミス、ベルニエ
公共的水利事業	スミス、ミル
暑く乾燥した気候的環境	モンテスキュー、ミル
歴史的不変性	モンテスキュー、ヘーゲル、ジョーンズ、ミル

また、一八五〇年代以降のマルクス・エンゲルスのアジア的社会論、とくにアジア的生産様式概念の形成とその後の変遷を、一八五三年のマルクス・エンゲルス書簡、「イギリスのインド支配」、『諸形態』、『資本論』（村落とカースト間分業）、「ザスーリチの手紙への回答・下書き」などを通して語っている。このなかでアンダースンがもっとも注意を払っているのが、国家と共同体の関係である。土地私有の不在、専制主義成立に、そのどちらがもっとも深く関係しているのかについて、マルクスは当初は国家に重点を置き、次に部族や共同体に比重を置くようになり、そしてまた再び国家的所有の重視に戻ったと述べ、そこに大きな関心を寄せている。

アンダースンが一応、マルクスが考えていたアジア的社会構成の主要なエレメントと考えるものは、

①土地私有の不在
②農業における大規模水利事業の存在
③土地の共同耕作、共同所有にもとづく自給自足的村落共同体
④寄生的官僚的都市の停滞
⑤剰余の大部分を壟断し、支配階級を代表する中央機関として機能し、かつ経済的搾取の主要装置として機能する専制主義的国家機構の支配

の五つである（Anderson, p.483）。上記のマルクスに先行した諸家の観点と比べると、マルクスが諸家から何を受け継いだか、その輪郭がほぼ明らかになる。

アンダースン自身が述べているように、小共同体（部族）と国家（上位の共同体）という、二つの共同体的所有の関係は、『諸形態』に詳述されているアジア的生産様式における顕著な二つのメルクマール、土地私有の不在と専制国家形成を導き出す理論的仕掛けをつくっている。すなわち、基底に小共同体があり、彼らが共同所有を担い、かつ、イデオロギー上の「父」として、諸共同体の上に屹立する上位の共同体が、小共同体が生み出す剰余を独占的に収取する。剰余は、小共同体内における農業と手工業の緊密な結合（アウタルキー）に由来する。すなわち国家的所有に小共同体の所有は埋もれてしまう。あるいは、土地の国家的所有が小共同体の所有を覆い隠す（p.483）。当然、そこには私的所有は存在しないということになる（p.477）。さらに、水利事業（公共事業）を通じての、小共同体からの徭役の徴集が行なわれるが、それがいわゆる「総体的奴隷制」と呼ばれることになる（p.488）。

だが、このようなマルクスの土地をめぐる二つの共同体所有の組合せについての議論を、アンダースンは矛盾に満ちたものと受け取っているようにみえる。マルクスは『要綱』（『諸形態』）において、アジア的生産様式の基底を農業と手工業が結合する自給自足的な、部族あるいは共同体的土地所有であると考えるようになり（p.484）、その概念はスペイン征服以前のペルーやメキシコの文明へ、さらにはケルト社会など、よりプリミティブな部族の社会——オリエントでもなく、文明化された社会でもない——に拡張されるに至ったと述べ、暗に焦点の拡散をほのめかしているところからも、その意図は窺える（4）。

アンダースンにとって決定的であったのは、一八五〇年代マルクスのアジア的生産様式論の根幹には、インド村落をモデルとした共同体的土地所有のイメージがあると考えたからである。彼にとって、このイメージこそ、インドの植民地行政官の創造物、インド侵略のイデオロギーであった。それに則って書かれた著作や資料を読むことによって、マルクスがアジア的生産様式論を唱えるにいたったのは、おそらくアンダースンにとって痛恨の極みであった。それゆえ、インド村落の共同関係に関する『資本論』における記述を引用しつつ、アンダースンはその弱点、インド村落＝共同体的土地所有にもとづく議論を徹底的に追究する。とくに、議論の根幹となるエレメント、外部との商品交換が存在しない自給自足的村落、あるいは共同体的土地所有などが、実際には存在しない、誤った認識であったことを明らかにしている。マルクスは、このインド村落の資料から、人類史における農村共同体と平等な所有システムからなる原形発生（p.487）を導き出したとされるのだが、アンダースンの批判は、それに大きな疑問を投げかけたことになる。

アンダースンの批判は、これだけではなかった。さらに進んで、アジア的生産様式概念の出発点である「私的所有の不在と国家の大規模水利事業」といった考え方そのものをも批判する。すなわち、歴史的事実として、アジア的社会として知られるトルコ、ペルシア、インドには、大規模水利事業が存在しなかったこと、さらに、大規模水利事業が存在した中国には、古代より土地私有が確実に存在したことを挙げ、マルクスの発想自体に問題があったことを示唆する。さらには、東洋的専制について言及されるロシアにおいては、灌漑システムも、土地私有の不在も経験しなかったと述べ（p.491）、マルクス・エンゲルスの誤りは、当時、ヨーロッパにおける本格的な東洋研究が始まったばかりであり、そこからくる情報不足を理由として挙げている。また、彼らがマキアベリからヘーゲルに至る思想家たちのアジア的社会に関するディスクールを継承した点を再度問題にし、マルクス主義の創始者たちのオリジナルであった自給自足的村落共同体と水力国家 hydraulic state は、ともに科学的には根拠のないものであることが明らかになったとアンダースンは述べ、マルクス主義の創始者は、ある意味では、ジョーンズやヘーゲル、モンテスキューらよりも後退していたと辛辣な言い回しで批判している（5）。

アンダースンは、以上の議論を踏まえ、論文後半をイスラムおよび中国における経済発展の歴史を詳述し、二つの世界の経済発展のあり方が大きく異なることを指摘し、そこから、イスラム世界と中国の二つの世界の歴史を、同じ生産様式のもとに包括することはできないと、結論づけている。だが、アンダースンは、イスラム世界や中国の近代以前の生産様式を如何に規定するかについて語っていない。それ以上に、先の結論は、アンダースン自身が叙述したイスラム世界と中国の歴史によって裏切られているように思われる。少なくとも、東洋的専制主義概念を重視するウィットフォーゲルにとって、アンダースンの描くイスラム世界の歴史も、中国の歴史も、ともに、東洋的専制主義の歴史そのものである。イスラム世界において、土地は、征服者の権利として、君主に属する。そこから、カリフやスルタンの大きな権力が生まれる。封建制に擬せられるイクター制もまた、このような専制君主の大権を犯すものではなかった。さらに、セルジュク朝において、スルタンは唯一の所有者であり（p.515）、オスマン朝において、征服された農耕民は、世襲的に土地を耕作する以外の、土地に対する権利をもたなかった（p.518）。

だが、土地私有が存在したはずの中国においても事態はそれほど変わらず、歴代諸王朝のもとにおいて、大土地私有はほとんど存在せず、皇帝の専制権力が臣民を圧倒していた。また、イスラム世界が都市を中心とした文明であり、それは商業の発達を促すがゆえに、自給自足的村落共同体などといった存在が幻想であるという批判は一応まっとうなものだが、それにもかかわらず、イスラム法は臣民の私的所有を保護することはできなかった。一般に、イスラム法（シャリーア）は、私的所有を保護するものと認識されているが、それでも、臣民の人身や財産をカリフやスルタンなどの専制君主や、あるいはその代理人である大臣や軍政官たちの恣意から守るほどのものではなかった。そして、臣民の財産を保護しえない国家のもとでの経済発展が、資本主義の萌芽や生成に繋がることは不可能であった。

アンダースンは、イスラム世界における大規模水利事業が、時代とともに保守されなくなっていったこと、とくにメソポタミア平原においては、衰退し、最終的には廃棄されたことを述べている（p.500）。イスラム世界における専制主義はイスラム帝国からオスマン帝国まで変わらなかったとして、そこに、水力事業と専制主義は無関係であることを示唆しているのだと思われる。だが、イスラム世界は、メソポタミア、エジプト、ペルシアに広がる古代オリエント文明の権力の在り方を継承している。イスラム世界が負っている古代オリエント文明の遺産は、メソポタミアやエジプトの灌漑文明との関連抜きでは語れないはずである。とくに、灌漑文明社会にとって、水利事業は臣民（農民や手工業者）の徴発によって遂行された。すなわち、この種の社会においては、臣民である以上、水利事業に対する賦役は無条件で従わなければならない義務であった。かつ、イスラム文明は、灌漑を一挙に廃棄したのではない。メソポタミア平原では、ササン朝末期以降、一千年近くをかけ、徐々に衰退していったのであり、その衰退期においても、灌漑維持のための農民の動員と使役は一貫して続けられたのである。水力国家は、公共事業への臣民の賦役を前提としており、そこでは、臣民に対する労働の強制は、国家および君主の、有無を言わさない、当然の権利であった。イスラム社会が古代オリエント社会から継承したのも、このような臣民に対する国家や君主の大権であり、それはすでに社会の範型となってから久しく、その後イスラム国家においては、水利事業の盛衰にかかわらず、その大権は常に維持され続けたと考えるべきであろう。

これらから、アンダースンの結論とは反対のことが導きだされるはずである。すなわち、マルクスのアジア的社会論、アジア的生産様式論の根幹にあったのは、先にアンダースンが挙げた個々のエレメントではなく、それらを成り立たせているところのもの、すなわちアジア的社会特有の所有の在り方だったのである。個々の社会の経済の発現の仕方に相違はあれども、イスラム世界も、伝統中国の社会も、このアジア的所有を根幹にしていた点においては、全く異なることはなかったということ、その点における認識こそ、マルクス固有のものであり、『諸形態』における三つの所有形態論から、我々が学ぶべきものであったはずである。

一九七五年、ヒンデス&ハーストによる『前資本主義的生産様式』が出版された。同書は、西欧マルクス主義の著書において、もっとも明確にアジア的生産様式概念を否定したものとして知られている。しかも、著者たちは、アルチュセール理論の装いをもって、それを行なったである。

著者たちが頻りにいうのは、生産様式とは特定の生産関係と特定の生産力の結合であり、その中核は、それぞれの生産様式に固有な収取様式であった。

ところが、アジア的生産様式の基本的収取とされる税＝地代の組合せ（tax/rent couple）のもとにおける経営と労働は、家族労働による独立小農民経営か、共同労働による集団経営であり、この区別された二つの労働と経営の形態は、それぞれ異なった生産力を有するが、しかし、その各々の生産力はそれに相応しい生産関係を有しておらず――独立小農民経営も土地私有不在のもとで行われている――、それゆえ、それらからの収取（tax/rent couple）は一般的な国税の徴収とは区別された、固有の収取様式を成立させえない。それゆえ、固有の収取様式を持たないアジア的生産様式は、理論的な意味において、奴隷制、封建制、資本制らと等しい意味での生産様式ではない、と結論づけている。

ヒンデス＆ハーストの議論は、その理論へのひどく冗長なこだわりのわりには、おどろくほどシンプルなものであり、アルチュセール理論の装いを除けば、基本的には、スターリンの『弁証法的唯物論と史的唯物論』における歴史発展の五段階論を一九七〇年代中葉の水準において、焼き直したものにすぎないといえそうである。

まず、生産様式を生産力と生産関係の特殊な結びつきと考える考え方、とくに、生産関係を階級関係に還元し、そこから搾取のあり方を生産様式の中核にするというのは、西欧マルクス主義的思考にもとづくものというより、むしろ、それ以前の思考、ソビエト・マルクス主義的思考への回帰であった。何よりも、一つの固有な搾取様式、それに対応した生産様式という図式そのものが誤っている。それゆえ、アジア的生産様式が独立小農民経営と集団経営というそれぞれ異なった生産力を有する労働＝経営形態をもちながら、その搾取様式が国税の徴税と同じで、独立した生産様式にふさわしい固有の搾取様式とはいえず、従って、アジア的生産様式自体は理論的に成立しない、とする著者たちの理解も同様に誤っている。

筆者は、アジア的生産様式の収取様式は、とくに初期国家の段階においては、共同体のための賦役労働――国家に視点をおけば社会的必要労働となる――を通して行われると考えており、そこでの具体的な収取は、賦役であれ、貢納であれ、公的な色彩を帯びざるを得ない(6)。ゆえに、貢租の徴収と区別ができない云々は、意味を持たない。著者たちに目立つのは、現実の、アジア的社会に対する認識の欠如である。たとえば、先のアジア的生産様式における二つの異なった労働と経営の形態は、アジア的社会の具体的なデータから抽出したものというより、当時の東欧社会主義諸国の、個々の農民経営と集団農場をそれぞれモデル化したものといった方があたっており、彼らの頭の中でこしらえた極めて観念的なモデルであった。

結局、ヒンデス＆ハーストの搾取関係を中心に据えた社会構成に関する議論は、搾取関係の延長において社会構成を決定することになる。すなわち、生産関係＝搾取様式＝生産様式であり、その結果、生産様式は冗長なものとして捨てられることになる（Hides & Hirst, 1977）。あるいは、資本主義以前の諸生産様式を、経済外強制によるものとして、すべて同じ名前で呼ぶことになる。

2　クレーダー、ソーワー、メロッティ

英語圏のアジア的生産様式論、すなわちアジア的生産様式肯定論は、一九七〇年代中葉、オランダの出版社から二冊の書籍が出たことに始まる。クレーダー『アジア的生産様式』（1975）、マリアン・ソーワー『マルクス主義とアジア的生産様式の問題』（1977）である。そしてさらにメロッティ『マルクスと第三世界』の英訳出版が続き、アジア的生産様式肯定論の陣営にいっそうの厚みがつくことになった。

アジア的生産様式論争が英語圏を中心に議論されるようになったのは、クレーダーとソーワーの主著が発表された後のことである。また、雑誌としては、当時、『ジャーナル・オブ・コンテンポラリー・アジア』、『経済と社会』（Economy and Society）、『人類学批評』などが、アジア的生産様式およびその関連の論文を掲載している。

クレーダー『アジア的生産様式』は、おそらく、西欧で書かれた、理論的にもっとも詳細なアジア的生産様式論であろう。かつ、その議論は、緻密なテキスト・クリティークによって支えられている。英語による詳細なアジア的生産様式研究が可能となったといってよい。

ローレンス・クレーダー『アジア的生産様式』は、四〇〇頁を超える大作である。第一部と第二部（コヴァレフスキー・ノート）からなり、第一部の目次は以下のようになっている。

第一章　　東洋的社会とその資料
第二章　　東洋的社会からアジア的生産様式へ

第三章　マルクス、アジア的生産様式を論ず　一八五七―一八六七
第四章　コヴァレフスキー「東洋における村落共同体と土地所有」
第五章　フィーアとメーンについて
第六章　エンゲルス、東洋的社会を論ず
第七章　アジア的生産様式の原理と批判の概略

この目次から理解できるように、マルクスのアジア的社会論成立までの、前史として、ヨーロッパにおけるアジア的社会論、東洋的専制主義概念の変遷を述べ、それを受けてマルクスのアジア的社会論が、特に『資本論』にいたるマルクスの政治経済思想との関連において、どのように形成されて来たのか、そして、マルクスのアジア的社会の中核たるアジア的生産様式論が如何に成立したのか、マルクスがどのようにアジア的社会論を成熟させていったのかが述べられている。

第一章は、ペリー・アンダースンらの議論と同じく、マルクス以前の東洋的社会に関する言説、とくに十七世紀以来の、ケネー、モンテスキュー、ヘーゲル、アダム・スミス、ジョーンズ、ミル父子らの著作に見える東洋的社会の言説――東洋的専制主義を含めて――を、検討している。また、マルクスが、一八五〇年代アジア的社会論を深めるために利用した十八、十九世紀におけるインド関係資料について、とくに、インド社会の性質をめぐってイギリス下院秘密委員会がまとめた第五報告 fifth report（1812）などについて紹介がなされている。

第二章、第三章では、アジア的生産様式概念の形成を、一八五三年のマルクス・エンゲルス間の三通の書簡、「イギリスのインド支配」、一八五七―五八年の『要綱』（『諸形態』）、一八五九年の『経済学批判』「序言」、一八六〇年代の『資本論』等を通じて跡づける。たとえば、一八五三年の時点では、彼らのアジア的社会論の基礎は、土地国有説であったが、一八五八年当時は、共同体的土地所有説であったなどと述べている。このようなクロノジカルなスタイルは、当然といえば当然だが、なぜ、クレーダーのように長文、大著でなければな

らないのか(これはゴドリエの一九七〇年の「序文」についてもある程度いえることである)を考えなければならない。アジア的社会論およびアジア的生産様式論をクロノジカルにあとづけるだけならば、それほど紙幅を費やす必要はない。それに紙幅を費やした本書が繰返しの多い冗長な著作であるとの評がある所以でもある。だが、マルクスのアジア的社会論を、マルクス・レーニン主義的——スターリン主義的——な教条主義的な、直線史観にもとづく理解とは異なったものとして提示するためには、すべてを新しくやり直さなければならない。マルクスの社会的関連を表す語彙について、たとえば平田清明や望月清司が、生産様式、生産関係、生産力、所有および所有形態、共同体および共同体的所有、私的所有、個人的所有等々について、通俗的な、あるいは教条的な理解——ひたすら階級関係と私的所有を強調する——を脱するために膨大な叙述を行なったことを想起すれば、クレーダーも、最初から、同じように、新たな観点、方法論をもって書き直す必要があったはずである。ことに、直線史観、すなわちスターリンの、あの歴史発展の五段階論(世界史の基本法則)に慣れた研究者や読者を説得するためには、アジア的生産様式が、古典古代的生産様式(奴隷制)や封建的生産様式(農奴制)とは如何に異なるものであるかを示し、それゆえ、アジア的生産様式が簡単に奴隷制的社会構成や農奴制的社会構成に転化するようなものではないこと、解釈されうるものではないことを説得的に論証しなければならない。そうしてこそ、人類社会における多系的な歴史発展の筋道を明らかにすることが可能になるからである。

アジア的生産様式論におけるクレーダーの立場は、独立した社会構成としてのアジア的生産様式論に属する。すなわち、アジア的生産様式は、原始共同体社会でもなく、あるいは奴隷制を剰余収取の基礎とする古典古代的生産様式や農奴制を収取の基礎とする封建的生産様式でもなく、それらとは明確に異なった隷属の在り方を示す、前資本主義的社会構成の一つであるということになる。そのようなアジア的生産様式における隷属の在り方をクレーダーはマルクス『諸形態』におけるアジア的共同体の記述に依拠して「共同体的隷属」communal bondage(krader, p.321)と呼んでいる。さらに、この「共同体的隷属」の強さゆえに、社会的分業の発展が抑制され、社会的発展はゆっくりしたものになると同時に、発展は外部からのインパクトに頼ることになる。資本主義の到来と、植民地化に至るまで、アジア的生産様式は維持される（だが、現時点において、古典的な形でのアジア的生産様式はもはや存在しないと述べている。p.114）。そこから、当然、人類社会の歴史発展は、多系的なものになる（p.136）。

クレーダーは、このような隷属における共同体と国家（君主）との関係を、搾取と剰余生産は、はっきりと階級が対立する社会を指示していると述べる。それゆえ、ゴドリエらのアジア的生産様式論を評して、ゴドリエらパンセ・マルクシストが、アジア的生産様式を無階級社会から階級社会への過渡期の生産様式と規定したことを批判し、アジア的生産様式の位置を過渡期から階級社会へと移せば、ゴドリエの見解は、申し分のないものとなると述べている（pp.335-336）。ただし、ゴドリエらは、アジア的生産様式を、社会的分業、私有財産、階級対立などがいずれも未発達であっても、公的機能を掌握した少数者が、小共同体の剰余を収奪することによって成立したところの、敵対的な社会構成であると考えていた。いわゆるエンゲルス『反デューリング論』における政治支配成立の第一の道によって理解されているような、支配階級と被支配階級が厳然として存在する社会であった。このような上位の共同体、上位の統一体による「共同体農民」からの収取を考えている点において、クレーダーの「共同体的隷属」にもとづく支配・被支配関係も、ほぼ同じ観点に立つものといえる(7)。

だが、同時に、クレーダーは、テーケイを『諸形態』における諸所有形態（共同体）と、『経済学批判』「序言」で経済的社会構成のあいつぐ諸時期として挙げられた諸生産様式を、同一視していると批判している（p.114）。具体的には、テーケイが古ゲルマン社会をゲルマン的所有にもとづく生産様式であるとしたことを挙げている。だが、ゲルマン的所有にもとづくゲルマン的生産様式としたのは、むしろゴドリエの方であった。いささか批判の矛先が違うと思われる。たしかに、テーケイは、『諸形態』におけるアジア的、古典古代的、ゲルマン的所有を、「序言」のいわゆる唯物史観の公式（定式）におけるアジア的、古典古代的、封建的生産様式に、きっちり結び付けて考えている。しかし、その結びつきとは、それぞれの「否定的な関連」によってである。本源的な所有形態が、二次的な形態となることによって、すなわち奴隷制や農奴制へと転化することによって、古典古代的生産様式および封建的生産様式が成立すると考えている。

実は、クレーダーのテーケイ批判は、ついでの批判であり、所有の問題を生産様式に等置しているとの批判の最大の対象は、ウィットフォーゲルであった。クレーダーもまた、西欧マルクス主義者と同様に、スターリンの歴史発展の五段階論を批判すると同時に、アジア的生産様式論を反共理論へ「貶めた」、ウィットフォーゲル東洋的専制主義論批判を企図していた。水の理論の提唱者ウィットフォーゲル（一八九六〜一九八八）とクレーダー（一九一九〜一九九八）は、浅からぬ関係にあった。特に、一九四八〜五一年は、クレーダーはウィットフォーゲルの助手であった。だが、一九五〇年代、ウィットフォーゲルが反共主義へと傾くにつれ、彼らは袂を分かった（ウルメン、1995）。それゆえ、クレーダーのウィットフォーゲル批判は、テーケイやゴドリエらのウィットフォーゲル批判とは、かなり趣きを異にするところがある。ゴドリエらのウィットフォーゲル批判は、ウィットフォーゲルが強調してやまない「水」の契機や専制主義といったものは、アジア的生産様式の理論的な核心ではなく、アジア的生産様式論を構成している幾つかのエレメントの一つに過ぎない、というものであった。アジア的生産様式において、国家や共同体の公的機能、公共事業は極めて重要な位置を占めるが、ゴドリエは、アジア的生産様式には、公共事業として大規模水利事業を伴う社会もあれば、それを伴わない社会、あるいは水利事業を持たない社会もあると述べ、水利事業をアジア的生産様式の理論的核心から外してしまったのである。

おそらく、中央アジア研究者として、クレーダーは、アジア的社会における水の重要さについては、熟知していたと思われる。彼がウィットフォーゲル批判の焦点としたのは、問題が多く、大多数のマルクス主義者から批判されている、水の理論——ウィットフォーゲルに即して言えば、水力理論 hydraulic theory ——本体ではなく、そこから派生し、政治権力をもたらしたり、あるいはもたらさなかったりする土地所有の在り方についての議論であった。所有の問題は、ウィットフォーゲルの大著『オリエンタル・デスポティズム』において、まず、第三章「社会よりも強力な国家」第四節「水力的所有——弱い所有権」で短く骨格が述べられ、さらに第七章「水力社会における所有形態のパターン」において詳細に論じられている。水力社会における所有——

水力的所有——は、弱き所有であり、水力社会の土地私有は、西欧における土地私有が国家権力を抑制しえたような権能を、本来持ちえない、というのがその主旨であった。

従来、アジア的生産様式の指標として土地私有の不在が挙げられていた。だが、土地私有は、たとえば中国においては、古くから存在しており、それが、アジア的生産様式否定論の重要な論拠になっていた。それに対し、ウィットフォーゲルは、そのような土地私有は、東洋的社会特有の土地私有であって、古典古代社会や西欧中世社会における土地私有とは異なるものであり、国家権力を抑制するようなものではない、それゆえ、それをもってアジア的生産様式概念を批判することは間違いだ、と主張する。

クレーダーの批判は、そのウィットフォーゲル固有の主張を批判しようとするものである。クレーダーは、マルクスのアジア的生産様式論の理論的核心において、所有形態と生産様式を同一視することは間違いであり、それは、全体を部分で判断する誤りを犯していると批判する（p.114）。さらに、クレーダーは、私的所有がアジア的生産様式においては発達が弱いと述べることは、資本主義の基準における、強い、弱い、の比較をもって、伝統アジア的な実践を測ることであり、誤った推論にもとづくものである、と述べる。また、「この誤りの否定的な兆候は、あるものの基準を他のものに適用することが、一種の民族中心主義や歴史中心主義historicocentrismだということである」とまで述べている（p.293）。ここまで言われると、正直、ひどく戸惑わざるをえない。ある社会に対する批判的指摘はすべて、別の社会からの偏った見方だと言っているようなものだからである。クレーダーにとって、当然、東洋的専制主義もまた、私的所有の弱さの結果ではない、ということになる。そう主張するのは、経済決定論だとも述べている（p.293）。

では、アジア的生産様式論の基底において、所有あるいは所有形態に代わるものは何か。クレーダーが、所有に代り、理論的中心として提起したのは、労働であり、自由労働と不自由労働の区別であった。資本主義的生産様式を特徴づけるものは、自由労働（二重な意味での）であるのに比し、アジア的生産様式を特徴づけるものは、自由な労働の欠如であった。その不自由は村落共同体への拘束であり、さらに共同体を通して土地に縛りつけられているところから来る（p.153）。当然、同じように前資本主義的社会構成である、古典古代や封建社会においても、それぞれ、奴隷制や農奴制などの、不自由労働のタイプを有する。アジア的生産様式における隷属と、奴隷制や農奴制の相違は、前者が集団主義的な隷属であるのに比し、後者が個人的関係にもとづく隷属であるということにある（p.156）。

不自由労働は共同体成員が共同体に伝統的習慣的に縛られていることによって維持される（「共同体的隷属」）。共同体成員は、共同体への隷属を通して、国家（上位の共同体）及びその代理人へ、剰余（租税＋地代）を貢納や賦役の形で納める。また、クレーダーは、一方における東洋的社会の水管理の必要性の内部化および他方における労働の不自由諸条件の内部化は、アジア的生産様式のそれぞれの段階において、村落共同体に統合される（p.172）とも述べている。ではなぜ、貢租や賦役を納めなければならないのであろうか。答えは、経済外的強制によってということになる。

では、果たして、このようなクレーダーの、所有に代り、不自由労働を用いた説明は、適切なのであろうか。あるいは、マルクスの歴史理論に照らして正しいのであろうか。残念ながら、クレーダーの紙幅を費やした努力にもかかわらず、所有ではなく、労働であるとする彼の方法論は支持されない。まず、不自由労働をもたらす「共同体的隷属」は、カスト・システムで知られるインド村落を典型としているのであろうが、中国史に即して考えるとすれば、特に宋代以降には、その用語は不適切なものとなる。なんらかの共同性があれば、みな共同体と呼ぶというほどに、概念を拡張しないかぎり、古代以降の、中国の農村に共同体は存在しないからである。「共同体的隷属」とは奴隷制や農奴制などの他の隷属形態とは異なる理論的な種別性を述べたものであり、歴史事象として実際に共同体が存在したかどうかは別であるとの立場もありうるが、やはり、事実に支えられなければ説得力を欠く。

さらに、アジア的生産様式下の農民の身分的な制約について、不自由労働や、土地や共同体への緊縛といった表現を用いて説明することは、やむを得ない面があるとはいえ、それを強調しすぎると、アジア的国家のもとの農民、とくに共同体農民は、基本的には、良民であり、公民であるということを捨象しかねない。このことを強調しておきたい（8）。

理論面から言えば、マルクス『諸形態』に顕著なように、かつ望月清司（1973）が力説しているように、マルクスにおいては、「労働イコール所有」であった。「したがって所有とは本源的には、自分に属するものとしての、自分のものとしての、人間固有の定在とともに前提されたものとしての自然的生産諸条件にたいする人間の関係行為のことにほかならない」（手島正毅訳『諸形態』国民文庫、p.37）。この「自然的生産諸条件にたいする人間の関係行為」とは、何よりも、大地に対する働きかけ、労働であろう。『諸形態』において、マルクスは何度も、似たような言い回しで、労働＝所有を強調している。労働を通じての所有、すなわち、本源的所有のことである。労働の対象である大地の先占が共同体によってなされる以上、本源的所有は共同体的所有として現れる。そして、資本の本源的蓄積（直接生産者の生産手段からの分離）は、この本源的所有が有した「労働イコール所有」の原理をまっこうから否定することであった。たしかに、本源的所有の諸形態は、私的所有の発達や、征服によって、他者の生産条件の一部とされることによって、それぞれ本源性を失い、奴隷制や農奴制に転化し、労働＝所有ではなくなる。だが、農奴制のもとにおける農奴や、アジア的生産様式のもとにおける共同体農民は、それぞれ小経営的生産を発展させ、小農民経営の主体として成長する。そのことは、歪められた形であれ労働＝所有を実践していることを意味する。西欧中世後期から近世にかけての分割地農民のように、労働＝所有を再び実現させるものも生まれる。資本の本源的蓄積によって、結局は否定されてしまうとはいえ、近代ブルジョア社会の自由な労働者の労働力能は、このような長期にわたる歴史的過程を欠いては、ほとんど形成されえなかったはずである。

クレーダーは、ウィットフォーゲルの東洋的専制主義論を、専制は東洋的社会においてのみ存在するわけではないとの理由で否定する。また、そのアジア的生産様式論がもつ停滞論的性格を、ゆっくりとした成長といった言葉で置き換えることでなんとか回避しようとしている。だが、アジア的生産様式のもとでの発展をいうならば、さきほどの労働＝所有の視点から、小経営的生産の主体としての成長を強調しないわけにはいかない。だが、同時に、アジア的社会の小農民は、いかに、その経営が土地私有のもとに行われたとしても、依然としてその私有は、ウィットフォーゲルが言うように、弱き所有であり、所有権を梃子に、王権や国家意志に抗しえるわけではない。二十世紀中葉、幾つかのアジア的国家のもとで、土地革命が行なわれ土地の集団化が実行されたのも、弱き所有ゆえであったことを考えれば――いささかあとづけ的な知見によってではあるが――、クレーダーに比し、ウィットフォーゲルの理解が正しかったといえるであろう。

クレーダーの「共同体的隷属」のもとにおける不自由労働の視点は、ウィットフォーゲル批判を意図したがゆえに提起されたものであったが、停滞論を否定する割には、内的ダイナミズムに乏しいものであった。アジア的社会における水の労働は、共同体農民による自発的な共同労働に由来する。それは、国家成立後、共同体のための賦役労働に転化したとしても、共同体成員にとって、共同事業における協働連関の可視性が維持されているかぎり、自発性はすぐには消えない。それに対する不自由労働との規定は、本質の一半しか捉えていない、不十分なものだと考える。たしかに、水力社会における水の労働は、協働連関の可視性を喪失しており、国家の公民（農民）にとって、ただ権力に強制された不自由労働である。だが、その時、このような水力社会において、村落はすでに共同体ではない。それゆえ、このような社会における隷属を「共同体的隷属」と呼ぶことも不適切である。

マリアン・ソーワー『マルクス主義とアジア的生産様式の問題』は、一九七〇年代を代表するアジア的生産様式研究といって過言ではない。終章の記述によれば、本書の草稿が完成したのは一九七四年初めであり、それゆえ、アンダースン以後のアジア的生産様式に関する議論は、終章においてのみ言及されている。

第一章　アジア的生産様式のマルクス的概念の前史
第二章　アジア的生産様式のマルクス主義的概念
第三章　歴史的唯物論におけるアジア的生産様式の地理的位置に対する関係
第四章　ロシア史におけるマルクス主義的パースペクティブ：アジア的生産様式概念の現実的適用
第五章　アジア的生産様式の、進歩と近代化についてのマルクス主義的分析への関係

第一章は、やはり同時期のアンダースンやクレーダーなどと同じく、マルクス以前のアジア的概念、アジア的社会に対する認識――とくに東洋的専制に関する認識――の歴史を、アリストテレス、マキアベリ、ボダン、モンテスキュー、ヘーゲル、アダム・スミス、ジョーンズ、ミル父子らの著作から、検討している。問題は、いわゆるヨーロッパ中心主義やオリエンタリズムといった批判に耐えうるレベルで、これらの思想の系譜を描くことができるかであろう。

第二章は、アジア的生産様式概念をめぐる、マルクス主義者たちの歴史についてである。当然にも、まず、マルクス主義の創始者たちによる、一八五〇年代におけるアジア的社会およびアジア的生産様式概念の創出をめぐるプロセスが歴史的に跡づけられている。さらに、一八七〇年代後半以後の、マルクスとエンゲルスの、非ヨーロッパ的社会の資本主義的発展をめぐる意見の相違が検証されている。そして、なぜか「アジア的封建制」をめぐるマルクスの歴史理論の検討の後、一九二〇年代中葉以降のソ連における、いわゆるアジア的生産様式論争の経過に記述は移る。

マルクス主義の創始者におけるアジア的生産様式に関する議論から、一九二〇年代中葉以後のソ連におけるアジア的生産様式論争への転回点として、「アジア的封建制」が選ばれた理由は、一般的には、一九三一年二月、アジア的生産様式をめぐる最後の論争――レニングラード討論会――において勝利を宣言したのは、ゴーデスの「アジア的生産様式＝アジアに特殊な封建制」説であったからである、ということになろう。

ゴーデスの「アジア的封建制」説は、一九二〇年代後半以来、マジャールのアジア的生産様式論を批判したドゥブロフスキーやヨールクらによって、すでに唱えられており、資本主義の到来以前のアジア社会が西側世界と同じような封建制で捉えうるのか、それとは異なる独自の生産様式――アジア的生産様式――で理解すべきなのかは、論争の焦点となっていた。

ただ、一九三〇年代以降の、マルクス主義者の間におけるアジア的生産様式問題は、ほとんど奴隷制の問題であって、封建制の問題ではなかった。というのも、先のゴーデス説の勝利はきわめて短期間の勝利であり、一九三三年以降、コヴァレフやストルーヴェらの奴隷制説が台頭し、さらには一九三八年のスターリン「弁証法的唯物論と史的唯物論」における著名な規定によって、最初の階級社会としての奴隷制説が定着したからである。マルクスが『経済学批判』「序言」で言ったアジア的生産様式は、「東洋における奴隷制の変種」であるとする説が、その後、形を変えながらも、つねに支配的な学説として君臨していた。その支配が、ソ連や中国においてはともかくも、公然と否定されたのは、一九六四年以降開始された第二次アジア的生産様式論争以降であった。特に、西欧のマルクス主義者の間では、その傾向が顕著であった。奴隷制が歴史発展における普遍的な段階である、などと唱えるマルクス主義者は、西欧では、ほとんど存在しなくなっていた。

おそらく、それゆえであろう、ソーワーのアジア的生産様式＝古代東方奴隷制説（あるいは初期奴隷制説）に対する関心は、きわめて低い。それは、彼女が、ソ連におけるアジア的生産様式論争を一九三一年レニングラード討論までと見ていることからも明らかである。一九三三年以後の奴隷説の展開については、まったく触れていない。ただ、ストルーヴェに関しては、単系的発展論の代表として言及されているが、一九五〇年代後半以後、ストルーヴェへの対抗者として登場し、日本や東欧でも知られるようになったテュメネフに至っては、まったく関心を払われていない。

この点は、一九五七年、ソ連以外のヨーロッパにおいて、最初にアジア的生産様式に肯定的に言及したヴェルスコップや、それに続いて、『諸形態』の所有形態論にもとづいてアジア的生産様式論を構築したテーケイ、そして一九六四年当時、アジア的生産様式論争の再開におしみない努力を傾けたペチルカらが、みな、アジア的生産様式論と他の資本主義以前の生産様式との違い（種差）について、もっとも留意しなければならないと考えていたのが、様々な奴隷制説であったことを考えれば、マルクス主義者をめぐる状況は、ほぼ十年余の間に、ずいぶんと変化したことが理解できる。現にペチルカが、三〇年代アジア的生産様式論争に関する論文で取り上げたのは、ほとんどが、奴隷制についての議論であった。

そして、この違い――ペチルカらとソーワーらの違い――をつくっているものの一つが、今や、アジア的生産様式が、革命党の影響力の外で、あるいは革命党の視界の外で、論じられている、という現実である。革命党の影響力の中で、あるいは革命党の視野の中で論争せざるをえない国々においては、当時、奴隷制説を無視して議論ができるまでには、到底いっていなかったといってよい。そのなかには、ソ連、中国はもちろんのこと、東欧諸国ばかりでなく、日本も含まれる。

第三章においては、アジア的生産様式における地理的要因の問題がマルクス——とりわけ『諸形態』執筆時期の——、エンゲルス、プレハーノフ、ウィットフォーゲルらの見解に即して、検討されている。本書の序文において、このアジア的生産様式と地理的要因の関係に対する関心は、本書執筆の主な動機ともなっていることが述べられている。この第三章では、とくに、地理的環境決定論であると批判されることの多い、プレハーノフとウィットフォーゲルについては、入念に検討がなされており、両者ともそのレッテルを貼られるにたる記述を多く残したとしている。ただ、その結果、プレハーノフは東と西が異なった生産様式を持つ文明をもって、その歴史を歩み始めたとする歴史の多系的発展を主張することができたし、ウィットフォーゲルは人間と自然環境の相互作用に注意を注ぐことになったといえる。すなわち、アジア的社会の農業における水の卓越した役割を認めることができた、ということができる。

第四章は、マルクス主義はロシアの歴史と社会をどう見るのか、という点を問題にしている(9)。社会主義の祖国ロシアに対し、このような問が大胆に行えるというのも、すでにアジア的生産様式論が、革命党の視野から離れたところで論じられているからであろう。マルクスのロシア論は、とくに『十八世紀の秘密外交史』において、ロシア専制主義の歴史的由来が追求されている。マルクスはロシアにおけるデスポティズムの由来を、「タタールの軛」に求めている。モスクワ大公国のプリンスたちは、モンゴルのもとでの政治的なレッスンから、如何に自らの臣民に「総体的奴隷制」を課すかを学んだのであった（Sawer, p.143）。ソーワーは、マルクスが西欧の歴史的な傾向を論じる時には、経済発展すなわち経済の変化をもとに政治システムの変化を論じるのに対して、ロシアの政治形態を論じるときには、そうではないことを指摘している。

ロシア人側からの、自らの政治システムの理解は、ソロヴィヨフ、クリュチェフスキーらが唱えた勤務国家論 service state theory であった。ソロヴィヨフは、ロシアの後進性を、西欧とは異なる、その地理的広大さ、大平原の存在に求めた。クリュチェフスキーは、その広大な土地を、遊牧民族の襲撃から防衛するために、貴族や士族は、国家に奉仕し、その代わりとして国家から土地（采地）を与えられる。それに対して農民は、貴族や士族の土地、あるいは国家の土地を耕す義務がある。さらに、直接生産者たる農民および商工民は、税および労役によって、国家の必要を埋め合わせなければならない（p.148）、ということになる。このようなクリュチェフスキーの議論は、むしろ、モスクワ大公国における勤務国家システムを東洋的専制主義から区別するものであったといわれる。クリュチェフスキーは、東洋的専制主義を、社会的階級の不在、全般的な権利の欠如として描き、それとロシア社会との違いをうき立たせるつもりであったといわれる。勤務国家論は、ミリューコフに受け継がれ、西欧の封建制に対し、次々と拡大する領土に対応し国家を強化せざるをえなかったロシアの政治システムを特徴づけるものとされた（p.150）。

マルクス主義の側から、勤務国家論を受容したのが、プレハーノフであった。のちのロシアマルクス主義は、マルクスのアジア的生産様式論も、ロシア歴史家たちの勤務国家論も受け継がなかった。それに代わって、マルクスがやってはならないと警告した、マルクスの西欧資本主義研究から、一般法則を抜き出し、それをすべての国民や民族が、辿るべき、一般的な歴史発展の道についての、歴史哲学的な理論、を作り上げた。

ロシア国家についてのマルクスの分析の多くは、ロシアのボルシェビキの好みに合わなかったし、また、不都合でもあった。それ以上に、ボルシェビキの歴史学は単系的発展（直線史観）のシェーマを持ち上げ、歴史発展の別の道を示すマルクスの提案を廃棄した。それ以降、正統マルクス主義の歴史学は、マルクスを無視し、自らの内的展開を通じて社会主義に導かれたと想定されるべく、ロシアの歴史には西欧に完全に類似した封建段階を設けた（p.152）。一九二〇年代ソ連を代表する歴史家ポクロフスキーもまた、このような、ロシア史の特殊性を否定する見解を共有していた。革命後、自前の歴史家をもたなかったボルシェビキにとって、歴史家ポクロフスキーの位置は極めて高く、一九三二年死亡後の数年にいたるまで、ソ連を代表する歴史家とみなされていた。ポクロフスキーは、マルクス主義的カテゴリーを厳格にロシア史に適用しようとしていた。それゆえ、ロシアの特殊性を表すようなファクターはほとんど無視された。ところが、そこから、ロシア史における、中央集権的な国家と官僚機構の形成を説明することが難しくなった。やむをえず、それらを強引に商業資本の台頭および、その原始的蓄積による、ブルジョアジーの発生に結びつけた。それら強引な手法は、彼の死後、とりわけポクロフスキー学派への攻撃が強まるにつれ、厳しく批判されるにいたる。

ロシアのマルクス主義者のなかで、多系的発展論を唱えたのはプレハーノフであった（p.156）。彼は、ロシアの、西欧諸国ともアジア諸国とも異なる社会と歴史を、その起源から如何に説きあかしたのであろうか。

プレハーノフは、遊牧民族の絶えざる侵入に対するロシア人の防衛諸活動が、ロシアにおける専制主義の成立を助けたと考えたが、ロシアのタタール化 Tatarisation については、同意しなかった（p166）。ロシアにおける専制主義をタタール化に由来すると考える人々の系譜に、A・ブリュックナー、ベルナツキー、ウィットフォーゲルらが連なる。とくにウィットフォーゲルは、タタールの軛が、水力社会において成立した東洋的専制主義を、ロシアに移植することを可能にしたと考えていた。これに対し、タタール化あるいはタタールからの借用説を拒否するかわりに、プレハーノフはタタールの軛への対応として、ロシアの社会的政治的変化、すなわち専制主義化を構想する。遊牧民族侵入から、自民族、自国民の防衛に成功した諸国はいずれも政治的に専制主義化せざるをえなかったという認識があったと思われる。

ロシアの悩ましさは、遊牧民族の世界と境界を接していたことだけではなく、西側世界とも広くつながっていたことであった。カトリック圏に属するポーランドと長い国境によって接していたほか、バルト沿海地帯には、ドイツ系騎士団を含め、ドイツ植民者が存在し、さらには北方プロテスタントの雄、スウェーデンとも対峙しなければならなかった。そこから、絶えず、刺激も脅威も受けていた。東西からの挟撃を跳ね返し、ロシア世界を守ることが、何よりも優先する課題と考えられていた。それゆえ君主たちは、西側から先進的な技術、とくに軍事技術を移入し、自らの人的資源に加え、防衛の備えを厚くした。

ロシアのマルクス主義者を悩ませたのは、もし、このようなロシア史における外的契機を強調しすぎると、外因論として批判されかねないことであった。マルクス主義者にとり、歴史的発展の基本的要素は、当該社会そのものの内部から形成されてくるものでなければならなかったからである。ひどく機械的ではあったにせよ、マルクス・レーニン主義（すなわち、ソビエト・マルクス主義）においては、とくに内因論が強調された。外因論——地理的環境決定論もそれに含まれる——との批判は、時に、致命的であった。
アジア的生産様式論者として、ロシアのマルクス主義者として、プレハーノフは、中央権力を強化するようなどんな綱領にも反対であった。一九〇六年のロシア社会民主労働党ストックホルム大会における論争においても、レーニンらが、目下の敵は封建遺制であると結論づけたのに対し、プレハーノフは、マルトフやマルティノフらとともに、ロシア国家の中央集権的独裁的性格が主要な敵であると主張し、激論を展開した。とくに、土地国有化をめぐっては、プレハーノフは、古き時代の、国家による土地独占——インド、エジプト、中国、その他の東洋の専制主義諸国の歴史に共通な——の復活として、強力に反対したが、それは彼の論理的帰結であった。

第五章では、マルクス主義における、種々の発展図式を比較検討している。正統マルクス主義の社会発展図式（直線史観）、プレハーノフやマジャールなどのシェーマ、および一九六四年以降、それに対抗して諸家から提起された発展図式が紹介されている。気になるのは、シェノー、シュレ–カナル、ゴドリエなどパンセ・マルクシストが、アジア的生産様式を universal（普遍的）な発展段階であると主張していた、という点である。すなわち、彼女の示した図式によれば、ゴドリエは原始共同体社会のなかから、階級社会への過渡期の生産様式としてのアジア的生産様式が成立し、そこから奴隷制あるいは封建制が展開していった、と考えていた、ということになる(10)。これをそのまま受け入れるとすると、人類にとってアジア的生産様式は歴史発展における必須の段階ということになる。すなわち、スターリンの歴史発展の五段階における最初の敵対的社会構成としての奴隷制に代わり、アジア的生産様式（に基づく社会構成）がとって代わったにすぎない、ということになる。

シェノー、シュレ–カナル、ゴドリエらが、アジア的生産様式はアジアという呼称がふさわしくないほど広汎な地域に成立したと考えていたことは、紛れもない事実である。そこから、アジア的との呼称は、よりふさわしいものに変えた方がよいと考えていたことも事実である。また、アジア的生産様式は、時には、古典古代的生産様式や封建的生産様式よりも、世界史的には、より一般的なものであると考えたかもしれない。だが、もし、彼らが一九六〇年代中葉から一九七〇年前後にかけて、自らのアジア的生産様式に関する学説として、人類は階級社会に至るまでに、必ずアジア的生産様式を経て奴隷制や封建制へと向かうのだと述べたとしたら、彼らの主張の根幹にある、多系的な歴史発展の構想は、大いに損なわれることになったであろう。たとえ、彼らが、非ヨーロッパ的世界では、との限定をつけたとしても、同じことである。それは、古い教義に代わり新しい教義を立てること以外のなにものでもなく、なによりも、彼らの提案の根底にあった、スターリンの歴史発展の五段階論を掘り崩すという本来の趣旨をそこなうものとして、彼らの「支持者」たちからの深刻な批判に曝されたであろう。事実、ソーワーは、アジア的生産様式の適用範囲は、マルクスやエンゲルスが予見していた範囲を、時間的にも、空間的にもはるかに広範なものであるとのゴドリエの言説を、普遍的発展段階の主張と取り違えたのである（p.211）。

もしソーワーの批判の意図を好意的に受け取れば、彼女のゴドリエ批判の意図は、多系的な歴史発展説の正当性を強調するあまり、従来の正統説であるソビエト・マルクス主義に遠慮し、充分に多系説を発展させなかったゴドリエ等、パンセ・マルクシストを批判することにあったといえそうである。なお、マルクス『諸形態』の記述に依り、彼女が提示した歴史発展の図式は、それぞれの本源的な共同体から、それぞれの生産様式が生成されるとするものであった（p.207）。この多系的な発展図式は、彼女自身の構想するものでもあろう。それはまた同時に、パンセ・マルクシストが本来抱懐していたものでもあったと考えられる。

ソーワーは、ディヴィシオグル（Diviçioglu）やセドフの西欧資本主義と非西欧的世界の遭遇あるいは交錯に関する議論を検証した後、アジア的生産様式概念の再登場が現代（一九七〇年代）マルクス主義にもたらしたものとして、その概念の実態的な内容に関してよりも、歴史的プロセスの複雑さに関する理解を広げたことに意義があると述べている。これは、決してマルクスの社会的動力学を否定することではない、としながらも、彼女は、それはマルクスの西欧的パースペクティブを拒否することを意味し、かつ十九世紀の西欧の急速な工業発展においては影を薄くしていたにもかかわらず、今や非西洋的発展の道を自己主張しつつある非西洋的な歴史発展の形態がそれ自身のダイナミズムを有することを認めることである（p.227）、と主張する。このような彼女の立論は、マルクスのアジア的社会論によりつつ非西洋的世界の特殊性を理解しつつも、興隆する第三世界の急進的な政治的主張にできるかぎり公平に耳を傾けたいと考えていた当時の、西欧のマルクス主義者の立場をよく反映している。

一九七七年、メロッティ『マルクスと第三世界』の英訳が出版された。その内容や問題点については、すでに前章で紹介した。原著はイタリア語である。本書の英訳も、アジア的生産様式論が英語圏の時代に入ったことを印象づける出来事である。たとえば、ヨーロッパにおけるアジア的生産様式論争勃発後の最初の著作であるソフリ『アジア的生産様式』(1969)は、二年後、ドイツ語に翻訳されたが結局は英語に訳されることはなかった。メロッティの著作は、最初スペイン語に訳された後、ソーワーの著作が発表された同じ年、英訳出版され、その多系的発展の極致ともいうべき、華麗な発展図式が、衆目を集めることになった。

このように、クレーダー、ソーワー、メロッティと、本格的なアジア的生産様式論が続いて英語圏に登場したことにより、英語圏のマルクス主義者たちを大いに刺激し、アジア的生産様式を多様な問題意識において読み説く作業が、より広汎に進められることになる。

3　英語圏における論争の隆盛

一九六〇年代初頭以後、メイヤスーに始まり、ゴドリエらが続いたフランス・マルクス主義による経済人類学研究の動向は、他の欧米諸国からも注目を浴び、彼らの論文や著書が各国語に翻訳されるようになった。英語圏の人類学雑誌、論文集においても、フランス・マルクス主義人類学の成果が、掲載され、各国研究者の関心を集めるにいたった。

このような人類学領域におけるマルクス主義に対する関心は、長らく、マルクス主義とは無縁であったアメリカ合衆国においても、顕著なものがあった。一九六〇年代末から七〇年代にかけてのアメリカのカウンター・カルチャー運動を背景とする、マルクス主義を含む種々の急進主義思想への関心の増大に加えて、第三世界からの留学生や研究者の存在が、アメリカの社会科学の様々なフィールドに大きな影響を与えたことも無視できないと考えられる。かつ、そのような潮流の変化に応じ、新しい左派的な装いの人類学や社会学雑誌が登場する。

とくに、人類学においては、その誕生が、欧米の植民地本国によるアジア、アフリカ、ラテン・アメリカなどの植民地研究と浅からぬ関わりを持っていることが問題となった。かつ、多くの国々が植民地からの独立後も、なお旧植民地本国への従属を脱することができなかったことから、第三世界に広がる「プリミティブな社会」をフィールドとする若く急進的な研究者たちは、いやおうなく植民地の「遺産」「後遺症」に直面せざるをえず、植民地問題と取り組むことを通じて、マルクス主義——それまでの正統マルクス主義（ソビエト・マルクス主義）に代わり一九六〇年代以降登場した西欧的理解にもとづくマルクス主義——への関心を高めることになったと考えられる。

人類学、社会学、あるいは経済史、経済発展論など、いずれのフィールドであれ、このような第三世界の社会状況に関わる研究者たちは、植民地支配のあり方を考慮に入れずに、みずからの研究を進展させることはできなかったであろう。当時の、いわゆる第三世界の台頭を前に、世界的規模において、近世、近代を論じる際においてであれ、一九四五年以降の現代を論じる際であれ、植民地的状況、半植民地的状況、もしくは経済的な従属関係を考慮に入れない研究はありえず、そのような支配—従属関係の認識の希求もまた、『資本論』を中心とするマルクスの知的探求への関心を高めることになった。

彼らは、植民地以前の社会経済システム（経済的社会構成体）が如何なるものであったのか、そして、それが長期にわたる植民地支配を経て変容し、独立後も、その歪められた社会構造の後遺症に苦しめられている現状を考慮せざるを得なかった。植民地以前の古い、伝統的な社会システムへの関心は、アジア的生産様式への関心に繋がっており、そこから、このような第三世界をフィールドとする種々の社会科学研究と、同じく第三世界を対象とする——あるいは第三世界を包括する——社会科学の新たな理論装置である従属論、接合論、世界システム論などの思想潮流とが結びつきを深める契機が存在する。とくに、接合論は、元来がフランス・マルクス主義人類学の旗手ピエール＝フィリップ・レーおよびジョルジュ・デュプレの、アフリカ研究に寄せて唱えられたものであった。

人類学領域におけるアジア的生産様式に関して：まず、ディビッド・セドン編『生産諸関係：経済人類学へのマルクス主義的アプローチ』（1978）には、その主要論文としてメイヤスー、ゴドリエの翻訳がそれぞれ二編掲載されている。そのなかの一つ、ゴドリエのアジア的生産様式論は、ＣＥＲＭ論文集『アジア的生産様式について』（1969）所収論文の英訳である。

アンリ・クレッセン＆ペーター・スカルニク編『初期国家』（1978）、『国家の研究』（1981）は、どちらも、各国のマルクス主義人類学者もしくは、それに近い立場の研究者が寄稿した初期国家を対象とした分厚い論文集である(11)。『初期国家』においては、アジア的生産様式論の初期国家研究に関する理論的妥当性が検証されている。『国家の研究』には、クルミ・スギタ（Kurumi Sugita）による、日本古代国家を対象としたアジア的生産様式論が掲載されている（後述）。

接合論は、植民地以前の社会が、植民地化を経て資本主義的世界システムに組み入れられる際、如何なるプロセスによって組み込まれるのか、土着の政治的・経済的・社会的システムが、外来の支配システムのそれぞれの触手（諸関係）とどのように結びつき、絡み合い、どのように変容し、各国、各地域の植民地構造をつくりあげたのかを問うものであった。一般的には、マルクス主義における社会経済システムに関するもっとも包括的な概念である生産様式および経済的社会構成体を援用して議論が組み立てられた。そして、その第三世界の植民地以前の社会構成として想定されていたのがアジア的生産様式、あるいはその別名である貢納制的生産様式であった。それが西欧列強の第三世界進出とともに資本主義的世界システムに組み込まれ、個々の地域の土着の社会構成が、部分的・全体的に、列強が持ち込む資本主義的な諸制度、諸関係に接合され、次第に変容し、古い諸関係を引き摺りつつ、植民地本国の社会構成ではなく、本国に従属する独特な資本主義的社会構成に構造化されると考えること、それが接合論であった。
ジョン・テイラー『近代化から生産様式へ：開発と低開発の社会学への批判』（Taylor, 1979）は、その接合論により、植民地あるいは経済的従属下に置かれた東南アジアにおける、過渡的な経済的社会構成を理論的に明らかにしようとした著作である(12)。

同書の理論的骨格は、まず当時の思想状況を反映し、アルチュセールの構造主義的マルクス理解に多くを負っている。サミール・アミンにも見られた、社会構成を複数の生産様式の接合（articulation）によるものとする理解がまずそれにあたる。テイラーは前資本主義的社会に関する理論の確立には、多くのマルクス主義者が当然のごとく依拠している『要綱』――『諸形態』はその一部である――よりも、マルクスの成熟した思想を代表する『資本論』に依拠すべきであるとしているが、その理由の一つに、『要綱』がヘーゲルの否定の弁証法や疎外論的思考を払拭していないからだと述べるところは、成熟したマルクスから若きマルクス――未熟なマルクス――の思想を切断せんとしたアルチュセールの認識論的切断が、影を落としている。さらに、通時性に対する共時性、歴史や経験に対する論理、の優位性、イデオロギー的審級の重視、そして同質なものおよび異質なものを含む、多義的多元的構造規定性を主張する重層的決定の思想も、当時のアルチュセール流構造主義的マルクス主義に共通したものであった。テイラーは、主として資本主義に包摂された東南アジアの従属国の社会構成を、その特殊で、独特な構造成立の契機となり、かつその転質の契機ともなる様々な概念、たとえば転位・脱臼 dislocation、置換 displacement、機能不全的敵対 dysfunctional antagonism、偶然の重合 conjunction、などを用いて記述しているが、それもまた、構造主義の影響を受けた接合論特有の用語であった。

それらの概念装置により、実際の従属国の社会構成を考究する前に、テイラーは、同じく構造主義の影響を受けたとされるゴドリエ、さらに、アルチュセール理論の影響を受けたとされるヒンデス＆ハーストのアジア的生産様式論を理論的批判の俎上に載せる。

ゴドリエに対する批判は、彼の歴史理論が、なめらかな発展論となっている、ということにつきる。接合論者が愛用する転位・脱臼、機能不全、重畳などといった概念、それらは、なめらかさに対し、ぎくしゃくした関係や配置を生みだすが、それらは、ゴドリエの過渡期や移行期の議論には存在しない。ゴドリエなどパンセ・マルクシストにとって、無階級社会から階級社会へ、あるいはアジア的生産様式から奴隷制・封建制への歴史発展は、まさに内的矛盾——共同体的所有と階級的所有の矛盾（シュレ-カナル）——の発現を基本的動因としていたからである。そして、そのような内因重視の歴史観について、テイラーは、アジア的生産様式自身をも直線的に発展するものとみなしていると批判している（p.173）。そして、そのような欠点は、彼らが生産力を中心として生産様式を考えているからであるとしている。

このような批判は、一九六〇年代のアジア的生産様式論に対する一九七〇年代後半の接合論の形態をとったアジア的生産様式論者の批判であるといえる。それゆえ、そこには後から来たものの経験的・理論的な優位性が顕著に現れている。だが、そうだからといってゴドリエらパンセ・マルクシストのアジア的生産様式論の意義が減ずるわけではない。歴史的事象は、様々な出来事や物が、同質なものも、異質なものも含めて、同じ時間や空間を共有し、それらが重合することによって生じ、かつ転質するものであるとするならば、一九六四年の、世界的な規模におけるアジア的生産様式論争の勃発自体も、またそのようにして発生したものであった。パラン、シェノー、ジュレ-カナル、ゴドリエらパンセ・マルクシストのアジア的生産様式論は、そのような重合による事件の発生に、おそらくはもっとも適合的であり、彼らは、社会主義圏および西欧左翼の動向を慎重に配慮しつつ、その論陣を張り、陣容を整え、関連諸団体・諸個人への議論の波及を確かなものにしていったのであった。

だが、ソ連および東欧社会主義圏における雪解け（スターリン批判）とその終焉は彼らの意志や力をはるかに越える事象であり、彼らが属する西欧諸国の共産党とそれ以外の左翼の動向や盛衰も同様であった。かつ、論争勃発の背景となり、アジア的生産様式への多大な関心を促すことになった、旧植民地国の旧宗主国への従属ぶりや、社会主義諸国における古いシステムの残存、といった事柄も、彼らはまず所与として受け止めるしかないものであった。さらに、西欧知識人と東欧知識人の間に伏流として存在していた連帯感——ともに同じ知の営みを共有するものとしての——や、ソ連知識人の逼塞感からの離脱の試みもまた、論争の勃発を促す大きな要因となった。それらを考慮すれば、先ほど述べたごとく、ゴドリエらパンセ・マルクシストのなめらかな歴史発展論――ソビエト・マルクス主義の歴史発展論と真っ向から対立することなく、アジア的生産様式をキー概念としつつ多系的発展論を唱える――は、一九七〇年代後半の接合論者にとって極めて中途半端なものに映ったとしても、一九六四年の時点では、もっとも可能性を有する解を内包するものであった。

ヒンデス&ハーストに関しては、『前資本主義生産様式』(1975) および『生産様式と社会構成』(1977) が組上に載せられている。テイラーは、生産関係は複数の労働制度を包含すること、多様な労働・収取様式が主要な生産関係のもと構造化されると考えており (Taylor, p.165)、著者たちが、特定の生産力と特定の生産関係をかたく結びつけ、それが、その後の転質の可能性を狭めていること、また著者たちが「生産様式概念にはその分解を引き起こす要素はない」(p.168) と考えていることを批判している。おそらく、テイラーは、それらを、ヒンデス&ハーストがアルチュセールの認識論 epistemology を理解していないがゆえの、瑕疵であると考えていたのであろう。

先のゴドリエ批判にもかかわらず、テイラーの、実際のアジア的生産様式理解は、テーケイや、シェノー、ゴドリエなどパンセ・マルクシストと同様に、きわめて穏当なものである。たとえば、その基本的収取は、共同体のアウタルキーと、国家による余剰の独占を典型としている。国家により収取 extract される余剰は、村落共同体からの貢租と賦役 corvée の形で行われ、賦役は水利など公共事業に向けられる。すなわち、国家は農民(村落共同体)の生産諸条件の再生産において極めて重要な役割を演ずる。このような社会もしくはその王が、私的土地所有の発展を可能なかぎり阻止するのは当然であり、王が功臣に与えた封地は、彼の死後、収公される。

テイラーの、実質的な、アジア的生産様式に対する認識は、東南アジアに限れば、ほぼ妥当している。ただ、大河や大平原を含む異なったエコ・システムにもとづいて成立したアジア的生産様式(ウィットフォーゲルの水力社会)は、土地私有を排除しないし、貨幣経済や商品経済の発展に柔軟に即応している。大規模水利事業を中核として成立した国家は、臣民の大土地私有などを脅威とみなしていない。そこでは、王や王族、あるいは政府高官からなる国家機構は、様々な装置を通して、貨幣経済や商品経済の発展に対応しつつ、農民など直接生産者からの剰余収取の独占を維持する能力を保っている。その点において、テイラーの接合論は、東南アジアの歴史事情および植民地化以降の従属状況を理論的に反映しているといえる。

論争が英語圏に移るに至って、アジア的生産様式論争は各国共産党との関係をほぼ失い、はるかに自由なものとなった。それは革命党の戦略の問題ではなく、主として、マルクス主義的な歴史学や人類学、地域研究領域における、フィールド・ワーカーの、第三世界への構え方の問題——如何に第三世界と向き合うか——が解くべき中心の課題となった。一九五〇年代から六〇年代にかけての、それぞれの理論家たちの肩にのしかかっていた論争の重たさ——それは党派の運命を左右しかねないものであった——が次第に消えていくとともに、新しく加わった研究者たちは、そのような政治がらみの重たさを理解しえなくなっていく。前述のソーワーのゴドリエ批判は、そのような趨勢を反映していたと考える。

だが、この時期になっても、ウィットフォーゲルに対する評価に基本的な変化はなかった。ウィットフォーゲルの水の理論は、マルクス・レーニン主義陣営から、依然として反共学説であると強く非難されていたのみならず、一九六〇年代後半、西欧に登場したニュー・レフトからも、理解されることも、また、好意を寄せられることもなかった。

一九七八年、G・L・ウルメンは、『評伝ウィットフォーゲル』を書き上げるとともに、ウィットフォーゲル生誕八十年（一九七六年）に合せ、各識者から募ったウィットフォーゲル記念のための論文集『社会と歴史』を編集・出版した。前者は、ウィットフォーゲルの生涯を辿りながら、彼の思想の軌跡を丁寧に追ったものであり、歴史の様々な転回点に立ち合ったウィットフォーゲルの思想的な歩みと、彼の歴史理論「水の理論」が如何なる関係にあり、如何にして形成されたのかがよく理解できる。ただ、ウルメンはウィットフォーゲル学説の解説者に徹しており、水の理論の新たな展開とはなっていない。

『社会と歴史』第一部「東洋的社会」には、一九五〇年代以来、数少ない理解者の一人であったジュリアン・

スチュワードの「研究動向の手ほどき：ウィットフォーゲルの灌漑仮説」が掲載されている。スチュワードは、『オリエンタル・デスポティズム』の刊行後、ウィットフォーゲルの水力仮説には様々な批判があったこと、とくにロバート・アダムズのメソポタミア考古学にもとづく批判によって、大規模灌漑の必要が国家の成立をもたらしたとする水力仮説が大きく揺らいだことをあげつつ、しかし、水利社会における社会経済制度と水の統制は内的な関連があり、国家の成長と灌漑にもとづく農業生産の発展は単一のプロセスのなかの諸相であること、それゆえ、水が先か国家が先かといったことは重要なことではないと述べている。ウィットフォーゲルの水の理論がもたらした衝撃、あるいはウィットフォーゲル・パニックを前に、大規模な土木事業の必要性ゆえに国家が成立するのか、国家が成立した後に大規模水利事業が興るのか問うより、それぞれの社会の水利のあり方、規模や技術を具体的に解き明かしつつ、水利と政治システムの相互作用を重視することの必要性を強調したものであり、いわば片意地を張ったままの水の理論を、穏やかな主張によって補強したものである。

ウィットフォーゲル自身も、一九八一年、マルクス『十八世紀の秘密外交史』ドイツ語版出版に際し、その序文を書き、そのアジア的社会論の一端を述べている。そこでは、新しい見解を開陳するというよりも、むしろ、この十数年来のマルクス主義をとりまく情勢の大きな変化に対応させ、自らの見解を、それに柔軟に合わせ、解釈しなおしていく方向をのぞかせている。以前のような居丈高な主張のスタイルを幾分か控え、自分がむしろ正統派マルクス主義よりもマルクスに忠実であった側面を強調している。とくに、自分が『オリエンタル・デスポティズム』を出版する前に、この『十八世紀の秘密外交史』のコピーをすでに有していたが、その重要性について十分に認識していなかったこと、その後、一八五〇年代末に出版されたこの著作において、マルクスがすでに、タタール・ヨーク（モンゴル支配）のもと育まれたロシア専制主義政府による西欧諸国への干渉に強く警戒を促していたことに気づいたと述べることによって、ウィットフォーゲル自身がマルクスの東洋的専制主義批判を継承していることを知らしめようとしているところに、それは顕著に現れている。『オリエンタル・デスポティズム』においては、マルクスを結果としてアジア的生産様式論を撓めたことを批判していたのとは大きな違いであった。

さらに言えば、R・バーロ、ドゥチュケなど、東独出身の西欧マルクス主義の中からも、現存する社会主義批判の理論的基礎として、アジア的生産様式論や東洋的専制主義論が理論的に援用され始めたことも、この時期の重要な変化であった。

一九八〇年代に入っても、アジア的生産様式をアジア的停滞論批判の文脈において捉える見方は相変わらず続いていた。また、オリエンタリズム批判やヨーロッパ中心主義批判と絡めて批判する風潮も強まりこそすれ、弱まることはなかった。だが、アジア諸国、あるいはラテン・アメリカやアフリカ諸国の社会と文化の理解に資するため、それぞれの地域、それぞれの社会にアジア的生産様式概念を適用する試みもまた已むことはなく、多くのマルクス主義者あるいはその影響を受けた人々によって、その後も長く続けられることになった。

4　一九八〇年前後のアジア的生産様式論

一九七〇年代中葉のクレーダー、ソーワー、メロッティ等の著作は、アジア的生産様式の理論に関わる著作であり、マルクス主義歴史理論を直接問題にするものである以上、個々の歴史領域というよりも、マクロヒストリーに関するものであった。それに対し、一九七〇年代後半以降、個々の国家あるいは民族の歴史に、アジア的生産様式概念の適用を試みる著作が現われる。すでに一九六〇年代、アブデル－マレク『エジプト：軍事社会』（仏語 1962、英語 1968）が植民地以前のエジプト社会におけるアジア的生産様式の存在を認めていた。一九七〇年代後半において、アシェ（H. Asche, イラン、1977）、デイビッド・エリオット（タイ、1978）、ジョン・テイラー（東南アジア、1979）などが、アジアの国々の、前資本主義的社会構成をアジア的生産様式と規定しており、一九八〇年前後には、ティヘルマン（インドネシア、1980）、アヌパム・セン（インド、1982）、ディーター・アイヒ（インカ、1982）などの著作が相次いで刊行されている。

また、ソ連における一九二〇年代後半から一九三〇年代前半にかけての、中国社会へのアジア的生産様式概念の適用是非をめぐる論争——すなわち第一次アジア的生産様式論争——をまとめたケスラー（1983）もこの時期のすぐれた労作である[13]。

一九八〇年代に入り、十数年来のアジア的生産様式論争の成果が様々な領域において発表されるようになる。ある国や民族の伝統社会にアジア的生産様式概念を適用できるかどうかに関して、①土地私有の不在、②国家、地方政府、共同体に指導された水利などの公共事業、③村落共同体の凝集性もしくは孤立性（その内部において工業と手工業が緊密に結びついているため）、④国家による小共同体からの剰余の収取、あるいは国家の経済高権など、アジア的生産様式の主要な指標が、その国の歴史に見出せるかどうかが最低試されなければならない。だが、それぞれの指標の理解をめぐっても多くの議論があり、概念の適用それ自体も簡単なことではない。さらに、うわべだけの指標として見れば、土地私有、公共事業、村落共同体は、アジア的社会、古典古代、中世西欧のいずれにも存在する。もしくは、洋の東西を問わず、多かれ少なかれ、ほとんどの国の歴史に存在する。たとえば、土地私有は中国においては古代以来一貫して存在する。ポリスの神殿建設や古代ローマの水道や街道の建設も公共事業であり、西欧中世の教会の建設や都市防衛のための築城も公共事業とみなしうる。あるいは、どんな社会にも公共の井戸や公道は必ず存在する。そして村落共同体については、農村の集落を共同体とみなせば、あらゆるところに存在する。とすれば、自らが研究するフィールドの、それぞれの国家や民族の歴史にアジア的生産様式概念を適用しうるかどうか、それぞれの指標が当該社会に見つかるかどうかの考察は、同時に、それらの指標が古典古代や、古ゲルマンおよび中世西欧社会において、どのようなあり方において存在していたのかをも考慮しつつなされなければならない、ということになる。

上記のアジア的生産様式論の著者のなかで、このような作業を行ないつつ、個々の国、地域の歴史を叙述したのはティヘルマンであった。なによりも、大きく文明を俯瞰した歴史観の中心にアジア的生産様式論があることが、ティヘルマンの議論の魅力である。さらに、ティヘルマンのすぐれたところは、古典古代や古ゲルマンおよび中世西欧社会と対比しつつアジア的社会の特質を明らかにしたのみならず、他のアジア的社会と比較しつつ、アジア的生産様式の東南アジア的型（タイプ）の輪郭を明らかにし、さらにそのタイプが、個々の東南アジア各国各地域において、どのように具現したのかについてまで言及していることである。

ティヘルマンは、世界史的把握をもっぱらとする理論家たち、マルクス、ウェーバー、ウィットフォーゲルなどから、マクロヒストリーの側から提起された世界史的把握と、ファン・ルール、バスティン、ベンダなどインドネシア史、東南アジア史研究の担い手たちから、その具体的な地域史、そのディテールを踏まえた世界史把握を、ともに継承せんとしている。

ティヘルマンはその文明の俯瞰において、まず原始共同体社会崩壊と資本主義成立の間の歴史において、西欧世界と非西欧世界を区別する。後者は、ローマから北京まで、といった言い方で表現されているように、大農業文明によって支えられた諸帝国に代表される世界を指している。彼は、北西ヨーロッパ（西欧）とそれ以外の地域の間に、歴史および文明の分かれ目があると考えている。前者は、社会経済的矛盾の発展と成熟に有利な歴史条件を有し、後者は、その条件を欠いているか、不十分にしか備えていない地域である。後者においてはローマ帝国やビザンツ帝国、あるいは中国歴代の大帝国が形成される(14)。

この西欧とは区別された世界には、以下の特徴がある（ファン・ルール）。①社会は農業社会であり、独立したローカルな農民共同体からの徴税に依拠している。そこでの手工業は農業に強く結びついた使用価値の生産であり、交換価値を目指したものではない。②所有者である支配階級、王と貴族層は、農業の剰余生産物を領有し、賦役労働を徴発する。③商品生産と貨幣経済は、社会のすき間において発達する。蓄積は、経済的劣位にある人民との不等価交換によって実現する。あるいは、直接的な略奪、高利貸し、農業生産物の一部の収取による。蓄積は、商品生産によってではなく、限られた市場における国内外における商品流通を通してなされる。④このような状況は生産的な意味での「資本」形成をもたらすことはない。⑤不自由労働の使用によって発生したマニュファクチャーは、支配国家によるあれこれの方法によって統制される。⑥このような枠組みにおいて、私的資本は大きな富を集積することはできず、国家に対抗する階級として、独立することはできない。⑦それゆえ、ただ西欧のみが、このような条件の組合せを有し、産業革命を形成するような資本主義的なブレークスルーを可能にしえたのである（Tichelman,1980: p.16）。

それに対し、古ゲルマン社会から出発し、中世西欧に展開した社会は、以下のような特徴をもつ（p.17）。

①海洋、河川、陸路などコミュニケーションの発展に向いているが、農業生産性の発展（成熟）には向かない生態的（地理的気候的）環境。

②aゲルマン人の間の、農業経営と土地保有の個人化に向いた、開放的な性格の社会経済的関係、b自由な保有権を有する自由農民の堅固な階級の存在。

③a古典古代の遺産すなわちvilla屋敷（農場）、封建的傾向をもつ領主所有地、b都市の継続性と伝統の要素、ギリシア・ローマ的な政治的・法的文化。

④独立したイデオロギー装置としての、国家のなかの国家としての教会。

⑤a分散した社会的、経済的、政治的権力すなわち相対的に弱い国家（中央政府）と統治権の分化、b国家に対し強力な経済的法的権利をそなえた所領の主である名望家の階級、所有権を持ちかつ統治する階級は直接、最重要な生産手段である土地所有に基づいており、それらは直営地の経営に直接的な利害を有する。

⑥a多かれ少なかれ、自治的な都市センター、b生産と通商のセンターであり、前工業的私的資本の蓄積のセンターでもある。

⑦a国家および封建領主とは独立して発展した都市階級、すなわち企業家、私的資本の所有者、b多かれ少なかれ独立した手工業者、c萌芽的な賃労働、プロレタリア階級。

⑧その大部分は農奴だが、彼らはその剰余生産物を、直接に地方市場で処分することができる農民階級。

マルクス『諸形態』におけるゲルマン的共同体（本源的所有のゲルマン的形態）を踏まえたうえで述べられているこのような記述、および西欧文明の古層についての理解は、インドネシア（オランダ領東インド）で生まれ、オランダで育ったマルクス主義者として、インドネシア研究に従事したティヘルマンが、自らのインドネシアや東南アジアとの関わりから体得した歴史理解に由来するものなのであろう。

非西欧世界は二つの地域に分かれる。すなわち、土地私有に基づき私有財産をもつ階級の発展の余地がある社会（ローマ帝国、ビザンツ帝国）と、特権層が国家に依存しつつ権力の集権化を伴う型の社会（中国、東南アジアなどアジア的生産様式に支配されている地域）である。

北西ヨーロッパの封建社会との顕著に相違するアジア的社会の特質とは、次のようなものである。

①a経済的政治的に優勢であったところの、非常に強力な国家と村落共同体――その大部分の剰余は国家によって経済外的手段によって搾取される――の間の基軸、b地理的気候的条件はしばしば、豊かな、あるいは灌漑により豊かにされた河川流域を含み、相対的に早く、農業労働の生産性と人口の増大をもたらす。

②大部分自給自足的で孤立した村落共同体における、集団的土地所有と労働のエレメントは、長く持続し、また手工業と農業生産（主に使用価値に向けた）は強く結びついている。

③権力集中を伴った国家機構は社会的剰余の大部分の集中にもとづく、すなわち地域を超えた社会的経済的、技術的組織的、社会的文化的任務（水の統制を含む）と結びついた権力集中。

④村落の境界のなかでは、直接的でダイナミックな個々の農民生産者と市場との関係は、非常に狭い範囲に限られ、その結果、農村の階層分解に向けた強い刺激に欠けることになる。

⑤国家権力の圧倒的優位は、都市の国家への従属において、国内外の貿易の独占傾向において、鉱山開発と工業生産において、体現される。都市を寄生的ポジションに縛りつけ、交換価値の生産と資本の蓄積を抑える状況の存在。

⑥特権階級の国家への極端な従属、つまりこれらの階級は彼らの収入と権力を、主に、直接的・間接的に、彼らの、国家の官職あるいは国家の代理人であることに負っており、私有財産に負っているのではない。

⑦孤立した村落共同体における直接生産者と、剰余の領有者の間の、直接的な対立の欠如、それゆえ生産関係は安定的である。つまり、この安定性は農民蜂起や貴族階級の国家権力に対する反抗によって、ひどく乱されるが、生産関係はつねにそれ自身を再生産させる傾向をもつ（pp.18-19）。

さらに、ティヘルマンは、アジア的社会のそれぞれの地域の特質をつかむべく記述を続けている。まず、日本については、アジア的諸関係の不在および非アジア的国家によって特徴づけている。その理由としてヨーロッパ大陸に対する英国のような地理的な孤立を挙げている。それに対し、〝アジア的〟な中国は、農業文明として、前資本主義社会において達成されたもっとも高いレベルに到達したとしている。ウィットフォーゲルを引きつつ、周代の社会的諸関係は、その村落共同体の集団的構造に結びついていたにもかかわらず、なにほどか封建的であったが、この「封建的」性格は、秦漢王朝の中央集権的国家の力によって克服されることを阻止するほど、充分に強力ではなく、次第にばらばらにされるにいたった（p.24）、とある。さらに、アジア的国家の持久性についても言及している。アジア的社会構成においては、比較的限られた量の奴隷労働力は、賃労働の始まりを伴っていた。しかしながら、国家は、社会的に郷紳に依拠していたにもかかわらず、繰り返し、アジア的構造を切り崩すような新しい階級関係の成立に向けた動きに関して、それ自身の優位を主張できた。この状況は、ウィットフォーゲルが、「そのもっとも早い時期から歪められた初期資本主義」と呼ぶところのもの以上は行かなかった。国家は経済的支配（至上権）を維持することができた。官僚制国家機構は、社会的に相当な発展と階層分解と同時に成長した。だがそれらは階級間の権力関係の質的な逆転を阻止するには十分なほどに発展したが、アジア的国家としての抑圧的権力を和らげるには不十分なほどにしか発達しなかった（p.25）、と述べている。

次にインドについて、ティヘルマンは、中東や中国のアジア的生産様式とは異なった社会であるとしている。「インドにおけるアジア的、非アジア的構造の関係は、中国のそれとは異なる」として、精巧に作られた（リクルートに関する客観的規範を備えた）官僚機構が欠けており、国家は統一を達成するには力がなかったこと、その遠心力は非常に強力であったことを挙げている(15)。また、インド亜大陸は孤立的であるとはいえず、外国勢力や移民の動き、国際貿易、文化的影響に対して、より開放的であった。これらの諸要因が長期にわたる安定した統一に対し、好ましくない条件をつくっており、このような政治的統一の欠如は極端な社会的文化的異質混合性――それ自身が長期の不安定性に対し基礎となった――の継続を力づけたとしている（p.29）。

さらに、インド的なシステムは次の特徴をも有する。①国家機構に巣食う役人たちも、時には地方領主の振りをして村落を支配し、直接農民の余剰を搾り取る。②アジア的国家の相対的な弱さのため、宮廷役人や徴税人は時々地方領主としての地位を強化することができる。だが、社会身分（layer）としての力を獲得することはない。彼らは従属する村落からより大きな部分の剰余農産物を搾取し、その一部を、上級領主、さらに王侯にまで、手渡す。剰余生産物に対する競合は、当然、小農民にとっては害をなす（p.30）。

最後に東南アジア社会に関して、ティヘルマンは、ベンダのアジア社会論を取り上げ、その要旨を以下のようにまとめている（p.40）。①王権の中心は「聖なる王」に具現される。②地方ごとに分割されるような事態でも、本質は変わらない。③ベンダは、インド化された東南アジアの特性の重要な様相である「アジア的」なるもののもっともすぐれた簡潔な要旨を与えている。④すべての権力と土地に対する権利は、聖なる王に付属する。王に属するものと王に属さないものの対照は、根本的なものである。王権は基本的に絶対的である。そこには土地所有は存在しない。封建的貴族の郷紳層も存在しない。王の役人は統治者によって任命される、宮廷の職務は非世襲的である。多少独立して行使される行政権力・地域権力から派生した、王に対抗する力は存在しない。⑤王に属する世界と王に属さない世界の間の懸隔は、土地所有あるいは他の社会的・経済的基準にもとづく等級化された権力による制度化されたシステムによって抑制されることはない。⑥ベンダは、王権の必要不可欠なものとして、首都の職業と保有（官職）のリストを挙げている。⑦ベンダによって特に言及されていないが、そのモデルに含まれている特徴として、ⅰ持続する、既成の、実際に自給自足的な村落共同体の、多かれ少なかれ集団的特徴、ⅱ農業の剰余生産物の、君主および彼の役人による、搾取と中央集権化、ⅲ統治者の貿易と都市に対する支配、ⅳ大規模公共事業――しばしば水利領域においてではないが――の導入、ⅴむしろ孤立した村落共同体に居住する農民大衆と、君主・大貴族の取り巻き・官僚的な上層階級との、直接的対立の不在、を挙げる。

以上の骨子からなるベンダのアジア的社会論は、完全にマルクスのアジア的社会論に合致する、とティヘルマンは述べる。

さらに、ティヘルマンは、ジャワおよびインドネシアの歴史を、二つの敵対によって特徴づける。即ち、ジャワの官僚階級的エリートと村落共同体に生きる農民大衆との対立であり、中心（ソロ川あるいはブランタス川の流域に成立したジャワ国家）と周辺（ジャワ以外の島嶼部）の対立である。中心は水稲農業によって支えられ、周辺はインターアジア的な、あるいは無数の島嶼を介した交易に繋がっている（Tichelman, 1981: p.37）。そうだとすれば、古代ジャワ国家は、ソロ川、ブランタス川流域の灌漑農業に依拠し、周辺部を介して到来したインド文化における王権思想を受容しつつ、成立したということになる。

以上のようなティヘルマン独特の歴史俯瞰とそのアプローチは、マルクス『諸形態』とは逆向きに叙述されている。マルクスにおいては、第一の所有形態（アジア的形態）が、所有の在り方において、まず他の二つの所有形態——第二の所有形態（古典古代的形態）、第三の所有形態（ゲルマン的形態）——と区別されたが、ティヘルマンにおいては、他の世界とは異なっているものとしてまず分離されるのは、古ゲルマン社会を含む中世西欧社会であった。次に残された世界から分離されたのは、古典古代であり、最後にアジア的社会の特質が述べられることになる。

マルクス『諸形態』においては、アジア的社会内部の地域的な区分とその種差については、述べられていない。ティヘルマンはその未開拓の領域に切り込み、中国・インド・そして東南アジア社会の、アジア的生産様式あるいはアジア的社会構成における地域的な種差を提示している。参照に値する興味深い問題提起だと考える。このような試みは、それぞれの地域の研究者、専門家にとっては、門外漢による大雑把な試みに映るかもしれないが、誰かが提起しないかぎり、その可否について議論することさえ不可能である。また、アジア的社会とされる、中国、インド、東南アジアの間に、相応の種差を想定することは誤っていないと思われる。ここでは、ティヘルマンの積極的な提言を称えたいと考える。

5　一九八〇年代におけるアジア的生産様式論

(1)　人類学における動向

人類学におけるアジア的生産様式研究は、ゴドリエ等フランス・マルクス主義人類学の台頭とともに始まったといっても過言ではない。そのような関心の高まりは、一九七〇年代アメリカの左派系の人類学誌に、フランス・マルクス主義人類学のレビューとともに、アジア的生産様式論の紹介が何度かなされていることからもわかる。

人類学領域からのアジア的生産様式への取組みとしては、アンネ・ベイリー&ジョセプ・ルロベラ（編著）『アジア的生産様式：科学と政治』（Beiley & Llobera,1981）が注目される。編者は、一九七〇年代よりアジア的生産様式および東洋的専制主義に関する論文およびメイヤスー、ゴドリエなどフランス・マルクス主義人類学に関するレビューを社会学や人類学誌に寄稿している。本書は、プレハーノフ、レーニン以降の、アジア的生産様式論争史においてトピックとなる論文を集めたものであり、論争に関心のある読者や研究者にとって便利なものとなっているが、ほとんどの論文は抄訳である。

本書は二部に分かれ、二人の編者による論文「アジア的生産様式：典拠と概念の形成」が第一部として掲載されている。第二部は、プレハーノフ、レーニンのほか、マジャールやヨールク、ゴーデスなど一九二〇年代後半から三〇年代にかけての論争において、よく知られた理論家の論文が集められている。第三部は、ウィットフォーゲル『オリエンタル・デスポティズム』（1957）に対する反響に関してのものであり、東独やソ連の理論家のほか、非マルクス主義者であるトインビー、エバーハルトらの水の理論批判が収録されている。さらに、スチュワードおよびプライスといったウィットフォーゲルに好意的なものも収められている。第四部は、ヴェルスコップ、テーケイ、ゴドリエなど、論争復活につながる中東欧および西欧のアジア的生産様式論が載っている。また、ゴルテ（西ベルリン）やカイダー（トルコ）など、これまで、論壇や雑誌において紹介されてこなかった人々によるアジア的社会論も掲載されている。ほとんどが抄訳であるとはいえ、一応、マルクス・エンゲルス以降のアジア的生産様式に関する主要文献に目を通すことが可能になったことになる。

一九七〇年代末から一九九〇年代初頭にかけて、主として発展人類学の流れのなかから、クレッセン、スカルニク等により、初期国家に関連した政治経済システムの研究が引き続き組織的に行われ、『初期国家』（1978）、『国家の研究』（1981）において、アジア的生産様式に関する議論を取り上げている。彼らのアジア的生産様式への関心は、編集者の一人スカルニクがチェコスロバキアの古典古代史家ペチルカの学生であることが関係しているのであろう。その後、人類学領域では、クレッセン&ファン・デ・ヴェルデ編『発展と衰退：社会経済組織の発達』（1985）、同『初期国家の経済システム』（1991）、などが刊行され、そのほかクラメリー&スチュアート編『アフリカにおける生産諸様式』（1982）、ビンスバーゲン&ゲシーレ編『旧生産様式と資本主義的侵食：アフリカにおける人類学的探究』（1985）などに、アジア的生産様式もしくはその別名たる貢納制的生産様式に関連した論文が掲載されている。

これら人類学論文集所収のなかで、アジア的生産様式に関連して注目されるべきは、クルミ・スギタ（Sugita, 1981）とグナワルダナ（Gunawardana, 1981;1985）である。

クルミ・スギタ（Sugita, 1981）は、古代日本の歴史を、アジア的生産様式論の立場から読み解こうとし、生産諸条件（大地）先占の前提としてのローカルな共同体と、共同体所有の枠組を現す上位の共同体（superior community, ここでは総括的統一体と同じものとして扱う）の相互関係のなかで国家の発展を構想する。すなわち、外からの介入による国家の形成を構想するのではなく、アジア的生産様式をベースとする内発的発展として初期国家を構想しようとしており、当然、そこでは、停滞論的ディスクールの克服が意図されている。

上位の共同体もローカルな共同体も所与のものではなく、歴史的プロセスによって形成されたものである。また上位の共同体は、単に国家に等しいものでもない。上位の共同体とは、特殊な政治組織を意味するのではなく、異なったレベルの政治組織によって引き受けられる働きを意味するとも述べている。また、上位の共同体は、常々言われているような、個々の共同体の力を越えた大規模公共事業の担い手（条件）として出現するのではないとウィットフォーゲル・テーゼを批判する。むしろ、上位の共同体は、その存在の初めにおいて、小さな、多かれ少なかれ独立したローカルな共同体の生産と再生産の、「想像」上の条件として出現する。この「想像」上の存在が、上位の共同体による、ローカルな生産単位（共同体）から剰余の一部の取得（extraction）を決める実際の社会関係の基礎となる。そして、この上位の共同体が生産の条件として関与するやいなや、それは別の存在の在り方を獲得する。すなわち、それはローカルな共同体再生産の物質的条件の一つとなる。上位の共同体の「想像」上の条件から「現実」の、物質的な条件への変容過程は、村落共同体の生成によって伴われていた（Sugita, p.372）、と彼女は述べる。

以上の記述は、大和王権成立に先立つものとして述べられており、スギタは、日本古代における、初期国家成立の条件として、おそらくは「幻想の共同性」といったものの存在を重視しなければならないと述べているのだと考えられる。国家成立の前提として、治水灌漑など大規模水利事業の必要を挙げていたウィットフォーゲルの水力仮説に対して、彼女は、稲作の到来以来、日本における水稲耕作は湿田中心であったので、大規模な土木事業を必要としなかったとし、それゆえ、初期国家の成立の契機としてそれを挙げることはできないとウィットフォーゲル仮説を否定する。そこから、新たな契機として、「想像的なもの」が挙げられることになったのだと思われる。プリミティブな諸共同体に「共通の利害を擁護し、敵対的利害と戦う必要性」を感得せしめるものこそ、諸共同体の現実的あるいは想像的統一を具現するもの、すなわち国家形成しつつある上位の共同体であると考えれば、彼女の上位の共同体における想像的なものの働きという考え方は、明らかにゴドリエの影響を受けている（本書二〇五ページ参照）。

なお、佐々木高明などの照葉樹林文化論においては、焼畑農法的な雑穀耕作の一種としての稲作が日本にもたらされたことを指摘しているが、それは縄文期に溯るものであり、その後、水田、水路、堰などからなる水稲耕作は弥生時代には成立していたと思われる。したがって、小共同体の枠を越えた水利施設の建設も早くから求められていたと思われる。それが、国家という形をとらなくとも、共同体連合や首長制的なもの、すなわちエンゲルスの共同職務執行機関であったとしても、水利の規模に応じて、充分機能していたと思われる。だが、総括的統一体生成の契機の一つとして水利を挙げるのは、決して間違っているわけではない。さらに、総括的統一体あるいは初期国家成立の契機として水利の必要が存在するのか、その成立の結果、より規模の大きな水利事業が可能となるのかというのは、卵が先か鶏が先かの議論でしかなく、相互作用として考える以外にないものであると考える。というのも、首長制や国家成立によって、水利事業をさらに大規模化し得たとしても、それ以前において、水利事業が一定程度まで発展していなければ、規模を拡大すること自体も不可能だからである。水利事業の一定程度の展開は、それに見合った事業組織、指導系統の発達を促す。もし、そのように展開した事業の前途に、さらにより大きな展望が広がっていたとしたら、それを実現可能にすることに首長や王は躊躇しなかったであろう。というのも、水利事業の拡大は、穀物生産をより発展させ、事業主により多くの富（人手を養う糧）とより多くの追随者をもたらすからである。彼女が幻想の共同性を象徴するものとして挙げるのは、銅鐸・銅鏡や新嘗祭にみられるような豊饒や収穫を祈願する祭儀であり、主穀の豊穣に向け超自然的な力を呼び起こすこの種の儀礼に用いられる銅鐸・銅鏡などの祭器は、ローカルな生産単位＝共同体の間の儀礼的統一性を象徴する、としている。歌垣や国見も、このような観点から解釈されている(16)。

そのような祭儀の担い手として、女性から司祭＝首長への転換が起こり、さらに貴族、そして最後に天皇が担い手として登場する。銅鐸に象徴される社会が比較的平等な社会であったのに比し、灌漑・排水を伴う水利が登場し、鉄器の普及とともに、共同体の階層分解を促していく。すなわち、共同幻想（想像の統一体）の担い手が首長層や貴族層に移行する時期だと思われる。

弥生末期、平地に大きな村が形成され、灌漑・排水および水路や堰、溜池などを備えた水利事業が登場する。それらの登場は、事業の組織者の地位を向上させ、先進地域において、司祭＝首長は四〜五世紀を通して世襲的な貴族へ転化し（p.379）、さらに古墳時代には顕著な発展を獲得する。灌漑・排水の技術は、古墳をつくる技術でもあった。古墳期を通じて畿内を中心に大和国家が成立する。大和国家を通じて、貴族層は鉄器や貴重な他の財を独占する。

大和国家の発展とともに、貴族層は氏《うじ》によってみずからを政治的に組織し、朝廷の諸職を占めるとともに、その臣下はそれに必要な負担を担うことになる。氏《うじ》制度の拡大とともに、地方首長は中央貴族の氏の系譜に組み込まれその末端を占めるようになり、中央貴族と地方貴族が系譜的な結びつきを深めていく。住民は国家機構を担う首長や貴族に、それぞれ官職に応じ貢納しなければならなかった。やがて、地方住民が直接国家部門に従属し、貢納するようになり（tributary relation）、さらに六世紀、地方に屯倉が置かれ、地方の村落共同体から直接余剰を吸い上げることになる。それらのプロセスのなかで貴族は国家官僚としての役割を強めていく。

四〜五世紀、灌漑・排水の複合システムの導入につれ、村落共同体は発展のプロセスを歩む。水田の拡大、移植の導入などにより大量の労働力が必要となった。それでも、共同体関係は、共同体成員の自然の領有の前提でありつづけた。村落共同体の拡大は、労働過程の再編や生産力の増大をともなった。農作業は主に拡大家族によって担われたが、それ以前に比べ労働は強化され、かつ共同体関係も強化された。

村落共同体が広範囲に存在するようになった四〜五世紀は、貴族の発展の時期でもあった。五世紀末以降、小さな古墳が無数に作られたが、そのためにはより多くの農民が動員されなければならなかったが、それらの動員と古墳内の遺品は、村落共同体における階層分解の進行を示している。

共同体や家族における階層分解には、鉄器（生産手段）の有無、あるいは冶金技術の有無が関わっている。このような階層分解は家族の周りにそれに従属する者の存在を作りだした。

中央集権化された国家の成立前、日本には四種の生産関係が存在した。貢納制、共同体、従属関係（relation of dependency）、奴隷制である。奴隷は個々の家族に属するが、生産奴隷ではなかった。

中央集権的国家の成立後も、有力家族の蓄財、地方産業や交通のコントロールは続いた。それらは私的所有の発展を意味するものではないが、客観的生産条件の私的領有であり、土地の不平等なアクセスと農業生産物に対するコントロールによって勝ちえたものであった。

以上、スギタは上位の共同体——首長制あるいは初期国家——と農業生産の結びつきが、社会発展のプロセスにおいて、様々な社会変容をもたらすことを述べる。だが、水の契機を含めた政治支配の形成を論じながら、なおかつ、水の理論批判を掲げなければならなかった彼女の議論のスタイルからは、一九八〇年前後のアジア的生産様式論においても、農業生産ということが「水」に関わるかぎり、それに触れること、あるいは、そのことを十分に論じることは、以前と同様、なお難しかったことが窺える。「灌漑と国家の関係をテーマにすることが、ウィットフォーゲルとその労作への全般的な非難の結果として、身動きの取れない難局に陥ることは不幸なことである」(Sugita, p.383)、と彼女は述べている。一九八〇年初頭においても、ウィットフォーゲル・パニックからまだ自由ではなかったのである。ただ、それでもなお、彼女の論文は、国家成立以前のアジア的生産様式における、小共同体と「幻想の共同体」たる総括的統一体との水を介した関わりと、国家成立への内的発展のプロセスを述べたものとして、Claessen & Van de Velde(1985, p.131)において、評価を得ている。

(2)『ジャーナル・オブ・コンテンポラリー・アジア』そしてテーケイ

一九七〇年代後半以来、積極的にアジア的生産様式に関連した論文および書評を掲載したのは、『ジャーナル・オブ・コンテンポラリー・アジア』であった。七〇年代を代表するアジア的生産様式論である、クレーダー(1975)、マリアン・ソーワー(1975)、メロッティ(英訳版1977)、およびテーケイ(英訳版1979)への書評が適時掲載されたほか、一九八〇年前後に、アレック・ゴードン「ジャワの社会経済構成の発展諸段階:一七〇〇—一九七九」(1979)、ディパンカル・グプタ「ヴァルナとジャーティ:インドにおけるカースト・システム——アジア的生産様式から封建的生産様式へ」(1980)、ウィガースマ(Nancy Wiegersma)「ベトナムにおけるアジア的生産様式」(1982)、さらにテーケイの二つの論文「アジア的生産様式の解釈における幾つかの争点」(1982)、「第三世界発展問題の基礎について」(1983)が掲載されている。

ゴードン(Gordon, 1979)は、シャイレンドラ朝が成立した八世紀から、東インド会社(オランダ)による植民地化が始まる十七世紀までのジャワ史をアジア的生産様式に基づくものとみなしている。具体的には、中部および東部ジャワの、マタラム、クディリ、マジャパヒト、マタラム・イスラムなど、ソロおよびブランタス川流域の水稲耕作を中核とした諸王朝について述べている。それらの諸王朝の基本的収取は農民からの税と賦役であり、土地を世襲的に所有する貴族階級は存在せず、貴族は王の従者か代理人であり、その見返りに采地を受け取るが、その土地は譲渡されたものではない。封建的所有は存在しなかった。村落レベルにおいては、土地は共有であり、村がコントロールしており、村外の者には譲渡できない。新来のものは、まず村民の土地を小作することによって、その権利の確立を開始する。支配者による剰余（生産物および労働）の搾取にもかかわらず、村落は事実上自給自足的であった。

このようなアジア的社会の特質は、東インド会社によるジャワ植民地化の進行のもとでも変わることはなかった。東インド会社は、外に向かっては貿易を独占し、内に対しては旧統治者の役割を引き受け、最高級の「アジア的」国家のように振る舞った。

十八世紀末、フランス革命の余波を受け、オランダにバタビア共和国が成立し、東インド会社は解散させられる。一八一一―一六年のイギリスの占領統治の後に復活したオランダ植民地政庁は、一八三〇年以降、悪名高い強制栽培制度を実施する。村落の土地五分の一を砂糖キビなど政府指定の作物栽培に振り向ける強制栽培制度のもと、搾取がいっそう強化され、農民の生活水準は引き下げられた。だが、それでもなお村落は自給自足的でありつづけたが、同時にそのような村落のアウタルキーの最後の局面でもあった。ゴードンは、以上のような十九世紀中葉のジャワの社会構成を、いまだアジア的な収取様式を引き摺ったものと見ているようだ。

一八七〇年以降の近代プランテーション経済の導入以降、村落のアウタルキーは崩壊する。オランダ帝国主義の市場として、村落における手工業は大きな打撃を受けるとともに、税の金納化に伴い、農民の多くは土地を失う。村落の土地共有に代わり、土地私有が支配的になる。だが、近代工業の勃興や近代都市の興隆もなく、土地なし農民はそのまま農村に滞留する。すなわち、プランテーションに「自発的」に雇われるしかない労働者の誕生であった。このようなプランテーション経済の基礎をゴードンは、資本主義的な生産様式と土着経済の接合であるが、自然なあるいは自由な経済のそれではなく、経済外的強制の結果だとしている。

ゴードンが描く十七世紀以降の植民地支配のもとでのジャワ社会については、やはり接合論による理解がもっとも説得的であるように思われる。アジア的生産様式にもとづく社会構成が植民地化により、資本主義的世界システムに組み込まれ、周辺的な資本主義的構成体へ転質させられる。オランダの株式会社である東インド会社が、彼らによって征服されたジャワ社会において、旧来の支配者の役割を引き受け、アジア的国家の君主であるかのように振る舞う。そこに、支配的な資本主義的生産様式と従属的なアジア的生産様式の接合が存在する。そのような接合のもと、従属的構成体から支配的構成体への大きな余剰の移行が長期にわたり持続するとともに、きわめてゆるやかに、従属的構成体が資本主義的なそれへと変容していく、ということになろう。

ウィガースマ（1982）は、植民地以前のベトナム社会をアジア的生産様式の視点から記述したものである。簡潔に言えば、前半を理論編、後半をベトナム編と呼ぶことができる。論文の前半はアジア的生産様式の理論的な側面を中心に、後半において、ベトナム社会の具体的なアジア的性格に焦点を置いて記述している。ウィガースマはマリアン・ソーワーやエルネスト・マンデルらの理論的説明を援用しつつ、アジア的生産様式論を展開しているが、それはアジア的生産様式を、皇帝・中間層（皇帝と農民を媒介している官吏・郷紳層）・農民のヒエラルヒーからなるベトナム社会に即した理解を容易にするものへと誘導するものになっている。特に家族の長（家父長）の支配を媒介する役割に重点を置いた説明をしている。

後半のベトナム編において、まず、土地は皇帝のものであること、あるいは皇帝は国土およびそこから産出されるものに対し圧倒的な権利を有していることが述べられている。だが、村落もまた土地に対する大きな権利を有する。その限りで、村落はその土地をコントロールしているといえる。村の土地は家族の土地と共有地に分かれる。家族の土地は、それぞれの家族が税を納め、共同体の義務を履行するかぎり、村落の土地に対する権利を保持し続ける。村落のもっとも重要な土地は稲作地である。

国家＝中央政府は、行政機構を通じ村落経済に関与する。すなわち、稲作に不可欠な水利施設、ダム、運河などの築造・維持管理のために、地区、省、省を跨るレベルにおいて、水利事業を組織する。それらは、官吏の監督のもと、村落をベースに、農民を動員して行なわれる。

皇帝は、皇帝と税や賦役などの負担者である直接生産者＝農民との間に介在する中間層（官僚や村役人）が、農民のあがり（上納）を着服したり、私的権利を拡大しないよう、農民の権利を保護し、中間層を抑圧する。農民、具体的には、それぞれの家族の長（家父長）は、それに応えて皇帝への忠誠に励むことになる。ウィガースマは、エンゲルス『起源』における社会発展＝私有財産の発展の見地と整合を図るためか、あるいは社会発展＝階級分化の見地からであろうか、ベトナムにおける私的所有の展開を跡づけようと試みようとしている。村落共同体の土地に対する強いコントロールにもかかわらず、伝統的な生産様式のもとでも、階層分解が進行し、家父長による家族財産に対する権利が確立し、耕作権を梃子に、有力者の村落の土地に対する私的権利が伸長する。ウィガースマはそれを資本主義的社会における私的所有とは異なるが、アジア的生産様式のもとでの私的所有と呼び、それが共有を侵食していくと考えている。

テーケイ（Tökei, 1982）は、一九八一年の東京（明治大学）およびハノイにおける講演がもとになっている。一九六四年のアジア的生産様式論争勃発時の当事者として、ゴドリエなどパンセ・マルクシストとともに、アジア的生産様式論の旗手として、論争を牽引してきたテーケイであったが、教条的なソビエト・マルクス主義における歴史理論、とくにスターリンの歴史発展の五段階論に対する闘いにおいては、同一陣営にありながらも、すでに、当初より、ゴドリエらとの間には微妙な見解の相違があったことが知られている。本論では、特に、ゴドリエらが、①アジア的生産様式が封建的生産様式へ発展する可能性を示唆した点、さらに②アジア的生産様式における「アジア的」の名称が実際に含まれる内容に比べ狭すぎるので、より広い、適切な名称に変えた方がよい、とした点を批判している。この二つの批判点は、テーケイのマルクス『諸形態』の理解の水準を示している。すなわち、封建的生産様式の根底にあるものは、マルクスが本源的所有のゲルマン的形態（ゲルマン的共同体）の個人的所有に込めた、共同体成員の強き所有権であり、それゆえ、直接生産者の土地私有が成立したとし、その直接生産者を土地（生産手段）から引き離す原蓄のプロセスの進行が可能となった(17)。それに比し、本源的所有のアジア的形態（アジア的共同体）においては、そもそもそのような強き所有が成立しえない以上、土地貴族は農民を土地から引き離すことではなく、国家の代理人として農民から地租（税プラス地代）を徴収する権利の獲得を目指すことになった。すなわち、アジア的国家が弱まった時、たまたま起こる疑似封建化を封建化と取り違えることは、マルクスの封建制理解に反していると述べると同時に、アフリカやラテン・アメリカにおけるアジア的生産様式の名称を「アフリカ的生産様式」や「アメリカ的生産様式」に変更することは、その「アジア的」に込められたマルクスの主旨を歪めることになると警告している。そこから、一九七〇年代に強まってきた、マルクスの思想をヨーロッパ中心主義として批判する潮流に対しては、その批判は当たらないと述べている。

(3) ガリソ編『前資本主義社会の構造と文化』(一九八一年)

本書は、一九七六年十二月、パリ大学Ⅷバンセンヌ校舎で行われた同名のシンポジウムを契機として編集されたものである。直接アジア的生産様式に関わるものは、以下の論文である。

①ティヘルマン　アジア的生産様式についてのテーゼとジャワの例
②スカラブリノ　Scalabrino　循環的歴史と直線的歴史：生産様式、社会構成と古代ベトナムの歴史
③ヴァルデラマ Varderrama　アンデス文明における前資本主義的構成
⑩イェラシモス Yerasimos　アジア的生産様式とオスマン社会
⑪セルテル Sertel　トルコ社会の発展と構造の解釈
⑫ケッディ Keddie　中東における前資本主義的構造
⑲ベン・アリ Ben Ali　植民地前モロッコの生産様式同定の試み

上記論文のなかで、①は先ほど紹介したインドネシア史の著作 Tichelman(1980)の、アジア的生産様式論の要旨である。②スカラブリノは、レ・タン・コイの古代ベトナム論(本書第六章)を批判的に紹介し、植民地以前のベトナムにおける社会構成および生産様式が、封建的なものかどうかを検証している。主要には、マ

ンデルによりつつ、資本主義以前の社会的性格をアジア的生産様式にもとづいているとみなしている。③ヴァルデラマは、メトロー Métraux やムラ Murra を参照しつつ、先コロンブス期のアンデス社会の政治的・経済的・社会的システムが、アイユ＝農業共同体にもとづく社会であること、農業共同体アイユの上に、上位の共同体としてのタワンティン・スウユ（インカ帝国）が組織されていると述べており、農業共同体アイユの剰余を収取するタワンティン・スウユの描写は『諸形態』の総括的統一体の記述を想起させるものとなっている。⑩イェラシモス、⑪セルテルは、いずれもオスマン社会の性格規定に関わるものである。オスマン朝下の社会構成を如何に規定するかについては、ビザンツ帝国のそれとともに、難しい問題を含んでいるが、イェラシモスはセルジューク朝以来のアジア的社会への傾きをオスマン朝の社会に認めているようである。それに対し、セルテルは、オスマン社会の社会経済構造は、アジア的生産様式にもとづく社会よりも進んだもの、より複雑なものとみなしているが、さりとて封建的生産様式であるとは考えていないようである。オスマン朝を含めた中東地域を考察の対象としている⑫ケッディは、「封建的 feudal」という言葉は、ヨーロッパと日本という、二つの地域にのみ使用すべきだと述べる。だが、その他のアジア的な社会はみな同じかといえば、そうではない。たとえば、中国と中東は、中核部に灌漑を中心とした農業社会があり、周辺部に砂漠および山岳地帯があるという点は同じでも、部族社会および遊牧民族の比重において、全く異なった社会を構成していると述べ、この種の問題の難しさを指摘している。⑲ベン・アリは、植民地以前のモロッコ社会の種々の要素を、アジア的生産様式、貢納制的生産様式、封建的生産様式の視点からそれぞれ分析しているが、権力や土地資産の分散を封建的であると勘違いをしているようにみえる。

（4）バナージー編『マルクス主義理論と第三世界』

本書は一九八三年三月、Burdwan 大学におけるマルクス没後百年を記念し「マルクス主義理論と非ヨーロッパ世界の研究」をテーマとして開催された国際学術大会に提出されたペーパーをもとに刊行されたものである。

収録された論文は十五本であるが、アジア的生産様式に関わるもの、それに関連したものは、以下の五篇である。

①ディプテンドラ・バナージー　前資本主義的生産様式の理論研究

⑤ヤクシ Jakšic　マルクスの生産様式理論：植民地主義の問題と低開発

⑥ルバズ Lubasz　マルクスのアジア的生産様式概念：発生史的分析

⑦ディプテンドラ・バナージー　マルクスとインド村落共同体の〝原〟型

⑧ハーバンズ・ムキーア Mukhia　マルクス、資本主義以前のインドを論ず

一九八三年は、マルクス没後百年の年であり、各国において、あるいはそれぞれの領域において、没後百年を記念する行事が行なわれた。なかでも本書は、マルクスのアジア的社会論に関する、一九八〇年代を代表する論文集といえる。

戦後一貫して、ソ連の影響が強かったこともあり、また、自らの歴史はヨーロッパと異なるところはないと考える理論家、研究者が主流であったインドにおいては、アジア的生産様式はつねに否定的に扱われていたといわれる。また、イギリスや日本などインド以外の国々のインド研究者も、おおむね類似した見解をとっていたと思われる。だが、それにしても、植民地以前のインド社会が、コサンビーやシャルマらが言うような、封建社会であったのかどうか、議論の余地は十分に存在した。本書と同年に刊行されたバイアーズ&ムキーア T.J.Byres & Harbans Mukhia『封建制と非ヨーロッパ社会』（1985）は、その疑問を正面から問うものであった。この論文集に寄稿しているバートン・スタインは、「分節国家」論の提起者として知られるが、その分節国家論自体が、インド封建制論への批判として提起されたものであった。オーレリー（O'Leary,1989）にみられるように、インド封建制論は、アジア的生産様式否定論と一体であり、その後も根強く、インドを対象とするマルクス主義の間では、主流の地位を保ち続けている。

だがアヌパム・セン（Sen, 1982）のような例外もある。彼の最大の関心は、何がインドの資本主義化を阻止

したのか、もっと焦点を絞れば、原蓄を妨げたものはなにかである。彼によれば、インド社会は原始社会の崩壊後、奴隷制も封建制も構成されず、アジア的生産様式が成立し、そして、そのアジア的生産様式は東洋的専制国家をもたらしたが、それが、諸階級の成長の足かせとなった、とするものである。

センは、西（封建的生産様式）と東（アジア的生産様式）の経済システムを対照的なものだと見ている。ヨーロッパでは農民や農奴の搾取強化、商人資本の土地への投資、およびその後の農業の商業化は農業部門における剰余を増大させ、農民の一翼を土地なしの賃金労働者に変えた。生産関係、つまり領主の土地と農奴に対する所有権の承認は、ヨーロッパでは、土地から生産者を引き離すことにおいて、また領主と農奴の間の敵対的な関係を作り上げることにおいて、根本的なものである。それに比し、インドでは、貴顕の者が、土地に対する所有権を持たないという事実は、彼らの労働手段から生産者を引き離すことを不可能にする。彼らの役割は、徴税に限られる（A.Sen, p.15）。

インドにおける資本の弱さは、三つの要因に由来する。まずは、村落共同体における農工の結合である。次に、領主の土地に対する法的権利の不在は、ブルジョアジーが彼の労働手段（土地）から生産者（農民）を引き離すことを不可能にする。最後に、（封建制的な）政治権力分散化の不在は、ブルジョアジーが強力な国家――時には衰退期における国家――から課せられた制限を克服することを難しくする（p.16）。

これは、極めて古典的なスタイルをとった、インドを対象としたアジア的生産様式論である。だが、インド研究者のなかで、センのごとく、マルクスのインド論をそのまま引き写したかのようなアジア的生産様式論を唱えるものは、極めて少ない。

『マルクス主義理論と第三世界』の編著者バナージーも、インドのマルクス主義研究者のなかでは、その数少ないアジア的生産様式論者の一人である。巻頭論文「前資本主義的生産様式の理論研究」においてバナージーは、アルチュセール以降の、経験や歴史に対し理論の優位を主張する傾向を批判し、その具体的な対象として、ヒンデス&ハーストのアジア的生産様式否定論を批判している（Banerjee, pp.15-16）。

ヒンデス&ハーストは、アジア的生産様式における基本的収取である租税＝地代（tax/rent couple）は、国家の一般的な徴税と区別された、特定の収取様式ではないので、アジア的生産様式は独自の生産様式であるとは認められないと主張していた。問題は国家の経済的収取に対する関わりをどのように見るかであった。バナージーは、ヒンデス&ハーストなど、アジア的生産様式における剰余の収取機構の決定に関する、政治的審級の統合（組込み）を拒否する理論家たちが、他の前資本主義的生産様式、とくに古典古代的生産様式における基本収取の性格づけにおいて、市民権（citizenship）を介した剰余の収取として、やむをえず、説明していることを指摘している。正しい指摘である。古典古代における基本収取が、彼がアテネやローマの市民権を有するかどうかによって規定されていることは紛れもない事実であった。古典古代における私的所有とは、本来そのようなものであった。また、公有地 ager publicus に対する権利もまた彼が市民権を保持していることによって生じたのであった。そこから、資本主義社会（近代市民社会）における国家と市民社会の分離を経た、あるいは政治と経済の分離を経た所有観を、そのまま資本主義以前の社会に直接適用することの誤りが理解できるはずである。プリミティブな社会における初期国家の発生は、様々な経済装置、経済諸関係と絡みつつ、それらと未分化なものとして、生じたのであり、とりわけアジア的社会においては、国家は直接に経済的な機能を担いつつ登場した。それを機械的に政治と経済に振り分けることは不可能であり、かつ無意味であった。また、生産様式概念の規定において、国家や政治の関与や影響があれば、それを上部構造による下部構造の決定、あるいは上部構造の下部構造に対する優位性として捉え、唯物史観に反すると考えるのは、長い間、ソ連流マルクス主義に馴らされた、ひからびた思考方法の残滓でしかないというべきであろう。

バナージーは、マルクスはその晩年まで資本主義的生産様式との対照から前資本主義的生産様式に関心を持ち続けたことを指摘する。彼は資本主義社会と前資本主義社会との対照において、後者の諸生産様式の規定には、経済的なエレメントばかりでなく、経済外的な、あるいは非経済的なエレメントもまた重要なものとして含まれることを強調する。そうである以上、資本主義に先行する諸生産様式の性格を理解するためには、それぞれの生産様式に関して、より具体的な、歴史的、経験的なデータが集められ、分析されなければならない。資本主義社会に関する研究とは異なり、それに先行する諸社会のデータそれ自体が不足しているからである。とくに、旅行者の手紙や植民地行政官の資料に頼っていたアジア的社会については、いっそうそのことが当てはまる。すなわち、資本主義に先行する諸生産様式に関する理論的考証は、現実の、多種多様な、経験的なデータの検証にもとづくもの、それらに依拠したものでなければならない、と。

これらの記述を通し、経験的なもの、歴史的なものに対する強い留意が窺える。おそらく、このバナージーの主張は、アルチュセール革命以降の、理論の経験に対する優位性の強調に対し、理論的実践における個別的なもの、具体的なもの、経験的なものの復権といったものが意図されているのだと思われる。

資本主義に先行する諸生産様式の性格規定に関して、バナージーは、マルクスの遺稿ともいうべき『コヴァレフスキー・ノート』における著名な一節、ムガール期のインドが封建的であるかどうかに関して、封建的であることを認めるコヴァレフスキーの議論を、マルクスが逐一取り上げ、厳しく批判したことを、紙幅をさき丁寧に紹介している。マルクスがインド封建論の疑点として示した問題は、いずれも経済外的、非経済的なエレメントがからむものである。たとえば、インド社会には、農奴制、「土地の詩化」(Bodenpoesie)、領主の司法権およびそれにもとづく領主による農民保護などが、いずれも欠けており、それらが欠けた社会を封建制にもとづく社会だとはいえないとマルクスが考えていたことを強調している。

マルクス主義の生産様式規定にとって農奴制は経済的エレメントであるが、本来は農民の領主に対する個人的な従属であり、純粋に経済的な行為であるとはいえないものであった。農民あるいは奴隷が領主の土地を耕すという行為は、この従属関係のもとにおいて生じたのである。

これらは、マルクス主義にとり封建的生産様式、封建的社会構成とは如何なるものかを示唆している。インドにおけるマルクス主義歴史研究においてインド封建論が主流であることを考慮するならば、このバナージーの観点は、主流派を暗に批判しているともいえる。

バナージーの第二論文「マルクスとインド村落共同体の〝原〟型」は、アジア的＝インド的共同体を発展の相において把握しようとしたものである。だが、バナージーが、アジアの共同体における原初的共同体から発達した共同体への展開を跡づけたとしても、それが、ヨーロッパの村落共同体のような、私的所有者からなる村落共同体への発展とみなすことはできない。たとえ、インドの共同体が原初のものよりも発展していたとしても、せいぜいロシアの農村共同体+カーストといった段階に留まる。ましてや、西欧中世に見られる、農民分割地所有に象徴される、直接生産者の小経営的生産の力強い発展などといった局面は現れない(18)。そうであるかぎり、マルクスの述べるインド村落共同体は、やはりプリミティブなものという評価にならざるをえないであろう。

⑥ルバズ(Lubasz)は、『経済と社会』誌(一九八四年十月)に掲載されたものと同一であり、その内容は、アジア的生産様式とは疑似概念であり、アジア的生産様式として概念化されたものは、当時マルクスがよく知らなかったアジア社会ではなく、マルクスがよく知っていた近代ブルジョア社会の仮説的な諸起源を表わしたものだとするものである。

ハーバンズ・ムキーア「マルクス、資本主義以前のインドを論ず」は、マルクスのインド論を論じたものであり、マルクスのアジア的生産様式にもとづくインド理解に疑問を呈している。以下のムキーアの観点は、インドにおけるアジア的生産様式否定論に特徴的なものである。

まず、アジア的生産様式の特徴として、①国家が担うところの人工的灌漑、②土地私有の不在、③孤立した村落社会と、農業と手工業の結合による自給自足と自然経済、④商品流通を担う都市は寄生的である、⑤それらに君臨し、貢納や租税の形(地代とは区別されない)で剰余を収取する専制国家、が挙げられるが、これらの特徴は、マルクスに先行する以下の諸著作の影響を受けている。

①水利における国家の役割　アダム・スミス
②土地私有の不在と君主の至上権　ベルニエ
③孤立した村落社会とアウタルキー　マーク・ウィルクス(Mark Wilks)
④国家の統治権と地代と租税の統一　アダム・スミス、ジョーンズ

これらのアジア的生産様式の指標のなかで、ムキーアはまず、人工灌漑を国家が担うことに疑問を呈する。インド史においては大規模な灌漑もあったが、小規模で主に個人のイニシアティブによるものが多いと主張する。だが、一八五三年六月六日のエンゲルスからマルクスへの手紙では、人工灌漑は中央政府か、地方政府か、村落共同体かの仕事である。国家のみが責任を負うとは書かれていない。もし個人のイニシアティブによる灌漑が、家族経営を営む個々の農家が所有する井戸や小さな溜池によるものを指すならば、そのような農家が、社会における剰余の主要な供出者であるかどうかを問わねばならない。小規模灌漑によるものだから、古典古代世界や古ゲルマン社会のような個々の家族による小経営が成り立つと考えるのは誤りである。

竜骨車や撥ね釣瓶による小規模灌漑の場合においても、河川やクリークのような水路を前提とする以上、個々の農家のみによって完結する水利設備とはいえない。それらは自らの耕地を遥かに越えた規模における水利施設とその水制御を前提としている。また、天水田も、それぞれの田に降る雨によってのみ、水田が営まれるのではなく、天水農耕とはいえ、その田の集水域は、必ずその田よりも大きい。つまり、何らかの形で、他人の土地、あるいは共同体の土地を経て水は集められる。その点において、アジア的社会の農業は、古典古代世界や、古ゲルマン社会の農業とは異なる。農業における水の必要性が、個々の家族の経営においても、少なくとも共同体の介在を前提としている。すなわち、水利施設の建設、あるいは維持・管理のための、「共同体のための必要労働」、あるいは「共同体のための賦役労働」を前提としている。そこに、共同体の首長がその成員に労働を強いる契機が潜む。専制への契機ともいうべきものである。

一般的に考えれば、支配者にとって、直接生産者からの剰余の収取は、安定したものでなければならず、そのうえ、農民の手もとに残された収穫によって農民の家族の再生産が行なわれなければならない。それを考慮すれば、水利施設の規模の大小にかかわらず、灌漑耕地の優位性は明らかである。

また、中世や近世に水利技術の革新が行なわれ、個人のイニシアティブにより灌漑が行なわれるようになったとしても、それが、従来の社会システムや政治システムの型を変えるわけではない。とくに、政治システムにとって、古代における首長制や初期国家の時期、あるいはその後の歴史の範型となった最初の専制国家において、如何なる水利が行なわれていたのかが重要である。

ムキーアは灌漑における個人の主動性 initiative を重要視するが（Mukhia,1985. p.277）、もしそうだとすると、そのような灌漑農民によって、支配階級が養われていたことを主張しなければならない。そうでなければ、説得力をもたない。重要なのは、水利建設における賦役を誰が引き受けるかということである。それは誰がどのように命じ、現実の工事を指揮し、建設後は維持管理するのか、ということである。ウィットフォーゲルの水力仮説を批判するあまり、小規模水利あるいはローカルな水利建設であることを強調することがよく行なわれている。だが、小規模ならば問題がなくなるわけではない。水利のための労働が家族や親族組織によって担われている場合は別として、共同体の規模で行なわれる場合、とりわけ共同体の規模を超える場合は、必ず共同労働の徴集と指揮の問題が生じる。

大規模水利でなくとも、アジア的社会の農民たちは水を契機として共同体のための賦役労働に従う習慣が身についている。そこから、首長なり、王なりが、公共の利益を名目として動員を図れば、農民たちは賦役に従わざるをえなくなる。デスポティズムは、それを温床として育まれる。

ムキーアの議論、つまりマルクス・エンゲルスが、インド農業における、個人のイニシアティブによる水利を無視しているとの批判は、それ自体としてはまっとうなものだが、この種の議論の欠点は、水利建設における労働を誰が引き受けるのか、そしてその動員を誰が命じるかを問題にしていないことである。たとえば、マルクスが共同労働からなる水利事業の東西の相違に言及した時、西方では、私的エンタープライズの連合によって、大規模な建設が可能であるが、東方ではそうではなく、政府権力の強制によって動員された農民の協業によるのだと述べているところに、マルクスの理解がよく表れている。つまり、西欧中世では、私的経営が自発的な連合を結ぶことが促進されたが、東洋では文明があまりにも低く、また地域があまりにも広大で、自発的な連合を生み出さなかったため、上位の権力が介入することになった（「イギリスのインド支配」）というわけである。

ムキーアはまた、インドにおける土地私有の不在、自給自足的村落共同体、変化なきインド社会等々、マルクス・エンゲルスの言説を点検し、その上で、インド農業の発展を論じている。さらに、スードラの直接生産者としての成長を強調し、それは、七世紀以来の新しい生産様式＝小経営的生産の成立を示していると述べる。たしかに、停滞をslow developmentと言いかえれば、気が済むなら、そうすべきだ。少なくとも、それを前提にインド史における生産様式論や社会構成体論にじっくり取り組むべきであろう。ムキーアの良い所は、シャルマたちのように、無理に解釈して、上記の新しい生産様式を封建制の成立だなどと言い立てないところである。

だが、どう考えても、この新しい生産様式が、以前の生産様式とは異なるものとはいえないであろう。また、このような農民と国家との関係も変化したとはいえない。たとえ、新しい変化であっても、新しい生産様式とはいえず、同一の生産様式のなかの新たな展開、あるいは新しいウクラードの形成と言うべきであろう。小経営的生産様式の発展自体は、アジア的、古典古代的、封建的生産様式においても、それぞれ独自に展開されるということを忘れてはならない。

ムキーアの、所有権以上に耕作権を重視すべきであるとの主張について。所有権は法的な問題であり、上部構造に属するという考え方は、根本的に間違っている。所有であれ、保有であれ、権利の蓄積を伴わなければ、弱き所有に過ぎず、自らの勤労の果実を守ることすらできない。所有の強さは生産関係の質を決定する。生産様式規定の根幹をなす所有形態における所有を問うためには、まず所有権を問題にしなければならない。

アジア的社会においては、支配者たち、すなわち司祭・官僚・郷紳・常備軍などを含む膨大な支配層を養うような巨大な剰余の確保のために、様々な収取システムが作り上げられたが、スードラ以下の劣位の階層に貢納や賦役を一方的に押しつけるカースト・システムもまた、その例にもれない。

ムキーアも、下位カーストへの雑役menial laborの押しつけについて述べているが、インドにおいて重要なことは、下位カーストの土地に対する権利の弱さである。これは、「共同体」が「共同体のための賦役労働」を下位カースト（共同体が丸抱えしている劣位の者）に押しつけたことと関係がある。このような負担の押しつけは、共同労働における協働連関の可視性を低下させ、社会の低信頼化をもたらすとともに、低信頼状態持続の主たる要因ともなったと考えられる。

ヤクシ(Miomir Jakšic, 1981)は、接合論の堅固な基礎としてのアジア的生産様式を主張したものである。ヤクシのアジア的生産様式概念は、テーケイ、メロッティ、クレーダーなどの理解にほぼ合致したものである。「上位の統一体 higher unity は、村落共同体をこえて存在し、それらを統一し、その生存の前提条件(道路、灌漑)を作り上げ、それに基づいてその再生産を可能にするところの剰余生産物を[農民から]取り上げた。マルクスが書いているように、この利害の相互性こそが何故アジア的生産様式がもっとも堅固で、もっとも持久性があったのかを説明している」(Jakšic, p.86)。

ヤクシは、文頭において、本論文集のテーマともいうべき第三世界の歴史展開に即した歴史理論の構築とエスノセントリズム(ヨーロッパ中心主義)批判を念頭におきながら、ヨーロッパ・モデルに沿った資本主義文明化作用とその使命に対抗する発展途上国の歴史理論として、マルクスの生産様式論の有効性を主張する。その発展途上国の歴史と社会の相貌を理解するのにもっとも有効だとする生産様式論の中核にアジア的生産様式論が位置している。ヨーロッパ的な歴史発展とは異なった道を歩む非ヨーロッパ的世界における独得な性格を形作っているもの、それ即ちアジア的生産様式なのである。それゆえ、ヨーロッパが封建的生産様式から内発的な発展により資本主義的生産様式への変革をなしとげたのに比し、非ヨーロッパ的世界においては、その古い生産様式の堅固さと持久性のために、内発的な発展ではなく、外からの刺激によって資本主義的な発展へと導かれていくことになる。おそらくは、ピエール-フィリップ・レーによる『階級同盟』の影響を意識しているのだと思われるが、外から浸入した資本主義とアジア的社会の古い生産様式は長期にわたり共存し、絡みあい接合し、独特の社会構成を形成しつつ、ゆっくりと変化し質的転換を遂げていく。伝統的生産様式自身の内在的な発展は、接合およびその質的転換に影響を与える。ヤクシは著名な、資本主義生産にとっての商人資本の役割、あるいは高利貸資本の古い生産様式の分解に対する役割、などのマルクスのパラグラフを引用しつつ、上記の接合論の視角が、すでにマルクスに内在していたことを明らかにしている(p.80)。非ヨーロッパ的世界においては、ウエスタン・インパクトなしでは資本主義的発展は起きないとまで語るヤクシのこのような確信がどのような史料、あるいは学的系譜や蓄積によって支えられているのかについて知るには、残念ながら、彼の論文は短かすぎるようである。

ヤクシは旧ユーゴスラビアのマルクス主義者であった。東欧におけるアジア的生産様式研究に関して、一九六〇年代においては、チェコスロバキア、ハンガリー、ポーランドなどの学界の動向が、西欧の雑誌などにも時おり伝えられていたが、その後、情報らしい情報はほぼなくなる。スラブ圏のマルクス主義者にとって、オスマン帝国のバルカン占領やロシア帝国の西漸により、東洋的専制主義に対する実感は、我々の想像以上にセンシブルなものだったと思われる。スラブ圏以外において、スラブ系諸語に通じた研究者が少ないという難しい問題があるが、東欧の研究動向にもう少し光が当てられることを願うばかりである。

6　水の理論へのなだらかな回帰

アジア的生産様式にとって、水は特別な意味をもっていた。戦前のマジャール、ウィットフォーゲルの中国経済史、中国農業に関する著作は、多くの批判を受けながらも、つねに高い評価を受けていた。それは、誰もが感じていたアジア的社会のヨーロッパ社会との相違、とくにアジア的社会の農業の特質を明らかにせんとしたものであったからである。

だが、一九五七年、ウィットフォーゲル『オリエンタル・デスポティズム』の出版以後、事態は大きく転換する。水の理論が今や反共理論として新たな装いをつけて登場した以上、マルクス主義者にとって水を扱うことは難しくなった。それればかりか、マルクス主義者ではなくとも、その影響を受けた知識人、リベラルな立場を取る研究者たちも、同じような困難を感じることになった。

一方、考古学、人類学、地理学をフィールドにする研究者たちにとっては、水利を強引に政治システムに関連付け、政治的プロパガンダに加担したウィットフォーゲルのスタイルは、科学的な研究活動に不必要な、過剰な負担をかけるものとして、強い反感を呼ぶことになった。その結果、政治に無縁な領域においても、水利をテーマとして扱うことは、予期せぬ批判を招きかねず、相応のリスクを伴うことになった。

だが、水は農業にとって根幹をなす。人間が農業に依存するかぎり、農業にとって不可欠な水をどのように獲得するかについて、人間が関心をもたないなどということは本来ありえないことがらである。ただ、それが天水で十分な場合、必要なものとしての優先順位が下がり、不可欠なものとして特に意識されてこなかっただけであった。

このような厳しい時期、長期にわたり水の理論を探究し続けたマルクス主義者の一人としてスリランカのグナワルダナがいる。マルクス主義者として、長くウィットフォーゲル「水の理論」批判を続けたグナワルダナの「水」へのアプローチを検証してみたい。グナワルダナ「中世セイロンにおける灌漑と水力社会」(Gunawardana, 1971) はまず、古代セイロンを国家主導による大規模水利事業によって王国の中核地域の農業が支えられていることを認め、これを水力社会であったと認める。すなわち、ウィットフォーゲルの水の理論の基本的な部分を認めている。たとえば、三世紀後半に築造されたミネリア・タンクは四六七〇エーカー(一八・九㎢)の大きさを誇る。あくまでも表面積だけの比較であるが、諏訪湖(一二・九㎢)よりも大きく、如何に巨大であるかがわかる。日本と同様、大河川の存在しないスリランカにおいて、灌漑の主力はマハーヴェリ川とカラー川の二つの水系とそれに連結している多数のメガタンクであり、さらにメガタンクを含め多数のタンクが相互に連珠し、二つの主要河川を軸にそれぞれ大規模な灌漑ネットワークを構成している。この二つの灌漑ネットワークにカバーされた農業地帯こそが古代国家を支える中核地域であった。これらをみれば、やはり水力的 hydraulic であると言わざるを得ない。

だが、このような水力的な農業社会を基盤とした古代国家は、僧院経済の発展、および地方有力者の政治力の上昇によって、政治権力は多元化(多中心化)していく。グナワルダナは、そこに水力社会の封建化、西欧に類似した中世への展望を見出そうとしている。

グナワルダナ『僧服と犂:中世初期スリランカにおける僧院制度と経済利害』(1979) は、僧侶集団(サンガ）および僧院経済の詳細な検討を通じて、王とサンガ（僧団）、あるいは有力僧院の関係の変遷を跡づけている。インドやスリランカなどにおいては、僧院や僧団は、僧侶が生業に従事せず、直接生産に携わらないことから、もっぱら宗教史的・文化史的な側面からのみ考察されてきたことに対し、同書は社会経済史の視角から僧院および僧団を取り上げ、その社会的なあり方と役割、王権（国家）との関わりを明らかにせんとした、非常な意欲作である。王は僧院および僧団を庇護し、彼らに土地（灌漑つき）および人民を付与する。それに対し、僧院および僧団はその教義と仏教儀礼を通じ、王を神聖なるものとして王の権威を高め、王を中心としたヒエラルヒーを明確化する。すなわち僧院および僧団は王権の宗教およびイデオロギー機能を担っている(19)。

僧院は下賜され灌漑地を中心として、さらに富（水と土地）を蓄積し、直接生産者である共同体農民から、小作人が地主に地代を収めるように、「領主」としてその余剰を納めさせる。僧院資産は世俗資産とは異なり相続による分割を免れているため、彼らの水と土地の集積は、地方経済に大きな位置を占めるようになる。グナワルダナは、このような僧院経済の発展を、王権から相対的に分離していく過程として捉え、中世封建社会への転換を跡づけているかにみえる。

グナワルダナ「社会的機能と政治的権力——灌漑社会における国家形成のケース・スタディ」（1981）は、もっぱら国家の形成と水利社会の関わりを論じたものである。紀元前におけるスリランカ各地のプリミティブな政治支配である首長制の段階から、灌漑や溜池（貯水池）など水利事業が果たした役割と、それが政治支配へ及ぼした影響が相互に関連して述べられ、古都アヌラーダプラを中心としたドライゾーンの水利に利害をもつ政治集団が登場し、その水の供給を受ける農民たちから受け取る農業の余剰が、その集団の政治支配を強化し、さらには、アヌラーダプラの王のもとに、各地の首長とそれに率いられた共同体農民が統合されていく過程が述べられている。グナワルダナは、上記の叙述のところどころで、ウィットフォーゲル批判を展開している。だが、灌漑が安定した農業生産をもたらし、その余剰が水の供給者たる灌漑の組織者（首長や王）の政治支配を強化するとしているように、彼は灌漑と政治支配（国家形成）の関わりを否定しているのではない。

それはむしろ、灌漑の必要が国家を発生させる、あるいは水が専制権力の基礎であり、かつアジア的社会を長期にわたって停滞させるといったウィットフォーゲル「水の理論」における極端な仮説あるいはグロテスクといえるほど過度に強調された部分(20)（それは結局、ウィットフォーゲル仮説の弱点となっている）を取り除き、ソフィスティケートされた水の理論ともいうべきものを提供しているかのようにみえる。考古学者ジュリア・ショーは、サンチーなどの仏教遺跡の発掘から、インドの僧院の営為と灌漑の関わりを明らかにしつつあるが、その先行研究としてグナワルダナ（1979）を挙げているのも、その辺に由来していよう。

グナワルダナ「全体的権力か分掌された権力か――三世紀から九世紀にかけてのスリランカにおける水力国家とその変容の研究」（1985）は、古代セイロンについては、やはり水力社会であることを認める一方、古代から中世への転換に関して、権力の分掌 sharing of power なる概念を新たに提起し、その転換の過程を意欲的に実証しようとしている。権力の分掌 sharing of power に関するグナワルダナの議論とそのスリランカ史における位置づけは、日本史でいえば「権門体制論」の提起（黒田俊雄）を巡る状況に似ているといえそうである。だが、日本史研究における詳細な寺社の経済、とりわけ荘園経済の変遷の実証研究に相当するような、社会経済史研究は行なわれていない。それゆえ、王から有力僧院へのインムニテートの授与が重ねて強調されていても、寺院・僧院の政治的・経済的な自立のプロセスとして理解することはできない。王は僧院に田地や灌漑施設を賜与し、それにインムニテートを授与したとしても、その土地や農民に対する保護を当然のごとく自らの任務だと考えているように見える（Gunawardana, 1985:p.242）。結局、その分掌とは、むしろ王権内部における、宗教機能・イデオロギー機能の分掌としか受け取れないであろう。また、首長層あるいは地方豪族の台頭も、それぞれの経済的な内容に関しては、地主・小作制度と貿易ぐらいにしか言及しておらず、具体的な内容に乏しく、政治的・軍事的にはともかく、経済的・社会的には、その実体はひどく漠然としたものにすぎない。ただ、中国歴代王朝史の研究においては、皇帝と寺観勢力との権力の分掌などといった問題意識すら持ちえないほど力関係に差があることを考えると、先の「権力の分掌」をめぐるグナワルダナの提起は十分に検討に値するものだといえる。

7　ウィットフォーゲルの死と二十世紀社会主義の終焉

一九八八年、ウィットフォーゲルの死と、一九八九～九一年にかけてのソ連・東欧圏の崩壊とともに、アジア的生産様式に関する議論も下火となる。だが、それ以後も細々となされた議論から、アジア的生産様式否定論がほぼ消失したことが顕著である。すなわち、何が何でもアジア的生産様式概念を否定したい勢力が、一体誰であったかが、ここに、明らかになったといえる。

ウィットフォーゲルの死およびソ連＝東欧圏崩壊によって、イデオロギー的な重しがとれ、様々な「水」についての研究が登場する。一九九〇年代には、水の理論の継承を公言するものも現れる。

ミャンマー中央高地の水利を論じたアウン－スゥィン（Michal Aung-Thwin）『ビルマ中心地域における灌漑――前植民地期ビルマ国家の成立』（1990）は、植民地以前における水の役割を再評価することにより、水と政治支配との関連を問うものであり、一九九〇年以降の「水の理論」の世代に繋がる著作であった。アウン－スゥィンは、その「注」において、極めて曖昧ではあるが、ウィットフォーゲル仮説との関連を示唆している。ウィットフォーゲル・パニック以来、長く閉ざされてきた政治権力と水との関わりに関する探究が、ようやく始まりつつあることを感得させるものとなっている。

一九九一年にデンマーク語で発表され、一九九三年に英訳されたクリステンセン『イランシャーの衰退』（イランシャー：ササン朝）はメソポタミアおよびイラン高原の人工灌漑史の大著であるが、中東を舞台としたアジア的生産様式論や東洋的専制主義論にとって到底無視しえない内容を持つ、すぐれた労作である。同時期、それとは対照的に、ウィットフォーゲル仮説の盲点である小水系の水利事業の意義について、小水系の水利社会における「水を介した連帯」hydraulic solidarity の存在を検出したランスィング（Lansing, 1991）のバリ水利論が登場する。農業と農業社会における水の意義について、多種多様な、実証的かつ理論的な諸研究が続くことになる。

それらの多くはマルクス主義諸学との関わりをもたないものである。そして、そうである以上、アジア的生産様式論とはいっそう無縁のものであるようにみえる。だが、それらの諸研究において、一たび水利社会と政治支配との関係を問う時、意識しようとしまいと、アジア的生産様式の理論領域に接することになる。何故なら、その社会の成員が水を如何に制御しているかどうかが問われるからである。とくに、水利施設が大きくなるにつれて、水利事業のための労働を誰が供出するのか、水利事業を誰が指揮するのか、そしてその果実を誰がどのように獲得し分配するのか等が、大きな問題となる。そこでは、共同体のための必要労働、あるいは共同体のための賦役労働、協働連関の可視性といった概念が基礎的な視座を提供するはずである。

[注]

(1) 一九七〇年代初頭において、スリランカのマルクス主義者グダワルダナが、ホブズボーム等の『過去と現在』誌に寄せたウィットフォーゲル水力社会論批判が、その極めて数少ない関連論文の一つであった。

(2) とくに、「日本的封建制」は『絶対主義の系譜』の結論部と強い関連を有し、結論部の延長といっても過言ではない。アンダースンは『絶対主義の系譜』結論部において、十四、十五世紀以降の日本を封建的生産様式にもとづくものと認め、日本はヨーロッパ以外において、唯一封建的生産様式が成立した社会であると述べている。だが、そこからアンダースンは、西欧と日本の封建制の相違に絞って議論し、古典古代の継承こそ、西欧にあって日本にないものであり、近代における絶対的私有の確立は、ローマ法を継受した西欧にのみ可能であり、日本においては不可能であった——それゆえ資本主義の成立も西欧においてのみ生じた——とする、結論を導き出しており、「日本的封建制」はそれの線に沿って書かれている。また、『絶対主義の系譜』第二部において、東欧の絶対主義を検証しているが、その末尾に、ロシアおよびイスラム世界が各々章を立てて検証されている。論文「アジア的生産様式」の後半は、それに呼応し、イスラム世界および中国の社会構成の歴史について、述べられている。

(3) この純粋封建制に関する議論に関しては、保立道久『歴史学をみつめ直す——封建制概念の放棄』(校倉書房、2004) を参照されたい。

(4) だが、アジア的所有の根幹にある共同体のための必要労働、共同体のための賦役労働の視点からは、たとえば、水に依拠した農業社会は、小さなプリミティブな共同体社会であろうと、専制国家であろうと、同一の性質を持っている。

（5）同じ西欧マルクス主義に属するとはいっても、イギリスのマルクス主義知識人はフランス、イタリア、ドイツなど他の西欧諸国のマルクス主義者とは異なった雰囲気を持っているようである。そこは大陸の置かれた地政学的布置といったものが関係していそうである。すなわち、イギリスの、専制国家に対峙した経験の無さ、あるいは少なさが、イギリスの知識人、マルクス主義者の問題意識に影響しているのではないかと思われる。それが、大陸の知識人とのアジア的社会に対する視角の相違を生んでいる。すなわち、イスラム帝国（サラセン）、モンゴル帝国、オスマン帝国（トルコ）、ロシア帝国など東洋的専制主義国家の脅威を受けていたのはヨーロッパ大陸諸国であり、極めてセンシブルな問題であった。それに対し、イギリスにとっての東洋的専制主義とは主として植民地問題であり、それは征服の対象であり、かつ植民地行政にとっては遺制の問題であったことである。さらに、戦後ソ連支配下にあった中東欧諸国の知識人は、ハンガリー事件（一九五六年）やチェコ事件（一九六八年）を通して、東洋的専制主義の抑圧的支配とは何かを、明瞭に理解することができたはずである。フランスのマルクス主義者、とりわけシャルル・パラン、ジャン・シェノー、ジャン・シュレ-カナル、モーリス・ゴドリエらパンセ・マルクシストが、東独のヴェルスコップ、ハンガリーのテーケイ、チェコスロバキアのペチルカやポコラなどに呼応し、彼らのアジア的生産様式論を批判的に継承したのも、そこに、同じ問題意識、危機意識が共有されていたからであったと考える。

（6）クレーダー（krader, 1980）は、この tax/rent couple とされるアジア的生産様式における収取は、本来未分化な、一体のものであったと述べる。そこに、アジア的生産様式の特質があったのであり、ヒンデス＆ハーストのようにそれを、tax/rent の収取は国税の徴収と異ならないがゆえに、アジア的生産様式は理論的に成立しえないとするのは、アジア的生産様式の理論的特質を理解しえないがゆえの誤りでしかない。

（7）太田秀通は、テーケイ、シェノーらの議論に関して、「細かな違いや、発展段階論の理解の仕方における違いはあっても」、アジア的生産様式に対して、基本的には似た理解をしていると考えていたようである（太田秀通『奴隷と隷属農民』1979: p.117）。

（8）アジア的社会における「共同体的隷属」とそれに伴う不自由労働に関しては、やはり共同体のための賦役労働として理解されるべきである。共同体のための賦役労働が強制性をもつのは、それが公権から罰則をもって強制されるからであるが、それとともに、たとえば灌漑事業のための共同労働のように本来は共同体のための必要労働であったことが強制の背景にある。臣民に労働を強制する側からみれば、公共の福利のための労働であり、それを拒否すること自体、道徳的に悪であり、強く罰せざるを得ないということになる。

中国のような大平原や大河流域に形成された水力社会においては、プリミティブな共同体の崩壊後、小共同体は再建されず、農民は直接国家の支配を受けるにいたる。このような社会における共同体のための賦役労働を国家の側から捉えれば、社会的必要労働ということになる。灌漑のための労働を必要労働の社会的組織と呼んだのは、マジャールである。今日では、渡辺信一郎が、専制国家が臣民に果たす賦役を社会的必要労働と呼んでいる。それは広範囲で、量的にも膨大なものであり、生産の一般的諸条件である道路・橋梁・通運・水利・治水・通信防御施設の造営や維持が含まれる。土地や共同団体の維持自体もそれに含まれる（渡辺信一郎『古代中国の財政と国家』汲古書院、2010）。

このような臣民に対する社会的必要労働の強制は、ライトゥルギー国家に典型的であり、帝政ロシアの貴族やボヤーレを含めた臣民のツァーや国家への勤務奉仕においても同様である。また、その後継たる二十世紀社会主義における、国家のための労働の義務もまたその伝統に強く結びついている。

(9) 事実、「アジア的生産様式の実際的適用」の対象として、ロシア史は、ふさわしいとはいえない。またロシア的世界は、古代オリエントやラテン・アメリカ文明にしばしば見られるような、「初めに神殿ありき」（泉靖一）でもない。というのも、共同の備蓄を兼ねた神殿経済により、水に準じたアジア的生産様式概念の適用が可能になると考えているからである。なお、筆者は、ロシア史の例、すなわち、ツァーを頂点とするロシアの政治経済的なシステムが、東洋的専制主義体制にほかならない、というロシア史に固有の事態は、アジア的生産様式論そのものによって解かれるべき問題はなく、むしろ接合論によって解かれる課題であると考えている。ロシアの揺籃であるキエフ国家は本来、他の当時の東欧世界と同様、プロト封建制ともいうべき社会構成にあったと思われる。ロシア人たちが、二百年以上にわたり、「タタールの軛」、すなわち東洋的専制主義支配のもとで、政治的経済的に馴致され、そのなかで、改めて国家を中心に経済的社会的諸関係を再編した結果、東洋的専制主義に適合した社会構成をとるにいたった、と考えられる。このような転質のプロセスは、まさに接合論の問題である。

(10) ゴドリエのアジア的生産様式論について、湯浅赳男『経済学人類学序説』（新評論、1984）もソーワーと同様の捉え方をしている。

(11) スカルニクは、一九六四年レニングラードのエイレネ協会の国際会議で、ソ連の学者たちにアジア的生産様式論争の再開を呼びかけたチェコスロバキアのペチルカの学生であり、アフリカをフィールドとする人類学者であった。スカルニク自身、当初、アフリカを対象とした人類学研究において、アジア的生産様式概念の緩やかな適用を考えていたが、その後、適用の難しさを知り、断念したといわれる。

(12) テイラー（Taylor, 1979）の接合論に対する高い評価は、北原淳（1981）に見られる。

(13) ケスラー（Kössler, 1982）は戦前の第一次論争における主要な個々のテーマ――奴隷制や封建制などの敵対的社会構成の有無など――に関する議論を、中国の土地所有制度、官僚機構と郷紳層、国家の在り方などを考量し、詳述するとともに、アジア的社会論の立場から当時の論争をまとめた大作であったが、おそらくドイツ語で出版されたため、あるいは同じことだが、マルクス主義をめぐる論争の中心が英語圏に移っていたため、一九七〇年代中葉のクレーダー、ソーワー、メロッティのような評判を得ることがなかった。

(14) このような歴史的なパースペクティブの形成に、ティヘルマンは、ファン・ルールの「ローマからジャワまで、相互に関連した一つの貿易圏だった」との記述から大きなヒントを得ている。

(15) だが、地域的統一はアジア的生産様式にとって偶有的な性質のものであり、基本的な指標ではない。

(16) 政治支配成立のプロセスにおける宗教的・イデオロギー的要素を無視すべきではないのは当然である。それは、首長制や初期国家成立を促す要素としての、水利など公共事業や威信財の交易、あるいは異なる民族や文明の襲来といったものと十分に両立可能なものである。ただ、筆者は、宗教的あるいはイデオロギー的なものと経済的なもの（物質的生産に関するもの）を厳密に分けることに反対である。現在の立場からは、豊穣儀礼は無意味であるが、プリミティブな社会に住む人々にとって、銅鐸を小高い丘に埋め豊穣を祈願する行為や古墳の上から国見を行う行為もまた広い意味において生産に関わる行為であったと考えるべきであろう。

(17) 土地のゲルマン的所有から発展した封建的生産様式の本質とは、領主による土地所有から土地私有が形成されたのではなく、まず農民による土地私有として形成されたことである（Tökei,1982: p.301）。

(18) バナージーは、農民の村落の共有地に対する土地（分与地）の要求を個人化 individualization と捉え、それを共有に対する私的契機の発展と見なしているようであるが、分与地と国家もしくは地主への農民の労役義務は表裏一体のものである。また、インド村落においては、土地への権利はカーストへの帰属に媒介される。それゆえ、分与地の保有は農民分割地所有とは別物である。

(19) グナワルダナの王権とサンガをめぐる議論は、アジア的生産様式のもとでの国家と宗教の関わりを問うものとなっているが、グナワルダナは――筆者が読んだ論文にかぎっていえば――、一度もアジア的生産様式について言及していない。彼の一連の著作における主要なテーマが、水力社会 hydraulic society と国家形成であること、さらに、中核地帯における大規模水利事業の展開とともに新しい生産様式が出現した（Gunawardana, 1981: p.145）と述べているように、明確にマルクス主義的な生産様式概念を使用していることを考えるならば、言及の不在は、とても奇妙に映る。

(20) ウィットフォーゲル自身は、大規模水利にもとづく水力農業と、それに満たない規模の水利農業を明確に区別している。したがって、専制をもたらすものは、水力農業であり、水利農業ではない。水＝専制、あるいは水＝停滞といった通俗的な理解は、一部はウィットフォーゲル理論への誤解にもとづくものであると同時に、一部は、ウィットフォーゲル自身が水の理論を力説するあまりに、その意義を過度に強調したことよってもたらされた「後遺症」とも言うべきものから来ている。

[文献リスト]

ウルメン『評伝ウィットフォーゲル』亀井兎夢訳　新評論　一九九五年
太田秀通『東地中海』岩波書店　一九七七年
北原淳「移行過程としての第三世界（上）」『新しい社会学のために』十二巻二号　一九八七年
R.A.L.H.Gunawardana,Irrigation and Hydraulic Society in Early Medieval Ceylon, *Past and Present*, no.53, November 1971.
Perry Anderson, The Asiatic mode of production, in *Lineages of the Absolutist State*, New Left Books, 1974.
Y. Lacoste, General characteristics and fundamental structure of mediaeval North African society, *Economy and Society*, Vol.3, no.1, 1974.
Ulrich Vogel, *Zur Theorie der chinesischen Revolution:Die asiatische Produktionsweise und ihre Zersetzung durch den Imperialismus*, Athenaeum Verlag, 1974.
Rudi Dutschke, *Versuch,Lenin auf die Fusse zu stellen*, Klaus Wagenbach, Berlin, 1974.
S. H. Baron, Marx's Grundrisse and the Asiatic Mode of Production, *Survey*, no.21, 1975.
Ivar Oxaal, Tony Branett and David Booth（eds）, *Beyond the sociology of development: Economy and society in Latin America and Africa*, Routledge & Kegan Paul, 1975.
Roger Bartra, *El mode de produccion asiatico: Antologia de textos sobre problemas de la historia de los paisses coloniales*, Editiones Era 1975, Tercera edicion en espanol.
Lawrence Krader, *The Asiatic mode of production : sources, development and critique in the writings of Karl Marx*, Van Gorcum, 1975.
Hindess & Hirst, *Pre-capitalist modes of production*, Routledge & Kegan Paul, 1975.

Caglar Kyeder, The dissolution of the Asiatic mode of production, *Economy and Society,* no.5, 1976.

Norman K. Gottwald, Early Israel and "The Asiatic Mode of Production" in *Canaan,* The Society of Biblical Literature, 1976.

Jürgen Golte, Modo de produccion asiatico y el Estado Inca, *Revista Nueva Antropologia,* enero, ano/vol.1, numero 003,1976.

Helene Antoniadis-Bibicou, Byzantium and the Asiatic mode of production, *Economy and Society,* no.6, 1977.

Hans-Peter Harstick (Hg.), *Karl Marx über Formen vorkapitalistischer Produktion : Vergleichende Studien zur Geschichte das Grundeigentum 1879-80,* Campus Verlag, 1977.

Claus Leggewie und Helmut Raich, *Asiatische Produktionsweise: Zur Theorie der Entwicklung nicht-bürgerlicher Gesellschaften,* Göttingen, 1977.

H. Asche und M. Massarrat, *Studien über die Dritte Welt : asiatische Produktionsweise (Iran), Ausbreitung kolonialer Herrschaft (Indien),* Erkenntnisse [Vertrieb], 1977.

Barry Hindess and Paul Hirst, *Mode of production and social formation: an auto-critique of pre-capitalist modes of production,* Macmillan,1977.

U. Melotti, *Marx and the Third World,* Macmillan, 1977.

Marian Sawer, *Marxism and the question of the Asiatic mode of production,* Nijhoff, 1977.

David Seddon (ed.), *Relations of production : Marxist approaches to economic anthropology,* Frank Cass, 1978.

M.Godelier. The concept of the 'Asiatic mode of production' and Marxian models of social evolution, Seddon (ed.), *Relation of Production,* Frank Cass,1978.

John Clammer (ed.), *The New Economic Anthropology,* Macmillan,1978.

Devid Seddon, Economic Anthropology or Political Economy?:, Aproaches to the Analysis of Pre-Capitalist Formation in the Maghreb, John Clammar (ed.), *The New Economic Anthropology,* Macmillan, 1978.

Arif Dirlik, *Revolution and History: Origins of Marxist Historiography in China:1919-1937,* Berkeley,University of California Press,1978.

A.M.Prieto Arciniega (Prologo), *Primeras sociedades de clase y mode de produccion asatico,* Akal Editor, Madrid, 1978.

B. S. Turner, *Marx and End of Orientalism,* Geofe Allen & Unwin, 1978.

G. L. Ulmen, *The science of Society: Toward an Understanding of the Life and Work of Karl August Wittfogel,* 1978.

G. L. Ulmen (ed.), *Society and History: Essays in Honor of Karl August Wittfogel,* Mouton Publishers,1978.

Julian Steward, Initiation of a Research Trend: Wittfogel' s Irrigation Hypothesis, G. L. Ulmen（ed.）, *Society and History,*1978.
Heinz Kleissig, *Wirtschaft und Gesellschaft im Seleukidenreich: Die Eigentums- und die Abhängigkeitsverhältnisse,* Berlin, 1978.
D. Elliot, *Thailand: Origins of Military Rule,* London, 1978.
J. Friedman & M. J. Rowlands（ed.）, *The Evolution of Social Systems,* University of Pittsburgh Press, 1978.
Henri J. M. Claessen & Peter Skalnik, *The Early State,* Mouton Publishers, 1978.
A.Bailey and J. Llobera, Karl A. Wittfogel and the Asiatic mode of production : a reappraisal, *Sociological Review,*Vol.27,no.3,1979.
Alec Gordon, Stages in the Development of Java's Socio-Economic Formations,1700-1979, *Journal of Contemporary Asia,* Vol.9,no,2,1979.
John Taylor, *From Modernization to Modes of Production,* The Macmillan Press,1979.
Jaime Garduno Argueta, *Introduction al Patron de Asentamiento del Sitto de Coba,* Quintana Roo, 1979.
Ferenc Tökei, *Essays on the Asiatic mode of production,* Akademiai Kiado, 1979.
R.A.L.H.Gunawardana, *Robe and Plough: Monasticism and Economic Interest in Early Medieval Sri Lanka,* University of Arizona Press, 1979.
Jonathan Friedman, *System, Structure, and Contradiciton:the Evolution of Asiatic Social Formation,* Nationalmuset,1979.
N.C.van Setten van der Meer, *Sawah Cultivation in Ancient Java,* The Australian National University,1979.
Dipankar Gupta, From Varna to Jati: The Indian Caste System, from the Asiatic to the Feudal Mode of Production, *Journal of Contemporary Asia,* no.10, 1980.
Laurence Krader, The Asiatic mode of production, *International Journal of Politics,* Vol.10, no 2-3, M. E. S　Harpe, 1980.
Andrew Turton, Thai Institutions of Slavery, James L. Watson（ed.）, *Asian & African Systems of Slavery,* University of California Press, 1980.
K.Curre, Problematic modes and the Mughal social formation, *Insurgent sociologist,* no.9, 1980.
Samuel H. Baron, *Muscovite Russia : collected essays,* Variorum Reprints, 1980.
Peter Junge, *Asiatische Produktionsweise und Staatsentstehung : zum Problem der logischen Analyse der Staatsentstehung in Klassengesellschaften mit Gemeineigentum,* Bremen, 1980.
Fritjof Tichelman, *The social evolution of Indonesia : the Asiatic mode of production and its legacy;* translated from the Dutch by Jean Sanders, Nijhoff, 1980.

Karl August Wittfogel, Einleitung zu Marx' «Enthüllungen Zur Geschichte der Diplomatie im 18. Jahrhundret», G.L.Ulmen (Hrsg.), *Karl Marx, Enthüllungen zur Geschichte der Diplomatie in 18. Jahrhundert,* Schrkamp, 1980.

Henri H. Stahl, *Traditional Romanian village communities : the transition from the communal to the capitalist mode of production in the Danube region,* Cambridge University Press, 1980.

Henri J. M. Claessen & Peter Skalnik, *The Study of the State,* Mouton Publishers, 1981.

Kurumi Sugita, Terrestrial deities and celestial bureaucrats: transformation of the state and local communities in the Asiatic mode of production, in *The Study of the State,* 1981.

R.A.L.H.Gunawardana, Social Function and Political Power: A Case Study of State Formation in Irrigation Society, in *The Study of State,* 1981.

Joel S.Kahn and Josep R.Llobera (eds.), *The Anthropology of Pre-Capitalist Societies,* Macmillan,1981.

Anne M. Bailey and Josep R. Llobera (eds.), *The Asiatic mode of production : science and politics,* Routledge & Kegan Paul, 1981.

René Gallissot (ed.), *Structures et cultures precapitalistes : actes du colloque tenu a l'Universite Paris VIII Vincennes,* Paris : Anthropos, 1981.

F.Tichelman,Thèses sur le mode de production asiatique et l'exemple de Java, in *Structures et cultures précapitalistes,* 1981.

C.Scalabrino, Histoire cyclique et histoire linéaire : Mode de production, formation sociale et histoire du Viêt-Nam ancien, in *Structures et cultures precapitalistes,* 1981 .

Yaranga Valderrama,Formation pré-capitaliste dans la civilisation andine, in *Structures et cultures précapitalistes,* 1981.

S.Yerasimos, Le mode de production asiatique et la société ottomane, *Structures et cultures précapitalistes,* 1981.

Y.Sertel, Les interpétation de l'evolution et de la structure de la société turque, *Structures et cultures précapitalistes,* 1981.

Nikki R.Keddie, Structures précapitalistes dans le Moyen-Orient, *Structures et cultures précapitalistes,* 1981.

D.Ben Ali,Essai d'identification du mode de production au Maroc précolonial, *Structures et cultures précapitalistes,* 1981.

Homa Katouzian, *The Political Economy of Modern Iran, Despotism and Pseudo-Modernism 1926-1979,* New York University Press, 1981.

Nancy Wiegersma, The Asiatic Mode of Production in Vietnam, *Journal of Contemporary Asia,* Vol.12, No.1, 1982.

Ferenc Tökei, Some Contentious Issues in the Interpretation of the Asiatic Mode of Production, *Journal of Contemporary of Asia,* no.3 ,vol.12, 1982.

P.B.Mayer, South India, North India: The Capitalist Transformation of Two Provincial Districts, in Alavi & etc. *Capitalism and Colonial Production,* Croom Helm, 1982.

Donald Crummery and C.C.Stewart（eds.), *Modes of Production in Afirica : The Precolonial Era,*Sage Publications, 1982.

Reinhart Kössler, *Dritte Internationale und Bauernrevolution : die Herausbildung des sowjetischen Marxismus in der Debatte um die "asiatische" Produktionsweise,* Frankfurt, Campus, 1982.

Anupam Sen, *The state,industrialization and class formation in India,* Routledge & Kegan Paul, 1982.

Dieter Eich, *Ayllú und Staat der Inka : zur Diskussion der asiatischen Produktionsweise,* Verlag Klaus Dieter Vervuert, 1982.

Stephen Porter Dunn, *The fall and rise of the Asiatic mode of production,* Routledge & Kegan Paul,1982.

Baren Ray, *India: Nature of Society and Present Crisis,* Intellectual Book Corner, 1983.

H.Lubasz, Marx's concept of the Asiatic mode of production:a genetic analysis, *Economy and Society,* November, 1984.

R.A.L.H.Gunawardana, Intersocietal Transfer of Hydraulic Technology in Precolonial South Asia: Some Reflection Based on a Preliminary Investigation, 東南アジア研究’ 22（2）’ 1984.

Alfredo Barrera Rubio（ed.), *Modo de produccion tributario en Mesoamerica,* Universidad de Ukatan, 1984.

Karl W. Butzer, Irrigation Agrosystems in Eastern Spain: Roman or Islamic Origins?, *Annals of the Association of American Geographers,* 74(4), 1985.

Kate Currie, Marx, Lubasz, and the Asiatic Mode of Production: A comment, *Economy and Society,* Vol.14, no.3, 1985.

Claessen & Van de Veld（eds.), *Development and Decline,* Bergin & Garvey Publishers,1985.

R.A.L.H.Gunawardana, Total Power or Shared Power? : A Study of the Hydraulic State and its Transformation in Sri Lanka from the Third to Ninth Centuries A.D., in Claessen & Van de Velde（eds.), *Development and Decline,*1985.

T.J.Byres & Harbans Mukhia（eds.), *Feudalism and non-European societies,* Frank Cass,1985.

Wim Ban Binsbergen and Peter Geschier（eds.), *Old Modes of Production and Capitalist Encroachment:Anthropological Explorations in Africa,*KPI,1985.

Diptendra Banerje（ed.), *Marxian theory and the third world,* Sage Publications,1985.

Diptendra Banerjee, In search of a Theory of Pre-capitalist Modes of Production, Diptedra Banerjee（ed.), *Marxian theory and the third world,*1985.

Terrell Carver, Marx and Non-European Development, in *Marxian theory and the third world,*1985.

Miomir Jakšic, Marx' s Theory of Production: Problems of Colonialism and Underdevelopment,in *Marxian theory and the third world,* 1985.
Harbans Mukhia, Marx on Pre-colonial India: An Evaluation,in *Marxian theory and the third world,*1985.
Hasanuzzaman Chowdhury, *Underdevelopment,state and mode of production in Bangladesh: a socialogical outline,* Minerva Associate,Calcutta,1985.
Jan Wisseman Christie, *Theatre States and Oriental Despotism: Early Southeast Asia in the Eyes of the West,* The University of Hull, Centre of South-East Asian Studies, 1985.
Winfried Pohly, *Iran: Langer Weg durch Diktaturen, Geschichte und Perspektive,* Express Edition, 1985.
John Clammer, *Anthropology and Political Economy: Theoretical and Asian Perspectives,* St. Martin's Press, 1985.
Ansa K.Asamoa, *The Ewe of Ghana and Togo on the eve of colonialism: a contribution to the Marxist debate on pre-capitalist socio-economic formations,* Ghana Pub. Corp.,1986.
Donald W. Treadgold, Soviet Historian's Views of the "Asiatic Mode of Produciton", *Acta Slavica Japonica,* Hokkaido University, no.5, 1987.
Janina Szatkowska, The Model of the Asiatic Mode of Production: Its Application to the Analysis of the Modernization Process in India, *Studies on the Developing Countries,* Poland, No.2, 1987.
Huri Islamoglu-Inan, *The Ottoman Empire and the World-Economy,* Cambridge University Press,1987.
M.Mehdi, A review of the controversy around the Asiatic mode of production, *Jurnal of Contemporary Asia,* Vol.18, no.2, 1988.
L.S.Wassiliew, Was ist die "asiatische Produktionsweise?", *Sowjetwissenschaft:Gesellschafts wissenschaftliche Beiträge,* Heft 2, 1989.
Brendan O'Leary, *The Asiatic mode of production : Oriental despotism, historical materialism and Indian history,* B. Blackwell, 1989.
Bula Bhadra, *Materialist Orientalism:Marx,Asiatic mode production and India,* Punthi Pustak,1989.
Michal Aung-Thwin, *Irrigation in the Heartland of Burma: Foundation of the Pre-Colonial Burmese State,* Northern Illinois University,1990.
J.Stephen Lansing, *Priests and Programmers: Technologies of Power in the Engineered Landscape of Bali,* Princeton University Press, 1991.
Peter Christensen,*The Decline of Iranshahr: Irrigation and Enviroments in the History of the Middle East, 500B.C. to A.D.1500,* Museam Tusculanum Press, University of Copenhagen 1993.（デンマーク語初版、1991）

あとがき

本書は、前著『アジア的生産様式論争史』(社会評論社、2015)の続編ともいうべきものである。各章の初出は以下のごとくである。いずれも、所属大学の紀要『明治大学教養論集』に掲載されたものである。

1 マルクス共同体論再考 アジア的所有とは何か 四五五号 二〇一〇年三月
2 マルクス主義と水の理論 四六二号 二〇一一年一月
3 水の理論の系譜(一) 四七六号 二〇一二年一月
4 水の理論の系譜(二) 四八五号 二〇一二年九月
5 水の理論の系譜(三) 四九三号 二〇一三年三月
6 西欧におけるアジア的生産様式論争の展開 1964-1974 上 四九九号 二〇一四年三月
西欧におけるアジア的生産様式論争の展開 1964-1974 下 五〇一号 二〇一四年九月
7 アジア的生産様式論争の拡大 1974-1980 英語圏を中心に 五〇五号 二〇一五年三月
アジア的生産様式論争の拡大(続) 1980-1991 五一二号 二〇一六年一月

本書に収めるにあたり、誤字脱字の訂正のほか、意味をわかりやすくするための追加や、冗長な部分の削除・省略を行なった。それぞれの論文の基本的骨格は維持されているが、前作『アジア的産様式論争史』に比し、修正箇所が多くなっている。

「水の理論の系譜」(第三、四、五章)については、もともと出版にあたり、全面的に書き直すつもりであった。

現在の著者の「水の理論」の理解において、共同労働における協働連関の可視性は、なくてはならないものだが、それを概念として把握したのは、「水の理論の系譜」執筆中においてであり、明確な概念として論文に登場したのは、「その三」（第五章）においてであった。水利社会における農民の水への関わり、とくに共同労働でつくられた水利施設および水利システムが大規模化するにつれ、結局は支配者による農民支配の槓桿とされることについて、何とかそれを自分なりの概念装置により記述しようとした結果であった。当時、読んだ様々な、コミュニティ・ベースの灌漑システムに関する文献および雲南ハニ族の棚田農法から示唆を受けたものであった。また、その後読んだ、バリ島の水利システムに関するランスィングの著作（Lansing, 1991）において、その水利システムにおける hydraulic solidarity の存在を強調しており、相似た発想に、自信を深めることになった。そして、そこから、「水の理論の系譜」については、従来依拠してきた望月清司、玉城哲など先行する諸家の言説に加え、新しい自分自身の立脚点を踏まえて、最初から書き直す必要があると考えた。

この協働連関の可視性は、事業規模の拡大や事業の複雑化、指導機構が内部にあるか外部にあるか、指導機構が強制力を有するかどうか、在地の状況を勘案し強制力を行使するか或は在地の事情を勘案することなく中央の立案によって強制的に労働や資材の徴発を行なうかなどにより、次第に損なわれ、やがて失われていくが、それによってこの協働連関の可視性の有無は、水利事業の各々の段階（phase）、たとえば国家発生以前のプリミティブな社会の段階、初期国家形成の段階、そして大河流域や大平原における専制国家樹立の段階、を示す指標となりうると考えた（ただ、すべての水利社会が、上の三つの段階を進んでいくわけではない。特に、専制国家（水力社会）段階に進むのは、一部の水利社会のみである）。

だが、実際に書き直し作業を始めようとするや、書き直しは第一章、第二章にも及ぶことがわかった。たとえば、水利事業が拡大するにつれて「公共事業の共同体成員による制御可能性」が失われる（第一章）、といった記述を、共同体成員にとって共同労働における協働連関の可視性が失われる、というふうに書き換えることは可能である。だが、この「共同事業に対する共同体成員の制御可能性」といった問題意識は、著者の、歴史上の社会運動、とくに大衆運動における指導と被指導の問題に対する関心に由来しており、かつ、指導・被指導の矛盾の解決は、かつては実践的な課題でもあった。そのような問題関心に由来する記述を書き換えることのメリット、デメリットを考え、さらに書き直しに伴い多くの派生的な記述も他の新しい記述に代わってしまうことを考えると、決心がつかなかった。さらに、このように試行錯誤しながら記述した部分も、もちろん拙いものではあるとはいえ、なにほどかの価値があると考え、書き直すことを断念した。幾つか気になるところは、注を追加することですませている。

アジア的社会における水利は、一部の農民の、農業生活に一断面に関わる事柄ではない。アジア的社会の農民は、それ（水利という共同事業）を通して、最終的には、社会全体に関わっていると考えている。あるいは、農民は、それを通して社会を見ている、ともいえる。

それゆえ、この協働連関の可視性は、水利を含めた種々な協業を通じて、水利以外の様々な場面・状況をも理解可能にさせてくれる。なるべく現在に近い問題を例としてとりあげたい。戦前、農村における地主制度の解決は、もっとも重い課題であった。その時代、村人にとり、不在地主よりも在村地主の方が好ましかったのは、在村地主が少なくとも農村の種々の社会関係に巻き込まれて生産活動を行なっているのに比し、不在地主、とくに財閥系の大地主は、まったくそのような農村諸関係とは無関係であるということに根本的な原因があろう。農民（小作民）が望む河川改修や灌排水事業を、それへの地主負担が大きく投資に値しないとして、不在地主が事業推進に抵抗する時、ことは明らかになる。不在地主が持つ土地所有関係は、村にとって（時には農村にとっても）外在的なものであり、その在地における存在は村への干渉・介入であり、在地の成員の協働連関の可視性を大きく損ねることになる。たとえ、不在地主が収取する地代が、在村地主のそれよりも少額であり、その点、小作農家にとって有利であっても事態は変わらない。

溯れば、江戸時代において、村（ムラ）は可能なかぎり、村の土地は村のなかに残そうとし、様々な工夫を重ねた。それは、無年季的質地請戻し慣行や割地制などの試み（白川部達夫『近世質地請戻し慣行の研究』塙書房、2012）に典型的に現れているが、貸借による土地の喪失や小作関係の進展にもかかわらず、そのようにして村の土地を村のなかに残そうとするのは、やはり村人（村落共同体の成員）にとって、可能なかぎり協働連関の可視性を確保しようとする行為であろう。このような長期に渡る試みが、斎藤仁のいう強い統制力を持つ自治村落を形成する要因の一つとなったであろうことは想像に難くない（斎藤仁『農業問題の展開と自治村落』日本評論社、1989）。

さらに、水利に関連した例として、見沼代用水の例を挙げることができる。享保年間の見沼代用水の開削は江戸時代を代表する水利事業であった。事業を主導した井澤弥惣兵衛は紀州出身の地方巧者であった。実際の工事においても地方に出向き実情を細部にわたり調べ上げ、それに精通した後、村方（庄屋層）を説得し、事業を進めた。さらに、見沼代用水の開削に関して、その工事のほとんどは村請負で行なわれた。井澤たちの監督のもと、多くの工区に分けられ、それを近隣の村が請け負い、一斉に工事が進められる形がとられた（高崎哲郎『水の匠水の司——紀州流水利の祖 井澤弥惣兵衛』鹿島出版会、2009）。つまり、幕府主導であり、かつ大規模事業であったにもかかわらず、この事業に参加した農民にとって、比較的よく協働連関の可視性は保たれたと考えることができる。これは、たとえば、開発途上国における国家主導の大規模水利事業において、多くの大規模なダムや水路が作られ、計画どおりに水が農村の田地に送られることになったにもかかわらず、農民灌漑組織がないため、あるいは農民に発言権がないため、その地方の農業の実情に合わせた給水ができなかったり、水の違法利用を招いたりする例とは、大きく異なっていることが理解できよう。

現在の日本においては、都市も農村も大きく変化し、伝統的なスタイルでの協働連関の可視性を問うことは無意味であるかもしれない。だが、それでもなお、我々の社会は、その維持に力を注いでいることが注目される。たとえば、小中学校で今もなお行なわれている掃除当番や給食当番をどのように考えるべきであろうか。筆者は、長く日本に住んでいる留学生が日本文化をどう理解しているかを問う時、給食当番、掃除当番を経験しているかどうかを尋ねることにしている。何でもない例であるが、社会維持に必要な、謂うならば「雑用」を、社会の成員がどう分け合うのか、それを如何に訓練していくのか、上記の例は語っているのだろう。もちろん、単なる教育予算切り詰めのため、弱い立場の者・生徒に雑用を押しつけるだけならば、かえって投げやりな対応を招きかねず、訓練にならないであろう。我々は、日常的にゴミの分別処理に従っているが、それは我々がゴミ処理に関する、我々の日々の行為をも含んだ協業関係・社会的連関をある程度理解しているからだろう。もし、自分がルールを守り、ゴミを細かく分別処理したとしても、他人がそれを守らなければ、自分の行為が無駄になると考える社会、あるいは自分の努力は他人の怠惰を助けることになるだけであると考えている社会、すなわち低信頼社会においては、同じことは起こらない。もし同じことを実行しようとすれば、今のところ、強制力の執行以外にはない。低信頼社会における環境問題の解決が如何に難しいか理解できよう。

さて、著者は協働連関の可視性を、アジア的な社会における水利事業あるいは焼畑農耕における共同の火入れ、伐採など、具体的な共同労働に焦点をおいて使用している。だが、「協働連関」という概念は、直接的には、広松渉『唯物史観の原像』(三一書房、1971)における、「生産的協働聯関」あるいは「社会構成体＝協働聯関態」といった記述から着想を得たものである。また、望月清司における「広がりつくした分業」、「社会的諸連関」の視座からもヒントを得ている。

協働連関の可視性は、協働連関の本来の文脈における意味、つまり社会的分業、あるいは様々な社会的な協業を考ずれば、社会的連関の可視性につながる。そして、このような社会的諸関連の可視性は、当該社会のメンバーにおける社会システムに対する信頼を支えている。ウイットフォーゲルがいう大規模水利事業によって特徴づけられる社会、すなわち水力社会が、現在においても、おしなべて低信頼社会であることは、いずれもそれらの社会が、協働連関の可視性および社会的連関の可視性に乏しい社会であることに起因すると考えられる。

この協働連関の可視性および社会的連関の可視性は、より広い文脈においても利用可能である。つまり、水に関わりのない社会においても、その可視性の有無を検証することができる。たとえば、アジア的生産様式と並んで、マルクス主義歴史理論において、無数の議論がなされた奴隷と農奴の種別制の問題に適用することができる。まず、同じ奴隷制における、ラティフンディウムの奴隷とスパルタ支配下のヘロットの相違について、その社会的分業や様々な場面における協業から、彼らが置かれた社会的連関をどのように把握しえたのかを勘案すれば、生まれた共同体から引き剥がされ、言葉も文化も異なるイタリアに送られ、さらにそれぞれの出身の異なる奴隷同士がバラックに収容され、奴隷監督の笞のもと労働を強制されるラティフンディウムの奴隷と、スパルタの苛酷な統治と収奪のもとにあるとはいえ、生まれた農村において、同じ家族関係、近隣関係および慣れた農村諸関係のもと暮らすメッセニアのヘロットでは、社会的連関の可視性がまったく異なっていることが理解できよう。この違いは、古典古代の奴隷と西欧中世の農奴の違いにも連なる。さらに、北西ヨーロッパにおいては、農奴たちは三圃制のもと、同じ村落の農民たちと様々な協業関係にあり、それは彼らが作り上げた村落共同体の強化とともに、彼らの間における協働連関の可視性を高めたであろうし、社会的分業の拡大にともなう地域的関連の増大、村落相互の交渉や関係の強化、そして彼らを取り巻く局地的市場圏の形成は、彼らの社会的連関の可視性をいっそう高めたと考えられる（伊藤栄『ヨーロッパの荘園制』近藤出版、1972）。

以上、ながながと思いつくままに述べてきたが、アジア的生産様式論にせよ、水の理論にせよ、自分の研究領域（中国近代史、具体的には中華民国期）を大きく踏み出し、多くの異なった研究領域に言及せざるをえなかった。マクロヒストリーに携わるものの常であるが、それぞれの領域の専門家にとっては、おそらく、門外漢による勘違いの議論であると受け止められることになることを覚悟している。また、中国語以外の外国語文献を多く利用することになったが、著者のドイツ語やフランス語の学習はいずれも、六十歳前後に始めたものであり、その理解の水準は今も低いままである。やみがたい知的好奇心から、このような著書を書くにいったという以外になく、ここまで付き合ってこられた読者諸氏には、ご寛恕を請うばかりである。

大学に入学したばかりのプロゼミの授業で、松崎つね子先生（当時、明大文学部助教授）から、中国古代史に関する理論の一つとしてウィットフォーゲルの水の理論を紹介されたことがあった。今から四十三年も前のことである。その頃の学生の左翼的心情から言えば、水の理論は、背教者の理論であった。一九八一年から八四年の三年間の中国滞在では、共産革命後の中国社会もなお、アジア的生産様式の遺制のもとにあるのではないのか、とひそかに思うようになった。だが、当時、実際にそのような課題に取り組むには、ひどく力不足であった。遠回りに遠回りを重ねたあげく、ようやくここに、水の理論を冠した著書を出版することができた。

理論的にも、実証的にも、十分だとは言い難いが、最低ながら、責任の一端を果たしたような気がしている。

本書の出版を強く勧めてくださった石井知章教授（明治大学商学部）、そして今回も原稿を読み多くのアドバイスをくださった岸田五郎氏には、心から感謝を申し上げたい。また、出版事情が厳しい中、本書の出版を快く引き受けてくださった社会評論社、とりわけ編集部新孝一さんに御礼申し上げます。

二〇一六年六月

[ナ行]

[ハ行]

[マ行]

[ヤ行]

[ラ行]

［サ行］

［タ行］

事項索引

［マ行］

［ヤ行］

［ラ行］

［ワ行］

［タ行］

［ナ行］

［ハ行］

［サ行］

人名索引

＊頁数は本文及び注部分のみ。
＊ロシア人については、英文、仏文表記に直している。

［ア行］

［カ行］

[著者紹介]

福本勝清（ふくもと・かつきよ）

1948 年　北海道滝川市に生まれる。
1978 年　明治大学第二文学部史学地理学科東洋史専攻卒業
1981 年～ 84 年　北京大学歴史系留学
現在　明治大学商学部教授
主著　『中国革命への挽歌』（亜紀書房 ,1992 年）
　　　『中国共産党史外伝』（蒼蒼社 , 1994 年）
　　　『中国革命を駆け抜けたアウトローたち』（中公新書 , 1998 年）
　　　『アジア的生産様式論争史』（社会評論社 , 2015 年）
　　　その他、論文多数。

マルクス主義と水の理論
――アジア的生産様式論の新しき視座

2016 年 7 月 15 日　初版第 1 刷発行

著　者＊福本勝清
発行人＊松田健二
装　幀＊後藤トシノブ

発行所＊株式会社社会評論社
　　　東京都文京区本郷 2-3-10　tel.03-3814-3861/fax.03-3818-2808
　　　　http://www.shahyo.com/
印刷・製本＊倉敷印刷株式会社

Printed in Japan